author
Jason De León
photographer
Michael Wells

Living and Dying on the Migrant Trail

THE LAND OF OPEN GRAVES

敞墳之地

移民路上的生與死

作者……傑森・德里昂　攝影……麥可・威爾斯　譯者……賴盈滿

獻給伊格納修·克魯茲、瑪利亞·荷西、A、N和W。

但家園是夢，我未曾得見……

——美國鄉村歌手傑森・伊斯貝爾

美國亞利桑那州沙沙比的美墨邊界。（攝影：麥可・威爾斯）

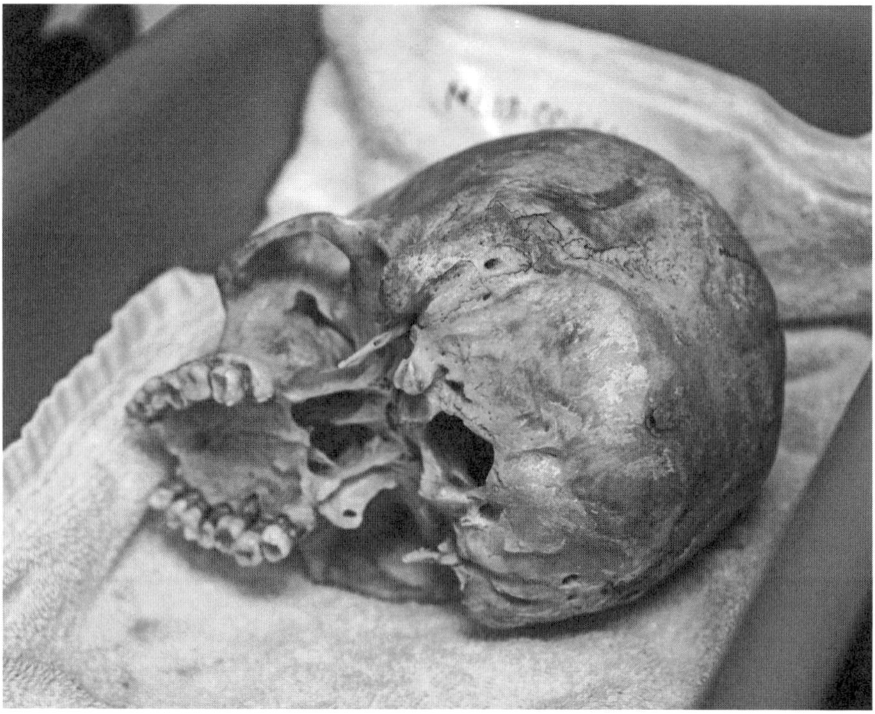

美國亞利桑那州皮馬郡法醫室保存的無名頭骨。（攝影：麥可・威爾斯）

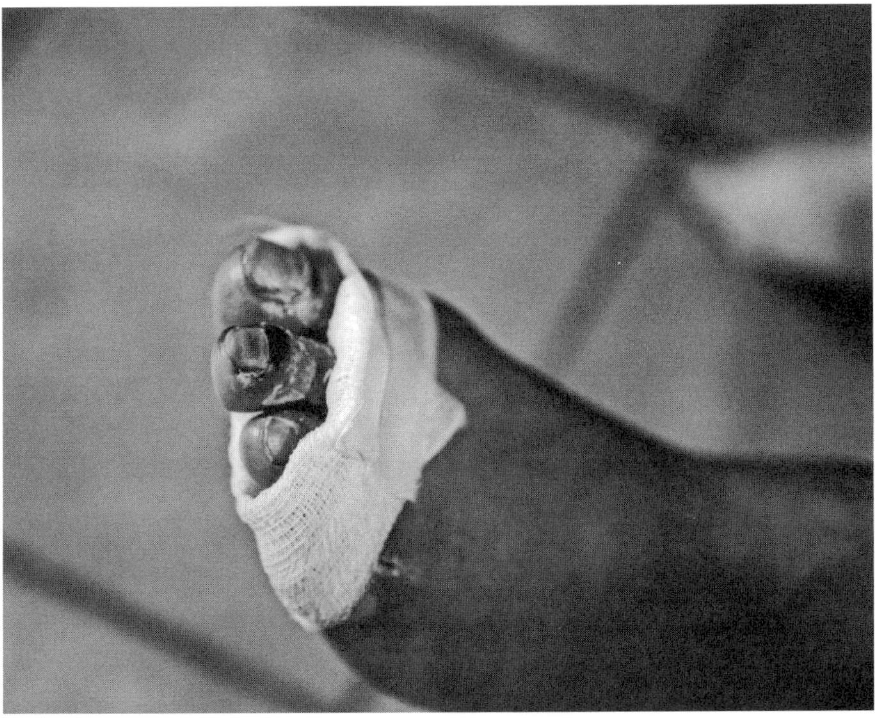

墨西哥諾加萊斯市墳波斯哥收容所。（攝影：麥可・威爾斯）

美國亞利桑那州綠谷附近的遷移者營地。（攝影：麥可．威爾斯）

說故事，2014年。（攝影：麥可·威爾斯）

厄瓜多昆卡市，荷西（José Tacuri）和姊姊與外甥女合影。（攝影：麥可・威爾斯）

「我們會一直嘗試到成功為止。我們相信瓜達露佩聖母會保佑我們。只可惜有時你的身體跟不上信仰。」

目錄
Contents

推薦　在民族誌中好好地記錄死亡，並且表現憤怒與悲傷／卓浩右……019

導讀　考古學讓我們得以介入不遠的、被隱藏的過去，為遷移者說一個不一樣的故事／江芝華……031

引言　Introduction……041

I 惡地 This Hard Land

1 威懾預防 Prevention Through Deterrence……065

一九九四年，專家預言威懾預防政策將使遷移者不再只經歷被捕與遣返。策略計畫的擬定者做了幾個基本假設，包括「暴力升高，策略的效果才出得來」等等。然而，計畫並未明確定義「暴力」，而且這兩個字對某些人來說可能太坦白了，因此後來的政策簡報都改用比較婉轉的說法，例如「代價」。

2 險境 Dangerous Ground……081

「威懾」一詞對邊境穿越者來說代表什麼？「險惡」地形背後又隱藏了什麼？是可以將肉烤熟的高溫嗎？銅牆鐵壁和遠距地感測器？還是地面上幾千名荷槍實彈的巡邏隊員？是毒蛇咬痕或有輪姦癖好的盜匪嗎？是在荒涼山區走了幾十公里而解體的鞋子？還是原本沒診斷出來，結果在沙漠裡走了幾天就出現的心臟病？

3 死亡暴力……109
Necroviolence

這種死亡暴力最令人困擾之處，就在於它讓哀悼者永遠處於所謂的「模糊失落」狀態，永遠抱著若有似無的失落感。不曉得家人的下落，不清楚他們是生是死，對一個人來說是永難磨滅的創傷。這種模糊「將悲傷凍結」，讓人無法為哀悼畫下句點。這樣的死亡暴力似乎永無終結。

II 在路上 El Camino

4 梅莫與路丘……139
Memo and Lucho

每次被逮到，把我送回墨西哥，我都想說「隨便啦，反正我還會再越境過去」。但第二次被遣送出境後，我就再也不想回墨西哥的老家了。我只想從提華納打電話回去，要鄰居「跟我家人說我很好」。我被逮到從來不會跟家人說，我不想讓他們難過。

5 遣送出境……161
Deported

土桑等地的聯邦法院每天最多只能審理七十人。換句話說，某區的邊境巡邏隊可能在廿四小時內逮捕了數百名遷移者，卻只有少部分人會見到法官，其餘大多數還是自願離境，一點麻煩都沒有就回到了墨西哥。捉捉放放。遷移者不僅在沙漠會碰到阻力或助力全憑運氣，連被捕後會不會上法庭也是。上法庭常常只是因為你倒楣。

6 科技戰……205
Technological Warfare

每回造訪邊境巡邏隊，參觀他們的科技火力展示秀，我都會想起梅莫的笨重工作靴和路丘的《聖經》，想到他們用廿六美元買到的東西和美國邊境查緝單位每年花費的數十億美元。政府不斷將納稅錢奉獻給邊境治安工業複合體，遷移者則是不斷購買黑色衣服和大蒜。雙方都相信自己的工具和策略很有效。

在沙漠裡找到一隻鞋底破洞的鞋，代表那人的雙腳因為行走而受到強烈創傷，而脫落的鞋底被人用胸罩肩帶固定住，則表示使用者迫切需要鞋子正常運作，才能繼續行動。腳底起水泡或鞋子磨損跟不上隊伍的人往往會被拋下，有時就等於宣判死刑。當你知道這個被拋下的事實，又在沙漠裡撿到破損或拼湊修補的鞋子，還要做考古學的詮釋，心裡往往會很不好受。

的確，讀者看到會不舒服，但這樣才好，因為我們身為研究者也會不舒服，而且一直如此。當我們開始覺得這種死亡沒有什麼，那才應該擔心。我開始拍她，因為我覺得必須保存這種死亡的特寫，替不在場的人記下這一刻。

「你有跟瑪麗賽拉說這些嗎？」
「有啊，但沒人聽進去，他們都覺得自己可以。他們說人各有福，一堆人說自己怎樣怎樣順利通過了……有人說自己兩、三天就越境成功了，還有人說自己兩個星期就過來了，什麼也沒發生，跟我們不一樣。但有些人遭遇比我們還慘。」

直到目睹克里斯提安和凡妮莎對瑪麗賽拉遺體照片的反應，我才開始明白這些照片對這家人的意義。他們需要看到她臨終的模樣，需要用那個身影取代掉他們打開棺木後就此烙印心底的她。他們需要一個方法讓沙漠暴力現形，或許才能讓那暴力變得更好理解。

推薦

在民族誌中好好地記錄死亡，並且表現憤怒與悲傷

卓浩右（曾在美墨邊境提華納城從事人類學田野工作，目前為科技部人文社會科學研究中心博士後研究員）

作為一位曾經在提華納這個坐落於美墨邊境的墨國城市做田野的人類學學徒，我一開始閱讀這本書的時候，僅僅把它當成又是另一本關於邊境遷徙的作品。之所以說「又是」，是因為關於邊境、無證移工、移工之路的相關書籍琳瑯滿目，每一本都不乏無證移工的親身經歷和證詞。那段移工之路多麼嚴峻艱辛，多少人在沙漠中消失、於橫渡格蘭德河的過程中滅頂，甚至被毒梟利用來運毒、或被幫派綁架；女性無證遷徙者在出發前開始服用避孕藥，並且視旅途中被強姦為一圓美國夢所必須付出的代價。諸如此類的證詞歷歷在目，我甚至還看過一位聲稱自己擁有沙漠求生教練證照的記者，和移工們一起穿越書中相同的那片沙漠後所寫下的深度報導。在這些敘事之中，幾乎每一位作者都對無證移工的處境有著相似的關懷，因而以不同觀點切入這種大規模的跨國遷徙，以及這種遷徙對於美國社會與美國人民，還有來自墨西哥和中美洲的移工所帶來的衝擊。不過，在閱讀這些學術著作或者報導文學的過程中，仍然無法企及或是處理一些核心的問題。

這裡所謂核心的問題指的是，即便有著各種各樣的證詞，甚至也有記者和移工隨行，但正如作者德里昂於書中所言，這些都沒有辦法真正還原，踏上那條移工之路的人們，到底在旅途中遭遇了什

麼？即使研究者／報導者真的和無證移工一起踏上這條路甚至走完全程，研究者／報導者的現身都將使得這趟旅程和一般無證移工所經歷的旅途截然不同。在這種狀況下，幾乎沒有任何一位非無證移工的寫作者，有辦法真的還原這些移工在旅途中所面對的各種人事物。

德里昂意識到這些問題的存在，也承認不論使用任何方式或許都沒有辦法窺見這場大規模遷徙的全貌，但他仍使用了非常具有啟發性和開創性的方式，試圖逼近那個或許永遠無法被完全揭露的真實。而他也提醒讀者，這樣的取徑仍然沒有辦法宣稱得以掌握跨國遷徙的全貌。全貌之所以不可得，因為它過於複雜，任何的方法和觀點都不可避免有其盲點和限制。不過，即使有限制的存在，我依舊認為，這本《敞墳之地》是討論美墨邊境與跨國遷徙問題汗牛充棟的著作中相當重要的民族誌書寫，更不用說可能是目前坊間可得的中文書籍裡，最深刻且全面的一本。

多物種民族誌作為一種分析觀點

過去對於美墨邊境和移工議題的研究中，著重政策分析的宏觀研究往往強調美國邊境管理政策、邊境控制的資源投注，乃至於九一一等重要事件對於美國邊境治理思維所造成的改變，以及這些改變帶來的衝擊。在這樣的研究視角之下，讀者或可從這些研究中理解國家政策，甚至全球經濟情勢對於美墨邊境狀況的影響。但是，這些政策實際在無證移工的身上造成了怎樣的影響？卻往往因為這些移工只是以官方文件中的數字被呈現而付之闕如。

另一方面，側重於微觀視角的研究則強調移工的經歷，透過訪談無證移工和他們的家人，研究者重現了這些踏上移工之路的人沿途所遭遇的艱辛和危險。讀者或可讀到無證移工是怎樣跨越險惡的自然環境、應對人心叵測的「郊狼」（*coyote*，人口販子），或是在驚懼疑惑中閃躲「邊巡的」（*la migra*）的追緝。但是以這樣的視角切入，雖然可以看到邊境巡警的精良裝備，卻很難真正從字裡行間中察覺國家暴力是怎麼系統性地加諸在這些無證移工身上，以及為什麼美墨邊境明明這麼長，無證移工穿越邊境時卻偏偏都選那些自然環境看起來相當險惡的地點，這一類的問題。

德里昂採用多物種民族誌（multi-species ethnography）的觀點書寫本書，不僅為美墨邊境的研究帶來了嶄新的視角和討論的空間，也彌補了以上兩種視角的盲點。這種書寫方式不僅能夠很好地將那些過去研究者未曾意識到、但是重要的元素（如險惡的自然環境）納入討論之中，更重要的是能夠很好地架接國家政策的宏觀討論和無證移工實際行動的微觀研究取徑。

在此，先簡短說明一下多物種民族誌這個近期人類學中相當熱門的理論思維有何特色。傳統的民族誌書寫，不管是哪一個學派的人類學者、使用怎樣的理論路徑，在書寫民族誌的時候都是以人為中心。這裡所謂的「以人為中心」，指的是從人類的立場和視角去開展書寫和知識的積累。因此，不論是討論社會的結構、人的動機、生計活動等等，都是以人為書寫的中心。在這種視角下，人以外的世界，不論是自然環境或者動植物，通常都只是配角，只有在人對這個世界有所作為，比如說馴養牲畜或者挖灌溉溝渠一類的，這個人以外的世界才開始對人有意義。

然而，多物種民族誌的出現改變了這種書寫的方式。人類學家體認到，人生而在世，不論身處社會上的何種位置，日常生活並非單純只是和其他人類進行互動、發生關係。人類是和很多不同的物種、存在，乃至於非生命體互動，才構成了日常生活的點點滴滴。因此，在書寫過程中，人類不再據有優於其他物種的特殊位置，更多著墨在人類作為這個世界的一分子，和其他的物種以及環境之間的互動。而德里昂這本《敵境之地》，很可能是第一本以多物種民族誌觀點來書寫的，關於美墨邊境的民族誌。

透過這種路徑切入，德里昂得以在討論美國邊境管理政策遞嬗的同時，將這種宏觀政策上的變遷，腳踏實地呈現在邊境場景。這之所以可能，或者說，為何在德里昂之前的研究者往往難以達成，是因為過去在缺乏理論工具的狀況下，邊境政策的實際效果往往只能由美國政府一年投注多少經費和軍事化裝備給予邊境巡警、無證移工穿越邊境的數字增減來作為證明，並以此討論宏觀的國家政策對於無證移工的影響。但是實際上邊境到底發生了什麼事情？怎樣發生的？幾乎沒有任何可供討論的理論工具可以使用。美國的邊境治理政策，除了投注大量的退役軍事資源和人力成本之外，隨著其治理思維的轉變，也進而把無證移工的遷徙路線推往更險峻的自然環境之中。然而，在以國家、社會，在以「人」的行動為主要討論對象的研究視角中，實難看到自然環境和其他物種對於踏上移工之路的人所造成的影響，頂多就只是作為背景因素存在於書寫之中，非但不會成為分析和理解時的重要角色，更多的時候甚至不會被納入討論。

多物種民族誌作為一種分析觀點，使得我們可以看到當美國逐漸加強其邊境管理、實施所謂的「威懾預防」政策之後所帶來的效果。在過去邊境管制還相當寬鬆的時期，移工們其實可以直接從城市近郊甚至城市中的特定路徑穿過邊境。但是在「威懾預防」政策實施之後，邊境巡警透過在緊鄰城市的郊區頻繁且大規模的巡邏查緝，把無證移工從過往靠近城市中的路線移除，推往更嚴苛的自然環境展開他們的移工之旅。同時，將無證移工原先靠近城市也相對安全的既有路線封鎖、逼迫他們尋找更困難險惡的路徑去嘗試穿越邊境的這種做法，讓美國政府得以將邊境治理的成本轉嫁給自然環境，以沙漠嚴苛的環境來恫嚇無證移工的越境企圖；且當移工失敗，也是以同樣的環境來消除其遷徙的痕跡，讓這些無證移工的死亡像是因為不敵嚴苛環境而死，遺體則因為快速地被沙漠這種充滿異質集合體的自然環境所吞噬而幾乎難以尋獲，從而使得美國政府免去一場人道危機。

至此，德里昂已然提供讀者一套理解美墨邊境和無證移工問題的新視野和分析架構，但是他並沒有在這裡停下腳步。如果說多物種民族誌提供的是一種思想的框架、一種分析的觀點，使得本書得以在眾多的邊境遷徙研究中另闢蹊徑，那麼他本身的考古學訓練以及豐富的訪談資料，則是讓我們除了觀點之外，更實際地看到在這樣的分析視角下，可以幫助我們看到哪些過去的研究者看不到或者忽略的部分。

考古學作為現場還原的工具

德里昂在書中提及他和一群學生一起執行「無證遷移計畫」。他帶領學生進入沙漠，試圖從無證移工會走的路徑、躲避邊巡的地點和休息的場所中，藉由考古學的技術，尋找無證移工在沙漠中遺留下來的物品和痕跡。踏上移工之路、走進沙漠的這群人，在缺乏足夠資訊、財力和時間做穿越準備的情況下，面對的是高溫、沙漠中會對身體帶來傷害甚至導致死亡的各種動植物、總是無法確認到底是自己運氣不好或者根本就是跟人蛇串通好的搶匪、利用沙漠作為運毒通道的毒梟，以及裝備精良、以逸待勞的邊境巡警。這些各自具有不同目的（或者無目的），但是對於每一個無證移工都具有決定性影響的存在，共構出德里昂所謂的異質集合體。無證移工面對這個異質集合體時，不論是順利通過或者不幸喪生，都有可能在沙漠中留下蛛絲馬跡，而德里昂的考古學訓練使得他能夠分析這些沙漠中的物質遺留背後可能代表的脈絡意義，並且由此試著還原無證移工在穿越沙漠時的經歷。

除此之外，雖然據說引起了一些倫理上的爭議，德里昂找人殺了幾頭豬，並且幫牠們穿上無證移工在穿越沙漠時可能會選擇的衣物和裝備，放在沙漠中無證移工可能會休息或者殞命的地點，然後在四周架設監視器，觀察豬屍在沙漠環境中隨著時間經過而產生的變化。德里昂透過這種實驗考古學式的研究方法來觀察他口中的「異質集合體」——沙漠——是如何吞噬這些逝去的生命所留下的最後痕跡。

透過考古學方法的協助，即便依舊不可能完全還原穿越沙漠時的每一個細節，但的確讓我們更逼近過去的研究者所無法接觸到的部分，亦即「在沙漠中，無證移工到底經歷了哪些事情？這些事情怎麼發生的？而美國的邊境治理政策又對於這些事情的發生造成了怎樣的影響？」這些物質的遺留，讓我們得以一窺再多訪談資料或者引述都無法觸及的遷徙現場。有時，這些場景不只是遷徙，也是夢碎或死亡的現場。考古學證據的加入，讓讀者得以更全面地理解移工之路的艱辛和苦難。

考古學的加入使得那些存在於沙漠之中、沉默不語的異質集合體，也成為了移工之路上歷歷在目的見證者，而民族誌研究方法中必備的「訪談」，則是在德里昂刻意地如實呈現之下，還原出邊境粗糙的質地。

訪談作為粗糙質地的表現形式

訪談一直都是人類學者的必備工具之一。德里昂在這方面完全不馬虎，即便他自陳無證移工的遷徙特性讓他其實很難跟特定的一群人建立起長期的友誼互信關係，因而和傳統人類學的要求有所不同。或者應該說，無證移工看似一個群體，但是這個群體中的人流動非常快速，對於傳統人類學的田野方法來說是一個相當大的挑戰。不過，即使有這種先天社群特質上的限制，德里昂依舊提供了相當扎實的訪談材料，雖然書中的故事未必是來自單一報導者的經驗，而是綜合了大量訪談的無證移工故事，但依舊無損其材料的品質。

在此，我無意深入探討當代的人類學者在面對流動的群體時可以如何處理，而更想聚焦於德里昂在呈現他的訪談資料時，有意識地採取了不讓讀者感到舒服的這種敘事方式。他刻意地還原了訪談時被視為彰顯男子氣概（*machismo*）的髒話和黃色笑話；同時也毫不避諱甚至是以接近深描的方式描述了死亡，不論是前述為了進行沙漠中實驗時所殺死的豬，或者是帶著學生在沙漠中進行考古探勘時所遭遇的無證移工死亡現場。德里昂都以一種「詳實記錄所發生的事情」的態度將這一切描述出來。

這當然不是說其他學者對於相同議題的討論就不詳實真切，但在此，我所指的「詳實記錄」包括了無證移工和作者自身的情緒波動。這樣的書寫方式在過去的學術著作中其實並不常見。舉例來說，探討邊界帶中殺戮女性（femicide）現象的幾位重要研究者，如梅麗莎・萊特、艾莉西亞・卡馬喬，描述女性在邊界帶的悲慘遭遇時，讀者或許可以從文字中讀出她們的關注和悲憤，但是這些情緒只稍微洩漏於字裡行間，從來不是重點，甚至不曾被研究者提出討論。在這些研究者的文章中，情緒只是作為一位研究者看見不公不義時的道德表現；可以是重要的研究動機，卻不會在呈現研究時扮演太多角色。同樣地，在談論到邊界帶中的死亡時，多數研究者不會鉅細靡遺地描述遺體的狀態。研究者往往藉由兩國政府機關或各個邊境NGO估算出來的數據，凸顯這條險惡的移工之路上有多少人喪生。也就是說，在這些研究中，生命的逝去被化作數字，呈現在讀者的眼前。即便那些數字也往往驚人到足以震撼讀者的心靈，但無論如何，數字並不是死亡本身，也不會被直觀地轉譯成死亡的影像，烙印在讀者心中。本書的作者德里昂顛覆了上述做法。

在德里昂的想法中，忠實地記錄他和移工之間充滿男子氣概、政治不正確且髒話滿天飛的對談紀錄，或許才是更好地還原了邊境實際的粗糙質地。的確，面對眼前無垠沙漠的無證移工需要的不是文謅謅的優雅，而是堅定相信自己可以穿越邊境的信念，和不為嚴苛環境擊潰的肉體。在這樣的狀態下，人們在乎的是生存而非姿態。任何文字上的美化都會影響讀者對於邊境環境和無證移工的理解，因此，德里昂選擇了忠實呈現出那些粗話，和毫不掩飾的各種情感流洩。當然，在當代的民族誌方法論中，強調情感對於研究者理解被研究對象和其置身的脈絡具有重要性已非新聞，但卻是邊境研究和無證遷徙研究領域上嶄新的嘗試。

死亡亦然。當這些踏入美國境內就成為阿岡本口中例外狀態下，人權、生命和一切財產，乃至於人本身的存在都被否定抹殺的無證移工們，一旦未能熬過穿越邊境的種種考驗而消逝在路途上時，本來已無發言權的無證移工們，魂斷之後更是難以言說。在沙漠中殞落的人往往會被這個異質集合體以驚人的速度吞噬，其足跡和遺留都會被徹底地抹除，就像不曾存在於這個世界一樣。在這種狀況下，德里昂認為，如果只是將這些逝去的無證移工化作冰冷數據裡的+1，完全無益於我們理解邊境實際的狀況。甚至於，這種將死亡量化為數據的做法，某種程度上就和美國政府在威懾預防政策下將無證移民推往城市以外的邊界帶，讓自然環境去抹除其存在的做法無異。

好好地記錄死亡，才是對逝者最大的敬意。這或許是德里昂在本書中以一種幾乎過於詳實，甚至可能引起讀者生理上不適反應的方式描述死亡和記錄遺體背後，最主要的動機。而也是出於相似的動機，書中不論是藉由訪談或者其他田野方法收集而得的資料，都詳細地記錄了無證移工的歡笑和痛苦，以及在沙漠中逝去的無證移工，其親屬那沉痛而無盡的哀傷。在德里昂的想法中，如果情緒和死亡沒有辦法被如實地呈現，讀者將永遠無法真正透過閱讀了解美墨邊境所發生的事情。再者，把本來就是令人不適的事情輕描淡寫帶過，也等於抹殺了這些無證移工作為人的存在，成為「威懾預防」政策的協力者。

「不讓你傷心的人類學，就不值得從事」——在傷心中得到的啟示

一開始我其實有點找不到合適的形容詞描述這本書。閱讀過程我無法說充滿樂趣；相反地，更多時候帶來的是痛苦和哀傷。在閱讀本書的那幾個夜晚，幾乎都是帶著沉重的心情睡去。但說起來有點不可置信的是，我竟然在閱讀這本書的過程中，得到了被作者同理的感受。

正如同露思．貝哈在其名作《傷心人類學》中所言：「不讓你傷心的人類學，就不值得從事。」在書中，我們幾乎可以感受到德里昂在進行田野調查、訪談、考古發掘時，那種對於無證移工處境的無力、對於美國邊境政策的憤怒，以及對於失去家人的無證移工親屬的酸楚。這些不論是來自無證移工、來自他們的親人，或者來自作者本人的情緒，充斥在這本書的字裡行間。德里昂描述了當他帶著瑪麗賽拉的死訊和發現遺體的過程及照片前往拜訪瑪麗賽拉的親人時，他在那個哀痛的現場所體會到的一種，即便彼此共處同一個空間、經歷相同的事件，卻永遠無法感同身受對方那種因為家人踏上移工之路而一去不回的喪親之痛。他能夠感覺到這些人的哀慟，卻永遠無法用文字將之言說。正是德里昂這一段對於自身經歷的剖析，將同樣作為邊境研究者的我在田野時某種不甚了解卻深埋在心中的情緒，一股腦地釋放出來。

在邊境工廠進行田野調查的我，其實也時常需要面對這些工廠工人們可能週五還生龍活虎地在線上跟大家一起聊天講幹話，一個週末後卻傳來過世的消息，然後產線助理就會拿著一個小箱子幫忙募資，為這位離世的工人辦理喪禮。這樣的場景時常出現。在現場目擊這些的我，雖然跟其他墨國工人

一樣感到難過，卻也可以感受到，自己即便在那個當下過著跟他們一樣的日子，一樣感受到產線趕工時積累在身上難以消除的疲勞，但我和工人們有個最大的不同：我可以選擇在任何時候脫離這種生活，他們沒有這樣的選擇權。我和工人們在同一個空間中共做共食，可是這種差異在我們之間構築了一道無形的隔閡。

因此，即便每回有人過世的時候，我可以感受到環繞在車間中那種悲傷的氛圍，但那種悲傷永遠不是我的悲傷；即便我的悲傷也是真實地存在，我卻不可將這種感同身受隨意地和那些或許跟去世者共事過的墨國工人相比擬，並且覺得自己真的懂他們的痛苦。不過，當時的我由於語言上沒有本書作者這麼輪轉，加上有著需要收集到足夠資料才能夠畢業的壓力，其實並沒有時間和心力好好解析這些發生在我身上的經驗和情感到底具有什麼意義，又和當地人所經歷的有何不同。這些在田野中所經歷的衝擊就一直這麼壓在心裡，直到閱讀了德里昂的文字，我才有餘力能夠釐清自己在當時到底經歷了什麼，以及為何這些經驗給了我如此大的衝擊，從而釐清這些經驗對於我的研究乃至於看待世界的觀點所帶來的影響。

這一點帶出了本書在我看來相當重要的價值。毫不掩飾地呈現情緒，使得德里昂的書寫展示了人類學式的田野調查和民族誌最大的特點與優勢，當人類學者注意到情緒在田野中所扮演的角色，以及忠實呈現情緒對於理解研究對象的重要性時，田野調查和民族誌書寫提供給讀者的，將迥異於官方報告中那些沒有情緒波動的語言和數據，而是一個個活生生、曾經存在於世上的人，以及他們的經歷與故事。這些故事可以是對於某個族群生活慣習的鮮活描述，也可以是對於當代經濟全球化下，區域發展嚴重不均所帶來的底層移動的苦楚。德里昂在這本書中描述的是屬於後者的故事，是研究者做了會傷心的研究，是讀者看了會難過的民族誌。但正因為如此，使得這本民族誌忠實貼近美墨邊界帶中，那些每日都在想著、試著穿越邊境的無證移工的生命經驗。這本當代民族誌中的傑作，誠摯推薦給任何對人類學與民族誌書寫、美墨邊界問題、全球化下的遷徙與勞動、社會底層的跨國移民與無證移工等相關現象感興趣的讀者。

導讀

考古學讓我們得以介入不遠的、被隱藏的過去，為遷移者說一個不一樣的故事

江芝華（台大人類系副教授）

這是一本考古學家寫的民族誌，或者可以說，這是一本許多考古學家所稱的考古民族誌（archaeological ethnography）。

不同於傳統的民族誌書寫，這是透過圖像及各種現場的「物」來訴說，發生在美墨邊境，無證移民所面對的暴力緣起及樣態，甚至是因這暴力而造成的傷痛及死亡。不同於傳統的考古學研究，各種深入訪談及政府文件的爬梳讓我們似乎可以找回這些「物」的擁有者、使用者、丟棄者的姓名及面孔，摻雜各種西班牙語玩笑髒話的訪談讓我們彷彿可以聽見那些已逝去無證移民的聲音。而這場發生於沙漠中的死亡暴力，則是被其中可見及不可見的人類遺骸所見證。

本書作者德里昂受的是考古學的訓練，他的博士論文透過黑曜岩來理解距今千年前的中美洲奧爾梅克文明的政治經濟樣貌，是傳統且典型的考古學研究。然而，儘管目光望向的是遙遠的時間段落，每個考古學家卻都生活在當代。就如德里昂在引言及許多訪問中所言，在墨西哥進行論文田野期間，他身邊的許多墨西哥當地人都有豐富的邊境移民經驗，更是對這頭名為「威懾預防」的沙漠巨獸有著

深刻的體會。論文結束後，他對於這些人所擁有故事的好奇讓他決定轉換研究的主角，跨越千年的時間差距，來到當代的世界。德里昂好奇的仍然是人的境遇。

這群無證移民到底在遷移的過程中遭遇了什麼？這趟遷移過程又對他們造成了什麼影響？

德里昂透過將沙漠視為一個「異質集合體」(hybrid collectif)，爬梳在這個異質集合體內，人與非人間錯綜複雜、互相影響的關係，進而看到這些組成分子如何齊力展現出威懾預防政策的能動性。肯認到要「全面」了解這個跨種（人、非人）、跨空間、跨時間異質集合體的困難，德里昂不只使用了傳統的考古學工具組，更運用了民族誌、鑑識科學及語言學這些人類學的各式工具，嘗試一點一點地揭開這個發生在沙漠巨獸裡的暴力樣貌。

「物」提供了不存在於記憶中、最真實生活樣態的線索

借助於人類學其他分科，研究當代的考古學家的確多了不少可用的工具組，然而不同於其他工具，考古學工具組可以協助我們更敏感地面對時間的變化，更深刻地讓逝去的現身，讓具體的物件提醒我們，過去並未過去。這一件件躺在沙漠上，被美國反移民者視為垃圾的背包、球鞋，甚至缺頁聖經，在考古學家的眼中都是主人曾經存在的證據，也都見證了美國移民政策背後刻意殺人的企圖。

這並非首次透過考古學來認識當代社會，早在一九七〇年代，亞利桑那州土桑市的大規模垃圾計畫就是透過對於當代垃圾的分析，重新理解我們自以為清楚的當代消費生活。當時的考古學家研究強調科學方法的運用，認為好的考古學研究應該是純科學的操作，利用數據說出真相，而這個計畫便是透過有系統的問卷調查及垃圾分類，指出許多人們對於自身消費行為的誤解。例如，人們飲用酒精的

數量其實遠比自己想像的多，因為考古學家收集到的酒瓶總是大大多於問卷調查的數據。換言之，考古學的研究方法可以讓我們看到人們的實際生活樣態，而非僅止於人們腦袋裡想像的生活。透過考古學的研究，讓我們知道原來有這樣的差距，也更加了解自己。

空罐頭、水瓶、磨平的球鞋、殘破的衣物、灰燼，這些在地景上看似雜亂分布的物品，卻是考古家推測遷移者在沙漠裡如何生存、移動的線索。本書作者運用了考古學最基本的研究方法，帶著我們在沙漠中進行考古田野，嘗試重建無證移民在移動過程中的樣態。透過對於無證移民在沙漠留下的各種物品組合、物品出現的環境及物品本身的狀態，在空間上進行分類，嘗試根據這些組合，分出長時間駐紮、短暫休息、等候接應、祈禱敬拜、被捕和喪命等地點，這些地點提供我們了解移民在這廣袤的沙漠是如何移動，而每件物品上殘留的使用痕更透露出遷移者與這些物品及沙漠環境間的互動，甚至是這些物品本身如何與時間交互作用。不全、片段的證據，通常是考古學家研究上最困難之處，也是考古學家最常遇到的難題，然而作者利用各種訪談，一方面補充了這些不全、片段，另一方面也讓這些不全、片段，成為見證沙漠殘酷的證據。

考古學家常常自嘲為研究過去的「垃圾」，但是也是這些「垃圾」，建構了我們理解過去數萬年來人類在地球上生存的故事，更重要的是，所有的人群都會製造不同種類、數量的「垃圾」，這些「垃圾」屬於不同種族、年齡、階級、性別的人群，因此，當這些人在歷史中被消音，他們的故事卻可以從他們的遺留物中重新「現聲」。近年來，歷史考古學的發展幫助那些在歷史中被消音的人群，重新找到了屬於他們的位置，甚至翻轉我們對於過去的理解。例如非裔美國人的歷史在主流歷史論述中常被邊緣化，或是認為這些非裔美國人歷經改宗，且在白人文化的影響下逐漸放棄其原有的文化傳統。然而近年來的考古學研究卻透過物質遺留，找到了這些非裔美人在歷史發展過程中對於當代所謂「美國文化」的影響。他們雖然改宗，但是在宗教的各項儀式中，仍可以看到來自原有非洲文化的影響；他們也非僅是單向受白人文化所影響，這些非裔美人同時深刻地影響了與其有密切日常互動的白人雇主的家戶生活，創造出新的文化實踐。近年來，紐約市的非裔美人墓地的發掘，更透過鑑識科學的研究，從這些遺骸身上讀出十八世紀時期，這些當時社會中的「黑奴」的健康、營養狀況，清楚看出他們生活的辛苦，甚至嬰兒的高死亡率，而這都在在顯示著當時這群「黑奴」的生命處境。這些不存在於歷史書寫中的過去，真真實實地印刻在這數千具的骸骨上。就像本書中所描繪的那些在美墨邊境逝去的生命，德里昂細細描繪發現瑪麗賽拉的過程，彷彿看到瑪莉賽拉仍掙扎著想要翻越沙漠，然而殘酷的沙漠卻慢慢吞噬了瑪麗賽拉，讓她曾經美麗的面容不再。可是瑪莉賽拉是幸運的，更多消失在沙漠的無證移民們，連身軀都被這沙漠給淹沒，剩下骨粉，然後飄散，恍若未曾存在。但是存在於大陸另一端的親友們卻仍惦記著，那份情感在沙漠中飄盪，籠罩著沙漠，而威懾預防的策略卻讓沙漠不斷積累了這份無法停下的情感及傷痛。

「物」提供了有別主流論述視角的可能

一般大眾常常以為考古學處理的都是遙遠的過去，千年、萬年，甚至是百萬年前。其實考古學不僅只是研究遙遠的過去，越來越多考古學家投入對於當代社會的研究，當代考古學（archaeology of the contemporary）便是使用測繪、考古發掘及其他考古學的理論及方法，研究近兩世紀的時間框架內，全球所發生爭議性社會現象的物質遺留，例如各式政治暴力的現場、在自由主義經濟制度影響下的無家可歸者，以及國族主義所引發的國際戰爭，這些研究清楚提供我們有別於主流文字論述的新視角。亦由於當代考古學及歷史考古學的發展，透過參照歷史文獻及現場的各式物質遺留，考古學越來越發現「物」對於提供另一個視角的可能。

所有的文獻書寫都是受到書寫者所持有的特定意識形態所影響，看到的都是特定的角度。考古學卻是從每個人的日常生活實踐，去理解到底發生了什麼。任何人都會在當代的物質世界留下蛛絲馬跡，只是考古學家有沒有能力看到這些蛛絲馬跡，有沒有不斷詰問自己是不是被自身的侷限給蒙蔽了，進一步跳脫這些限制，看到另一個故事的可能，再進一步具有足夠的能力去把故事說清楚。德里昂是一個非常厲害的說故事者，他的故事奠基於各種形態的物及精彩的訪談，建構出這些有別於美國當代對於邊境移民的另類故事；也透過物的樣態、口語化的訪談串聯，以及一張張包含人、物的畫面，讓故事具體呈現在我們眼前，讓我們深刻感受到美國移民政策如何利用沙漠對無證移民進行各式暴力的掃蕩，更將所有的傷亡卸責給無法發言的「自然環境」。

考古學的訓練讓德里昂可以熟練地運用各種方法，研究已經發生及正在發生的無證移民過程。考古學有一套研究物的方法論，這也是他在書中進行沙漠調查時所運用的類型學、地圖繪製、物使用樣態分析（使用痕分析）及年代分析工具組。這些考古學家的工具，形塑了考古學家特有的認識世界的角度，甚至包含作者所進行的實驗分析。這種實驗其實是考古學家用來推測人類與物質可能互動過程的方法之一，透過當代實驗操作讓我們得以想像過去的生活。所以在考古學課堂上，我們可以看到考古學徒們開始學做陶器、學打石器，學著運用這些器物煮食、收割或是打獵，然後細細記錄下這中間所有發生在「物」上面的變化。而德里昂則是將死去的豬隻穿上衣物，甚至揹上背包，放置在沙漠裡遷移者可能選擇的路徑，觀察死去豬隻在沙漠中如何漸漸消失，希望透過這過程更清楚深刻記錄那些被美國聯邦政府描繪成「非主體」、生命不具政治或社會價值的人的死亡及消失。

相對於傳統民族誌以大量的訪談及作者的觀察為我們描繪出當代的世界，考古學者運用有形的物件或是遺骸，建構出那個剛剛逝去及正在形成的世界。德里昂說，考古學讓我們以有意義的新方法介入不遠的過去及其物質遺留，得到在歷史、集體記憶或個人經驗的轉譯過程中可能遺漏的新資訊。更重要的是，在面對各式政治暴力、無家可歸甚或是戰爭，這些過程中所留下的物質遺留往往可以帶來有別於掌權者主流論述的全新視角。就像在這邊境沙漠中，掌權者所要形塑的成功移民政策，若不是考古學者在沙漠中找到這些無證移民所留下的蛛絲馬跡，研究者不會對這趟遷移旅程有這麼多的訪談紀錄，為這段歷史留下另一種見證。否則歷史的論述或許仍會歌頌著移民策略的成功，而當無數在沙漠中淹沒的物品及骨骸隨著時間而逐漸消失，這段歷史也會跟著消失。

當我們將時間的軸線拉長，這樣的故事其實不斷發生，人類遺忘歷史，然後卻透過再創的歷史，為當代的不公背書。發生在百年前的歐洲移民也是掙扎著在美國大陸上生存，當時這些歐洲移民也深受當地人嫌惡，他們所聚集的地點常常是惡名昭彰的貧民窟，造成當地居民的困擾，被視為社會的毒瘤。那些歷史文獻中的言語和當代美國主流社會描述今日這些無證移民竟如此相似。人們健忘，甚至會帶著特定的偏見再造歷史，因此已經忘記了百年前的故事，忘了自己的祖先也可能曾經面臨著和這些從南方來的移民一樣的處境，被主流社群想方設法抹去其存在的可能。歷史是如何不斷重演，遺忘是如何殘酷，悲劇及誤會因此未曾停止，也更彰顯了認識過去是如何的重要。

本書除了強調可以透過考古學的方法看到被大社會所忽略甚至刻意掩藏的行為，更透過不同的訪談及畫面，讓我們看到這些地點、軀體及物可被觀察到的實體本身，感受到這些地點、身軀及物所承載的情感及記憶。而這些因時間對實體所造成的改變，更讓我們看到「威懾預防」策略是如何進一步嘗試抹滅它對無證移民所造成的傷害。

「物」提供了重新拼裝當代歷史的可能

在讀著這些無數令人心碎的遷移故事時，我的課堂上也正進行到屬於萬年前人類祖先的遷移故事，因為祖先們的遷移，所以有了現在的我們在這廣袤地球上多樣的面貌。遷移是人類不曾停止的故事，而為了讓學生對於遷移有更切身的想像，我請他們透過新聞的報導，聊聊當代的各種遷移故事。學生們談及有氣候變遷的氣候難民、有為追求更好生活的經濟移民、有逃避戰亂的戰爭移民、有伴隨都市化而產生的都市移民等等。然而，這些透過新聞所描繪的當代遷移場景，正如本書作者所言，往往強調重大的創傷及暴力，刻意忽略或貶低遷移者的親身經驗，雖然有些新聞報導裡有夾帶訪談，帶出了某種程度的遷移者經驗，卻仍然經過不同程度的編輯，試圖彰顯這趟遷移旅程中的特定面向。

但是透過考古學的方法，透過對於遷移過程中所有遺留物的爬梳，德里昂無偏頗地將所有沙漠中可見的物依據不同性質及空間特性進行細緻分類，這種分類的工作一方面讓我們有了可以想像所有曾經發生在這空間中故事的線索，一方面又不會迷失於各種物的世界當中。當然，分類一定會有特定研究者的框架，這個框架會影響我們說故事的角度，但考古學對於物的處理，也給了讀者重新拼裝、組合的可能，可以帶來新的故事樣態。雖然時間及環境會對物造成不同程度的影響，就像沙漠會支解骨骸、淹沒背包、移動水瓶，然而亦是這些變動，見證了在這時間過程中的不變。

近年來，當代考古學漸漸成為考古學研究的重要部分，有在希臘進行的移民研究、針對納粹集中營的研究、二次大戰戰場的研究等等，而本書作者除了運用考古學的方法對主要的特定場域進行分析，更進行了大量的訪談。不只訪問這些無證移民，更前往離索諾拉沙漠距離數千公里之外的厄瓜多，拜訪這些無證移民的家人，讓我們看到看似孤單在沙漠裡逝去的生命，對於土地另一端的人們卻是深刻的失去。這個離去的生命雖然被沙漠吞噬了曾經生動的面孔，作者卻透過幾千公里的旅程，將他／她的臉孔還給他／她。這些訪談更清楚帶出了與這個暴力一起存在的各種無形情感，這些決心、擔心、傷心、遲疑及思念，因為這些對話而更真實地被感受，這是其他當代考古學著作中較不易看到的，德里昂成功地運用了人類學所有的工具，爬梳這個發生於美墨邊境沙漠裡的暴力，它是如何被建構，從中得利者如何看待暴力的效益，受害者又如何體認其毀滅性。

至於作者本身，他也從未在這過程中消失。我們可以看到他在各地的身影，他在研究過程中不斷地反思自我身分、訓練及研究，會如何限制、影響他理解這些故事，也不停詰問自己的研究過程及結果將對這些無證移民有何影響。所以我們知道他的故事有特定性別、語言及國界的限制。他也注意到他的研究可能對遷移者造成的影響，例如在現場叨擾了尚在移動過程中的遷移者、對這些遷移者造成安全上的威脅。考古學家不但是調查者，更成為這個遷移者遺址形成過程的一部分，這個形成過程對遷移者來說造成一定程度的威脅，卻更清楚彰顯了考古學家對其研究主體的責任，在這個計畫中是對這些遷移者安全的責任、對他們所留下的物作傳的責任，在傳統考古學裡，是對百年前、千年前存在的人群及物的責任。

考古學家透過各種物面對、想像世界，而物的時間縱深則帶領著考古學家在不同時間段落及空間領域裡穿梭，物連結了不同的人及非人，透過物，我們看到了無證遷移者在沙漠中移動的樣態，所遭受到的各式暴力，甚而引發我們去探索這些暴力產生的原因及對沙漠外人群的影響，物與沙漠內其他

非人間的互動，進一步讓我們想像不存在於眼前的物與人。在對物及不同人之間互動的研究裡，德里昂帶我們看到了這帶有偏見及容易遺忘的美國政府是如何殺人於無形，更可怕的是，若沒有考古學家執著於物的分析、記錄、保存及詮釋，我們亦都可能成為這殺人機器的幫手而不自知吧。

引言
Introduction

蒼蠅。

我最記得的就是那些煩死人的蒼蠅。

記憶真是個有趣的東西。我當時拚命在心裡記住眼前的景象，之後也很快地把它們記下來，但才過了兩年，所有記憶似乎都被遺忘和埋葬了，成為尋常的一景。我只在美墨邊境待了幾週，跟那些亟欲突破美國移民查緝防線的人待在一起，就知道死亡、暴力與痛苦是這條遷移之路的常態。一切都模糊了起來，怵目驚心的景象不再清晰。作為觀察者，你開始習慣陌生人在你面前瞬間落淚。淚水不再像之前令人震撼，啞著嗓子訴說的悲慘故事一再反覆，結果就是成了老調，搞不清出處，也理不出先後。為了不失去大局或殘酷的細節，我與感覺的極限奮戰。我試著寫下所有經過，以便日後將觀察到的現實連結到更大的結構因素。這是我該做的事，至少在墨西哥和亞利桑那邊境做田野的那五年，以及後來寫這本書的時候，我不斷地這麼告訴自己。首次目睹死亡的當下我也這麼告訴自己。誰曉得知易行難。但無所謂，因為二〇〇九年七月的這一天，我根本無法理解眼前的一切，更別說理論化了。我只是愣愣看著蒼蠅，心想牠們怎麼來得這麼快？

那是我在墨西哥邊境的諾加萊斯市進行民族誌調查的第一天。

天氣悶熱難耐，我一早上都坐在蔭涼處和剛被驅逐出境的遷移者談話。這些男女老少企圖步行橫越亞利桑那的索諾拉沙漠非法進入美國，結果闖關失敗，其中還有幾個人是國土安全部❶從其他地方遣送來的，因為官員認為將這些人安置在沙漠附近，告訴人們每年都有數百位遷移者死在這片沙漠上，可以嚇阻他們不再企圖穿越邊界。我不曉得死者的名字，但這天稍早前才見過他。在那群面容疲憊的被遣送者當中，他不是特別顯眼。剛被遣送的人在諾加萊斯並不難認，因為他們的樣子都很像：T恤烏漆抹黑，腋下和衣領滿是汗水乾了留下的鹽漬，腳下的運動鞋看上去像是絞肉機絞過似的，髒兮兮的黑色背包裡塞滿襪子、罐頭和他們所能帶走的微薄家當。他們的棕色身軀有如紅字，散發著力竭與脆弱，臉上混雜著悲傷、疲倦、恐懼與樂觀。他們可能迷途了整整三天，渴到近乎癱瘓，以致見到牛槽時就算裡頭的水爬滿海藻和水蟲也照喝不誤，被強盜持槍洗劫，被遣返前遭到邊境巡邏隊員強暴。❷即使如此，他們還是相信下次會時來運轉。為了遠在北卡羅萊納州卡勃羅市等候的丈夫，為了鳳凰城油漆房子的工作，為了那個留在墨西哥格雷羅州曼瓊小鎮的挨餓小女孩，上帝保佑，我會過去的（*Si Dios quiere, voy a pasar*）。下次會時來運轉。

我不記得他生前的模樣了。其實我在邊界帶（*la línea*）❸的貝他組織（Grupo Beta）❹辦公室門前做訪談時，根本沒注意到他。直到我訪談結束，走了一條街到便利商店時才和他擦肩而過。他和許多屢試屢敗的遷移者一樣，那天早上決定一邊喝海龜牌（*caguama*）夸脫裝啤酒一邊思考下一步。那已經是幾個小時前了，我看著他走向便利商店對面的那塊廢棄空地。比起他臉上的表情，我更有印象的是他一早就在喝酒自娛。我只記得他又瘦又高，理個光頭。後來等我再看到他，是因為我看見那片廢棄空地旁聚了幾個遷移者，便走到圍籬網前一探究竟。我身旁站著一名矮小的禿頭男，我很快就會得知他叫朱丘。❺我們倆就這樣一臉敬畏地默默望著癱在地上的屍體，看了整整十分鐘。那老兄才死了不到一小時，身上已經滿是蒼蠅，有的停在他發白的眼珠子上，有的在他張開的嘴裡爬進爬出。他頭歪向一邊，正對著我和圍觀的遷移者，宛如盯著每一個人。我們看著蒼蠅在這個人臉上產卵，時間彷彿靜止下來。

後來總算有些好心人拿著達拉斯牛仔隊的床單出現，將他蓋了起來。一名醫護人員和幾個附近居民圍著屍體走動聊天，看上去沒有半個人不安。死亡就像是一道普通的夏日微風。我在心裡喃喃自語，也許這傢伙想去達拉斯的蘋果蜂（Applebee's）餐廳洗盤子，也許他在費城幹了很多年的造景工，是老鷹隊的死忠球迷，最討厭去他媽的（*pinche*）❻的牛仔隊。感覺沒人認得他。人們只曉得必須拿個東西把他蓋住，不讓蒼蠅靠近。面對這幅奇景，我轉頭請教朱丘，想問出一點真知灼見。但朱丘只是聳聳肩說：「這種事天天都在上演。有些人穿越邊境不成太多次之後受夠了，有些人用藥物或酒精來殺時間。誰曉得是什麼殺了他？」朱丘看出我臉上的憂心，便接著說：「等著瞧，明天就不會有人記得這件事了。就像根本沒發生一樣。」

他說對了。隔天，我向遷移者問起那個距離貝他組織辦公室不到一百公尺的屍體，沒有人知道我在講什麼。感覺就像沒這回事一樣。

這些人為了進入美國，選擇以非法方式徒步橫越亞利桑那的索諾拉沙漠。這本書就是探討這些邊境穿越者每天面對的暴力與死亡。我在書裡提到的人，家住美國的讀者可能早就見過他們。他們替你挑揀水果，替你幫車美容，替你處理肉品；他們專做美國人不能或不想做的工作。❼不過別忘了，他們有許多人不是第一次橫越沙漠。歐巴馬任職總統期間，曾經於二〇一三年度大規模遣送了將近兩百

達拉斯牛仔隊裹屍布，2009年墨西哥諾加萊斯市。（攝影：本書作者）

萬名遷移者。[8]其中有許多人目前還在宛如火星地表的亞利桑那邊境惶惶流竄，一心期盼和家人團聚，或回到他們唯一稱之為家鄉的地方。我的論點很簡單。這群人在遷移路上的可怕遭遇既非偶然，也非愚蠢，而是美國聯邦政策的結果。這項政策不僅相當不透明，更很少有人直言不諱點出，它本質上就是一個以索諾拉沙漠的險惡為掩護和工具的殺人計畫。美國邊境巡邏隊使用漂白過的論據、轉移究責對象，以及「自然」的環境過程，抹去亞利桑那南疆發生過的一切，藉此掩蓋現有查緝手段的惡果，讓這項社會政治政策對無證遷移者身體與性命的無數戕害從世人眼前消失。

那些在沙漠裡經歷死生的人有名有姓、有面孔有家庭。他們還有曲折的生命故事，這些故事反映出跨國遷移者與全球經濟不平等的緊密關聯。但我們很少睜大眼睛，仔細看他們走過的這趟可怕旅程，聽他們用自己的話描述這個過程。在接下來的篇幅裡，我將全力檢視一頭名為「威懾預防」（Prevention Through Deterrence, PTD）的美國邊境查緝巨獸，檢視它的運作邏輯，以及其付出的人命代價，以了解這項主要仰賴險峻荒蕪的地形來遏止遷移者從南方湧入的政策。我還會介紹親身經歷過這套治安手法的人，從他們的視角來敘述那些發生在**邊界帶**及邊界以外，關於存活、失敗與心碎的故事。記錄這些絕大多數未曾被記錄的故事，讓讀者近距離看見這些面孔與身軀，或許能提醒明日的我們記得，這些人今天就在這片沙漠上生存，在這片沙漠上死去。

邊境故事

討論美墨邊境的著作汗牛充棟，數也數不完，各種角度都有。每個月似乎都有新作品問世，用這片地緣政治邊陲地帶的試煉與苦難來誘惑讀者；「第三世界和第一世界交會」之類的形容仍舊時有耳聞，好像它意味著什麼。就算我們不想承認，但美國對自己的南方邊境是既害怕又著迷。大眾總是情不自禁愛上相關的電影、新聞節目、實境秀和親身見聞，只因這些影像文字能讓我們繼續相信那裡是「化外之地」。只要作者不忘搬出「危險」和「暴力」之類的詞彙，再用上幾個別出心裁（或沒那麼別出心裁）的戰爭比喻，就能完成一本暢銷俗濫的移民文學。

別誤會，關於邊境的出色作品非常多。那裡充滿動人的故事與複雜的歷史，早就有人走過，也走得比我好。我不是要上歷史課（想了解歷史可以去讀其他作品），這本書直接從一九九三年開始，因為那年美國在德州艾爾帕索市首度實行後來稱為「威懾預防」的邊境政策。當時「威懾預防」只是地方上狗急跳牆想出來的防堵措施，目的在解決棕皮老墨非法翻牆的難看場面，以及邊境巡邏隊在拉丁貧民區追著人滿街跑，分不清誰是合法居留者、誰是非法入境者的混亂窘境。[9]當局讓一批（或者說「一幫」）理著平頭的邊境巡邏隊員，穿著軍靴和筆挺的綠制服在艾爾帕索市區及周邊走動，希望嚇阻邊境穿越者不要貿然翻牆進入這些人口稠密的地區，結果還真的奏效了。但這群升斗小民雖然氣餒，卻沒有放棄。他們許多都是華雷斯城的當地人，每天通勤到德州工作。面對這項新做法，他們選擇改走城市邊緣，那裡圍籬神奇地消失了，邊境巡邏隊員屈指可數。事情很快恢復了原狀。

然而，一九九四年《北美自由貿易協定》通過後，一切都變了。美國承諾墨西哥，只要墨西哥開放口岸讓廉價貨品進口，就會確保這位南方鄰國經濟繁榮。但墨西哥剛簽完字不久，就發現美國政府補助的**老外**（*gringo*）玉米**他媽的大批**（*pinche montón*）[10]傾銷，壓垮了他們的經濟，造成數百萬農民失業。如同過去幾個世代的墨西哥人，只要經濟不好或**北方佬**（*los Yanquis*）需要廉價勞工，[11]這群落難百姓就會開始成千上萬向北遷徙。樂觀的**農人**（*campesino*）聚集在提華納、華雷斯和雷諾薩，等著闖過**邊巡的**（*la migra*）那關，成為美國無證移民勞工大軍的一員。[12]

這股由《北美自由貿易協定》導致的人潮，使得加州聖思多羅市和德州麥卡倫市出現了源源不絕的翻牆者。因此，美國邊境巡邏隊又得想出一套辦法，以減少每天都有大批窮人湧入邊境城市的負面新聞。艾爾帕索將拉美入侵者成功趕到城市邊緣的小實驗立刻成為全國仿效的治安方針，並且沿用至今。從過去到現在，這項做法的基本假定都一樣：就算無法制止這團遷移大軍，至少可以導引他們改走偏遠地帶，讓險峻地形懲罰他們，如此一來不僅省錢（起碼某些蠢蛋這樣認為），又能將不堪的場面阻絕在公眾視線之外。結果確實如此。

二〇〇〇至二〇一三年，從墨西哥非法進入美國而遭到逮捕的總人數將近一千一百七十萬人，其中有四百五十八萬四千零廿二人是在邊境巡邏隊執勤的土桑區被捕。這片崎嶇多山、人煙稀少的區域從新墨西哥往西延伸到亞利桑那的尤馬郡（Yuma County）。[13]如果再加上旁邊的尤馬區（Yuma Sector），該州的逮捕人數將高達五百三十萬四千三百四十五人，和休士頓總人口不相上下。不過也難怪亞利桑那討厭遷移者；[14]近二十年來，美國聯邦政府一直把亞利桑那州的後院當成擋箭牌，藉此考驗數百萬邊境穿越者的耐力，並且常讓當地社群替醫療費買單。[15]儘管如此，人人都曉得，只要通過這場死亡競賽，美國的牧場、地毯工廠、肉類加工廠和壽司餐廳的後門就會為你敞開。

本書提到的事件主要發生在土桑南方，巴波奎瓦里山脈和圖馬卡科里山脈之間的帶狀沙漠。過去幾千年來，托荷納奧丹（Tohono O'odham，直譯為沙漠人）[16]原住民和他們的祖先一直以這片美麗而危險的土地為家。早在殖民時期的西班牙淘金者和基督徒、十九世紀繪製新地圖的美國地理調查員，還有二十世紀的邊境巡邏隊員這些人出現之前，[17]奧丹人就已經在此孕育出許多文化傳統與實踐，讓他們在這片大多數外人眼中不適合農業與人居的土地上過得很好。[18]民族植物學家納卜漢就寫道：「在巨人柱仙人掌（saguaro）之間揮汗勞動，是奧丹人與這片沙漠維持原始親密的方式。外人或許避之唯恐不

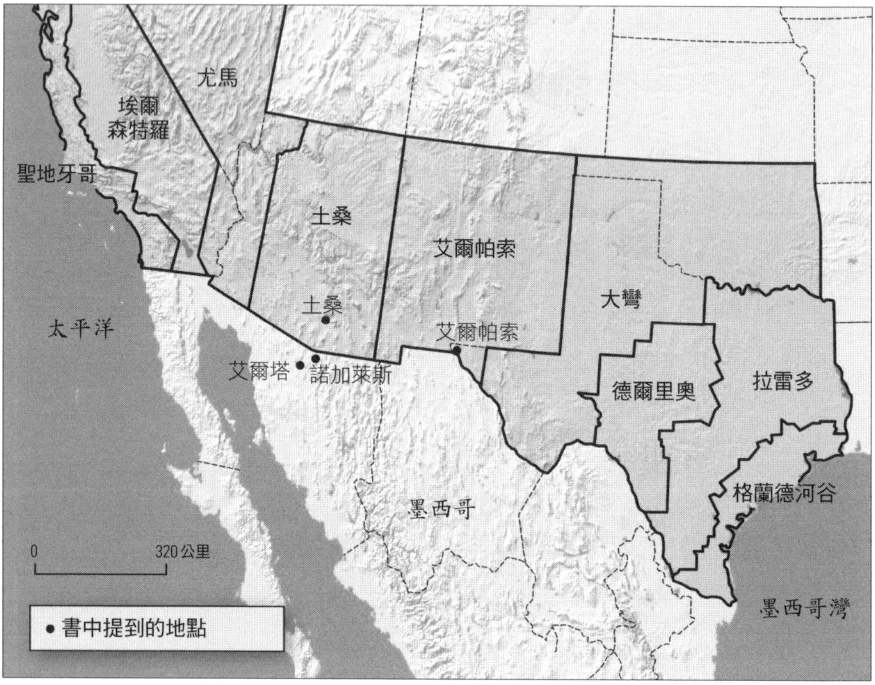

書中提到的邊境巡邏責任區及重要地點

及，但是這項農活卻忠實反映出沙漠人和他們周遭環境之間的緊密連結。在沙漠最乾燥炎熱的時候，有些人非但沒有離開，反而更深入其中。」[19]奧丹詩人奇哥一語總結了族人與土地的親密：「當我走進沙漠，動物會停下動作望著我，彷彿在對我說歡迎回家。」[20]

邊境穿越者不一樣，他們沒有沙漠人的文化智慧，這地方在他們眼中並不友善。這就像從維拉克魯茲綠油油的熱帶低地或瓦哈卡的涼爽山區，去到荒蕪悶熱的沙漠。遷移者會跟你說：「我完全沒有想到會是這樣。」他們怎麼可能想得到？遷移者是穿越死寂陌生大地的逃犯，而邊境巡邏隊倚恃的正是這一點。這片惡土是他們半公開的武器，遷移者的死傷人數證明了這一招又痛又有效。最難過的是奧丹人，美國聯邦政府將他們的聖域變成了殺戮地，巨型的曝屍場。

目前分隔亞利桑那和墨西哥的那條線是一八五四年加茲登購地時畫下的。在那之後，這塊地緣政治區經歷了一段波折的歷史。但我對那段殖民和後殖民時期的征服與暴力不會著墨太多，畢竟本書關注的焦點是二〇〇九至二〇一三年穿越這片區域的人們。不過，有幾本非常出色的作品影響了我對邊境查緝及邊境查緝過去一百年來的演變的看法。讀者如果想更深入了解這塊區域的地緣政治史，我推薦艾丁格的《看不見的線》和聖約翰的《沙上的線》。[21] 這兩本傑作匯集了檔案資料與過往的歷史研究，是這方面的最新作品。我在這本書裡對邊境巡邏政策討論了很多，卻沒有諸如「邊境查緝史」的章節。這部分我主要仰賴赫南德茲對美國邊境巡邏隊令人眼界大開的詳盡分析，還有內文斯的大作《守門人行動》和安得列亞斯的《邊境遊戲》，讓本書讀者一窺移民治安的歷史，以及美國在和墨西哥協商後院邊界時經常用來引導（或誤導）輿論的政治話術。[22] 最後，鄧恩的《美墨邊境軍事化，一九七八至一九九二年》和《邊界封鎖與人權》提供了許多關鍵的背景知識，讓我更了解現今的邊境工業複合體；對我在書裡批判的查緝政策，這兩本著作也描述了促成這套標準方針萌芽的因素。[23] 探討美墨邊境的作品當然不止這些，我接下來還會引用其他著作，但前面提到的這幾位作者，對於了解南亞利桑那和北墨西哥過去二十年來局勢惡化的過程與原因特別有幫助。

我才在感嘆最近探討邊境現狀的作品水準參差不齊，結果現在自己也針對這個老掉牙的主題寫了一本書，想來還真尷尬。我沒有那麼自大無知，覺得自己寫的最對，但只有我敢先承認我們再怎麼做也無法完全掌握美國南方邊境的實際狀況。目前的邊境管制牽扯太多因素，有些甚至以驚人的速度在變化，不論從哪個角度切入都看不到全貌。而且看到什麼並不重要，因為永遠有東西在你視線之外。我說的不是滿口金牙、駕著只塗底漆、滿載遷移者的小巴在沙漠狂飆的郊狼（*coyote*）[24]，也不是躲在樹叢準備洗劫下一批邊境穿越者的吸毒小混混（cholos）。我說的是坐在邊境巡邏隊土桑總部召開的閉門會議裡，以治安為藉口、浮誇的企業新款無人機廣告為參考，規畫最新「威懾」策略的美國官員；還有坐在警用卡車裡，對著塵土飛揚的馬路支吾解釋他們為何槍殺那個手無寸鐵、只想翻過圍籬回墨西哥的小男孩的邊境巡邏隊員。[25]更別忘了那些私下聚餐的政治人物和他們的聯邦承包商好友，一邊大啖戴爾莫尼科牛排、痛飲純麥威士忌，一邊笑談之後要怎麼讓新建好的私人拘留所人滿為患，狠狠削政府一筆。[26]我們永遠無法掌握邊境查緝制度運作（或運作不良）的全貌，那也不是我寫這本書的目的。

越界與跨界

我會接觸邊境議題，其實就只是二〇〇八年秋天某次晚餐聊天的結果。當時我剛讀完研究所，在華盛頓大學教書，不曉得接下來該研究什麼。為了博士論文，我做了兩年田野，檢視了幾千塊黑曜石碎片，以便掌握古奧爾梅克文明的政治經濟樣貌。[27]奧爾梅克是中美洲第一個偉大文明，而我在遺址發掘期間和許多墨西哥本地人共事，對他們的生活愈來愈感興趣，後來也和其中不少人變得很熟。他們不僅對移民美國非常有經驗，對亞利桑那沙漠上的「威懾預防」策略也有切身體會。

博士論文一完成，我就揮別古代石器，做了幾次很有問題的職業選擇，最終決定轉換跑道，成為民族學家。身為加州大學洛杉磯分校和賓州州立大學博士班的畢業生，我一直相信人類學對知識生產的主要貢獻就是它對人的境遇（human condition）的探究是全方位的，不只考察過去，也研究現在與未來。而人類學綜合考古學、生物學、語言與文化的研究手法，也讓我們擁有許多工具與方法來探討人之為人的道理何在。順著這個邏輯，不論你是考古學家、民族學家、人骨學家或語言學家，其實最後都是人類學家。我們不僅這樣告訴學生，自己也深信不疑。我轉換工作跑道時就是這樣想的，我只是跟著自己的人類學興趣走。

那天晚上，我和一位考古學家朋友吃飯，席間聊到伍瑞阿的那本《魔鬼公路》。[28] 作者在書裡動人描繪了二〇〇一年死於尤馬區的十四名邊境穿越者的悲慘遭遇。當時我已經決定研究遷移者，只是主題還很鬆散，因此便把那本書列進學期書單，想說或許能有些靈感。朋友說：「我跟你說，我們在亞利桑那沙漠做考古調查的時候，經常看到遷移者留下的東西，有一回還撿到一個背包，裡面有一封西班牙文情書，真是令人鼻酸。」說完她還開玩笑：「搞不好有哪個怪咖決定考古一番，研究那些東西咧。」一個月後，我人已經在荒涼的土桑南部，目瞪口呆看著堆得奇高無比的空水瓶和被扔掉的衣服了。

二〇〇九年，我開始進行**無證遷移**計畫（Undocumented Migration Project, UMP）。我的目標並不大，只是想驗證一個想法：要了解邊境穿越者的技術演進和祕密遷移（clandestine migration）背後的經濟體系，考古學可以是個很有用的工具。但我很快就意識到這些現象還涉及其他問題，而考古學只是我求得答案能使用的眾多工具之一。我在草擬階段先得出了一個結論，就是雖然民眾和學界對這個議題很感興趣，卻幾乎沒有學者或記者嘗試仔細描述非法遷移者涉及的實際遷移行動本身。近來講述邊境穿越的第一手報導大多出自譁眾取寵的記者奇想，這些記者到邊境找幾個你說什麼他就信什麼的墨西哥人，然後像影子般緊跟著他們往北方（El Norte）走。他們褲子的後口袋裡塞著護照，有恃無恐地追著遷移者的屁股跑過沙漠，寫出來的東西在我看來大有問題，充其量只是滿足美國消費者的「我也來冒險系列」而已。[29]因此，無證遷移計畫的目標之一就是針對遷移過程收集扎實的（robust）資料，以提供現有文獻之外的另一種敘事。

記錄無證

由於無證遷移總是暗中進行，而且非法，學界觀察往往隔靴搔癢這點也就不令人意外了。例如查維茲的《暗處人生》和史賓塞的《偷渡》是兩本極為出色的作品，對邊境穿越做出了不少細緻的洞察。但兩人的研究在我看來都有侷限，不是資料多半來自事後收集，[30]就是所有描述幾乎都從訪談而來，史賓塞本人也指出了這個問題。[31]但話說回來，我同樣不認為民族誌研究視為方法論基石的參與觀察（participant observation）是了解這類遷移的恰當工具。

醫療人類學家霍姆斯在近作《新鮮水果與破爛屍體》開頭提到他和一群特里基人（Triqui）偷偷摸摸穿越索諾拉沙漠的經過，他是在華盛頓州西北部一座農場做研究時認識這群原住民的。[32]霍姆斯在書裡寫道，他會和這群對話者一起穿越邊界，是因為「我剛做田野不久就了解到一件事，想對苦難、暴力和遷移進行民族誌研究，就非得親身造訪對於拉美遷移者無比重要的苦難現場」[33]。雖然我能了解他渴望更了解自己研究的無證農工，貼身觀察他們生活裡的一個關鍵面向，但我始終對這類民族誌研究感到不自在。

五年研究期間，我在諾加萊斯遇到不少人邀我一起穿越沙漠，但基於一些理由，我都婉拒了。首先，我一直相信我親自穿越邊境只會替我的報導人增加無謂的風險，而且這樣做就算不會拉大我（大學教授）和信任我、分享個人遭遇給我的勞工遷移者之間的上下關係，也會鞏固尊卑之別。讓對話者身陷危險，而我卻有公民身分作為後盾，這樣的研究設定（research scenario）和我服膺的人類學並不相合。其次，雖然這點在我看來比較不重要，但美國公民從非官方口岸穿越邊界是「入境未經檢查」，屬於犯罪行為，儘管只是民事違法，卻可能妨礙我就業和申請聯邦經費。而且一旦我選擇這個做法，結果出事了，本來就常對這類研究落井下石的右翼媒體肯定會這樣下標：「墨西哥教授協助不法者穿越沙漠，且用國家科學基金會的公帑買單。」[34]

我認為霍姆斯嘗試「目擊」偷渡過程還有一個問題沒有人提及，那就是他的親身參與其實很干擾，以致整段經歷不可能「正常」。[35] 霍姆斯本人也提到，他和一群遷移者處在一起除了讓人口販子很緊張，貝他組織也對他另眼相看，導致同行的遷移者會問他能不能開車載他們到鳳凰城，以通過邊境巡邏隊的檢查哨。[36] 此外，這些特里基人也很清楚，要是這位老外同伴出了什麼事，他們就慘了。[37] 我們不難想像，如果一名美國研究生跟著一群無證遷移者穿越沙漠結果喪了命，媒體會怎樣加油添醋。基本上，不論霍姆斯願意與否，只要他想觀察偷渡過程，他就會成為同行者的關注焦點與負擔。攝影記者安訥里諾對此也有親身體會。他在橫越尤馬區時生了病，結果害得他的拍攝對象，也就是那群墨西哥邊境穿越者被迫分心照顧他。[38] 雖然擁有公民身分也敵不過響尾蛇和中暑，但這些「有證」觀察者永遠不必擔心自己會被郊狼在沙漠裡丟包，或被邊境巡邏隊的警棍手電筒打成腦震盪。

雖然跟遷移者同行立意良善，但這些人類學家和記者有權進入美國，就算被捕也一定會獲釋。霍姆斯描述他穿越邊境的經歷時，常提到他有律師可以求援，而身為一個研究遷移者的學生更是確保他一定能免於牢獄之災。雖然他被拘留時不能用電話，上廁所也沒有衛生紙，卻可以單獨拘禁，並且得到執法人員的特別待遇，這些在在凸顯他的在場對所有相關人等是多麼反常。邊境巡邏隊威脅用非法入境的罪名起訴他，但事後證明這是他們慣用的恫嚇伎倆，跟他是否為公民無關。到頭來，人類學家只是被邊境巡邏隊警告了事，但他那些無名夥伴卻全被處理掉並遣送出境。[39]

最後，我始終覺得這種參與觀察很有問題，因為焦點往往落在寫作者的個人感受，[40] 卻不一定能讓人深入了解拉丁裔邊境穿越者所承受的恐懼與暴力。霍姆斯形容自己感覺「像一頭被捕獵的兔子任人宰割」，但同行夥伴的聲音不是被隱去，就是彷彿不存在。[41] 不僅如此，記錄事件經過的三張照片裡，有兩張將霍姆斯擺在正中央，圖說也寫成「作者和特里基人在邊境沙漠合照」。我們只看到喜笑顏開的人類學家，讀到他遭受的苦痛，其餘夥伴統統淪為無名無姓的無證邊境穿越者。因此，儘管我認為這本書很有價值，霍姆斯揭露了原住民農工遭遇到的暴行與種族歧視，但作為民族學家，我們必須對參與觀察法的使用脈絡更嚴謹，描述親身目睹他人的創傷時也要更斟酌。基於這點，我的祕密遷移研究努力不把邊境穿越者描繪成浪跡沙漠的無名影子，而是有血有肉、時時在那片土地求生或死去的人，他們的聲音與經驗比什麼都重要。

辛格和梅西的作品給了我許多啟發。他們指出無證遷移並不如大眾媒體渲染的那樣，是個亂無章法的事件，而是一個「定義明確的**社會過程**（social process），遷移者在過程中動用各種人力與社會資本以克服美國當局設立的重重障礙」[42]。無證遷移計畫一直意在提高這個社會過程的民族誌資料解析度，同時避免直接觀察非法祕密活動所可能衍生的問題。因此，這些年來我不畫地自限，從人類學工具箱借用了各種方法與理論。各位很快就會發現，這本書運用了人類學四大領域，也就是民族誌、考古學、鑑識科學和語言學，好讓我們更了解無證沙漠遷移這個社會過程。從許多方面來說，這項計畫都是在挑戰成見，從全觀式人類學（holistic anthropology）的可能性到它如何應用在政治動盪場域都是如此。

倘若各位覺得我有時措詞強烈，不是標準的學術語言，甚至不做翻譯直接引用墨西哥俚語，那是因為我想呈現對話者的直率、嘲諷與幽默，以及他們所處環境的那種惡劣；而且不論就個人或大眾來說，我都看不出在我試圖從人類學的角度掌握偷渡遷移過程中無所不在的混亂、暴力與悲喜交織時，「淡化」（tone down）我的所見所聞與所感有什麼好處。和許多研究拉丁裔無證遷移的學者前輩一樣，我也希望打破往往太過「無害」的人類學論述語言，以及相關的地理、文化、政治與經濟框架，[43] 進而證明遊走在「主流論述與邊緣論述」的邊界之間，是多麼有助於催生新的知識和文化理解形式。[44]

—

我一開始研究這群流動人口就發現，必須採取多重場域的民族誌研究策略，才能捕捉遷移過程的各種因素。[45] 這些年來，我在各州、各國和各大陸追著人跑。我在二〇一三年造訪厄瓜多十天，訪談了幾十人，二〇一三至二〇一四年數次短暫停留紐約，還打了二十幾通國內、國際和視訊電話，但書裡絕大多數的民族誌、鑑識科學（第三章）和考古資料（第七章）都是在墨西哥邊境的諾加萊斯和北部的艾爾塔，以及諾加萊斯和沙沙比之間的土桑區沙漠（參見土桑區地圖）收集到的。[46] 二〇〇九至二〇一三年，我訪談了數百位正在遷移過程中的男女，年齡在十八歲到七十五歲之間，[47] 談話地點包括公車站、街角、餐廳、酒吧、人道收容所、墓園，還有其他邊境穿越者出沒的地方。訪談對象大多數是墨西哥人，但也有中美洲人。我和他們的互動通常是非結構式的訪談，因此我會視情況做筆記、使用數位錄音筆，或兩者都用。[48] 有時我會給對話者看沙漠和其他遷移相關事物的照片，請他們發表看法。[49] 此外，我還花了大量時間觀察土桑的遣送作業，在邊境巡邏隊的陪同下參觀政府設施，並實際踏上遷移者穿越沙漠的小徑。[50]

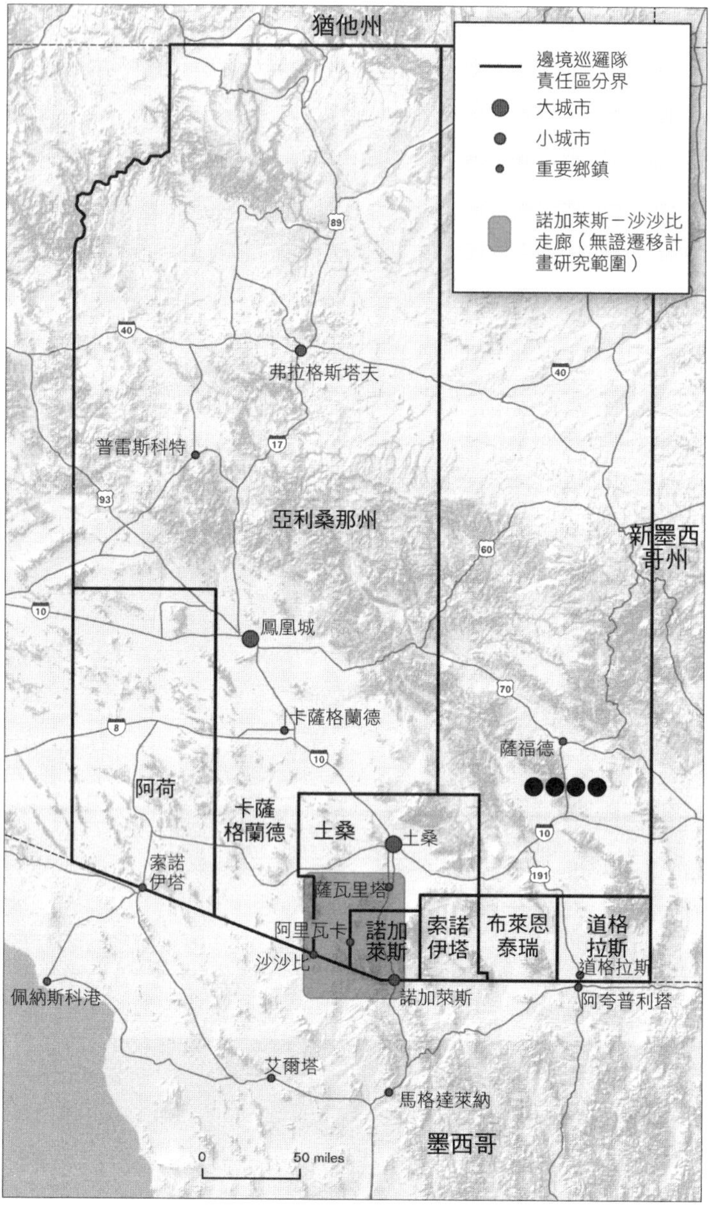

無證遷移計畫研究範圍及土桑區邊境巡邏隊派出所。改繪自高基製作的地圖。

絕大多數訪談我都以西班牙文進行，然後譯成英文，只保留部分用語以原文呈現，凸顯說話風格。由於一般人講話通常漫無邊際，不時兜圈子，或因為故事複雜而講得沒有條理，有時我會略加編輯，在維持敘事流暢的前提下，去除冗贅的部分。[51]但我改動得很少，而且非常謹慎，盡可能忠於對話者的口吻與原意。為保護當事人，書裡提到的人物一律使用化名，並更改部分個人資料，[52]只有死者和失蹤者使用真名，因為他們的家人希望「真實」呈現他們的故事，以確保離去的人不被遺忘。

描寫暴力

暴力是本書的首要主題：暴力如何在沙漠裡被建構出來，從中得利者如何看待暴力的效益，受害者又如何體認其毀滅性。無證遷移者一方面深受美國經濟的吸引，一方面又受到美國移民查緝措施的重擊，這樣的遭遇一般可以稱為**結構暴力**。[53]這種暴力是間接的，因為它是聯邦政策的後果，不是某個人的錯。沒有人為此負責。此外，這種暴力通常不是當場發生，往往被視為出於「自然」因素，以致很容易遭到州政府否認，被沙漠環境抹去痕跡。[54]本書對結構暴力的分析與切入的視角大小，會依據脈絡、時機和分析目的而異，有時探討聯邦執法單位的論述和大型基礎建設，有時則是赤裸披露政策承受者的切身感受。

這樣做是為了近距離呈現暴力的面貌，避免「洗白」暴力，同時也是為了提供齊澤克所謂的「側面瞥視」（sideways glance），好讓我們用新的角度思考邊境穿越和伴隨而來**習以為常**的（routinized）痛苦與煎熬。[55]理論上，這樣的做法得益於兩個主要論點。首先，人以外的事物（如沙漠）在過程中扮演重要角色（見第二章），因此應該將其視為邊境巡邏隊查緝策略的關鍵因素。其次，遷移者在沙漠的死亡方式反映出他們在政治上任人擺布，而為他們的**屍體作傳**（postmortem biography）有助於我們洞察影響深及另一個半球的創傷如何產生。

呈現暴力並不容易，我在撰寫本書期間無時無刻不強烈感受到這一點。我時常在夜裡為了書裡描述是否太過血腥、太不顧及他人感受而擔憂。不可否認，這本書主要採取男性的視角。身為拉丁裔學者，我接觸到的男性遠多於女性，至少在墨西哥北方邊境進行民族誌研究時是如此。基於我會在書中陸續提到的各種原因，男性比女性更容易成為訪談對象，以致我對邊境穿越暴力這件事最熟悉的也是他們的看法。這表示我對女性遭受性暴力的認識大多來自男性目擊者的陳述。[56]有學者估計，從墨西哥北部進入美國的女性無證遷移者有九成遭受過性侵，[57]也就是說，還有許多創傷經驗不曾被說出口。[58]在非常偶爾的狀況下，我會瞥見女性遭受性侵留下的實體跡證，例如剛被遣返者的黑眼圈或手腕瘀青，也有五、六回目睹女性遷移者全身僵直或極度驚嚇，怎麼安撫都無法回復。但這些只是性侵留下外顯痕跡的極少數例子。不論是什麼造成了那些瘀青或創傷，我都因為道德、方法論和性別的限制而無從得知。[59]不過，我還是盡可能將女性遷移者經歷的性暴力放入書中。

雖然本書隨處可見女性的蹤影，但有時她們只透過男性而被看見。這點在本書第二部分「在路上」尤其明顯。然而，我的用意並不是將女性變成「展示給男性注視與享受的偶像」，[60]而只是想強調，由於被逮捕的邊境穿越者絕大多數（二〇一二年為百分之八十六點五）[61]為十八到四十歲的男性，以致我最熟悉的是他們的觀點。我在書裡不少地方以男性視角為框架，主要是為了闡明在這個研究脈絡下，男性視角非但不該被直接貶為父權或色情，反而可以凸顯女性邊境穿越者的力量與經驗，以及書中收錄的敘事多大程度反映出男性面對「女性時的認同、同情與脆弱」[62]。我希望我的行文方式和書裡呈現的各個視角最終能真實反映暴力又維持所有人的尊嚴，在兩者間達成平衡。

最後，為了讓我對暴力的文字敘述更複雜，我決定冒險在書中加入人在各種脆弱不安狀態下的照片。我之所以這樣做，是受到近十年來興起的攝影民族誌風潮的影響[63]，尤其是布格司和熊柏格合著的《自以為是的毒鬼》及霍夫曼的《戰爭機器》。這兩部作品以敏銳的手法將難以直視的影像和對暴力的犀利分析搭配在一起。[64]打從研究計畫一開始我就知道，光憑文字無法捕捉到遷移者在過程中經歷到的暴力、苦痛、勝利的複雜、情緒與真貌。唯有聽見他們的聲音並且看見他們的臉，才能感受到他們是活生生的人。過去這幾年有不少生活在美國的無證遷移者勇敢站出來，說出他們的故事。[65]你接下來會讀到的那些人也是如此。他們也想被聽見、被看到。因此，我在書裡收錄了邊境穿越者在路程中拍攝的照片，還有怵目驚心的受傷與死者照。或許，唯有將這一大群我們稱為無證者的人還原為「人」，我們才能開始認真討論如何解決美國千瘡百孔的移民制度。

雖然書裡有些照片是我本人或遷移者拍的，但絕大部分還是出自和我長期合作的好友威爾斯之手。麥可・威爾斯（大家總是叫他全名）從研究一開始就參與其中，和我一起走過沙漠、在墨西哥的收容所廝混、到紐約做訪談、去厄瓜多造訪遷移者的家人，共同度過了無數時光。他雖然不是人類學家，但對我來說，他的攝影具有敏銳的民族誌色彩，不僅捕捉到了稍縱即逝的人性幽微，還記下了遷移者穿越的多重世界的纖纖細節。我在書裡將威爾斯和其他人拍攝的照片搭配上人類學的鏡頭（如遷移者敘事、考古類型學和鑑識描述），只因為我深深相信，融合文字與照片的長期人類學研究「在分析上、政治上和審美上都是一加一大於二」[66]。

本書許多影像都有出現人臉。親身經歷被我收錄書中的人，絕大多數都知道並同意我這樣做。無證遷移者希望你把他們當人看，希望你看到他們經歷了什麼，還有遷移的過程對他們生命造成的影響。我有一次問克里斯提安（你會在第九章見到他）要不要我把他的臉打馬賽克，能不能將他弟媳的照片放進書裡。他告訴我：「我要你放那些能真實呈現我們的照片。這樣更好，大家才能看到發生什麼事。看到真實。這樣大家就會相信正在發生的事，就會知道這是真的。很多人認為這一切都是假的，這些事根本沒發生。」或許，書裡接下來的照片和文字能幫助那些人，那些從來沒有想過一個人要多麼走投無路才會踏進沙漠、而身旁親友被這個過程奪去性命又是多麼傷痛的人，讓他們離「真實」稍微近一點點。

第一部分　惡地

This Hard Land

西望巴波奎瓦里山脈。（攝影：麥可・威爾斯）

1

威懾預防

Prevention Through Deterrence

犯罪現場筆記

傍晚開車到亞利桑那阿里瓦卡小鎮外的丘陵區往西看，就會看見金黃的太陽悄悄落到巴波奎瓦里山後，逐漸消逝的陽光讓遠方的峰巒與谷地看上去就像黑色勞作紙剪出來的圖案，跟老西部電影使用的剪影背景一模一樣。有一小時左右，這片背光的荒涼大地微微發亮，宛如被人緩緩淋上了琥珀汁液一般。索諾拉沙漠的夕陽美景就是這樣令人讚嘆，讓你不由得相信大自然的美善，暫時忘了這片荒土對那些炎夏時分受困其中的人們是多麼無情與殘酷。此刻我正想像那樣的夕陽，想像自己伸手到裝滿冰涼啤酒的冰桶裡。我可以感覺傍晚的微風拂過臉龐。七月的三伏天待在沙漠裡，你的腦袋就會開始玩想像的遊戲。

挪威探險家魯姆霍茲曾經形容索諾拉沙漠的夏日高熱，就像「走在大火之間」❶。誰說的？我感覺現在根本是直接踩在火上。雖然我戴了寬邊牛仔帽當保護，兩邊臉蛋還是沒幾分鐘就曬傷了，只要抬頭或仰望無垠的藍天，太陽穴、臉頰和其他被曬到的地方就開始冒小水泡。我儘量低著頭走，除非得閃躲牧豆樹或小徑突然往左或往右急彎，而且眼睛最好看著地上，免得踩到正在做日光浴的響尾蛇或踢到大石頭扭傷了腳。

我邁步向前，汗珠從臉上滑落，在地上留下一道水痕，幾秒鐘就蒸散不見。我的衣服卻正好相反，整個濕透了。我發現自己不時顫抖，開始頭暈，身體拚了命想搞懂這片煉獄。我身上那顆要價過高的背包開始發燙，背包裡的水瓶也是。換句話說，從現在開始，我只要喝水止渴就等於是在灌熱湯。氣溫一下就超過了攝氏卅八度，而現在才早上十點。我的夕陽和冰啤酒幻想開始沒效了。我和威爾斯正跟著我的多年好友基伊（Bob Kee）❷穿越圖馬卡科里山區，他是南亞利桑那人道組織「土桑撒馬利亞人」成員，長年往來這些小徑，除了放置食物和飲水給不知影蹤的邊境穿越者，偶爾還得急救被拋棄的遷移者。

這條小徑很不好走，遍地銳利的岩石和張牙舞爪的牧豆樹，每根枝幹似乎都對準你的眼睛而來。我們快步前行，基伊帶隊通常就是這樣。他比我們年長近三十歲，卻健步如飛，把我們累得七葷八素，差點跟不上。我和威爾斯在後頭苦苦追趕，咱們的荒野禪師卻好像從來不會流汗、抱怨或放慢步伐。他每一次轉彎似乎都通向另一個陡上，我敢說他故意挑最難爬的路線，好讓被他帶進沙漠的人知道，這片環境對遷移者和其他斗膽頂著炎炎夏日前來的登山客有多可怕。「就快到了，我保證。」基伊說。我勉強擠出笑容，因為他之前這樣說都只是為了讓我感覺好過一點，不是實話。「快到了」是委婉的說法，意思是「還有六公里半」。但這天他口吻變了，不再是平常輕鬆快活的他。他不再開玩笑，例如問我要不要給他揹，很顯然他認定自己有任務在身。我們繞過一個彎後停了下來。他平靜說道：「我就是在這裡發現那個人的。警局派人來把我們找到的東西都收走，但當時天快黑了，我們沒有太多時間搜索整個區域，找到的多半是手骨、腿骨和衣服碎片。我想把頭顱找到，這樣比較好追查死者身分。我敢說這裡還有骨頭。」

幾星期前，基伊在這一帶看見一位邊境穿越者已經散掉了的部分骸骨。那是他一個月之內碰見的第二位死者。他打電話報警，警局派了兩名警探過來將找到的骸骨取走。基伊說他們只在附近轉了五分鐘就準備走人了，因為天氣熱得要命，兩位警探沒有準備也沒心情進行大規模搜索，更何況尋找「偷渡客」的骸骨從來不是執法單位的優先要務。現在我們三個重新回到這一帶，準備尋找那個曾經活著的人的其餘屍骨。

基伊沒有說錯。那裡還有骸骨，只是警探忽略了，但我們找了很大範圍才找到，因為骸骨散得到處都是。我們往下坡走，看見一段手臂卡在兩塊岩石之間。除了連結骨頭的肌腱還在，其餘的皮肉都被不知道哪種生物給啃乾淨了。小徑再往前一點，我看見紅土坡上有幾塊白色斑點非常顯眼，很像有人掉了一盒粉筆。我湊近一看，發現那些是人骨碎片，大部分是被陽光曬白的肋骨殘骸，已經被某個動物弄斷啃過了。我瞥見小徑旁的石頭上有一顆完整的牙齒，心底燃起一絲希望，心想頭骨或許就在附近。

於是我們開始焦急尋找那人的頭顱。我們翻動岩石，戳弄地下巢穴，伸長擦傷流血的雙手在厚樹叢裡盲目摸索，希望找到被動物藏起來或大雨沖散的骸骨。雖然天氣熱得讓人沒力，我們還是拚命搜索。就這樣奮鬥了四十五分鐘，我們放棄了。沒有頭骨，也沒有其他的牙齒，但我們確實在一處骸骨旁發現一雙破爛的登山鞋。頭骨到底去哪裡了？我開始想像可能的經過，腦中閃現蒙太奇畫面，一群禿鷹笑著啄出那人的眼球；兩隻郊狼像踢球一樣用腳猛拍那人的頭顱，想從枕骨大孔弄出點腦髓吃。這種時候你真的會討厭人有想像力。在沙漠失去過親友的人都會告訴你，不知道親友發生了什麼，加上腦中浮現的各種可怕場景，真的會把人逼瘋。

基伊收集散落的骸骨，威爾斯開始拍照。斷臂裝進黑色垃圾袋，肋骨和牙齒則是進了封口袋。基伊潦草記下GPS位置。之後他會將骸骨送到警局去，然後被罵「破壞犯罪現場」。諷刺的是警察自

人齒，2011年圖馬卡科里山區。（攝影：麥可・威爾斯）

己明明來過，基伊只是撿拾警察草草搜索遺漏的骸骨而已。事實上，這裡雖然是犯罪現場，卻沒有幾個人真的在乎或想知道發生了什麼。對許多美國人來說，這個遺體被啃得連性別都無從得知的人就只是個「偷渡客」，違反美國法律而淪此下場的非公民。其中不少人更認為，只要一直用「偷渡客」稱呼這些人，就能不談他們的本名，不用想像他們的面孔。美國就算是個移民國家，也是很久以前的事了。如今有太多人患了歷史失憶症，將過去的「高貴」歐洲移民和現在的拉丁裔邊境穿越者視為完全不同的兩種人。他們一下就忘了美國曾經多麼暴力對待愛爾蘭、中國和其他新抵達的移民族群。和過去移民遭受的苦難相隔久遠有個好處，就是如今有許多美國人根本不介意將國籍擺在人命之前。光是瞄一眼網路鄉民對最近一則名為「非法移民人數減少，邊境穿越死亡人數增加」❸報導的評論，就能看出極端反移民人士對遷移者死亡的看法：

我沒有譴責死者的意思，我也認為讓人死於痛苦很殘忍，但從某方面來說，這樣或許比較好？我的意思是，畢竟有些人就是因為家鄉什麼都沒有才會鋌而走險，死在路上至少不會再受苦。❹既然美國什麼都會附說明，而且光有告示並無法……嚇阻人們非法進入美國，那我們何不……將那些曬乾的屍體掛在遷移者穿越邊境的地方，然後附上說明「或許兩天後你也會變成這樣」？❺

網路上幾乎所有關於遷移者死亡的報導都會見到這類評論，讓人還以為自己讀到的是諷刺刊物《洋蔥報》的「美國之音」專欄呢。我們往往只將這些回應看成極端的仇恨言論，但這種藐視無證者性命、認為應該用屍體來嚇阻遷移者的想法，卻是美國聯邦政府目前邊境治安政策的基本要素。

不過，在我們尋找遺骸的此刻，這些其實都無所謂了。因為沙漠已經開始抹去這個人的痕跡，還有他或她曾經歷的暴力與驚恐。整件事還沒來得及為人所知，就已經被人遺忘。

骨粉：被迫成為裸命

許多邊境研究者都受到哲學家阿岡本著作的影響。他對主權、法律和個人權利的探討，啟發了研究者對國與國之間那片物理空間如何左右公民、非公民和政府權力的建構的理解。❻而他提出的「例外狀態」的概念，也就是當局宣布國家進入緊急狀態，以擱置個體受到的法律保障，加強政府對個體的權力，對於研究民族國家**邊陲**（margin）更是重要，因為正是在這些邊陲地帶，主權和國家安全的緊張關係不僅有明確的發生位址，而且每日上演，清楚可見。❼如同阿岡本對集中營的分析，邊境的空間構成往往讓一塊不在正常狀態與道德律法之內的空間得以存在。邊境成了「例外之地」，成了一個人進去後就被剝奪個人權利和法律保障的物理和政治所在。屍體被野生動物吃掉便是美國聯邦移民政策在索諾拉沙漠造成的許多「例外」之一。❽

朵帝指出，美墨邊境是標準的例外空間，那些想未經許可進入美國的人常被迫成為**裸命**（bare life），也就是死亡幾乎不會造成任何影響的個體，因為美國的邊境政策不承認未經允許的遷移者的權利，❾並且讓這些非公民暴露在政府建構的地緣政治空間中，藉由苦難和死亡來嚇阻他們遷移。❿認為邊境穿越者的性命無關緊要這種看法不僅反映在聯邦移民查緝單位對待他們的方式裡，也充斥在反移民論述中，前面提到的網路評論便是一例。而索諾拉沙漠地處偏遠，杳無人煙，很少出現在美國民眾的視野內，更有助於這種將人「非人化」的做法。在這個空間裡可以用放到其他脈絡幾乎都會被視為暴力、殘忍和荒謬的方式執行治安。你只要想一下，如果拉丁裔無證者的腐爛屍體不是出現在索諾拉沙漠，而是出現在某個高爾夫球場的第九洞旁，或附近的麥當勞停車場堆著被曬白的頭骨，就會明白這個道理。

沙漠與世隔絕，再加上民眾認為邊境是法外之地，讓政府得以名正言順使用非常手段控制和排除「不文明」的非公民。執法者在那裡「可以擱置司法命令的控制與保證，例外狀態的暴力被看成是為『文明』服務」⓫。主權權力將遷移者塑造成需要暴力處置的被排除者，同時剝奪他們抵抗或抗議的能力。環境成為一種威懾，執法者可以「盡情利用沙漠的**野性**（raw physicality），並以之掩蓋社會與政治權力的運作」⓬。你只要鼓起勇氣踏進這個駭人的地緣政治空間，就會看到美國的內在監視（internal surveillant gaze）如何運作，⓭並了解為何這一區的地圖應該標上「怪物入侵」（Here be monsters）。

正當我們準備離開死亡現場時，我發現地上有東西，便蹲下撿了起來。那是一塊比我指甲還小的骨頭，而且立刻就碎了。我正想遞給基伊，不料忽然來了一陣風，將粉末吹掉一大半，於是我趕緊將手指上剩下的殘渣聚攏，倒進封口袋。但這只是白費工夫。對於骨粉，鑑識科學家能做的非常有限。那人很可能就此被歸檔進皮馬郡法醫室遷移者死亡資料庫：「姓名：不詳。年齡：不詳。國籍：不詳。死因：尚待確定（骨骸部分遺留）。」那人的身分和大部分屍體都被沙漠吞噬了，而且沒有目擊者。一條裸命就只剩下鞋子、幾塊骨頭和「不詳」。

——

我常想到那一天，原因有兩個。首先，我們知道那人的死亡和他或她存在痕跡的消失一點也不特別。從二〇〇〇年十月到二〇一四年九月，光是亞利桑那南部就找到兩千七百廿一名邊境穿越者的屍體，[14] 其中近八百人至今依然身分不明。[15] 其次，沙漠裡的那一刻完美展現了目前美國邊境查緝政策的結構、邏輯和對人體的衝擊。我是在二〇一二年春天造訪諾加萊斯的璜波斯哥移民收容所時（見第五章）徹底理解到這一點。這個非營利組織的灰泥牆上總是貼滿墨西哥政府警告沙漠風險的亮面傳單、「人道邊界」組織製作的超大幅邊境穿越者死亡位置圖，還有家屬張貼的失蹤遷移者海報。但要到二〇一二年，我才頭一回看見男廁牆上出現一張美國國土安全局製作的小標語。標語用西班牙文寫道：「下回再沒有證件穿越邊境，就會成為沙漠的犧牲者。」標語旁邊還很可笑地畫了一棵卡通的巨人柱仙人掌。

那麼拙劣的沙漠圖案讓我笑了出來，卻也想起我只在墨西哥的收容所看到過那麼幾次美國政府製作的警告標語。不過，更有意思的是這則標語將沙漠擬人化，將之比喻成鎖定遷移者的施暴者，⑯而且很取巧地絕口不提美國聯邦邊境查緝政策和那片惡土之間的戰術關聯。然而，只要將這個公共服務標語放到歷史裡檢視，就能看穿「威懾預防」這個自一九九〇年代便開始刻意將遷移者導引至那片沙漠的策略結構，同時看出美國邊境巡邏隊是多麼狡猾地徵召大自然成為執法者，並且在遷移者死於沙漠之手時可以嚴詞否認自己負有責任。接下來，我將概略介紹威懾預防策略的歷史與邏輯，並點出邊境查緝政策和遷移者所遭受的苦難與死亡之間的關聯，進而在本書其餘篇幅裡詳細探討這個關聯。

眼不見為淨

一九九三年七月，美國移民及歸化局⑰任命墨西哥美國邊境巡邏隊員雷耶斯為艾爾帕索區隊長。雷耶斯會得到拔擢，是因為當時邊境巡邏隊在該地區陷入危機，面臨一連串官司和違反人權的指控。民眾的不滿主要有兩個，一是合法居留的拉丁裔人士受到不當的**種族定性**（racial profiling），二是持續追捕無證邊境穿越者的做法危險又過當。⑱住在邊境一帶的艾爾帕索居民大多數是拉丁裔，這讓**邊巡的**不靠問話很難判斷誰是「偷渡的」。當地居民受夠了每天出門辦事都會被執法人員攔下查驗公民身分。面對他們的抱怨連連，雷耶斯想出了一個極端的全新策略，徹底改寫了美國的邊境治安作為。鄧恩這樣描述雷耶斯一九九三年九月十九日展開的「封鎖行動」（Operation Blockade）：

> 行動重點是展示強勢警力，嚇阻從華雷斯到艾爾帕索這段核心都會區未經允許的邊境穿越行為……包括在格蘭德河兩岸及鄰近堤岸配置四百名邊境巡邏隊員（該區的巡邏隊員總數為六百五

十人），一律穿著軍綠服，乘坐綠白兩色巡邏車，全天候短距離（間隔五十到八百公尺）駐紮在艾爾帕索和華雷斯之間那卅二公里路段……密集駐點讓巡邏隊員在格蘭德河畔形成一道懾人的防線，甚至類似一堵虛擬圍牆，更別忘了還有偵察直升機頻繁出動，在低空盤旋。[19]

在這個新策略出現之前，邊境巡邏隊的標準作業程序是等遷移者越過邊境之後再設法逮人。然而，幾十個男女老幼同時翻越邊界圍籬，讓身穿綠制服的巡邏隊員追著跑的景象實在太馬戲團，跟電影中的「基斯通警察」（Keystone Cops）一樣滑稽，後來喜劇演員馬林甚至以此為靈感創作了電影《逃往美國》。這種情節每天上演，顯示了封鎖邊界有多困難，而雷耶斯在艾爾帕索的邊界口岸及周圍布下重兵是很有效的公關手段，似乎讓當地居民心滿意足。然而，這樣的「警力展示」並沒有阻止非法移民，頂多只是讓原本習慣穿越市區的遷移者受不了，被迫轉到人口稀少的城市邊緣繼續輕鬆翻越圍籬。[20]

除了將遷移者引出市區，新策略還讓遷移行為更少出現在民眾眼中，讓對付無證者的治安行動發生在幾乎沒有目擊者的區域。所謂的眼不見為淨，儘管這項「威懾轉移」策略只是讓邊境穿越者的蹤影較少出現，[21]但很快便有政治人物大力讚揚，[22]其他地區也起而效尤。從南加州一九九四年執行「守門人行動」、亞利桑那州一九九四和一九九九年兩度執行「防衛行動」，到德州南部一九九七年執行「格蘭德行動」，一九九〇年代美墨邊境大部分地區都感受到了這股威力。雷耶斯當初推出封鎖行動只是想將邊境穿越行為引出市區，讓「遷移者待在邊境巡邏隊的地盤上」[23]，完全沒想到這個做法會變成以自然環境為戰術、廣泛執行的政策，並且在九一一攻擊事件後成為邊境治安措施的基礎。

險惡地帶

封鎖行動的構想很簡單。在艾爾帕索市區的邊界口岸及周邊強化治安，就能迫使無證遷移者選擇從較外圍的區域穿越邊境，更有利於執法單位實施監控。雖然在艾爾帕索試行這個做法並未得到移民及歸化局的正式許可與完整評估，但立刻引來了媒體和政治人物的注意，並且隨即納入聯邦政府的新方案中。封鎖行動執行不到一年，移民及歸化局便頒布了策略計畫，[24]基本上就是將雷耶斯的非正式做法包裝成全國計畫：「為改善邊境管制，邊境巡邏隊將執行『威懾預防』策略，在所有主要入境通道挹注優勢執法資源，以便達成策略目標。邊境巡邏隊將增加第一線執勤人數，並有效運用科技以提高逮捕風險，達成嚇阻之功效。」[25]構成這項新策略的要素之一，就是判定邊境偏遠地帶（如索諾拉沙漠）難以步行穿越，因此執法人員可以有效利用。然而，歷史學家艾丁格告訴我們，這個想法一點也不新穎：「打從（一八八二年）執行排華法案開始，美國移民當局就發現了沙漠和荒山野嶺是打擊無證入境的好幫手。遷移者在偏遠小徑上很難取得食物和飲水，只有在公路或鐵路沿線能取得必要物資，但那些地方也最容易被移民查緝隊逮到。」[26]就如一九二六年一名聯邦幹員所指出的，邊境查緝的目的在於「起碼讓穿越邊境變得危險，非法入境只能少量進行」[27]。

不過，美國直到一九九三年正式進入威懾預防時代，才真正認定沙漠和其他橫跨邊界的極端環境可以當成策略手段，嚇阻遷移者大舉非法入境。移民及歸化局的策略計畫備忘錄是最早提到環境條件可以用來防衛地緣政治邊界的文件之一：「邊境環境非常多樣，從高山、沙漠、湖泊、河川到谷地，都是天然的通行障礙，而氣溫從北端的零度以下到南端的烈日炙熱不僅考驗著非法入境行為，也對執法構成了挑戰。**非法入境者穿越無人居住的偏遠海陸邊境地帶時，可能會有生命危險**（粗體為作者所加）。」[28]

雖然政策制定者在過去數十年來不斷寫到威懾預防策略，[29]但只有一開始的相關文件曾清楚提到官員對環境作為執法工具的設想：「預計舊有的入境和偷渡路線將中斷，非法人口移動將受阻或被迫改走地形較為**險惡**、利於執法而不利於穿越的地帶（粗體為作者所加）。」[30]威懾預防策略施行前，美國邊境管制的主要手段為非法入境後再逮人，然後送往自願離境區（voluntary-departure complex）等候處置。被捕的遷移者可以放棄召開聽證會的權利，以換取儘速遣送墨西哥，不用長期拘留。[31]不少人指出這種做法相對無用，因為許多遷移者反覆被捕多次後不是習慣了，就是不再那麼害怕。[32]威懾預防策略其實是這套規訓措施無效的直接後果。

移民及歸化局在一九九四年的策略計畫裡用了「險惡」（hostile）一詞，代表新的邊境查緝措施將比之前的做法更激烈和暴力，因此也更有效。選擇這個詞很有意思，因為擬定策略計畫的除了邊境巡邏隊，還有來自「國防部低度衝突研究中心的專家」，[33]他們曾經負責研擬發展中國家的鎮暴策略。[34]只是非常諷刺，這些專家想方設法阻絕的那些遷移者，有不少正是為了躲避受到美國干預主義政策認可並支持的中美洲暴行而選擇遷移的。[35]

這份初始報告發表後，描述沙漠環境的用語開始逐漸從「險惡」轉為「嚴苛」（harsh）和「荒涼」（inhospitable）等等。[36]措詞轉變顯示了美國官方千方百計想淡化這項政策所付出的人命代價。譬如沙漠的險峻程度明明是政策有效與否的關鍵，但以威懾預防為主題的政府公開文件卻甚少提及，也很少談論這項政策與遷移者死亡的關聯。[37]此外，雖然邊境巡邏隊二〇一二至一六年策略計畫裡附了多張隊員在索諾拉沙漠執勤或「援救」遷移者的照片，卻絕口不提這塊區域，也不談它對嚇阻遷移行為有多關鍵。這片險惡的土地已經在政策備忘錄裡偽裝隱形了。

一九九四年，專家預言威懾預防政策將使遷移者不再只經歷被捕與遣返。策略計畫的擬定者做了幾個基本假設，包括「暴力升高，策略的效果才出得來」等等。[38]然而，計畫並未明確定義「暴力」，而且這兩個字對某些人來說可能太坦白了，因此後來的政策簡報都改用比較婉轉的說法，例如「代價」（cost）。移民及歸化局發表策略計畫三年後，一份美國國會報告這樣寫道：「西南邊境策略（前稱策略計畫）最終目的為嚇阻非法入境美國之行為。該計畫指出『本策略的中心目標就是讓非法入境變得難度極高、代價極大，以使更多人不敢輕言嘗試』。[39]」

雖然沒有官方文件公開明講威懾預防的目標就是殺害邊境穿越者，以嚇阻其他有意嘗試的遷移者，但學術界和不少負責考核邊境巡邏隊計畫的聯邦單位都指出了這項政策和遷移者死亡的關聯。[40]二〇一〇年，美國一份呈交給國會的報告寫道：「『威懾預防策略』……將未經允許的遷移從人口稠密區推往更偏遠而危險的邊境地帶。這項政策造成一個**始料未及的後果**，那就是邊境死亡人數增加。原因為未經允許的遷移者試圖橫越荒涼的亞利桑那沙漠，但無法適時取得飲水而喪命（粗體為作者所加）。」[41]

遷移者死亡人數增加是威懾預防政策「始料未及的後果」，這種說法不僅誤導，而且忽略了先前提到的證據，政策制定者早就知道死亡在查緝政策裡扮演的角色。例如，美國國會政府課責署就在一九九七年一份報告裡指出，「嘗試入境者死亡人數」是「西南邊境非法入境嚇阻策略的效力指標」之一。同一份報告還表示，「司法部長的策略要能奏效，取得預期成果」，就得「看執法資源如何配置。有時可以減少或預防死亡，例如沿著高速公路設立圍籬；有時可能增加死亡，例如在市區執法，迫使外來者嘗試從沙漠或山區穿越邊境」[42]。這段話我讀了好幾遍才完全搞懂。它光明正大表示政府是用遷移者死亡人數來衡量威懾預防策略的效力。從某方面來說，這只是邊境穿越者死亡報導底下那些反移民評論的漂白版而已。譬如有網民說：「只要移民人數減少……我就可以接受邊境死人。」[43]這些美國民眾不在乎遷移者性命的程度似乎和聯邦政府的看法不相上下。

上述官方文件透露了兩件事：早在規畫之初，威懾預防策略就視遷移者死亡率為衡量策略效力的可靠指標（即「暴力升高，策略的效果才出得來」），而邊境巡邏隊顯然知道「在市區執法迫使外來者嘗試從沙漠或山區穿越邊境」會提高死亡率。雖然亞利桑那沙漠的死亡人數於二〇〇〇年代初開始飆高，[44]而這份報告是在那之前發表的。早在一九九七年就有明確證據顯示，威懾預防策略造成的死亡主要來自「環境暴露」（墜落、體溫過高和脫水）。[45]這項政策沒有選擇在遷移者翻越圍籬時射殺他們，而是讓沙漠成為邊境穿越者的新「加害者」。

串起來了

威懾預防策略一開始施行，亞利桑那州偏遠地區的逮捕人數和遷移者年死亡率都大幅攀升。一九九三年，土桑區邊境巡邏隊共逮捕九萬兩千六百卅九人，二〇〇〇年已經高達六十一萬六千三百四十六人，增加近七倍（見附錄一）。雖然南方邊境這七年間整體逮捕率沒有明顯提高，威懾預防策略的導引效果卻很明顯，嘗試穿越土桑區的人急遽增加。一九九三年，土桑區逮捕人數只占南方邊境總逮捕人數的百分之八，二〇〇〇年已經占百分之卅七，過去近二十年來更成為無證遷移者的主要入境路線，直到最近才稍有變化。[46]

雖然威懾預防策略將遷移者導引至較為「險惡」的地區，卻沒有讓有意穿越邊境的人大打退堂鼓。政府課責署早在二〇〇一年就發現了這一點：「雖然移民及歸化局確實達成了目標，將非法外來者導引至市區之外，卻以犧牲……這些外來者為代價。而且許多外來者非但沒有放棄非法入境，反而冒著受傷或死亡的危險嘗試穿越山區、沙漠與河川。」[47] 威懾預防策略實施以來，已經有很多人死亡，而且將遷移者導引至邊境偏遠地區和遷移者死亡人數飆升顯著相關。[48] 然而，儘管聯邦當局也承認威懾預防和遷移者死亡有關，卻還是普遍否認兩者有因果關聯，例如政府課責署二〇一二年一份報告便指出：

> 登記有案的遷移者死亡人數自一九八八年的高點三百四十四人降至一九九四年的低點一百七十一人，隨後又於一九九八年增加到兩百八十六人。根據國土安全部的資料，登記有案的遷移者死亡人數自一九九九年的兩百五十人增加至二〇〇五年的四百九十二人；二〇〇五至二〇〇九年平均每年死亡四百卅一人，二〇一〇至二〇一一年降至平均每年死亡三百六十人……對照同一時期的外來者逮捕人數（亦即未經允許入境者估計人數）減少，遷移者死亡人數增加特別值得注意……**整體而言，資料顯示自一九九〇年代實行威懾預防策略以來，邊境穿越變得更加危險。不過要再次強調，我們仍不清楚執法作為對遷移者死亡的確切影響**（粗體為作者所加）。[49]

此外，聯邦政府、社會科學家和人權團體對於邊境穿越者死亡人數的計算方式也毫無共識。比起其他單位，國土安全部經常選擇最低的遷移者死亡數字。[50] 由於這類資料不受歡迎又有爭議，不難想見政府會低報數字。根據一項較為保守的估計，一九九八至二〇一二年的遷移者死亡人數為五千五百九十六人，[51]二〇〇〇年至二〇一四年九月在亞利桑那南部發現的屍體則有兩千七百七十一具，[52]足以坐滿五十四輛灰狗巴士。這些還只是登記有案的死者呢，許多遷移者或許死在偏遠地區，屍體始終沒被發現。死於遷移過程中的確切人數將永遠成謎（見第三章）。

—

雷耶斯一九九三年在艾爾帕索推行的封鎖行動和本章開頭提到的骸骨或許相隔了將近二十年，距離五百六十公里，但兩者的關聯清清楚楚。封鎖行動成為全美邊境政策的基礎，該政策以沙漠為武器，而且繼續使用這項武器。威懾預防策略已經從直言不諱的構想——這個構想公開承認沙漠的險惡可以當成對付敵軍或移民的武器——變成一套漂白過的論述，用來支持一個不幸（或「意外」）造成遷移者「冒生命危險」的標準查緝方針。

一九九四年，美國聯邦政府公開認可，贊成將邊境穿越者導引至執法人員具有「戰術優勢」的「險惡地帶」。二十年後，邊境巡邏隊的標準論述卻將砲口指向人口販子，指責他們「將遷移者置於沙漠的險惡之中」。聯邦政府的這種說詞轉變，將究責對象從政策轉移到環境和郊狼身上，《亞利桑那每日星報》有一則傳神的報導。報導中，一名邊境巡邏隊員被問及發現數具遷移者屍體一事，他說：「索諾拉沙漠非常遼闊，又很偏遠，水源很少……重點是非法移民被人口販子騙了害了。那些傢伙把他們帶進暗藏風險的地區，暴露在極端環境下。」[53]但內文斯一針見血，指出聯邦政府否認對這些死亡負有責任，並把錯怪在郊狼將遷移者帶進高風險區，但這種論調其實忽略了一項事實，那就是「正是因為邊境策略加強管制，才直接導致借助郊狼的比例大增，會有這樣的結果完全可以預測」。[54]

取道亞利桑那的遷移人數上升，穿越邊境者死亡人數增加，顯示美國的治安手段有效且有系統地將人導引至險惡地區，讓遷移過程更加致命。威懾預防策略明明白白仰賴沙漠「威懾」遷移者，嚇阻他們別再嘗試穿越邊境。但那片「險惡」土地到底是什麼模樣？又具有哪些環境因素可以阻攔遷移者？下一章我將回答這些問題，並提供一個理論架構，幫助各位了解邊境穿越者和扮演威懾者的人與物之間錯綜複雜的關聯。

2

險境

Dangerous Ground

異質集合體

美國邊境巡邏隊長雷耶斯為了防止邊境穿越者翻過圍籬進入艾爾帕索市區，派出數百名身穿綠色制服的隊員駐守格蘭德河，已經是二十年前的事了。他的做法引發連鎖反應，徹底改寫聯邦政府從布朗斯維爾到聖思多羅的邊境治安政策，也已經過了二十年。雖然雷耶斯當時並不曉得，卻已種下了不久後出現的「威懾預防」一詞的種子。

威懾預防。聽起來很厲害，用粗體字打在聯邦政府文件上很搶眼。這四個字大搖大擺出現在邊境巡邏隊的投影片上，給前來了解他們如何打擊恐怖分子、打擊非法移民的政治人物看。威懾預防。聽起來很有威力，卻不惡毒，希望說服你相信它是個人道的政策，目的只是在預防犯罪，防範於未然。

威懾預防。這個詞既模糊又乾淨無菌，像極了國防菁英談到大規模毀滅武器及人員傷亡時拿來消毒的枯燥字眼。[1]和軍方一樣，邊境巡邏隊的用語充滿了各種婉轉與抽象，例如外來者、非老墨（Other Than Mexican）和戰術優勢。而「威懾預防」就如同政府使用的許多治安語彙，「只有字眼，沒有血淋淋的實況。」[2]它是語言織成的布幕，將血汗與淚水從大眾眼前遮去。我說過了，這四個字擺在投影片上很好看。

二十年後的現在，**威懾**一詞對邊境穿越者來說代表什麼？「險惡」地形背後又隱藏了什麼？是可以將肉烤熟的高溫嗎？銅牆鐵壁和遠距地感測器？還是地面上幾千名荷槍實彈的巡邏隊員？是毒蛇咬痕或有輪姦癖好的盜匪嗎？是在荒涼山區走了幾十公里而解體的鞋子？還是原本沒診斷出來，結果在沙漠裡走了幾天就出現的心臟病？雖然這些（還有其他一大堆）全都成為邊境巡邏隊查緝機制的一部分，卻從來不曾出現在政策說帖中。況且，使用**威懾**一詞可不只是用來掩蓋這項策略的人道衝擊的政治話術而已。

就算政策規畫者將用詞改成「死亡預防」或「苦難（Suffering）預防」，還是遠遠無法捕捉這套查緝手法的複雜與殘暴。這裡無法用三言兩語交代清楚威懾預防的組成變數、程序與角色，裡頭有太多部分、太多未知與隨機行事。基本上，我們永遠無法完全掌握遷移者是被什麼「威懾了」。那我們要如何才能開始了解這套錯綜複雜、有時隨機、永遠無法讓人摸透的機制？如何找出一個公允的分析視角，同時解釋坐在豪華警車裡吹著冷氣看著綠色監視螢幕發呆的巡邏隊員，以及暴洪、蠍子螫、膝蓋脫臼、四十度高溫、在沙漠盤旋搜尋熱信號的無人機和吃腐肉的猛禽野獸？如何才能開始了解這道同時由人類、動物、植物、物體、地理、溫度和未知構成的威懾之牆的結構？

我想闡明威懾預防的複雜與曖昧，而做法則是來自**異質集合體**（hybrid collectif）理論的啟發。[3]卡隆和羅主張，**能動性**（agency）是許多異質單元互動產生的突現性質。這些異質單元稱為**行動者**（actant），可能是人類也可能不是。[4]說得比較簡單、比較不法文一點，就是人和物體並非獨立行動，而是無時無刻不在時空中複雜互動，不時生成事物或促成事件發生。因此，「展現能動性」的其實是這些關係，而非個別的人或物。能動性不存在和出現於真空中。用班尼特的話來說就是：「行動者其實從來不單

獨行動，其效能（efficacy）或能動性永遠仰賴協力、合作，或許多物體與力量的互動干涉。」❺

想了解能動性的產生是多麼錯綜複雜，就必須放大視野，將構成異質系統的所有單元盡收眼底，從人類、動物、礦物到天氣形態無一遺漏。此外，我們還必須跳脫一套簡單、多年來受到不同領域的學者挑戰的二分法，❻不要再嚴格劃分人類和非人類。這套二元論哲學架構是許多人一味嘗試將所有行動歸於人類、所有隨機和無生（inanimate）狀態歸於非人類的原因之一，其罪魁禍首正是西方世界的菁英。❼對願意敞開胸懷重新思考人類和非人類的關係，❽甚至跳脫這套分類的人來說，「組成集合體的異質成分互動」什麼時候「產生突現效果」，❾集合體就什麼時候存在。

為了搞清楚非人類對行動形態（forms of action）有多重要，貢獻為何，我們必須先做到幾件事。首先是不再將人類視為能動性方程式裡的主變數，打破這個將我們置於萬物之上的階序觀，體認到智人並非永遠是行動世界的中心或必要存在。如同史坦內斯古所言，我們長久以來一直欺騙自己，認為自己是特別的：「相信人類例外論需要某種超然之信（transcendental faith），相信我們和其他萬物及生靈截然有別，不受同樣的演化力量所主宰。」❿這不表示人不重要，或是說世界上許多事物會是現在這樣通常不是我們的錯。人很多時候都是跨物種系統（例如全球暖化）的原動者，但少了工廠、汽車、溫室氣體、化石燃料、太陽和其他非人類，我們不可能毀滅自己所在的這個星球。我們全體，從人類、物品、礦物、環境條件到人以外的動物，都以無數種方式同時交纏在一起。這些異質單元連結起來所組成的結構，以及這些結構所展現的能動性，都會在時空中不停變化，以各種形態與大小出現。⓫

由於人只能透過語言和人類特有的認知形式來描述和思考異質集合體，因此必然會有許多遺漏。日常生活裡有許多時刻，其複雜我們既無法完全理解，也無法用語言描述。⓬就拿你昨天中午吃的漢堡來說吧，你能描繪出那個漢堡背後的所有行動者和經驗嗎？你的描繪裡有牛的觀點嗎？從牛欄的角度會看到、感受到和聞到什麼？你有想到負責電擊牛頭的人嗎？那一擊有「成功」嗎？還是那頭牛懸吊在屠宰間裡痛苦掙扎，直到某人架住她，再電擊她一次？[13]負責維修電擊槍的人呢？還有駕駛卡車運送漢堡肉到餐廳的女司機？你有描繪卡車引擎和中東製造的精煉汽油的化學反應嗎？牛生前吃的飼料和屠體處理室的溫度呢？你有想到在廚房裡煎漢堡肉的瓜地馬拉無證青少年嗎？或是在煎烤過程中被高溫破壞的大腸桿菌？這樣說你應該懂了吧。

異質集合體的大小取決於分析的角度和尺度，有時甚至會膨脹到無限大，把你的腦袋逼瘋。更別說有些系統（如人腦）對我們的大腦來說連理解都有困難，遑論描述了。重點是，我們的日常生活裡充斥著各種行動，而我們對那些行動幾乎一無所知，也無法控制。異質集合體非常複雜。

卡隆和羅的理論之所以有解釋力還有最後一個原因，那就是「意圖」的概念。人類往往認為只有能做選擇、賦予選擇意義和評估選擇的個體才有能動性，而評估和賦予意義通常都藉由語言進行。[14]這樣去看能動性再次落入了人類與非人類的二分法，或許能讓我們感覺自己是萬物之靈，卻至少會產生兩個問題。首先，這樣的想法暗指只有人類是能動者，因此完全忽略或看低其他個體對能動性的貢獻，也就是卡隆和羅所謂的**歸因邏輯**（attribution）：「能動者是多種不同物質組成而產生的效應，卻會以**歸因邏輯**的形式呈現出來。歸因邏輯將能動性限縮成單一主體，而這一單一主體通常以人體的樣態顯現。歸因邏輯讓部分的物質組成獲得『原動者』的地位，從而抹去了**集合體**內的其他實體與關係，或視之為輔助或基建的角色。」[15]換句話說，能動性出於許多組成分子的貢獻，但人卻習慣將這個「多種不同物質組成而產生的效應」歸到自己身上，就算人的角色其實很小也不例外。人有將能動性獨立或**辨別**（appreciate）出來，並將行動責任完全攬在自己身上的需求，尤其當這樣做符合個人目的時更是如此。[16]集合體的其他組成分子在這個過程中被貶為輔助者。我們認定非人類唯有當人類為了某種目的驅使它們，才會脫離被動。[17]但當不受歡迎的能動性出現，我們卻可能將錯推給非人類，比如宣稱「機器故障」或「自然力量」作祟。[18]

由於人類誤將自己視為唯一的能動者，行動的唯一來源，結果就是將所有他者化約為背景雜訊、不可控的變因或隨機物，認為所有能動性都來自人的意圖與動機，以致無法體悟到，一個異質集合體有時從人的角度看是策略性的，有時則否。這種看法還將能動性限縮到只有人才能辨別的形態，於是就會像我剛才用漢堡概略說明那樣，錯失了大量內涵。卡隆和羅提出有力論據，指出能動性有各種形態，其中許多完全超乎人的想像，是「非策略、分散和去中心的」，以致我們很難甚至無法理解。[19]另外我還要補充一點，儘管為了分析之便，我們可以將某一時刻促成行動的諸多關係分離出來，但必須牢記能動性是一個持續變化的動態過程。

如同我之後會指出的，威懾預防策略執行至今二十年了，還在持續演化中。沙漠裡每天都有許多行動者發生無數次互動，產生新形態的能動性。一九九四年正式（且有意）啟動威懾預防異質集合體的或許是邊境巡邏隊，但自此之後，許多人類和非人類都在不同的時空點上牽連其中。

———

雖然沙漠和沙漠裡的所有行動者是威懾預防異質集合體的一部分，邊境巡邏隊卻千方百計想將這項政策和遷移者被導引至「險惡」環境而遭受的創傷劃清界線。他們非但沒有將沙漠視為邊境查緝措施的關鍵夥伴，反而將它描繪成一頭執法人員無法掌管的野獸。在邊境巡邏隊的漂白論述裡，自然就像一輛沒有車長的失速列車。二〇一三年六月，土桑區兩天內發現三具腐爛的屍體，區隊長小帕狄拉被問及此事時只說「沙漠六親不認」，[20]卻沒提到死在亞利桑那沙漠裡的絕大多數都是無證拉丁裔遷移者。

我在本章想表達兩個重點。首先，威懾預防策略創造了一個場域，讓邊境巡邏隊既能利用動物和其他非人類的能動性來幹髒活，又能讓自己免於承擔遷移者受傷或死亡的罪責。朵帝稱這是聯邦政府的「道德不在場證明」。[21]其次，將沙漠描繪成「遷移嚇阻器」不僅讓邊境穿越者面對的三度空間「混成地理」(hybrid geography)(瓦特莫用語)扁平化，而且使得許多影響邊境穿越的人類和非人類政治主體隱而不見。[22]從民族誌的視角檢視遷移經驗，我們可以開始為聯邦政策論述添上血淋淋的實況。

囿於邊境穿越**環境**(milieu)的尺度、複雜度與隨機性，我們無法解釋或描述過程中的所有元素或行動者。這是描繪所有異質集合體都會遇到的難題。異質集合體永遠無法被充分闡明，也不可能單點辨別出系統裡的所有組成分子，[23]頂多只能「在極少數場合，當我們碰巧與它們交會，發現需要與之互動時，創造出適度龐大的方式來將其再現」。[24]在稍後的故事裡，我將描述一次典型的邊境穿越經驗，並提到嚇阻遷移者穿越諾加萊斯-沙沙比走廊的各種地理、環境與社會障礙，以期「再現」構成索諾拉異質集合體的幾個常見的行動者。[25]

我要講述的故事綜合了數百次的遷移者訪談與對話、在諾加萊斯和沙漠的田野觀察，以及跟邊境巡邏隊的正式與非正式互動。[26]杭福瑞斯和華森稱呼這種敘述為**半小說化民族誌**(semifictionalized ethnography)，亦即「將發生於一次以上民族誌研究裡的事件重新排列組合，融會成單一敘事」。[27]這個揉雜了多重觀點、凝視與變數的故事，藉由結合多種(甚至乍看迥然不同的)資料集，對遷移過程做出更細緻的描繪，從而在許多方面都反映出了無證遷移計畫的整體策略。我從遷移者告訴我的故事裡擷取出某些細節，適度調整可讀性與流暢度，希望闡明這個異質集合體的組成分子如何齊力展現威懾的能動性，進而帶給讀者現象學上的臨場感，更貼近天天在沙漠上演的驚惶與恐怖。

第一天（六月）

「快起床！要出發了！」肥仔（*El Gordo*）用他的肥手敲著旅館的合板門大喊。哈維爾微微睜眼，看著正上方灰泥天花板的黃色汙漬。

「還起床咧！這種鳥地方誰睡得著？」

房間裡汗臭瀰漫，混合了鹽與身體上的油垢味，刺鼻得很。哈維爾臭氣薰天是有理由的。他在墓園裡睡了五天，只能用附近公車站後面的生鏽水龍頭洗洗臉、腋下和那裡。他一個多禮拜前爬著離開沙漠之後就沒有換過襪子和內衣了。他轉頭看了看房裡其他皮膚黝黑的陌生人。

僅有的單人床上躺著兩名黑髮女子，整夜穿著鞋子睡覺。其餘的人用各種不舒服的姿勢睡在地板上，有些縮在角落邊，有些拿衣服當床墊躺在上頭。哈維爾用他那個廉價的尼龍背包當枕頭，背包裡是他僅有的家當：另一件襯衫、一把超大的綠色塑膠梳子和一本在邊界帶發食物的基督徒（*christiano*）給他的宣教小冊，裡頭關於「被提」的那幾頁都被撕掉了。躲在墓園裡的人會把陵墓當成大理石廁所，那天他蹲在裡面痾屎沒手紙的時候，還好神救了他。

旅館房裡共九個人，除了哈維爾還有三女五男，所有人聞起來都像剛從沙漠或墓園裡出來一樣。哈維爾昨晚曾想開一點門縫讓空氣流通，但隔壁房間實在吵得令人不安。他只有兩個選擇，忍受同伴們（*compañeros*）身上的惡臭，或是聽隔壁房的妓女來來回回地一會兒跟皮條客吵架，一會兒將色情錄影帶音量開到最大，好讓喝醉酒的恩客硬起來。最後他選擇了一個人跟汗臭搏鬥。

這九個互不相識的人在墨西哥諾加萊斯的旅館裡躲了兩天。而肥仔，就是哈維爾最近認識的郊狼，原本答應會幫他弄到一個舒服的房間，讓他在穿越沙漠之前好好休息。那個狗娘養的傢伙壓根沒提到會把他關在廉價妓院一個沒有窗戶的房間裡。哈維爾的堂哥幾天前用西聯匯了五百美元給他，而他給了那個人口販子四百美元當定金。

肥仔用力吸了一口萬寶路菸。「等我們到了鳳凰城，你家人再匯其餘的三千一百美元給我就好。」「我不會把他們的電話號碼給你的，想都別想。他們腦袋清楚得很，只有我說了他們才會匯錢（*lana*）。」

在街上跟郊狼交談很危險，哈維爾必須儘量小心。

肥仔張著門牙歪七扭八的嘴嘖了一聲，裝出詫異的模樣。「別擔心，兄弟，**我這個人說話算話**（*Yo soy una persona de confianza*）。」說完便告訴哈維爾在那間打炮旅館待兩晚要四十美元。

房裡的人雖然共處了將近四十八小時，卻幾乎沒有聊天。所有人都很安靜，在出發前想辦法補眠幾小時，就算睡不安穩也好。哈維爾只知道其中幾人的名字。露蓓是兩個孩子的媽，廿七歲，來自瓦哈卡（**不會吧，他們是從瓦哈卡來的？**〔*¡No mames, güey! ¡Todos son de Oaxaca!*〕），過去十四年都在美國，在紐約上城區一家一元店（Dollar Store）當收銀員，努力供兩個是美國公民的小孩溫飽。她橫越沙漠已經失敗過一次，但會一直嘗試直到和孩子團聚為止。她告訴哈維爾，是隔壁門的胖女士向移民單位檢舉她的，因為想偷走她的孩子。聽起來很扯，但可能是真的。邊界帶每個人都有一段不可思議的過往。超現實在這裡是家常便飯。

露蓓用手掌抹去眼眶的淚水說：「我只是想要回我的小孩。我不需要住在美國，我只想要我的小孩。我愛我的小孩。」她濕潤泛紅的眼睛黯淡無光。露蓓顯然不是第一次說這些事，因為字裡行間已經聽不出激動。精神創傷在這裡是家常便飯。

角落那個小伙子（*vato*）似乎很焦躁。他叫卡羅斯。哈維爾整晚聽他動來動去，拚命發簡訊給遠方某個牧場（*rancho*）的褐髮小妞（*morena*）。不知道為什麼，那小子早上醒來比昨晚更坐不住，只要有人和他目光交會，他就會問：「要出發了嗎？我們會走哪條路？走在沙漠裡是什麼感覺？離好萊塢多遠？」沒人知道答案，所以都不理他。但卡羅斯似乎不在意，只是很興奮終於能去北方（El Norte）了。他有個堂哥在那裡，到時會幫他在洗車場搞到一份工作。兩人下班後就能坐在他堂哥（*primo*）那輛亮紅色福特豪華皮卡車的後斗裡，狂飲特卡特啤酒（Tecate）到爛醉。他堂哥還知道去哪家夜店可以把馬子（*morras*）。簡直爽歪歪，真的！（*¡Bien Buenas carnal! En serio.*）卡羅斯都計畫好了。

哈維爾很喜歡卡羅斯，因為那小子傻愣愣的，很天真，肯定不滿十八歲，笑起來有種呆樣，表示還沒感受過這世界的殘酷。當然，他家裡很窮，但父母都很愛他。他離開格雷羅時，他爸甚至塞了五十美元（*Americano*）給他。「我到了以後一定會儘快寄錢回家。」他對大夥兒說。他爸爸（*papá*）等他走遠了才走到屋子後面，坐在塑膠桶上痛哭失聲。

那小子讓哈維爾想起自己的弟弟安德瑞斯，想起他在老家維拉克魯茲成天等著有好事發生。那個小鎮把他弟弟悶壞了。安德瑞斯想和哥哥一起去華盛頓州的布雷默頓，想到建築工地幹活，想和他的老外（*gringa*）小姪女耶妮佛（英文名字叫珍妮佛）見面。小姪女是四年前出生的。當時哈維爾在溫蒂漢堡打工，和一起工作的一名白人女孩搞上了，生下了她。安德瑞斯不曉得哈維爾最近才因為駕駛一輛車尾燈故障的車，加上嘴巴裡有百威啤酒味而被遣送出境，也不曉得哈維爾橫越沙漠已經失敗過一次，接下來七天只敢惶惶睡在橋底下和陵墓裡。他不曉得哈維爾三天前才在墓園裡目睹一群吸膠吸到兩眼兇光的傢伙為了一寶特瓶三美元的托納揚甘蔗酒（Tonayán）——這可是所有人最愛的醉酒良伴——

將一名薩爾瓦多遷移者踢得腦袋開花。哈維爾不想讓家人為了這些小事擔心。

卡羅斯一直喋喋不休，問個不停。露蓓點頭不語，假裝感興趣。她咬著牙，擔心有沒有人弄早餐給她的小孩吃。哈維爾想起自己在華盛頓州的床和小珍妮佛頭髮的香氣。他們的腦中盡是令人安然的溫暖畫面。卡羅斯是新手，別人再怎麼解釋也比不上他即將親身體驗的真實，所以何必白費唇舌呢？他根本不曉得沙漠裡有什麼在等著他，也不曉得自己再過幾天就會嘔血，永遠望著那片充滿破碎深藍陰影的大海。

那個三十多歲的男子站了起來，開始收行李。肥仔昨天很晚才送他來。他自我介紹說他是「普埃布拉來的馬可斯」，大夥兒只是點點頭，沒有人戳破他看起來就不像普埃布拉人，應該是薩爾瓦多人（*salvadoreño*）或瓜地馬拉人（*guatemalteco*）。這種事一眼就曉得了。「反正（*Ni modo*）那是他家的事。」哈維爾當時喃喃道。他不知道其他人的名字，也懶得問，反正太陽再出來個幾輪之後，誰曉得同行的會是七人、九人還是十五人。沙漠會影響你的腦子。陽光會讓記憶過曝。細節消失，名字和臉龐被沖淡。荒唐會變成現實，而且沒有人能區別。「我們肯定走了三百多公里……我們看見樹下堆著十九具屍體……我們被猴子攻擊……邊巡的在鳥背上綁迷你攝影機，所以才會發現我們。」[28] 沙漠傳聞就像史詩一般言之鑿鑿又不可思議，以致非常可信。

所有人帶著行囊在旅館大廳集合。可想而知，所有人從頭到腳都是一身黑，黑衣黑鞋黑帽，感覺就像一群搶珠寶的烏合大盜。肥仔趕著這群雞仔（*pollito*）[29] 出旅館，一輛破爛的皮卡車已經等在門外。所有人擠上了車後斗，肥仔則是坐進前座。駕駛是一個頭髮染金、皮膚黝黑、綽號「白皮膚的」（*La Güera*）女子。皮卡車哐啷哐啷駛離旅館，肥仔大吼：「媽的，自然點！」沒有人知道他在講什麼。

車子在國際大道上沿著邊界圍籬一路往東。隔著新圍籬已經生鏽的鐵絲網孔洞，哈維爾可以看見亞利桑那州的諾加利斯市。**邊巡的**說，新圍籬是為了保護巡邏**隊員**（*agente*）不被人扔石頭砸傷，[30]當地人則說更換圍籬是為了讓美**國佬**（*gabacho*）更容易賞墨西哥人子彈。他們駛過一棟白色公家建築，房子牆上全是彈孔，一個鐵製的小十字架和幾根蠟燭憂傷地插在前方空地上。

「**邊巡的**在這裡殺死過一個小孩。」某人低聲說。他沒說錯，二〇一二年十月十二日邊境巡邏隊就是在這裡殺害了十六歲的羅德里格斯（José Antonio Elena Rodriquez）。執勤隊員宣稱男孩朝他們扔石頭，但墨西哥方的目擊者表示羅德里格斯是無辜的，他只是走在人行道上，碰巧遇到一群為了躲避邊境巡邏隊而翻越圍籬過來的人。墨西哥官員在驗屍報告裡表示，羅德里格斯「身中八槍左右：頭部兩槍、手臂一槍、背上五槍，其中至少集中在上背的五槍是在他倒下後開的」[31]。雖然他被槍殺的那一帶架有多台高科技監視攝影機，美國聯邦政府卻始終不曾公布錄影畫面。事件至今仍有待調查。

皮卡車在一間小雜貨店外停了下來，所有人跳下後斗走進店裡。**白皮膚**的留在車上用手機聽**北方**（*norteña*）音樂，一邊數著進去的人頭，將他們換算成美鈔和披索，一邊心想**肥仔**這次要是膽敢再說「這趟有其他開銷所以要扣錢」之類的鬼話，她就要拿啤酒瓶砸他腦袋，把菸摁熄在他眼珠子上。

肥仔用複雜過頭的方式和店老闆握了手。

「別忘了買你們覺得路上會需要的東西。」他對著走進店裡的**雞仔們**說。

哈維爾拿了三瓶四公升裝的水、一塊白麵包、幾顆萊姆、一瓣大蒜和八個鮪魚罐頭。收銀員替他結帳，哈維爾發現這些東西是一般價格的三倍。

二十分鐘後，皮卡車再次上路，在國際大道噗噗前進。他們經過貝他組織分處，看見幾十名最近被遣送的遷移者在外頭遛達，搶著擠進蔭涼處。[32]有幾個人朝他們揮手，很清楚車上這群湊合成團的乘客此去目的何在。皮卡車一個右轉，經過哈維爾前幾天當家住的墓園。他瞄到一個孱弱的老人蹲在一塊大墓碑後方用襪子擦身體，有如躲避陽光的灰白石像鬼。

車子爬上一個小丘陵向左轉。北方是名為馬力波薩的邊界口岸，意思是蝴蝶。通過那道金屬和混凝土做成的拱門之後，就會進入索諾拉沙漠。所有人都避眼不看即將到來的未知。

車子開始加速，卡羅斯一臉鎮定，假裝不怕被甩出車外。露蓓將頭埋在臂彎裡，普埃布拉來的馬可斯隔著裂掉的後車窗盯著駕駛和肥仔，哈維爾無法判斷他是真漢子（*chingón*）或只是裝的。

車子右轉彎進第一條泥土路，白皮膚的猛催油門，車後揚起一球深紅色的塵土，諾加萊斯很快消失在後方。他們在泥土和碎石路上顛簸搖晃十五分鐘後，車子忽然停了下來。

「所有人下車！」

肥仔轉身遞給白皮膚的一捆綠紫紅相間的披索。白皮膚的望著那捆鈔票沒有張手。尷尬沉默了幾秒後，肥仔勉強又從襯衫口袋裡掏出幾張汗水弄濕的鈔票，一言不發遞給了她。

驅車離開前，白皮膚的將頭探出窗外吼道：「祝你們好運！」她總是會吼這句，每次都是。她覺得這句比狗屎有趣。

肥仔沒有說話，開始朝荒野走。雞仔們歪七扭八跟在後頭，從空中往下看就像一小排黑螞蟻。現在是傍晚五點，陽光開始將遠方的尖銳山巒染成血紅的剪影，氣溫也降到攝氏卅二度左右。

他們眼前是一望無際的西索諾拉沙漠，北美數一數二的不毛之地。六、七月的白日平均氣溫通常超過攝氏卅八度，有些更荒涼的地區更可達四十九度。[33]這片沙與岩石之地又名艾爾塔沙漠，是亞利桑那最炎熱的沙漠，也是索諾拉地區平均年雨量趨近於零的地段，運氣好年雨量有兩百五十公釐，主要集中在夏末的雨季或冬天的小雨。這片有如月球表面的土地，六月能把你渴死，八月能把你淹死，一月則能把你凍死，[34]而大多數人都死於曝曬。

這群黑衣旅人繼續前行。哈維爾感覺大腿肌肉灼熱緊繃。八天前他才來過這裡，身體的疲憊還沒完全恢復。他在諾加萊斯等待再出發時沒有補足水分。沒想到墓園裡一個水龍頭也沒有。他已經好幾個星期沒有連續睡超過四小時，頭有點痛，而且很諷刺，他嘴裡竟然有沙的味道。他才剛踏進沙漠，就開始出現初期的脫水症狀了。

所有人默默往西走了好幾小時。有些人試著記住走在自己前面的那個人的背影，免得撐不下去，露蓓則是幻想回家的場面。她輕敲小公寓的房門，小露西亞從起居室百葉窗後探出頭來。「開門吧，媽媽回來了！我把鑰匙掉在沙漠裡了。」小露西亞和弟弟赫曼會跑過來抱住她，而惡鄰居安琪拉則是從隔壁門衝出來，吼著要再打電話給移民警察。露蓓從鄰居門口抓起一把凹了的鏟子，朝安琪拉猛力揮去，打在她側腦門上，發出一聲悶響。露蓓尤其喜歡這部分，所以在腦中不停播放。

哈維爾汗水直流，已經忍不住拿出第一瓶水開始牛飲。他們走了一大段上坡，再下到非常深的谷底。如果有地圖，這群人就會知道他們剛穿越帕哈利托山，還必須再翻過至少三座山脈才能抵達安全的接駁點。只有肥仔知道這個不幸的事實，但他並不打算透露這件事。最好別讓雞仔們知道他們在哪裡，要往哪兒走，還得走多遠，他們才會乖乖往前。

他們下切谷地的小路是一條由碎岩塊和鬆礫石鋪成的崎嶇迷宮，感覺就像踩著滿地的撞球往下走，隨時可能扭到腳踝、滑倒或跌坐在地上。隊伍裡有個不知道名字的男士絆到東西踉蹌了一下，手裡拿著的水瓶就這樣滾下山坡撞在岩石上，金屬色澤的液體灑了出來。另一個人抓著他的手肘將他扶了起來。沒有人開口說話。下到谷底，他們開始蹣跚穿越多沙的礫石河床。四下無聲，只有匡威帆布鞋踩在鬆軟炙熱的沙上匆忙前進的悉窣聲。山谷左彎右拐，有如週末酒駕的醉漢，讓人走得暈頭轉向。現在是往西走嗎？我們還在墨西哥嗎？蒼白的天空被高聳的懸崖完全遮去，兩旁的峭壁彷彿要吞了他們。

走了好幾小時，他們繞過一個彎角，大麻味瞬間撲鼻而來。肥仔當場愣住，低聲說了一句：「媽的（*puta madre*）。」接著就聽見腳步聲朝他們跑來。

「你他媽的別動！」

他們眼前出現一個神情憔悴的小混混（*cholo*）。他穿著牛仔垮褲和巫術樂團（Brujería）黑T恤，嘴裡叼著一根捲得很差的菸，枯瘦的手裡抓著一把九厘米霧黑手槍，橫握在胸前，跟嬉哈音樂錄影帶（los videos de hip-hop）裡的歌手一模一樣。

「我們付過錢了！我們付過錢了！（*¡Ya pagamos! ¡Ya pagamos!*）我們是跟葛里洛一起的。」肥仔哭著喊道。其他人沒看他這麼狼狽過，全都嚇壞了。

小混混將肥仔拉到一旁。兩人在眾人聽不到的地方抽菸咬耳朵。十五分鐘後，他們的嚮導要大家找個舒服的地方坐。「我們今天不能過去了。他們有一批貨要從這裡過，所以我們得明天再走。」

幾句低聲抱怨，但沒有人敢發火。

「我肚子快餓死了，你們這群蠢蛋帶了什麼好吃的？」小混混問。他們一邊掏出食物和水，一邊在心裡粗略計算。所有人心照不宣，這些飲食根本不夠他們多逗留一日，而他們還得在沙漠裡走上幾天。但已經沒有回頭路了。

第二天

早上十點，小混混說他們可以走了，但又凹了一些食物和水才放他們離開。前晚幾乎沒有人真的睡著，意思是他們還沒越過邊界就已經累壞了。

哈維爾瞥見露蓓偷偷吻了皺巴巴的小孩照片，再塞進紅胸罩裡。「嘿，小妞（*nena*），給我電話號碼，我才能找妳啊！」小混混喊道。露蓓低低罵了一句「去你的」。

螞蟻小隊再次（*otra ves*）跟在肥仔後面。走了不到兩分鐘，小路猛地右拐，谷地剎時豁然開朗，一道有著小門的刺鐵絲網圍籬出現在眾人面前。天不怕地不怕的肥仔解開鐵絲將門打開。「歡迎光臨老外國！（*¡bien venidos a Gringolandia!*）」他說。圍籬上有門很白癡，但沒有人笑。所有人匆匆通過小門，肥仔將門關上，他們就這樣從沃克峽谷進入了美國領土，接下來要穿越亞他斯科沙山脈。

他們繼續在陡峭的峽谷裡左彎右拐，腳下仍是滾燙的沙和鬆散的礫石。肥仔指著某個山頂說：「我們要翻過那裡。」螞蟻小隊吃力爬上陡峭的斜坡，所有人都在找峭壁上可以抓著使力的岩石或樹枝。卡羅斯被樹枝上一根兩英寸長的刺戳破了皮肉，痛得哀叫一聲。「小心植物。」肥仔提醒眾人。他繼續帶著他們往上爬，穿越一段長滿桶型仙人掌和跳躍仙人掌的可怕斜坡。

這裡的原生植物為了適應劇烈溫差、脫水和高熱的環境，普遍都演化出各式各樣大大小小的針刺和其他「武器」，以便對抗天敵，確保種子能黏在過客的毛皮或衣物上，有利散播。從紅魔鬼爪、白刺槐、針墊仙人掌到受難荊棘（Crucifixion thorn），這片土地長滿討人厭的植物，以致植物學家稱呼這裡是「樹林」（arboreal forest）。[35]這是個由山獅、美洲豹貓、黑熊、猯豬、巨人蜈蚣、樹皮蠍、珊瑚蛇和黑寡婦統治的世界，共有十一種響尾蛇在索諾拉沙漠出沒，為全球之冠。大自然的威力在這片荒漠上展露無遺。

所有人朝山頂邁進，褲腳上都黏滿了發黃的仙人掌刺。卡羅斯彎腰想弄掉一些，結果馬上被刺了滿手。跳躍仙人掌跟這裡的任何一種動物一樣有活力。露蓓為了避開仙人掌「地雷區」，選擇從一棵大牧豆樹下爬過去，曬黑的手臂被刮得亂七八糟，傷痕又紅又腫。沒有人想到穿長袖，只好用身體在這座自然實驗室裡上一堂極端環境演化生物學的體驗課。氣溫逼近攝氏四十度，背包只帶三瓶水的哈維爾已經喝掉一瓶，隊伍裡還有人只剩一瓶了。

到了山頂，**肥仔**告訴他們：「你們在這裡等一會兒，我打個電話。」說完便拿著手機匆匆走開了，留下狼狽的眾人找地方遮蔭。他們擠在寥寥可數的牧豆樹下，但擋不了多少太陽。強烈的正午日光輕輕鬆鬆穿透有等於沒有的樹葉，烘烤他們腳下的土地。哈維爾和卡羅斯擠在一叢灌木旁邊。卡羅斯從後口袋掏出一條黃頭巾，擦拭眉毛上的汗水。他忘了帶帽子，臉被太陽曬得又紅又亮。

「我堂哥說這裡有**老外遷移者獵人**（*cazamigrante*），射墨西哥人就像獵鹿一樣。」他對哈維爾說。

「我覺得那些故事只是說說而已，用來嚇唬人的。」

在這片沙漠裡，事實和虛構很難區分，但愛拿**濕背仔**（wetback）當活靶的嗜血新納粹分子絕不只是遷移者的道聽塗說。近來有不少邊境穿越者舉報，索諾拉沙漠裡有身穿迷彩服的白人朝他們開槍，此外也有幾樁凶案至今仍然懸而未決。[36]「你要有信心，正面一點，別去想那個。」哈維爾說。誰曉得他自己信不信。

他們聽見樹叢裡傳來腳步聲，以為是**肥仔**回來了。

結果從紅土沙塵裡冒出兩個瘦長的身影，在豔陽下有如幽靈現形一般。其中一人拿著長槍，是鳳凰城槍展上買到，再走私進墨西哥的美製AR-15步槍。兩人默默看了這群人一會兒，臉上的黑色滑雪面罩讓露出的黑眼睛與厚嘴唇格外明顯。「統統不准動！」拿槍的傢伙咆哮道。

是**搶匪**（*bajador*）。西班牙文的動詞*bajar*有「倒下、放下或扔下」的意思，而這正是接下來幾分鐘發生的事。兩人命令螞蟻小隊排成一排，接著要他們一個個將錢包和錢扔進一隻髒兮兮的麻袋裡。只是大夥兒能掏的不多。

「媽的，錢咧？」

鴉雀無聲。

「好吧，衣服統統脫掉。」

微風吹過。

砰砰砰，對空連續三槍。金色彈殼落在地上，發出小鈴鐺般的清脆聲響。

所有人開始鬆皮帶，褲子脫到膝蓋以下。

「全部脫光！」

所有人裸裎站著，勉強遮著胸部和下體。一個女的哭了，卡羅斯則是忍著淚。趁夥伴拿槍指著他們，另一名搶匪開始檢查衣服和褲子的口袋，並摸摸其他部分，看有沒有好東西被藏著。他手指沿著卡羅斯藍牛仔褲的腰縫線滑過一圈，結果發現一個加縫的暗袋，裡面藏著卡羅斯父親給他的五十美元。

「混帳東西，你當我們很蠢是吧？」

卡羅斯還來不及回答，就感覺肚子挨了一拳，痛得他差點嘔吐。他倒在地上。

「站起來，小娘炮（*jotito*）。你再哭，我們就讓你哭不出來。」

卡羅斯站了起來，努力抑制自己，卻只能撇開頭，避開眾人的目光，用肩膀偷偷拭去淚水。他還是處男，不想被女人看到他裸體。

「你們裡面誰是中美洲人（*Centro Americano*）？」

*譯註：泛指非法居留美國的拉丁美洲人。最早是指橫越格蘭德河進入德州的墨西哥人，因為游泳偷渡會把背弄濕，故而得名。

一片死寂。

露蓓的右耳鼓可以聽見自己心臟狂跳。

拿著油膩麻袋的男子走到雙手遮屌（*verga*）並肩而立的哈維爾和馬可斯面前。

「你從哪裡來的，娘炮（*puto*）？」

「普埃布拉。」

「你呢，褐髮小子？（*¿Y tu, moreno?*）」

「維拉克魯茲。」

「不會吧？媽的，拿身分證出來。」

哈維爾彎下腰，從襪子裡拿出他的墨西哥選民證來。

搶匪舉起證件（*credencial*），像是檢查護照全像背景的美國運輸安全管理局官員一樣對著陽光瞧，然後將證件扔在地上。

「好吧，老鄉（*paisa*），把你那他媽的錶給我。」

搶匪繼續往前，終於來到露蓓面前。她是三個女人裡最年輕的，比其他兩個女的小了快二十歲。他咧嘴微笑，面罩開口露出兩排殘缺的黑牙。

「瞧瞧是誰來了。」

雖然烈日當頭，露蓓還是打了個哆嗦，兩手徒勞地想遮住胸脯和跨下。

搶匪捏了捏她一邊乳房，彷彿在檢查某種棕色水果的熟度。

露蓓用遮住私處那隻手的手臂將他的手頂開。

轉眼間一拳飛來，露蓓頓時眼冒金星，踉蹌倒退了幾步，接著脖子忽然被一隻手猛力掐住，讓她站好。

「賤人，我們可不是好惹的！」

露蓓眼珠凸起，無法呼吸，感覺氣管就要被對方弄斷了。

她直直盯著面罩開孔露出的血紅雙眼，對自己說雖然這回對方只有兩個人，但還是不要反抗。或許很快就結束了。脈搏在她耳鼓裡轟隆作響，讓她有辦法分心。

一隻髒手笨拙地往下滑過她的胸脯和腹部，滑過那一撮黑色短毛，接著兩根手指忽然就進入了她。她一個顫抖，扭了扭身子，結果脖子被掐得更緊了。她感覺粗糙的指甲在那裡面摳動。

他灼熱的口臭讓她噎到。

卡羅斯開始啜泣。

哈維爾想起自己最後一次見到珍妮佛的畫面。

馬可斯身體一擺，似乎想有動作。槍口立刻轉向了他。

「別再亂搞了，阿貝。我們走吧！」拿槍的傢伙吼道。

五分鐘後，他們拾起地上剩下的家當。露蓓默默穿上衣服，揩去小孩照片上的塵土，把照片塞回胸罩裡。

他們等了一下午。傍晚時，他們知道肥仔不會回來了，一切都是他的計畫。「我要是再見到這狗娘養的，絕對斃了他。」哈維爾兀自說道。這是假話，他心裡清楚得很，但那樣說讓面對暴徒什麼也沒做的自己感覺好過一點。後來他在諾加萊斯的籃球場上講述這段經歷時，他會說自己當時揚言要宰了那兩個搶匪，所以沒人被強暴。

第三天

哈維爾、馬可斯、露蓓和卡羅斯決定繼續前進，其餘的人則是不想走了，打算向邊境巡邏隊自首。他們受夠了。男人互相握手，女人擁抱道別。哈維爾覺得自己知道路。「我們只要待在山裡面，遠離小徑就好。對我們愈難走的路，邊巡的也愈難找到。」他說。

他們天亮前幾小時出發，沿著稜線小徑走了好幾公里。太陽從遠方的地平線緩緩冒出頭來。他們下切到谷地，那裡比較能遮擋陽光和邊境巡邏隊的視線。卡羅斯不自量力提醒大家：「你一看到直升機就要趕快趴到地上，遮住眼睛，因為我堂哥說他們能從眼白偵測到你的位置。」「你堂哥真天才。」哈維爾嘲諷道。這種說法雖然很荒謬，但他們實在聽過太多次，都開始相信有可能是真的了。

上午十點左右，他們拖著步伐走出峽谷，來到一條泥土路旁。所有人像動物一樣躲進樹叢，討論接下來該怎麼做。「我們得不留痕跡。」馬可斯說。所有人都嚇了一跳，因為過去三天他實在太安靜了，搞得其他人都開始懷疑他會不會根本是啞巴。「我們一個人走最前面，其他人跟著他的腳步走，我在最後面把鞋印掃掉。」

馬可斯從附近樹上折了一根樹枝，其餘三人躡手躡腳橫越泥土路，他跟在後面盡可能抹除大家的足跡。他們剛經過盧比路，和邊界直線距離不到十三公里。他們花了將近七十二小時才抵達這裡。

哈維爾帶他們朝圖馬卡科里山走。山脈在遠方隱約可見，尖銳的紅色山峰在萬里無雲的索諾拉天空下令人望而生畏，感覺就像悠哉等候他們的魔鬼。他們再次走進陡峭的峽谷。

接下來幾個小時，他們蹣跚穿越墳場般的巨礫區，不時見到倒木、沙地，和被雨季洪水沖過來的遷移者衣服。他們還看到一輛完全生鏽、有如翻倒的無助昆蟲的福斯汽車。顯然雨季開始之後最好不要來這裡，除非你想被一路沖回諾加萊斯。峽谷走到底後，他們開始爬山。哈維爾帶他們朝高處的小路走，這樣才能看到遠方。日正當中走這種路線很危險，但他們不想止步或回頭。他們又穿越幾處滿是牧豆樹和多刺仙人掌的區域。「我們要去哪裡呀，**肥仔**？」露蓓問。哈維爾幾週來頭一回哈哈大笑。

哈維爾走到高處的小路，精疲力竭坐在樹下。露蓓跟在後頭，兩人一起往下看，只見馬可斯揹著卡羅斯的背包。那個瘦小伙子腳踝上好像綁了鉛塊似的，連邁步都有困難。「我們最好休息一下，等太陽下山。繼續走太熱了。」露蓓說。接下來幾小時，他們在樹下休息，分享剩下的食物。他們四人只剩不到三瓶水了。

太陽落到他們正上方時，馬可斯起身沿著小路往前走。「**我去上廁所**（*voy al baño*）。」他說。但不到幾分鐘，他們就聽見一聲尖叫。露蓓和哈維爾慌忙站起來，抓住背包，不曉得該逃還是去幫忙。就在這時，馬可斯褲子只穿一半從轉角衝出來，一邊大喊：「快跑啊！快跑！」其餘三人還來不及反應，就看見一頭鬃毛直豎的猯豬緊追馬可斯而來。露蓓拾起一塊石頭使勁朝牠扔去，結果打在那動物肥厚的腹部發出一聲悶響。猯豬停下腳步，開始呼嚕呻吟。牠在嘲笑他們。露蓓又扔了一塊石頭，這回正中腦門，猯豬忿忿哀叫一聲就抱頭跑開了。馬可斯急忙扣好褲子，臉上回復一貫的不苟言笑，但幾秒後所有人都瘋狂大笑起來。「老天，」馬可斯說，「他們警告我要小心響尾蛇，但可沒提到發情的猯豬啊！」接下來幾小時，他們在樹下乘涼，不時聊起這段趣事。

傍晚時，他們再度出發。氣溫大約攝氏三十度上下，水喝得很兇。他們雖然一陣子就停下休息，但岩石和地面曬了一天太陽都在散熱，休息感覺和走路一樣痛苦。「我們必須一直走到隔天日出。」露蓓說。他們的速度比昨晚慢了不少，但卡羅斯依然很難跟上。半夜三點，他們決定就地紮營。所有人都累了，需要休息，而那小子顯然無法再走遠了。卡羅斯閉上眼睛，很快就睡著了。四個人在漆黑

遷移者的營地，圖馬卡科里山區。（攝影：麥可・威爾斯）

的天空下對著奇形怪狀的樹影歇息，遠處有郊狼低鳴。

破曉時，他們醒了過來，盤點剩下的糧食和水，將最後四公升水分裝到三個刮痕累累的寶特瓶裡。曬了幾天太陽，他們的救命水就跟尿一樣暖。卡羅斯抱怨口渴，粉紅色的皮膚摸起來冰冰冷冷。

「他需要喝水。我們必須往前走，直到遇見牛槽。」

四人再次蹣跚上路，在沙上緩緩前進，每走二十分鐘就稍作停留，用寶特瓶裡快見底的水濕潤嘴脣。他們步履艱難走了幾小時，最後只剩露蓓的寶特瓶裡還有水。四人輪流喝水，並逼卡羅斯多喝一些。他們已經翻過圖馬卡科里山脈，沒有回頭路了。所有人都抬頭望著天空，希望有直升機飛過。他們不停不停地走。

豔陽高照，氣溫騰升，卡羅斯昏倒了。他渾身顫抖，血從鼻子裡靜靜滲出。他脖子上繫了個木製小十字架，一隻鞋的鞋帶鬆了，灼傷的皮膚和冰一樣冷。哈維爾和馬可斯將他纖瘦的身軀拖到牧豆樹下，但地面熱得燙手，因此他們脫下上衣，替他弄了一張舒服的床墊。露蓓跪在他身旁，將僅剩的水緩緩倒進他嘴裡。「美女，請給我可樂，謝謝。」卡羅斯說。露蓓看了哈維爾一眼，意思是「這下糟了」。

他們決定露蓓留下，馬可斯和哈維爾前去求援。「我沒事。」她說，「你們找到水和邊境巡邏隊之後再來接我們，反正我腳也已經不行了。」她脫下一隻銀色運動鞋，露出已經有三根腳趾沒了指甲的腳掌。馬可斯和哈維爾將他們剩下的食物給了露蓓，將空水瓶像浮球一般綁在背包上，接著便下坡去了。

「卡羅斯，別擔心，我們幾小時就回來。」

那小子虛弱地揮了揮手，微微一笑。

露蓓陪著卡羅斯等了兩天。第一天結束時，她尿在自己手上，然後喝掉。第二天結束之前，卡羅斯開始胡言亂語，喃喃唸著一匹灰色的馬。露蓓再次尿在手上，自己舔了幾口體內硬擠出來的水分，再將剩下的棕色液體倒進他嘴裡。卡羅斯嗆了一下，吐出一點血和粉紅的唾沫。露蓓按摩他虛弱的手腳，直到他沉沉睡去。兩小時後，卡羅斯又開始發抖，喃喃唸著那頭灰馬。露蓓摀住他亂揮的手臂。卡羅斯痛苦了幾分鐘後，就沒聲音了。當邊境巡邏隊終於出現時，她已經脫水到哭不出來，而卡羅斯則是靜靜望著遼闊的天空。

第四天

「你看，是土桑的燈光。」

「**才不是，笨蛋！那是你的幻覺！**（*¡No mames, cabron! ¡Estás alucinando!*）」

這會兒是大白天，而且土桑有五十五公里遠。

他們倆迷路了，但都不想面對。原本走的小路突然沒了，逼得他們只好上坡尋找新的路徑。等他們走了七小時決定回頭，已經來不及了。他們想不起來時的方向，唯一的選擇只剩下找水或求援。

他們在地上惶惶睡了一晚，夢見銀光粼粼的池水，隔天一早再次上路。兩人就像衣著襤褸的骷髏搖搖晃晃穿越樹叢，腦袋有如千斤重，對前方景物視而不見。馬可斯撞到樹枝，整個人差點翻倒在地。

他們坐在樹下等太陽離開。哈維爾瞥見附近一株胭脂仙人掌頂端結了紅**果實**（*tunas*），便採了幾顆開始吸吮，結果裡面只有刺和硬梗，把他牙齦都刺破了。但哈維爾不理疼痛照吸不誤，分不清嘴裡是果實的汁液還是自己的血。他不在乎。馬可斯也拿了一片果實，但累得吃不下去。哈維爾將帶血的果漿吐在龜裂的紅土上，引來了成群的螞蟻。

兩人默默等了幾小時，不時昏昏欲睡。到了下午稍晚，兩人感覺好點了，哈維爾轉頭對馬可斯說：

「**喂**（*Oye*），**笨蛋**，還記得我們發現你想上那頭獵豬嗎？」

太陽落入泛紅的地平線，兩人繼續在山裡前進。兩小時後，他們撞見一個曾經是給牛喝水用的潟湖，但已經乾涸得剩下中央一小灘綠色的液體，面積不比咖啡桌大。兩人擠出剩下的力氣朝湖中央跑去。馬可斯還沒跑到就跌倒在地，最後五公尺是用爬的。哈維爾開始將泥水裝進寶特瓶裡。雖然裡頭水藻和泥巴比水多，但他從來沒嚐過這麼美味的東西。「小口一點。你得喝小口一點，免得生病。」

他告訴馬可斯，但馬可斯才不理他，抓起髒兮兮的瓶子將泥水擠進嘴裡。

第五天

雖然擔心可能會有動物被水引來，但他們還是在潟湖旁睡了。那晚，哈維爾夢見自己差點淹死在紅黑色的泥潭裡。黏稠的泥漿攫住他的身體，他拚了命想讓兩隻手掙脫出來，但潭裡有東西把他往下拉，泥漿灌進他的嘴裡。他想把泥漿吞下去，喉嚨卻鎖住了。他雙手亂揮，被泥漿嗆得窒息，最後消失在黑暗裡。他倒抽一口氣驚醒過來，隨即聽見微弱的呢喃聲。「馬可斯，你有聽到嗎？」但馬可斯不見了。

他又聽見那個聲音，彷彿被什麼東西遮著，從月光照耀下有如巨大蜘蛛網的樹影那邊傳來。哈維爾朝聲音走去。

那是劇痛的哀號。繁星點點的淺灰夜空下，他看見馬可斯抱著肚子，彷彿被無形的戰火開腸破肚了一般。他嘴邊一圈綠色唾沫，身旁還有幾灘，一邊褲腳滴著稀便。哈維爾扶他起來，兩人互攙著胳膊走回過夜的樹旁。只有共同經歷巨大創傷的人，才能懂得這樣的溫情。

哈維爾等到地平線泛出橘光才起身道：「我保證，我會找救兵回來。」他身上的最後保障就是那一大瓶濁綠的泥漿。

離開時，他聽見馬可斯低聲說道：「我叫馬努埃爾．掃謝多．古鐵瑞斯（Manuel Saucedo Gutierrez），家住薩爾瓦多的聖馬可斯，請跟他們說我的名字。」

「別擔心，**手足**（*mano*），等我回來你自己告訴他們。」

馬可斯眼皮半閉看著哈維爾消失在山頭後方，接著望向遠處。這時他才察覺附近一棵樹上停著三個橢圓身影，正靜靜盯著他。

到了中午，哈維爾已經喝完了他帶著的所有泥水。他想沿著小路走，但只要遇到大彎，他就會踩進長滿胭脂仙人掌的相思樹林。他腳踝流血，嘴唇乾裂發黑，臉上全是水泡。他的腳趾從破爛的鞋子前端露了出來，有如大蕭條時期的遊民。走著走著寶特瓶掉了，但他想不起是哪時不見的。高掛的太陽一邊嘲笑他，一邊炙烤他的大腦。他試著想像口水的味道，回想自己走了多少天。當邊境巡邏隊在路旁發現他時，他會哭著哀求：「你們要救救馬可斯。」一名理著平頭的急救人員會替哈維爾打點滴，再送他到土桑的拘留所。兩天後，哈維爾會在半夜被遣送回諾加萊斯。

揭開威懾的面紗

雖然露蓓、卡羅斯、馬可斯和哈維爾都是我虛構的人物，目的在以現象學的手法描述邊境穿越，但他們的經歷和對話都很真實，擷取自我這些年來和遷移者進行的數百次訪談。[37] 只要讀完本書接下來提到的那些誇張的非虛構故事，你就會明白，這些描述雖然看似荒誕，卻絕對不是獨一無二。在你讀到本段的此刻，就有露蓓和卡羅斯那樣的人，在那片沙漠上活著與死去。

我在本章詳細描述了親身經歷者的血腥體驗，藉此玷汙了「威懾預防」，讓這個用語不再純潔無瑕。我還使用異質集合體作為解釋的架構，以便闡明非人類在美國聯邦邊境查緝所扮演的戰略角色。第二點尤其重要，因為有許多人將邊境穿越時因動物、地形和氣溫造成的死傷視為「自然後果」，或是和聯邦政策沒有因果上的關係。遷移者被多種查緝手法刻意導引至沙漠地帶，這個戰術讓邊境巡邏隊得以將懲罰外包給山脈和極端氣溫之類的行動者。將遷移者的死亡說成「大自然的不可抗力」是一種投機取巧，無視於邊境政策規畫者二十多年前刻意啟動並運作至今的威懾異質集合體。此外，也有明確證據顯示，邊境巡邏隊遠距離監視遷移者，讓他們在沙漠長時間行走，而不是立刻逮捕他們。[38]利用索諾拉沙漠消磨遷移者，讓逮捕變得比較容易，也讓再次嘗試穿越邊境更為困難。如同描述裡所顯示的，在沙漠行走短短幾天就可能發生非常多事。

不論你想讀懂本書之後將提到的邊境穿越故事，或看出在沙漠發生的個別事件與形塑無證遷移的巨觀政治社會過程有何關聯，你都必須了解這套體系的內在機制。我希望揭露聯邦查緝策略的構成要件，以及一連串行動者協力產生的各種威懾邊境穿越者的能動性，藉此闡明沙漠裡發生的某些事件或許隨機，但整套體系背後卻有著一套令人不悅的系統性邏輯。不用懷疑，威懾預防就是設計來傷人的。

班尼特在《活躍之物》裡寫道，社會政治關係除魅化是民主的要素，不僅能讓掌權者必須向法律負責，也能密切留意帶有歧視的制度。[39]但班尼特也警告道，除魅的過程很可能將我們帶回大有問題的人類與非人類二分法，以致無法真正了解能動性的運作方式：「除魅化揭露的永遠是人類事物，例如某些人對其他人的暗中宰制、逃避罪責的本能或（人類）權力分配的不平等。除魅往往會篩掉物質的**活力**（vitality），將政治能動性化約成人的能動性。」[40]

我無意貶低威懾預防策略裡的非人類能動性（第三章將進一步說明），而且恰恰相反。在亞利桑那沙漠裡，非人類才是主要角色。少了它們，邊境查緝機制根本無法存在。我想強調的是邊境巡邏隊刻意創造條件，將絕大部分的殘忍活交給其他行動者代勞。儘管有人主張沙漠已經失去控制，連聯邦執法人員都覺得在這片遼闊的土地上巡邏很危險，[41]但我認為這個環境是邊境管制完美的沉默幫手。雖然我能理解近來的本體論轉向，將非人類視為關鍵政治行動者，但對現有的殘暴邊境查緝策略，我還不打算將人的能動性視為次要角色，甚至排除在外。在這個脈絡下，能動性來自關係，是人引發的連鎖反應的一部分。一旦啟動，就算人類行動者擁有更明顯的意圖，他們和非人類政治行動者仍然再也無法分割。[42]

因此，威懾預防其實是一台由邊境巡邏隊啟動、其他政治行動者推動的永動機。這些由環境條件、地形和動物行動者促成的威懾形式五花八門，其實正闡明了這些非人類的能動性，以及這個異質集合體的獨特性。儘管我們唯有當這些實體匯聚在一起時才能知道它們會如何反應，[43]但邊境巡邏隊顯然期待沙漠傷害遷移者。這一點在他們一九九四年發表的首版政策規畫裡寫得清清楚楚。其中一項要點明白寫道：「暴力升高，（威懾預防的）效果才出得來。」[44]被聯邦邊境查緝政策收編的行動者顯然已經超出職責範圍，進一步提高了邊境暴力，以致這個異質集合體每天都有機會創造超乎我們想像的新形態能動性。

3

死亡暴力
Necroviolence

拿死亡做實驗

所有動物都知道大事不妙了，尤其是那頭豬。弗瑞迪才一靠近，他就開始在小鐵籠裡衝上衝下，不停用腦袋撞籠子，拚命哀號。因為他認得槍，只想離它愈遠愈好。他很害怕。❶這天早上沙漠很安靜，沒有風，也沒有鳥鳴，只聽得見豬嘶和鐵籠的撞擊聲。弗瑞迪握著點二二手槍，冷靜擺在離豬頭幾公分的地方，然後扣下扳機。❷槍發出可怕的轟響，緊接著就是一聲慘叫和鐵籠搖晃聲，豬用結實的後腿猛踹籠子。弗瑞迪伸出長繭的棕皮膚大手將籠門打開，那頭七十公斤的動物搖搖擺擺走了出來，有如剛結束十二回合比賽的酒醉拳手。他蹣跚向左，接著往右，隨即踉蹌癱倒在地上，發出尖銳的哀鳴。塵土飛揚，豬吃力站了起來，重新開始垂死之舞。那慘不忍睹的景象讓不少旁觀者撇過頭去。鮮血和冒泡的白色腦漿從豬頭上的半公分彈孔裡流了出來，痛得他淒聲慘叫。

我聽說這是最人道的屠豬方法，❸但我完全感覺不出來，也不覺得有多快。那頭豬不停摔倒又爬起來，左搖右晃，在死神面前負隅頑抗。「我得再開一槍。」弗瑞迪拿著槍對我們說：「他腦門太硬了。」他從卡車後斗拿了一條髒繩子，我上前抓住豬的腹部和後腿。我試著溫柔一點，但諷刺的是，他是我以每磅一美元的價錢向某大學的肉鋪買來的，目的就是花錢看人宰了他。

我將豬壓在地上，弗瑞迪抓住他的前腿，用名副其實的捆豬法綁住他的四肢。那頭豬死命甩頭，鮮血四濺，灑得地上和我們的靴子上衣都是。我們試著架住他，但他開始在地上扭動掙扎，沉重的身軀每次撞擊地面就發出「砰砰砰」的低沉悶響，每次抽搐都揚起陣陣塵土。棕色的土裡摻進了深紅色。「好了，你退後。」我放開手，豬又試著站起來，但隨即就是一聲槍響。豬有如一大袋混凝土重重倒在地上，再也起不來了。我跪在地上，雙手貼著他溫暖的身體，鮮血從他嘴裡滴到地上，形成一灘紅漬。我撫摸他腹部粗短的白毛，輕聲說：「沒事了，沒事了。」他一條後腿抽搐了一下，一隻眼瞪得好大，似乎沒有望向任何東西，角膜上沾了泥土和草。他短淺呼吸了幾秒，之後就斷氣了。我還是低聲說著「沒事了」，雖然他已經死了。即使我根本不信，還是不停地說。

由於豬的脂肪分布、毛髮密度、軀幹尺寸與內臟位置和人類相近，因此常被鑑識實驗當成替代品。[4]科學家拿槍射豬，測量體內組織留下的射擊殘跡。他們將豬殺了埋了，以檢驗透地雷達的偵測效果。他們在豬身上抹潤滑液，希望對性侵相關跡證有更深入的認識。[5]學名 *sus scrofa domesticus* 的家豬是鑑識科學實驗研究的無名功臣，而二〇一三年的這個夏日，我們正在做第二季實驗，想了解沙漠裡屍體分解的過程，這頭豬就是我們的研究案例之一。聽了那麼多年遷移者、研究夥伴、邊境巡邏隊和媒體描述屍體暴露在沙漠環境裡的情形，我決定親眼見識一番。

二〇一二年，我們殺了三頭幼年母豬，替他們穿上遷移者常穿的衣物，放在各種環境條件下（如直接日曬或置於陰涼處）觀察。我們使用每日實地觀察和動作感測攝影機監看屍體分解過程。攝影機會以拍照和攝影方式記下動物周圍的動靜。[6]二〇一三年，我們殺了兩頭成年公豬，包括剛才描述的那一隻，一頭放在大樹樹陰下，一頭用石頭和枝葉覆蓋，模擬就地掩埋的狀態。研究目的除了觀察屍體在沙漠的分解速度，也想記錄食腐動物對屍體的影響，[7]並近距離呈現食腐動物吞食屍體的過程。最後這部分是因為我希望揭露「邊境查緝」這個異質集合體如何創造條件，讓食腐動物得以接近並（從人的角度看來）殘忍對待每年死在沙漠上的數百名邊境穿越者的屍體。為了理解這種死後暴力，我只好狠下心對研究用豬下重手。

對於這點，我無話可說。不論我們再怎麼小心，殺害那些豬都是暴力，他們從中槍到死亡都痛苦了三分鐘以上，沒有一頭安詳離世。而我認為這樣做之所以正當，是因為除了取得捐贈給鑑識科學實驗用的人類遺體之外，[8]我想不出其他方法，能取代用豬做實驗。我和不少人都主張，美國聯邦政府將遷移者視為**裸命**，是死了也沒有多大影響的個體的這種態度大有問題。[9]從這點看，我以研究為名殺害那些豬，似乎是自打嘴巴。[10]人怎麼可以一邊批判某個群體受到暴力對待，一邊又用暴力對待另一個群體？

我是這樣說服自己的：那些動物的死亡是為了增長我們的知識，讓我們更了解一個每年影響數百具屍體的隱而不顯的社會政治過程。不過，這仍不是個容易的決定。我希望藉由強調那些豬的死亡慘狀（鑑識科學著作完全迴避這部分），同時近距離呈現其他動物如何**涉入**（engage with）沙漠上的人類及家豬屍體，來進行科克西和赫姆萊克所謂的**多物種民族誌**，關注人類和非人類的生死是如何緊密交織，並共同受到文化、經濟與政治力量的影響。[11]如同最近的一些學者，[12]我也想將動物納入方程式裡，讓生物政治的概念更為複雜。

我放大民族誌的視角，納入人類以外的對象，並不足以為我花錢讓五隻生靈頭部中槍開脫，更別說將他們扮成拉丁裔邊境穿越者（老實說這樣做也蠻有問題的），再任憑大自然處置了。[13]他們都是具有能動性的生物，為了我的研究而犧牲，幫助我更深刻記錄那些被美國聯邦政府描繪成「非主

穿著衣服置於蔭涼處的公豬屍體。（攝影：本書作者）

體」、生命不具政治或社會價值的人的死亡。這片沙漠和佩奇拉特研究的牛隻屠宰場一樣，是一個「禁閉區」(zone of confinement)，是一個好公民不該看到的場所。[14]然而，將民族誌方法用在這件事上不只是為了替動物受苦做見證，也是為了展現豬能協助人類社會看見遷移者死後經歷的、大部分不為人知的苦痛與暴力。[15]這是個奇特的角色反轉，因為豬往往「被人忽略、無視、置若罔聞，彷彿一生留下的痕跡就是部分肢體被做成食物」，[16]現在卻肩負起呈現死亡人性面的任務。我希望他們的死能讓我們更接近了解動物、昆蟲、環境與人類，在索諾拉沙漠異質集合體裡是如何緊密相連。

——

那頭豬一死，所有人就動起來了。我們解開他腿上的繩子，我和一名研究生將軟趴趴的屍體拖到一棵大牧豆樹的樹蔭底下，很快替他穿上胸罩、內褲、藍牛仔褲、灰T恤和網球鞋，也就是女性邊境穿越者常見的穿著。有人在他口袋裡放了錢包和其他個人物品，包括零錢和一張寫有電話號碼的紙條，又在他身旁放了黑色的背包和一瓶水。最後，我們檢查周圍架設的攝影機角度對不對，電池有沒有充飽電，記憶卡是不是空的，能不能記錄影像。一切就緒後，我們打開攝影機，走回臨時休息處。接下來幾天，猛禽會將那頭豬撕成碎片。

死亡政治

雖然邊境巡邏隊用詞不帶髒字（威懾預防）、佯裝無知（邊境死亡人數增加是本政策**始料未及**的後果[17]）又推諉塞責（我們成天聽見移民抱怨他們被人口販子丟包了[18]），但正是這個聯邦部門在美墨邊境打造了一條基建漏斗，刻意把遷移者引導到沙漠。這片不毛之地是美國聯邦政府面對中美洲國家不時呼籲加強邊境治安時，想出來的政治-生態妙招，也是許多人的生財管道。要價過高、成效不彰的排外科技（見第六章）讓聯邦承包商和對他們言聽計從的華府遊說團體荷包滿滿。然而，這片遭到政治化的土地造成了哪些人命代價？而那些死於最極端「威懾」的生命又反映出了怎樣的美國主權觀？

哲學家穆班布批評傅柯提出的**生命權力**（biopower），認為這個概念將政治、戰爭、種族歧視和凶殺全混在一起，以致很難個別拆解及追問。[19]他認為這種**混同**（consolidation）無法妥當解釋在當代各種政治權力形式裡，死亡和生殺大權實際的行使方式。[20]說得更廣一點，穆班布不再認為政治只是「一個自治方案，藉由溝通與肯認達成集體共識的過程」，而是悲觀地認為政治愈來愈被偽裝成對抗**恐怖**（terror）的戰爭、抵禦或維安行動。而不論是戰爭、抵禦或維安行動，「都以殺死敵人為首要的絕對目標。」[21]因此，為主權而殺的**死亡政治**（necropolitics）無關理性、真理或自由等抽象概念，而是關乎生死的**具體現實**（tangibles）：一名疑似恐怖分子被關進關塔那摩監獄，結果永遠消失；[22]為了消滅蓋達組織分子而發動的葉門無人機轟炸，卻炸死了參加婚禮的平民；[23]十五歲男孩走在墨西哥諾加萊斯市的人行道上，被美國邊境巡邏隊員朝背上連開八槍，只因為他們以為他扔石頭挑釁。[24]「主權最終有很大一部分展現在決定誰可以生誰必須死的權力與能力。」[25]穆班布寫下這句話時，心裡想的或許正是美國。

只要瞧一眼美國南方邊境查緝所用的科技（如無人機和夜視鏡）和說詞（屍體、國土安全和外來者），以及造成的死傷（光是亞利桑那自二〇〇〇年起就發現了超過兩千六百具遺體）[26]，就會發現美國境內其實正在進行一場反非公民戰爭，而與墨西哥接壤的地緣政治邊界則是原爆點。聯邦執法單位既要追緝夾帶大量**大麻**（*mota*）闖關的武裝走私毒販，又得應付穿著**編織涼鞋**（*huaraches*）橫越滾燙沙漠的瓦哈卡農民。這場戰爭甚至很適合上電視。不信你問國家地理頻道《邊境戰爭》節目製作人。他們驕傲表示自己不怕「呈現非法移民和走私這類令人心碎、瞠目結舌又驚險刺激的議題」[27]，而觀眾則是對著自己欣賞的邊境巡邏隊員在沙漠追捕墨西哥佬鼓掌叫好。史蒂芬金反烏托邦恐怖小說改編的

《魔鬼阿諾》已經成為現實。

儘管近來遭到邊境巡邏隊員槍殺的美國公民和非公民不少，二〇〇五年以來總計四十二人，[28]但在皮馬郡法醫室一九九〇至二〇一二年檢驗過的兩千兩百卅八名死於沙漠的遷移者中，有一千八百一十三人死因與「**暴露**」(exposure)或疑似暴露」(占百分之四十五)或遺體過度殘缺或分解有關，以致無法確定死因(占百分之卅六)。[29]根據遺體發現位置研判，那些死因無法確定者(屍體過於腐爛或被動物啃得只剩骨骸)很可能也死於「暴露」。[30]這還只是遺體有被發現的遷移者。

如同第一章提到的官方文件所表明的，沙漠是邊境查緝的工具，**也**是殺害邊境穿越者的戰略武器。聯邦政府不用「殺戮」命名這項政策，而是用威懾，並稱其為保衛祖國的必要代價。然而，執法者將暴力外包給山脈、極端氣溫和幾萬平方公里的無人土地，不代表就可以將這些死亡歸咎於「始料未及的後果」或自然因素。事情沒那麼簡單。這些死亡是殺人科技創新的成果，就像斷頭台、毒氣室或通用原子航空系統公司開發的MQ-9「死神」無人機一樣，是進化版的殺人法。大自然將聯邦政府對付遷移者的手法「文明化」，讓聯邦政府借刀殺人。如同威懾預防策略的規畫者和支持者都心知肚明，這項政策還精明地拉大了被害者和犯罪者的分離度。[31]

美國政府對邊境穿越者的權利或生命幾乎漠不關心，這點從他們使用的治安手腕公然以痛苦、折磨與死亡來嚇阻邊境穿越者就能看得明白。遷移者處在阿岡本所謂的「例外狀態」，主權當局宣布國家進入緊急狀態，以擱置個體受到的法律保障，並加強政府對個體的權力。而美墨邊境長久以來就是以「例外狀態」存在，所有人心照不宣，人權和憲法賦予的權利統統以安全為名而擱置。[32]保護美國不受那些替我們摘草莓、拔雞毛和泊車的人侵擾的偽善，加上邊境穿越者不具公民身分(處於例外地位)的行為違犯民法，讓他們的死不足為惜。由於缺乏權利與保障，使得這些非法進入主權領土的無證者成為國家眼中的可殺之人。威懾預防政策正是**死亡權力**（necropower）的展現。

死亡暴力

政府權力以政治為名，行殺人之實，這件事讓社會科學家很感興趣，愈來愈多研究者開始鑽研死者的**身後傳**（postmortem biography），包括葬禮的社會政治脈絡、遺體的能動性與**政治來世**（political afterlife）等等。[33] 這些對死亡的研究多半強調屍體是行動者，並著重探討文化、經濟和政治等多重因素如何形塑死者與生者的互動。[34] 有些學者認為現代死亡政治已經將魔掌伸到了死後：「若行使主權等同於對生命開戰的特權，那麼將之等同於對屍體開戰的特權也無不妥。」[35] 邊境穿越者雖然是手無寸鐵的平民，但他們的屍體卻還是躲不過這場戰爭。

作賤死者絕非新的文化現象，人類已經樂此不疲了數千年之久。從阿基里斯拖著赫克托爾的屍首繞特洛伊城一周，氣憤的阿茲特克人將西班牙征服者連人帶馬的頭顱放在**人頭牆**（*tzompantli*）上，半警告科爾特斯和他手下最好離開特諾奇提特蘭，[36] 到法國宗教戰爭期間天主教徒拿新教徒的屍體餵烏鴉和狗，好讓對方靈魂下地獄，[37] 無一不是如此。如同傅柯指出的，正是過度暴力讓這些行為成為加害者眼中的「光榮之舉」，讓人即使斷氣了還得遭受欺凌：「遺體被火燒、灰燼被風吹散，屍體被拖行或扔在路旁示眾，正義連不再感受到任何痛苦的屍體也不放過。」[38]

啟蒙時期的人或許不再將屍體視為施罰對象，然而**對死者開戰**（war on the dead）始終是一種重要的跨文化行為。[39] 美國也克制不住這股衝動，海軍陸戰隊最近一起事件就是最佳證明。二〇一二年網路流出一段影片，四名海軍陸戰隊狙擊手對著據信是塔利班士兵的屍體撒尿，最終四人遭到申誡。後來談到這起事件時，中士詹柏林講得很白：

> 害死我們家人、我們弟兄的就是這些傢伙……我們也是人。有誰失去弟兄或母親不想報仇的？你難道不會想報復嗎？……我們那樣做針對的是心理，不是身體，因為他們的文化相信人死了只要異教徒碰過，就去不了麥加或天堂了。這下那些作亂者都明白我們可不是好惹的……我那樣做不是為了讓人感謝，而是因為我愛我的國家，愛美國所代表的價值。我不後悔為國家效命。[40]

這類羞辱向來被當成一種工具，將被害者從社會脈絡中抽離出來，讓所有目睹暴力的人覺得自己在道德上高於被害者而心生輕蔑。[41] 戰爭時褻瀆敵人屍首基本上是所有文化都會做的事。[42]

這些對待屍體的方式，我稱作**死亡暴力**（necroviolence），也就是犯罪者、被害者（及其所屬文化族群）或犯罪者和被害者，以公認冒犯、褻瀆或不人道的方式處置屍體而施行與展現的暴力。穆班布的死亡政治著重於和現代性及主權行使有關的「生殺」權力，死亡暴力則是聚焦於屍體虐待，以及其構成暴力的能力。這些可怕的社會過程既古老又超越文化、地理與政治界線。而我特地為這個現象命名，一方面是為了將它和現代的政治權力形式連結起來，一方面則是希望提供一個架構，方便人類學的不同分支針對這類死後暴力展開對話。跨時空、跨領域探究死亡暴力，對我們了解衝突與社會不平等的意識形態將大有幫助。

屍體虐待有各種形態與功能。死後暴力有時針對死者的精神、靈魂或來世，從古到今有太多例子。在《伊里亞德》中，狄俄莫德斯告訴帕里斯，「誰敢擋在我矛前，誰就要血濺沙場，圍著他屍首的禿鷹比女人（哀悼者）還多。」[43] 暗指他將褻瀆帕里斯的屍首，使其靈魂無法安葬。禿鷹則是象徵「凶險恐怖的未來」，意指「悽慘、可恥和孤獨的死亡」。[44]

此外，被擺弄的屍體也可以是傳遞暴力訊息給生者的載體。[45] 南美普圖馬約印地安人因為採集不到足夠的橡膠，而被英國領主肢解和斬首。[46] 他們的屍體成為腐爛發臭的戰利品，一方面展現殖民者凌駕原住民生命的權力，一方面告誡工作怠惰者會有什麼下場。美國深南部（Deep South）的種族歧視暴徒私刑燒死黑人、女人或孩童，理由是他們對白人行為不檢。慘事發生後，群眾會挖掘死者的骨灰作為紀念品，而被害者家屬只能等著撿拾殘餘的骨灰下葬。對憤怒的暴徒而言，焚屍將死去的肉體變成「私刑紀念品」，不僅徹底抹除「整副」軀體和寓居其中的人，還創造出見證殘暴儀式、展現「絕不讓非裔美國人出頭的決心」的物品。[47] 墨西哥毒梟會將對手的屍體吊在橋上、頭顱插在圍籬柱子上，或替屍體穿上戲服，吸引媒體拍照。你不用會說西班牙文，也能明白某人將一大袋頭顱倒在墨西哥米卻肯州一家夜店舞池裡是什麼意思：「少玩火，我們暴力起來可是無極限。」人類學家馬嘎尼亞談到墨西哥的毒品暴力時，非但不認為這些行為無稽或愚蠢，反而一針見血指出，屍體虐待是政府建立權威與主權的慣用「恐怖手段」。人類學家對此早有體悟。[48]

最後，在人類發明的死亡暴力裡，湮滅屍體是最複雜也最歷久彌新的一種。沒有屍體不僅讓死者無法「安」葬，也讓施暴者可以堅稱自己沒有殺人。[49] 如同晚近許多歷史事件所揭示的，湮滅屍體往往極具政治意涵。骯髒戰爭期間，阿根廷海軍扒光異議者的衣服，再下藥迷暈空投到海裡，讓他們從此「失蹤」被人遺忘。[50] 墨西哥格雷羅州阿尤奇納帕師院四十三名搗亂學生人間蒸發。當地傳言四起，不少人說學生被毒販和貪官汙吏活活燒死，再用各種方法悄悄棄屍，墨西哥政府則表示整起事件有待調查。儘管比起斷頭斷手示眾，這些手法「婉轉」一些，但湮滅屍體可以說是更惡毒，剝奪敵人的聲音及能動性，同時「讓壓迫的痕跡……只能全憑推論」。湮滅屍體已經成為死後「消失政治學」的一部分。[51]

抹除屍體還讓必要的哀悼與葬禮無法進行，打斷了社會關係的前進。生者需要這些事來讓「生者之生與死者之死有意義」，並且為死者在生者社群中安排（或重新安排）位置。[52] 因此，這種死亡暴力最令人困擾之處，就在於它讓哀悼者永遠處於臨床心理學家布思所謂的「模糊失落」（ambiguous loss）狀態，永遠抱著若有似無的失落感。[53] 不曉得家人的下落，不清楚他們是生是死，對一個人來說是永難磨滅的創傷。這種模糊「將悲傷凍結」，讓人無法為哀悼畫下句點。[54] 這樣的死亡暴力似乎永無終結。

簡單回顧戰爭、衝突和攻擊的歷史就會發現，死亡暴力是一種淵遠流長、散播極廣的文化實踐，也是一種可以輕易外包給動物、自然與科技的暴力。將某人餵狗、棄置在沙場等死或塞進爐裡燒成灰，這些虐屍手段都有一個介於犯罪者和被害者之間的中間物（intermediary），卻都能達成其主要目的，對死者和生者構成不同形式的暴力。

我最感興趣的是命喪索諾拉沙漠異質集合體那些人的死後生命。沙漠如何施展死亡暴力？鑑識科學和多物種民族誌如何使刻意不讓人看見的暴力現形？那些死於自然並暴露於自然的人的屍體會遭遇什麼？動物啃噬屍體又能幫助我們對遷移者死亡的政治本質有多少理解？在接下來的篇幅裡，我將闡述威懾預防策略背後邏輯所導出的死後暴力，如何讓邊境穿越者以獨特的方式承受死亡，其屍體又如何受自然影響。當我們將屍體分解過程中看似「自然」的物理、化學和生物現象放進沙漠威懾異質集合體的脈絡下檢視，就會明白那些現象都是**政治事實**（political facts），反映出無證者的生與死被賦予何種價值。這些事實全刻在死者的骨頭上。[55]

暴力埋葬學

人類從原始人至今各時期處置屍體的方式，向來是人類學家深感興趣的主題。[56]從墓穴深度、屍體位置到摻雜在骸骨裡的物品，如何處置死者透露了許多線索，讓我們窺見生者的文化觀。然而，不是只有親友的行動會影響死者遺體，視情境和時機的不同，風雨、地下水、昆蟲、土壤裡的化學物質、盜墓者、洪水、重力和動物等等都可能讓屍體產生變化。[57]蘇聯古生物學家艾弗列莫夫一九四〇年代發明了埋葬學（taphonomy）這個詞，用來指稱研究影響遺體的人類與非人類因素的學問。[58]目前一般將埋葬學理解為研究「死後過程」[59]或「影響生物死時和死後遺體的現象」[60]的學問，而這也是許多死亡暴力的關鍵要素。

對埋葬學的興趣於一九七〇年代受到關注，特別是考古學家開始關注死後事件會造成物質紀錄的偏誤，譬如土壤侵蝕對墓葬的影響。但他們這樣做通常是為了剔除偏誤，因為他們認定非人類對遺體只會有一個影響，就是摧毀重要的「文化」資訊。[61]但到了一九八〇年代，學者開始察覺這些非人類過程本身就很有意思。[62]例如古生物學家許普曼就不認為食腐動物只會破壞考古資料，而是主張以埋葬學確認這類動物是否在場能用來檢驗有關早期人類狩獵與採集的理論。[63]不過，儘管沉積後樣式（post-depositional pattern）研究大有突破，許多研究者還是對埋葬學了解模糊，尤其有些考古學家定義錯誤，試圖將文化過程和人類行為排除在定義之外。[64]

不論是用木槌敲打讓屍體無法被巫師偷去使用，或是埋進土壤裡加速其木乃伊化，[65]這些影響死去生物的過程都是「埋葬學的」（taphonomic）。認知到這一點很重要，有助於讓我們超越自然與人為的截然二分，因為這樣的二分法經常有損分析能力，讓我們無法理解身體停止運作之後，動物、昆蟲、人類和環境過程發生的複雜互動。目前從人類學的角度對沉積和沉積後樣式進行這種細緻的理解，貢獻最大者首推人類學家道蒂：「埋葬學描述創造歷史及構成『民族誌現下』（ethnographic present）的意外與擺弄、沉默與抹除、約束結構與突然斷裂的複雜與混合……埋葬學的過程不只是反映社會過程的一面考古學鏡子，其本身就是社會過程。」[66] 因此，埋葬學是一個由人類和非人類、動物和礦物、生和死均等構成的社會過程。以此出發，我認為影響沙漠裡遷移者屍體的死後事件是一種死亡暴力，儘管多半外包給自然與環境，卻和威懾預防政策、領土主權和美國政府賦予無證邊境穿越者的例外（故可以殺害和隨意處置的）狀態關係密切。接下來，我不會探討埋葬學的過程如何抹除生物資料，而是闡明亞利桑那沙漠裡具有毀滅力的、不人道的埋葬學因素，以及這些因素如何製造暴力。

沙漠埋葬學

在無證遷移計畫於二〇一二年展開實驗之前，只有兩篇學術論文以索諾拉沙漠裡的人類遺體分解為主題，[67] 而且兩者都只依據一九七〇和一九八〇年代的驗屍報告進行回顧分析。當時該地區的死者多半為凶殺被害人、在家中自然死亡者，或失蹤在沙漠裡的美國公民。[68] 由於兩份研究都完成於威懾預防政策施行之前，因此並沒有探討政策施行後，邊境穿越者的死亡人數於二〇〇〇年代初期大幅攀升的現象，也沒有分析該族群的人口與沉積特徵輪廓。[69]

這兩篇論文提升了我們對亞利桑那沙漠獨特埋葬學條件的理解，然而文中的數據不大容易看出其與遷移者死亡的關聯。這是因為死亡邊境穿越者的沉積脈絡和死後被淺埋的凶殺被害人或死於家中者不同，後面兩者都不會受戶外環境或野生動物影響。此外，這兩篇論文雖然略微提到食腐動物，主要是郊狼和狗，[70]但只是從骨骼分析推斷牠們存在，沒有第一手觀察資料證明動物有接觸到屍體。而且令人驚訝的是，禿鷹明明是索諾拉沙漠長期公認食腐集團成員之一，但這兩篇論文竟然都沒有提到。[71]由於遷移者通常死在偏遠地帶，可能數月到數年（甚至永遠）不會被發現，因此很難記錄屍體的分解過程及動物和屍體間的接觸。接下來的描述將嘗試透過實驗研究，帶領各位看見這些隱藏的死後過程。

「新鮮期」

當死神降臨索諾拉沙漠，你幾乎無處可逃。那裡沒有高大橡樹或蔭涼榆樹可躲，只有紡錘狀的仙人掌和瘦骨嶙峋的小葉假紫荊。就算找到蔭涼處，往往也得禱告太陽靜止不動。因為脫水或體溫過高而奄奄一息的人就算再不懂得隨機應變，也曉得要去最近的樹下暫時躲避陽光。[72]只不過很可惜，你清早在乾巴巴的牧豆樹下找到的樹蔭可能撐不了多久，中午陽光就會直射而下，輕鬆穿過細長的葉子（如果那還能叫葉子的話）烤熱你腳下的土地。最後你為了自保，只好追著影子（*sombra*）跑，跟炎炎夏日午後不停跟著樹蔭轉移陣地的狗沒兩樣。邊境穿越者臨死前通常都會縮在樹下，直到死後才會有人發現他們已經被移動位置的太陽給烤熟了。[73]

本章開頭提到的那頭豬已經穿好衣服坐在樹蔭下，身體靠著大牧豆樹的樹幹。接下來四天大致相安無事。[74]屍體上午乘涼，下午陽光直接曝曬，每日平均氣溫大約在攝氏十度到四十九度之間。

各位要是見過，就會曉得擱在戶外剛開始腐爛的屍體宛如一間迷你生物實驗室。蒼蠅嗡嗡盤旋，螞蟻在皮膚上爬，蛆在嘴巴和鼻孔裡蠕動，氣體在體內生成排出。這就是頭幾天豬的屍體在分解「新鮮期」或「初期」時的變化：[75] 皮膚褪色滑動，胃鼓得像氣球，蛆變得異常活躍，腹部和四肢腫脹讓腿上一隻鞋脫落，衣服上滑，露出死白的肚子，肛門和肚臍滴出液體，弄髒了褲子和地面。吃腐肉的鳥停在附近樹上看著豬的屍體緩緩變形腫脹，等候時機到來。直到第五天，新世界最常見的食腐猛禽、[76] 學名 *Cathartes aura* 的火雞禿鷹才撲到死豬身上。

會見火雞禿鷹

清早起床在索諾拉沙漠看日出，可能會瞥見火雞禿鷹高坐樹上，張開黑色大翅膀動也不動對著太陽，肉感的紅色腦袋側向一邊。不熟悉這種鳥的人，乍看到那個姿勢可能會覺得恐怖。碩大的羽翼和倒鉤的鳥喙在沙上留下長長的影子，感覺就像吸血鬼電影結尾時，穿著斗篷的主角見到懲治他的陽光，怕得張開瘦弱雙臂遮擋一樣。但對火雞禿鷹來說，那可不是在擺姿勢，而是為了調節體溫和弄乾羽毛。不過，那個姿勢充分展現了這種鳥類雖然體重只有兩公斤上下，卻有著異常巨大的身形（平均身高六十四至八十一公分）與翼長。當牠出現在遷移者小徑上，在你面前迅速來回，感覺更是嚇人。分布在舊世界西班牙和南法的猛禽高山兀鷲（學名 *Gyps fulvus*）據說已經會掠食人類畜養的牛隻，[77] 火雞禿鷹（學名直譯為「清新的微風」）則和牠們不同，幾乎只吃野生動物和家禽家畜的死屍。[78] 從一九九〇年代晚期開始，牠們的菜單上又多了遷移者的屍體。

火雞禿鷹仰賴高度發展的嗅覺來尋找腐爛程度剛好的屍體。換句話說，這種鳥類專吃暴露在野外的腐屍。但就算找到屍體，牠們仍會觀望幾天再靠近。學者推測牠們是在等大型哺乳動物的屍體腐敗到一定程度（並發出某種氣味）才會動嘴。孔恩在厄瓜多上亞馬遜認識的魯那族報導人就說：「我們

動作感測攝影機拍到的禿鷹啄食畫面。

人類覺得腐屍的味道很臭，禿鷹聞起來卻和水煮木薯一樣香甜。」[79] 那頭豬的屍體花了一百二十小時才發出夠香夠甜的味道，讓火雞禿鷹覺得用餐時間到了。

破曉時，三隻火雞禿鷹怯怯上前。牠們不確定豬死了沒，因此繞著他兜圈子，不敢太靠近。架在地上的一台動作感測攝影機拍到了幾張牠們紅頭黑眼的特寫。象牙白的鳥喙演化成適合撕扯筋肉的小鉤子，在照片裡顯得銳利無比。時間是清晨五點三十，氣溫是涼爽的攝氏十一度，但很快就炎熱了起來。接著是持續幾個小時的繞行盤旋。最後，到了八點卅七分，終於有一隻火雞禿鷹大膽衝上前，扯了一截舌頭回來。豬毫無反應，於是牠再度靠近，緊張啄了幾口，動作有些遲疑地撕了幾塊嘴邊和脖子的肉。牠每咬一口就身體一縮，心想豬會嚎叫或扭動。結果都沒有，於是牠開始啄豬的腳。還是沒反應。幾秒後，牠已經開始用嘴撕扯死豬腹部的尿生殖孔。

啄食的力道愈來愈強，動作愈來愈驚悚。一隻比較猛的禿鷹踩到豬身上，用腳爪撕扯粉紅的腐肉，另一隻繼續啄豬腹部的開孔。牠們每咬一下，僵硬的豬屍就跟著一晃。其他禿鷹繼續繞著屍體打轉，彷彿小腦袋裡還在盤算如何進攻。蒼蠅在鏡頭前大聲地飛進飛出。上午十點卅三分，死豬腹部被咬破的裂口滲出血來，腹腔開始洩氣，惡臭緩緩飄散到空氣中。四面八方都有影子來來去去。一隻鳥從鏡頭前面飛過，銀灰色的腹羽倏地一閃。氣溫來到卅二度，看來有人搖響了用餐鈴。

鳥啄穿進豬腹，叼出兩英尺長的腸子，豬的屍體跟著動了一下。那鳥三、兩下就將一大截消化道吞進肚子裡。立刻又有兩隻禿鷹直撲而下，張開下側泛著銀光的黑色翅膀威嚇對方，爭搶位置。根據鳥類學家的田野報告：「禿鷹通常不容忍同類分享屍體，一次只會有一隻進食，有時兩隻，但其他同類可能會在旁邊等待。」[80] 到了上午十一點，啄食豬屍的禿鷹已經來到六隻，從攝影機錄得的音檔裡可以聽見撕扯肌肉和翅膀拍打的聲音。更多內臟被啄了出來。幾隻禿鷹爭搶一長條粉紅的肉，腳爪踩得乾枯的草地沙沙作響。氣溫已經升到攝氏卅八度，啄食的速度愈來愈快。

八隻在啃屍體，然後九隻，其餘禿鷹則是聚集在樹上緊盯不放。更多禿鷹靠近，大膽將頭埋進肉裡。沒有多久，禿鷹的數量已經多到數不清，到處都是黑翅膀。三隻禿鷹站在屍體上啄腹部，其餘則忙著爭奪剩下的部位。肉被撕開，翅膀揮甩，更多新來者加入，甚至一度有廿二隻禿鷹搶食，還有八隻在一旁虎視眈眈。豬被團團包圍。過去十五年在沙漠上發現肉被啃光的骸骨和扯爛的遷移者的衣服，在在證明同樣的事曾經發生在無數死於穿越沙漠的母親、父親、女兒和丈夫身上。禿鷹繼續狼吞虎嚥。

一隻黑頭禿鷹（學名 *Coragyps atratus*）飛了過來，但馬上被推開。打鬥開始了：低沉挑釁的喉音、

禿鷹啃食數天後的豬頭與股骨。（攝影：麥可．威爾斯）

互咬、不斷展翅威嚇。畫面中只剩一大團揮舞的黑翅膀，看不見屍體。豬身上的所有開口和暴露的皮膚都有一個白色小鳥喙在熟練啄食。更多內臟從腹腔裡迸出，有如魔術師掀起的手帕一般。這場午宴彷彿永遠不會結束。兩張紅面孔往後退，開始為了腹腔裡流出的東西打鬥。另外兩隻禿鷹狠狠揮舞翅膀互相衝撞，就為了搶到啄食的位置；輸家被對手更有力的腳爪壓在地上。短暫較量間，鏡頭前不時會出現豬的頭顱或一條腿，隨即又被翅膀遮住。T恤被扯破露出了完好的皮膚，一整排象牙白的鳥喙立刻蜂擁而上，爭食互咬。不斷有禿鷹飛進飛出，到處飛揚著羽毛和塵土。屍體無助地躺在地上，任腳爪和鳥喙撕扯擺布。早上十一點十七分，氣溫四十二度。

這樣的場景持續了一整天，從破曉到日落，聚集的禿鷹時多時少。當爭搶的禿鷹終於少了，畫面裡就能觀察到每隻禿鷹如何仔細啄食屍體，像是腳爪深深抓進肉裡，以便穩住身子利於撕扯。到了中午，另一隻鞋和兩隻襪子也扯掉了。太陽開始往西，對著屍體身上破口猛啄的鳥喙也愈啃愈深。打鬥零星發生。禿鷹扯掉更多衣物，露出最後一塊寶貴的臟器與肌肉。氣溫高到攝氏五十度。直到太陽西斜，仍然有幾隻落隊禿鷹在已經洩氣乾扁的屍體上忙活。鞋子和襪子都被掃到了幾公尺外。

隔天早上太陽升起，柔和的橙色晨光灑在面目全非的豬身上。襯衫撕成碎片，沾滿了血跡、體液及禿鷹的糞便，屍體周圍綴滿了黑色羽毛。清晨拍到的攝影畫面顯示有鳥在樹上等待，地上還有影子來回盤旋。天色一夠亮，禿鷹又開始了。繼續嘶鳴威脅，扯開皮肉。到了中午十二點三十分，一隻膽大心細的禿鷹已經將藍牛仔褲和內褲卸了下來。一隻禿鷹啄食褲腿上的肉，另一隻則是將頭鑽進肛門裡，充分展現了是怎樣的天擇壓力讓這些鳥頭部沒有羽毛。這是運作中的異質集合體，而且會和昨天一樣持續到日落。

和前兩天一樣，第三天也是破曉就開始了，只不過屍體現在已經和空殼差不多。儘管大部分的內臟與肌肉在過去四十八小時都被啃食光了，禿鷹還是不肯放棄。其中一隻總算扯掉了襯衫，露出底下的紅胸罩。鞋子和牛仔褲已經不知所蹤。倒鉤的鳥喙繼續啃食殘餘的肉，只是除了皮膚與骨頭，肉已經所剩不多。肋骨和股骨都被啃得乾乾淨淨露了出來。脊椎縫裡殘留的組織是蛆的地盤。這天結束時，豬身上只剩木乃伊化的表皮和紅胸罩，輕得讓禿鷹可以整個叼起來東翻西弄，尋找還沒被吃掉的肉。後來我們在離屍體超過五十公尺的地方發現骨塊和衣物。之後，火雞禿鷹還是一直啃食剩下的脊柱與頭骨，直到又過了十四天我們結束實驗，拾回所有找得到的骨骸為止。

複製

實驗重複了幾次，結果都相去不遠。[81] 被我們穿上衣服放著不管的動物屍體最後都被食腐動物啃食得乾乾淨淨。我們二〇一二年放置在小山頂上的死豬曝曬了整整十七天才有禿鷹靠近，會拖那麼久，可能是因為那年夏天雨來得早。不過在那十七天裡，攝影機有拍到郊狼（學名 *Canis latrans*）和附近社區的家犬（學名 *Canis lupus familiaris*）撕咬豬背肉和嚼食扯斷的腸子。根據亞利桑那南部這二十年來的遷移者死亡分布圖顯示，許多遷移者都是求助不及而死在郊區附近。[82] 那一帶應該有不少家犬白天吃了人肉，回家舔主人的臉。

後來禿鷹還是出動了。八隻禿鷹只花了廿四小時就將屍體徹底變成白骨。接下來兩天牠們將骨頭和衣物弄得到處都是，最遠的離屍體原本位置超過廿七公尺。我們的研究團隊最終找回了百分之六十六的動物骸骨。換成人類死者的話，由於遺體和她原本穿的衣物相隔遙遠，很難將屍體和衣物連在一起。儘管那頭豬被放在半封閉場所，事後搜索也很徹底，我們放在他褲口袋裡的電話名片還是完全找不到。

二〇一二年我們還放了一隻母豬在牧豆樹下，離直接曝曬的那頭豬幾百公尺遠。兩隻附近的狗靠近過幾次，東聞西嗅或用腳移動她，還在她身上撒尿。禿鷹直到廿二天後才密集出現大快朵頤。有五天時間，攝影機拍攝到兩至八隻禿鷹斷斷續續啃食屍體，並嘗試剝去豬身上的衣物。那頭母豬花了將近廿五天才完全骨頭化。之後還是有禿鷹在上空盤旋，不時叼走骨頭和衣物，部分骸骨被帶到距離屍體原本位置二十公尺遠。此外，塞在褲口袋裡的電話名片也跑了那麼遠，而且附近沒有衣物或骨頭。即使我們只等了五週就去搜索，卻依然只找回百分之六十二的骸骨。要是放著不管，遺骨還是會繼續被啃食。這些持續不停的動態，以及遺體與衣物的破壞，在在顯示人的屍體只要棄置夠久，很可能會完全消失。

埋葬死者

老人躺在瓚波斯哥收容所的上下鋪床上，目光茫然望著天花板。他穿著白襯衫、棕色長褲和骯髒的黑紳士鞋。我注意到他是因為那時才傍晚六點，男宿應該至少再過兩個小時才會有人才對。我往廚房走去，經過時跟他打了招呼，但老人要不是不理我，不然就是他沒聽見。我問在收容所工作的山謬爾那老人是誰，他告訴我：「他是剛來的。他老婆死在沙漠裡，他們沒辦法把她的遺體帶回來。你能想像嗎？他們只是拿東西蓋住她，就留她在那裡了。」那老人餘悸猶存，不得不早點去休息。即使在這裡，所有人都命運多舛，顯然還是有人比其他人更慘。[83] 後來那老人整夜都沒有說話，得由兩名收容所工作人員扶著才去了廚房；經過走廊時，他雙腳幾乎沒有離地。他坐在桌前怔怔望著碗裡的燉豆二十分鐘，然後又被人攙著回了宿舍。再也沒有能說的了。

之後我遇到另一名收容所志工派崔秀，和他聊到命喪沙漠的事，他告訴我：

有時候在小路上，你會看到皮膚或人骨。我覺得那些都是走不動的人，被郊狼或我不曉得的動物吃掉了。經常有人被留下，因為腿抽筋沒辦法走了，所以被其他人留下，然後被吃掉，只剩下骨頭。

我：你有遇過嗎？

派崔秀：有。我覺得不是動物或鹿的骨頭，因為看起來不一樣。比較像腿骨、踝骨、膝蓋骨，或是還連著指骨的手骨。

我拿出一張小石堆的照片給他看。那是我去健行時拍的。

我：你在沙漠裡見過類似的石堆嗎？

派崔秀：見過。他們有時會用石頭蓋住死掉的人，感覺是因為挖不了墳墓，就用石頭蓋住，免得沙漠裡的動物去碰，所以才會那樣做。通常因為死者是家人或同行的人，所有人會一起幫忙。

三個月後的這天，換成我用石頭和樹枝擺在死去的豬身上了。我吩咐協助實驗的兩名學生，跟他們說我們只有十五分鐘，而且只能用手折樹枝和搬石頭。我想同行夥伴裡如果有人死了，匆匆埋葬應該就像這樣。我們撿拾方圓二十公尺內的石頭，赤手硬折乾掉的牧豆樹枝，把手都弄流血了，再用石頭和樹枝蓋住屍體。大功告成後，我們將攝影機打開。

拿東西蓋住屍體，免得屍體受風雨或動物侵擾，聽起來很合邏輯，也難怪遷移者經常那樣做。籌備實驗時，我們心想動物啄食的時間會因此拉長，卻沒想到石頭很會導熱又很難散熱（所以從以前的壁爐到現在的三溫暖都愛用岩石）。只是這樣一來，在氣溫逼近攝氏四十度的炎夏將屍體用石頭封住，產生的效果和我們預期的完全相反。石頭迅速吸收陽光的輻射熱，把屍體給烤了。因此，在我們進行過的實驗中，用石堆蓋住的屍體被禿鷹啄食的速度是最快的，放置不到四十八小時就被黑翅膀包圍住，第三天就開始被吃掉。石頭和樹枝對禿鷹完全不構成影響，部分骸骨和衣物很快就被叼到二十公尺以外的地方。屍體不到一天就骨頭化，最後樹枝和石頭底下只剩兩根被啃得乾乾淨淨的腿骨和一條有點濕的藍色牛仔褲。

沙漠死亡暴力

對待和處置遺體的方式反映了相關行動者的信仰與態度。

——寇瑪（Debra Komar 2008:123）

除非你是藏傳佛教徒，選擇用「天葬」作為死後的施捨，或主動捐贈個人遺體給鑑識科學家進行猛禽相關的實驗，[84] 否則對許多人來說，遺體被禿鷹肢解吞吃、屍骨流落四方，恐怕都叫作「未能善終」，死的時間地點都不對。這樣的死意味著莫可奈何，並且無法得到死者所處文化裡該有的安葬過程與儀式。[85]

拉丁美洲人的信仰以羅馬天主教為主，因此對拉丁裔遷移者來說，屍骨不全在宗教上至少有兩大缺憾。找不到屍體就代表無法為死者守靈，家人也無法修築墳墓，沒有個可以造訪死者、祈求死者靈魂安息之處。而在意識形態上，屍體不全或遭到破壞則被視為有礙來世，讓死者無法復活接受末日審判。[86] 因為死於沙漠而無法滿足天主教的葬禮儀典這件事「充滿象徵意義，是一種例外和公然貶抑」。[87] 進一步探討還會發現，就連非信徒和某些敵人也會認為，這樣處置屍體的方式並不人道。[88] 因此，這種死亡暴力反映了「威懾預防」這類邊境查緝政策對遷移者在身體上和精神意義上的漠視。這些埋葬學的事件已經系統性地發生了十年以上，足以視為無證遷移社會過程的一環。[89] 命喪沙漠已經成為常態，有充分理由值得特別標示出來。

這種對待（或虐待）屍體的方式不僅道德上可議，環境對身體的破壞還包括了其他意涵。從喪命地點的偏遠、屍體迅速遭到啄食，到衣物、個人物品和遺骨被各種環境過程破壞，無不意味著現有的沙漠死亡者統計低估了實際喪命人數。沙漠異質集合體會湮滅證據，而且幾乎不會有現場目擊者。皮肉被鳥喙扯碎，骨頭被犬科動物咬斷，剩下的被螞蟻搬走，[90]大自然會清理殺人現場。我們既然明白了沙漠埋葬學，就會曉得死亡人數永遠不可能確定，美國政府課責署二〇〇六年發表的報告《邊境穿越者死亡人數自一九九五年來已經翻倍》也這樣說：「由於沙漠裡可能仍有屍體未被發現，使得遷移者死亡人數統計的正確性有待商榷……未被發現的屍體總數可能永遠無法得知。」[91]

這種屍體破壞不僅湮滅了聯邦政策造成人命損失的證據，也讓失蹤遷移者的家屬震驚悲傷，不曉得自己的丈夫或妻兒是死是生。由於這種感覺和拉丁美洲政治動盪時期家人失蹤的感受非常像，以致不少人開始挪用**失蹤者**（*desaparecido*）這個字來指稱被沙漠吞噬、再也沒有音訊的人。[92]我如實描述屍體經歷的變化不是為了嚇人，而是因為本章有個更大的目標，想將邊境穿越者的骸骨放進沙漠地緣政治的脈絡中，揭露遷移者不為人知的死亡與死後生命，進而闡明這些暴力的埋葬學是政治過程衍生的後果。在本書接下來的章節裡，我將為沙漠裡那些殘缺不全的遺體補上名字、面孔和生命史。

美國聯邦政府刻意打造一個邊境治安基礎建設，讓遷移者身陷險境。就算損壞和湮滅屍體的「自然」過程可以由動物、昆蟲，或各種化學和環境行動者來執行，卻還是邊境巡邏隊擘畫的標準查緝政策的一部分。禿鷹吃屍體、剝去死者的衣物，是這個異質集合體所製造的最後「威懾」。儘管美國政

府也會對遷移者的死表達同情，卻通常只有能在政治上加分時才那樣做。[93] 官員從來不曾為這台死亡機器的啟動直接負責。描述沙漠裡的死亡暴力除了能揭露罕為人知的威懾要素，還可以闡明這個理論如何有助於我們理解這些大多發生在民眾視線之外的死後暴力的脈絡、形式、功能與效應。如同阿岡本筆下的集中營，亞利桑那沙漠是個偏僻遙遠的**死地**（deathscape），將美國的死亡政治刻在那些我們視為可排除者的屍骨上。[94] 這個沙漠「墳場」跟考古學家對中世紀和現代初期愛爾蘭等地的描述相似得令人毛骨悚然：「遺體在權力中心內的分布地點有個模式，就是頭和身體部位通常出現在中世紀遺址邊緣。將遺體放置在邊緣地帶除了在視覺上傳遞更強烈的訊息給聚落內外居民，同時強化了這些逝者被象徵性地排除。」[95] 看著這些被遺棄在沙漠的身軀，顯示了主權的具體界線和人性的象徵邊界（symbolic edge）是如何地相似。

後記

某天下午，我和基伊離開科羅拉多國家森林時行經一條泥土路，看見了坐在牧豆樹下的文森特。他沒有起身，只是疲憊地揮揮手吸引我們的注意。幸好我們車開得不快，否則肯定會錯過他。文森特年近五十，個頭矮矮胖胖，衣服破爛滿是汗漬，手裡拿著一個半滿的水罐，裡頭的水是濁的。他很吃力才站起來和我們打招呼。「我是跟團的，但他們留下我們先走了。我和一位女士跟不上嚮導。後來我讓那位女士待在小路旁的大樹下，自己過來求援。」他告訴我們。那已經是好幾小時前了。文森特狀況很差，顯然需要進醫院。他小口喝著我們給他的水，繼續往下說：

我住在愛達荷州，一週前因為無照駕駛被遣送出境。但我必須回去，因為我下週要動手術，我必須回到家人身邊。他們需要我。你們可以告訴我愛達荷還有多遠嗎？我得繼續出發。

文森特全身上下都散發著急切，從聲音、眼神到動作都是。遇到這種情況，你還能說什麼？我和基伊走到一旁討論該怎麼做，最後覺得讓文森特繼續前進等於判他死刑，他自己一個人走絕不可能再熬過一天。於是我們跟他談起他的身體狀況和家人：

基伊：文森特，你一個人再走下去可能會死。你已經沒辦法再繼續了。土桑還要再走六十多公里，愛達荷就更遠了。(96)

文森特：我必須再往前走。我需要回到家人身邊。

我：我們知道你不想去醫院，也不想回墨西哥，但我們兩個都覺得你的家人應該希望你活著。你願意讓我們打電話叫救護車嗎？

文森特呆望地上，點了點頭。這一切早已超過他的負荷：長途跋涉的身體疲勞、家人分離的心理痛苦，以及只想不顧一切繼續往前的急迫。他開始啜泣。我還是基伊伸手摟著他。我們打電話給消防隊。一小時後，我們目送醫護人員將文森特扶上救護車，然後回到車上再次出發。我們在沙漠一帶漫無目的地開著，直到太陽下山。我們在找那位小路旁大樹下的女士。

第二部分　在路上

El Camino

梅莫與路丘在路上，索諾拉沙漠，2009年8月（*Memo y Lucho en el camino, Desierto de Sonora, Agosto 2009*）。（攝影：安克爾）

4

梅莫與路丘
Memo and Lucho

我同意玩這個社會遊戲。我擺姿勢，我知道自己在擺姿勢，也要你知道我在擺姿勢，不過……這個額外訊息絕不能更動我作為個體的珍貴本質：那照片外的我。

——羅蘭・巴特，《明室》

墨西哥母牛！（*¡Vacas mexicanas!*）

我笑得前仰後合停不下來，而我愈笑，梅莫就講得愈起勁。我完全入迷了，他很清楚這一點。以詼諧手法扮演農民著稱的墨西哥喜劇泰斗康丁法拉斯要是真有個農夫胖老哥，肯定會是梅莫。兩人都是圓臉、黑鬍鬚，笑起來很有傳染力。差別只在於梅莫沒有好萊塢臉；除非你想到好萊塢時，腦中浮現的除了家住日落大道的電影明星，還包括替明星家除草的工人。疤痕累累的手臂、龜裂的牙齒和飽經風霜的臉龐，這些全是梅莫過去二十年在加州弗雷斯諾果園幹活留下的痕跡，反映他際遇的拮据與辛苦。他代表著墨西哥勞動階級的**慣習**（*habitus*）❶，總是能將悲慘的遭遇說成好笑又諷刺的故事。

梅莫讓我想起我已故的舅舅克魯茲（Tío Cruz），或許這是我立刻就喜歡上梅莫的原因。克魯茲生於墨西哥薩卡特卡斯州，大半輩子都在德州格蘭德河谷生活、工作與酗酒。他愛開黃腔，卻也教會我

打嘴炮（*chingaderas*）的文化意義，搞懂墨西哥勞動階級那種充滿幽默、咒罵與性雙關語的對話「日常」。❷小時候，他老喊我*pinche cabron*，直到我九歲那年查字典，讀到那個詞是什麼意思，氣得眼珠子差點爆出來，心想我自己的舅舅竟然罵我「死王八蛋」罵了快十年。我到現在都還記得他身上雪茄和廉價古龍水的味道，還有他對著坐在他削瘦膝蓋上的我說：「別難過，亞森（Yason）❸！那樣說只是代表我愛你，你這小王八蛋！」

年近四十的梅莫或許沒有電影明星的長相，卻有著老練說笑者的節奏感、姿態與把握時機的能力，知道什麼時候怎麼喊人**王八蛋**最有笑果，而路丘則是他的好搭檔。❹路丘長梅莫七歲，高他一個頭，少他九公斤，皮膚黝黑，性格溫和得不可思議，臉上總是帶著微笑，彷彿他心裡有個祕密很想告訴你卻又不能說。他在加州和亞利桑那州無證生活和工作了三十多年，幹過許多粗活，牙齒卻保持得非常完美，外表更看不出任何歲月風霜留下的痕跡，和梅莫很不一樣。乍看之下他好像是兩人中比較嚴肅的那個，但只要梅莫開始講故事，他就會切換成捧角，不時補上精彩的細節或惹人發噱的笑聲。兩人一搭一唱非常有效果。就像以下這段發生在收容所的對話，這收容所負責留置剛被遣送出境的遷移者，即使感覺場合不對，我還是笑得合不攏嘴。

梅莫：照理說他知道路。❺
路丘：他知道個屁！（笑）
梅莫：他不是走過兩、三次嗎？
路丘：才怪，哪裡有。
梅莫：他是這樣跟我說的。

路丘：那他怎麼會迷路？

我：你是在說你們第一次穿越沙漠時遇到的人嗎？

梅莫：沒錯，我們在說賈西亞。他六十多歲了，我們在拘留所遇到他。他說他三年前走過，認得路，所以我們就跟著他走。

路丘：我們翻過那座山，然後越過一道圍籬。天開始暗了，有卡車開過去。

梅莫：那裡離（邊界口岸）馬里波沙不遠。我們翻越圍籬然後一直走，走了很久之後終於坐下來休息。賈西亞說，「好了，我們越過邊界了，這裡是美國了。」當時天很黑，什麼都看不清楚。我問，「你確定嗎？」他說，「嗯，我們做到了，這裡是美國，我三年前就是從這裡走的。」這時我們看見有車開過，以為是邊境巡邏隊，就躲到樹下。

路丘：我們在那裡等著，坐了很久。後來我們看到很遠的地方出現一對情侶，很擔心他們是不是迷路了。

梅莫：我大聲喊道，「嘿！你們還好嗎？需不需要水？」我很想給他們水喝，因為那兩個可憐人兩手空空，身上連背包什麼的都沒有。他們停了半秒鐘，朝我們揮手。我一直大喊要拿水給他們，但他們還在揮手。這下我真的替他們擔心了，怕他們被**搶匪**搶。但那兩個人似乎一點都不擔心，繼續往前走，於是我們只好也出發了。沒多久，我們看見一大堆垃圾。我說，「賈西亞，你確定我們真的在美國嗎？這裡那麼髒！**老外**應該沒那麼不愛乾淨吧？」但他一直跟我們保證，說我們已經越過邊界了。

路丘（竊笑一聲）：後來我們經過一個畜欄，裡頭全是牛。

梅莫：我看到牛就真的起疑了（笑）。我說，「操你媽的，賈西亞，這些牛那麼瘦！你看牠們有多醜！**老外**的牛都很肥！很漂亮！**你這個王八蛋！去你的，牠們是墨西哥母牛！**（*¡Oye cabron! ¡Estos pinches vacas son mexicanas!*）搞什麼！我們還在墨西哥！」（我們都笑了）

路丘：難怪那對情侶沒停下來跟我們說話，因為我們還在墨西哥，他們一定覺得我們三個是瘋子。他們應該是去約會，男的正要送女的回家之類的。

梅莫：去你媽的搞半天！我們在墨西哥境內迷路了一整晚，拚命躲卡車，誰曉得卡車都是**開進**墨西哥的（笑）。後來我們總算搞清楚圍籬在哪裡，順利穿越了邊界。再後來我們把水喝完了。幾天後，賈西亞喝了牛槽的水不舒服，拚命嘔吐和拉肚子。

路丘：我們在亞利桑那的阿瓜林達被逮到。我們在沙漠裡走了五天，最後賈西亞實在走不動，我們只好去自首，因為我們不想拋下他。我們三個從諾加萊斯出發，一開始就講好了，只要有誰走不動，其他人就去自首，不會拋下對方。譬如誰生病，我們就自首，不然就是我去找商店，打電話給一一九，跟他們說我朋友快死了或被我們留在哪裡。賈西亞就是那樣。他很不舒服，胃痛得很厲害（語氣轉嚴肅）。我們回去後把他送到諾加萊斯的醫院，之後他就回新墨西哥了。

我聽到這個故事時，整件事才發生沒幾週。梅莫和路丘跟賈西亞一起回墨西哥，之後兩人又嘗試穿越沙漠，結果再度失敗。他們跟我講起那兩次遭遇，很多時候都在笑。然而，不是只有他們兩個會將慘事當成笑話講。這些年來我訪談了數百人，講到邊境穿越的艱苦之處時，總有人用開玩笑的方式帶過。許多男性對話者在講述故事和回憶經歷時，幽默經常扮演著複雜的角色，以致不少外人會因刻板印象錯誤認為那是**大男人**（*macho*）的表現，或是他們不想讓研究人員看到自己脆弱的一面。

如同拉丁裔研究學者李蒙所指出的，這些生動的語言敘述是「從互動中產生意義的動態論壇，將被動的命運轉為主動投入，從而克服焦慮」。[6]這些讓許多人的故事生色不少的幽默、咒罵、微妙諷刺與自我解嘲，通常叫作**打嘴炮**（*chingaderas*）[7]或**閒扯淡**（*pendejadas*），既是墨西哥勞動階級主體性的核心要件，也是反抗和遷移者認同建構的重要方式。[8]

梅莫、路丘和本書其他人講述經歷時那些看似輕鬆的時刻，其實必須認真以對。那些幽默反映出人對自身社會地位難保的認知，有時也是一種「弱者的武器」，是遷移者面對美國聯邦政府使用權力嚇阻他們入境的言語反抗工具。[9]邊境穿越者或許無法看穿政府權力與移民執法策略的複雜，但不論非法穿越邊境或在美國無證居留，他們每天都在親身感受政府權力與執法策略。本書許多故事裡的玩笑話都不只發生在墨西哥勞動階級文化，更是受此文化及美國聯邦移民政策和資本主義體系所形塑。幽默不僅可以凸顯遷移者在邊境穿越過程不同階段經歷到的緊張，緩和美墨兩國邊境查緝和社會邊緣化對他們的打擊，還能幫助他們保持樂觀與專注。就像貝尼亞在研究加州中部的墨西哥採果工人時，一名報導人對他說的：「我們就是這樣熬過來的，靠著奚落嘲笑讓事情變得輕鬆一點，暫時忘記生活的問題，忘記那些困苦與辛勞。」[10]

我很早就明白，身為拉丁裔勞工家庭出身的男性研究者，這個身分往往會影響別人跟我互動，以及向我講述邊境穿越故事的方式。和我對談的許多男性都會用**打嘴炮**的調調跟我分享他們的倒楣遭遇，因為他們曉得我知道這種表達法的巧妙所在，[11]好比會用咒罵、性暗示和開我玩笑來讓故事變得有趣。但這些**嘴炮**不是為了羞辱我，而是一種語言遊戲，代表對話者對我的**信任**（*confianza*）和**尊重**（*respeto*）。[12]在這個**脈絡**（*contexto*）下，被男性對話者開黃腔不僅代表信任，也削弱了兩個世界的區別。

社會科學家往往會忽略這種用充滿血腥色情的戲謔語氣講述通常很悲慘的邊境穿越經歷的墨西哥式幽默，這點並不令人意外。原因可能出在研究者（大多是不會講西班牙文的中產階級白人或受過教育的中產階級墨西哥人）與報導人的文化和階級差異，⑬以致邊境穿越者用較為正式的語言和研究者或記者交談，或是那些人根本沒聽懂他們的笑話。我認為正是這兩個因素讓邊境穿越故事往往變成一本正經的逆境搏鬥，完全不見幽默與諷刺。加上有些研究者習慣將研究對象描繪得很高貴，不會罵髒話也不會動不動就拿肛交開玩笑，使得情況更為複雜。此外，至少在描繪邊境文化的經典（文學作品中，許多作者就算寫到**打嘴炮**，也會貶低其文化重要性，認為那只是用言語表達性焦慮、羞辱和男性強勢而已。⑭

我不是說自己身為拉丁後裔，因此特別能洞察邊境穿越者的困境。我只是想表達許多接受訪談的人都覺得跟我講話很自在，可以免去言語上的正經，並且知道我有足夠的文化知識，可以理解他們在不同脈絡下**鬧扯淡**的意義。我既是自己人（拉丁裔男性）又是外人（大學教授），讓我得以體會到邊境穿越文化的「厚度」，又不致於愚蠢地認為光憑我的種族出身就能擁有內部觀點，了解踏進沙漠那種孤注一擲的心情。⑮

我曾經問梅莫關於他愛開玩笑和努力保持樂觀的事，他的回答既幽默又悲傷：

> 梅莫：想像我們正在翻越一座大山好了。你不能開始想這座山太難爬。我都告訴別人一定要樂觀，要鼓起力量不停往前走。你必須假裝自己是去野餐。我都會說，「讓我們翻過這個小山坡吧！」你必須一邊開玩笑，讓自己繼續往前，堅持下去，保持活力。我會說我們要不停往前走，然後保持開心和樂觀。有些人會問我，「你不累嗎？」我會跟他們說我當然很累，但我們必須保持樂觀……想想走了那麼遠，玉米餅也會變成山珍海味。就算又冷又硬，肚子餓的時候還是覺得好好吃（笑）。有些人會抱怨，說他想吃熱的玉米餅。我會說餅雖然很硬，但還是很好吃！……我知

> 道那很討厭、很悲哀。我也不曉得。我記得有時走到餓得渴得不得了，手腳都好痛……我相信神。
> 我在收容所遇見很多人。小孩、女人，甚至孕婦都有，很可憐。我總是求神保佑穿越邊境的人，保佑做父母的，還有孩子。

故事（*Historias*）

我和梅莫、路丘相識是在二〇〇九年七月，墨西哥諾加萊斯一間名為璜波斯哥收容所的地方（詳見第五章）。這個收容所留置剛被遣送出國的遷移者，最長三天，但梅莫和路丘說服負責人讓他們待下來，條件是幫忙煮飯、打掃和照看這個非營利組織每天接濟的大批遷移者，數目在二十人到兩百人之間。我當時完全沒想到，這兩個用**墨西哥母牛**讓我哈哈大笑的傢伙很快會成為我的關鍵報導人。

我起初以為他們是多年老友，相約一起穿越邊境。因為他們感覺很投緣。後來才發現他們竟然是我到收容所之前幾週才認識的，這簡直太不可思議了。他們是*amigo del camino*，也就是**路上的朋友**，兩人一起在美國聯邦拘留所待了一晚，隔天被遣送到諾加萊斯，友誼就這樣開花了。他們都被遣送到一個陌生的邊境城市，必須設法生存，也都想再穿越邊境回美國，因此很快就惺惺相惜了起來。他們過去的經歷也很相近。[16]兩人都出身勞工家庭，一九八〇年代很輕鬆就移民到了美國。

> 梅莫：我一九六九年出生在哈利斯科和米卻肯州的邊界小鎮上，但很小就搬到了維拉克魯茲州，所以算是在維拉克魯茲長大的。那裡生活很不錯，問題是薪水很低，老闆給的錢很少。因為經濟危機，[17]跟美國現在一樣。[18]賺的錢只夠溫飽，幾乎買不起衣服打點自己。有錢讀書的會去上學，

錢不夠的就上午上課、下半天工作，沒錢的就直接去工作了。而我從開始念書就是下午還得去工作，五年級結業前一個月更是連學校都去不成了。之後就是一直工作一直工作。二十多歲的時候，我遇到一個男的，他找我一起穿越邊境。我認識的人裡頭沒有人穿越過邊境，我也沒有家人在美國。我那個朋友很想穿越邊境，但很害怕。他有個姊夫在加州，他說我們可以投靠他，他可以幫我們找工作。我說「讓我想想」。四個月後，他還是想去。那是差不多一九八八年的時候，我有兩個小孩，但已經跟他們的母親分了，所以是單身。朋友一直催促我去。他說，「走啦，一起去啦，我已經跟我姊夫說了，他在等我們。」於是我想辦法湊了點錢，就跟他一起出發了。我們經過（亞利桑那道格拉斯市南邊的墨西哥邊境小鎮）阿瓜普列塔，沿著高速公路走了一段，只走了三、五小時吧，我不大記得了，但沒有走太久。我們穿越高速公路，一輛車把我們送到鳳凰城，然後朋友的姊夫再找人到鳳凰城來接我們，我就這樣到了加州。那是我頭一回穿越邊境，當時大概十九歲吧。

路丘離開墨西哥的時間比梅莫早了快十年，因此即使我叫他努力回想，他對那趟路的記憶還是很模糊：

路丘：我一九八〇年十八歲的時候離開哈利斯科。我搭巴士到提華納，再從聖地牙哥進美國。那時穿越邊境真的很簡單。我們越過圍籬之後，**郊狼**就帶我到洛杉磯，我的奶奶和姑姑都住在那裡。

後來兩人又數度穿越邊境，每次的理由和方式都不一樣。由於路丘離開墨西哥的時間比梅莫早，在加州又有現成的家庭支持網絡，因此算是好過許多。一九八六年，美國國會通過《移民改革與控制法案》，給予近兩百萬名無證者永久居留權，也就是綠卡。[19]路丘依此獲得赦免，得以返回墨西哥探望臨終的母親。然而，讓議員們懊惱的是，國會赦免已入境者原本是為了阻止無證遷移，沒想到卻有許多人利用這一點將其餘家人統統非法帶進美國。路丘也不例外。

> 路丘：一九八七年，我回墨西哥去看我媽最後一眼。因為我已經拿到赦免資格（永久居留權），所以回程就把爸爸、兩個妹妹和兩個弟弟一起帶著了。我那時跟姊夫住，他也有綠卡。他幫忙我，讓我帶著家人從提華納穿越邊境。我們穿越拉利伯塔德，[20]從那裡到了加州的聖思多羅，然後讓家人坐上小巴，由我開車往洛杉磯去。所有人都很害怕，但我說車由我開，因為我有證件。我們避開邊境巡邏隊的檢查站，順利到了洛杉磯。我那時在加州的工作不錯，可以照顧爸爸和弟弟妹妹。

一九九四年，路丘偕同妻子搬到土桑。他妻子是美國公民，在土桑長大。雖然她設法替丈夫申請更新居留權，但路丘未能及時繳交文件，以致失去了合法身分。這迫使他必須保持相對低調，而且得避開移民官員。搬到土桑幾年後，路丘被邊境巡邏隊查獲，將他遣送出境。但他很快就從諾加萊斯非法回到了美國，而且過程並不難。

> 路丘：我是有天在工作時被逮到。他們把我趕走，因為我沒證件。我週五下午被逮到，他們晚上就把我送到墨西哥。我老婆到諾加萊斯來找我。我本來當天晚上就要一個人穿越邊境，但天真的

很黑。我深夜十點左右到了邊界，心想「怎麼可能！」你能想像獨自穿越（位於亞利桑那南部山區的）里奧里科嗎？我怕死了（笑）。我跟老婆說我那晚沒辦法過去，但週日會再試試。我要她在**入口**（*entrada*）等我，也就是諾加萊斯和格蘭德的邊界口岸。那裡會檢查護照，放車通行。我排在隊伍裡往前走，試著避開海關人員。我直接從他面前走過，他大喊，「嘿，回來排隊！」我不理他繼續往前，結果被他們抓住，讓我排回隊伍尾巴。我說，「好吧。」等他再次轉身背對我，我又從他身邊溜過去（笑）。我趁他沒注意看的時候快速走過，然後拔腿就跑，跑到美國邊界內的小店裡（亞利桑那諾加利斯市的雜貨店）。你知道那些亞洲人開的店嗎？我過了紅綠燈跑進其中一家店裡。邊境巡邏隊緩緩開車經過想找我，我在店裡隔著玻璃看著他們。我在店裡一直等，直到我老婆開車過來。等她停在紅綠燈前，我立刻衝到店外，跳進車裡。我老婆大喊：「你做了什麼？」我叫她只管快點開車。

我們開了大約三條街，結果被警察攔住。他問我們從哪裡來，我說墨西哥那邊的諾加萊斯，因為我老婆是美國公民。我跟他說我們要去土桑。他問車是誰的，我跟他說是我的，因為車子登記在我名下。他要看我的駕照，我老婆就從皮包裡拿出來遞給我。我秀給他看，他又要檢查後車廂。就在這時，我老婆害怕了。她真的很緊張。我打開後車廂，他們檢查之後說：「好了。我們攔停你們，是因為你們的車在冒黑煙。小心開車，祝你們順風。」我笑到不行，我老婆卻在發抖！她大吼：「你到底在做什麼？我要把你留在諾加萊斯！」我說：「不可能，警察要留人也是留妳，因為車子登記在我的名下！」（笑）我們開車回土桑，一路都很順利，因為那年頭高速公路上都沒設檢查站。隔天週一我就回去上班了。那時穿越邊境很簡單，根本沒什麼。

這次事件後，路丘有十多年沒被移民單位逮到，直到二〇〇九年他酒駕被捕，才又被送到亞利桑那埃洛伊市的聯邦拘留所。

路丘：我二〇〇九年犯法了。我想解決身分的問題，正在弄資料，結果酒駕被抓……就是那次他們把我送到了埃洛伊。我在那裡關了三個月，後來找了個律師，讓我保釋離開。我和律師一起打官司，我們去了法院三次，最後法官說我們會敗訴，他們會把我遣送出境。他們給了我一張移民及海關執法局的卡片，上頭說我必須帶著所有個人物品去報到，因為他們要將我遣送出境。但我沒有去。我心想「老子才不去咧，他們有本事就來找我」。結果……唉，我工作的地方離移民及海關執法局很近，大概只隔五條街吧（笑）。我告訴你，過了三個月左右，我有天看見一輛車緩緩開過我工作的地方，裡頭一個人東張西望（模仿開車和探頭張望的動作）。後來我去工作時，一輛車窗塗黑的車就停在外頭。我四處問，但沒人曉得那輛車是誰的，車裡又是什麼人。三天後，六名警察不知道從哪裡冒出來，突然上前把我抓走。他們把我的午餐和其他東西扔到一旁，給我上手銬，送我到移民局（拘留所），然後就把我踢出那個國家，扔到墨西哥。我就是在那時認識了梅莫。我們一起在拘留所待了一晚，就成了朋友。

我：你們是怎麼熟起來的？

路丘：你知道，待在那種地方很自然會找人攀談。「嘿，你是從哪裡來的？之前從哪裡穿越邊境？」我們話匣子一開就成為朋友了。三個人（包括賈西亞）一起被遣送到諾加萊斯。

梅莫的邊境穿越經歷以及和法律對抗的過程，就比路丘慘痛和頻繁許多。一九八〇年代晚期到二〇〇九年，梅莫一直住在加州的弗雷斯諾。由於他三不五時就會出事被警察逮捕，因此曾經數度遭到遣送出境。和路丘的家人不同，梅莫的家人幾乎都留在墨西哥。

梅莫：一九八八年頭一回穿越邊境後，我回過墨西哥幾次。我出過幾次差錯，在弗雷斯諾被遣送出境過幾次，通常是無照駕駛或沒有保險。一九九〇年代頭一回被遣送，我在墨西哥待了三個月探望家人，然後又回美國，在弗雷斯諾採葡萄。那時穿越邊境很簡單，沒什麼問題。每次被逮到，把我送回墨西哥，我都想說「**隨便啦**（*Ni modo*），反正我還會再越境過去」。但第二次被遣送出境後，我就再也不想回墨西哥的老家了。我只想從提華納打電話回去，要鄰居「跟我家人說我很好」。我被逮到從來不會跟家人說，我不想讓他們難過。事情就那樣維持了一陣子。我會穿越邊境，回美國工作，有閒錢就寄回家。我在弗雷斯諾的工作不錯，薪水也好。很久以前移民還不是什麼大問題，穿越邊境比較容易。

二〇〇一年九一一恐怖攻擊事件後，美國持續強化治安，梅莫發現移民變難了。二〇〇九年初被遣送出境後，他試著越境了幾次，都沒能成功，而且每一次都比前一次更危險。

梅莫：真正出問題是在九一一之後。世貿雙塔一倒，情況就複雜起來，穿越邊境就變難了，檢查站什麼的也變多了。現在穿越邊境永遠是場苦戰……我在弗雷斯諾的工作很好，但我酒喝太多了。那是我的毛病。我採葡萄，在果園幹活。我真的很喜歡我的工作。老闆提拔我開拖拉機，那工作真的很棒。問題是我有次下午喝醉了，忽然覺得開拖拉機到店裡買啤酒應該很不賴。我一邊喝啤酒，一邊開著拖拉機在街上慢慢走，跟朋友揮手打招呼，開心得很！那陣子我真的很瘋！後來我因為酒駕被捕，接著就被遣送到提華納了。[21]

我：你嘗試穿越邊境過幾次？

梅莫：大概十五次吧。[22]有時自己一個，有時跟其他人一起。我總是跟自己說，我要試到成功為止。我從提華納穿越邊境大概五次，把他們氣壞了。他們說：「你在這裡被抓到太多次了。這樣吧，我們決定把你送到別的地方去。」後來他們真的把我送去別的地方，有一回還送到華雷斯城。[23]他們最後一次在提華納逮到我時，不僅把我和夥伴分開，還把我送到墨西哥的索諾伊塔。

我在索諾伊塔遇到一個普埃布拉來的傢伙。他和他老婆一起。我們大約十個人找了個嚮導一起穿越邊境。那回我們走了很久，真的差點就到接應點了，實在……我不曉得怎麼跟你形容，我們就差那麼一點，結果被抓到，感覺很糟。所有人都很傷心，因為我們走了那麼遠，走到都沒力了，渾身是血。很多人腳都不行了。有些人想把其他人留下來，例如那位普埃布拉來的朋友和他老婆。但我對那些人說：「想都別想！我會陪他們，跟他們一起慢慢走。」總之那回我們被逮到了，所有人都被送回索諾伊塔。但我們立刻又嘗試穿越，只不過一出發就走得很辛苦。我知道我朋友的老婆走不完，其實我也是。我感覺我們就快迷路了，但還是不停對大家說：「我們不會死的，我們不會死的。」神給了我們力量，讓我們繼續往前，沒有死掉。我一直說我們必須不停往前走。我們有找到水，但我朋友老婆的腳實在不行了，因為我們已經走了十一天。我們跟著嚮導在沙漠上過了十一個白天和黑夜，但他卻帶著我們四處亂走，最後終於被邊境巡邏隊逮到。

我：經過十一天感覺如何？

梅莫：被捕真是鬆了一口氣，因為天曉得我們到底走不走得到。我們差點死掉。邊境巡邏隊給我們**電解質**（*suero*）和水。我們一直喝水，我甚至喝到抽筋。之後他們取了我們的指紋和行囊，把我們分開。其中一位邊境巡邏隊員告訴我：「我說你都嘗試過那麼多次了，何不休息一陣子，不然真的會死在那裡。聽我的話，別馬上又試，稍微休息一下。」

我：**邊巡的**這樣對你說？

梅莫：沒錯。他說，「休息一下，大概一年左右，因為我們這裡都有紀錄，你最近試了非常多次。」

我說，「沒辦法，我就是要再試。」

他告訴我，「這裡是不可能了，我們要把你送去諾加萊斯。」

我說，「沒差，反正我會再試。」

那名巡邏隊員說，「好吧，我想從諾加萊斯可能比從索諾伊塔這裡容易。」

我說，「既然你都這麼說了，那就這樣吧。」

後來他們真的把我送去諾加萊斯。他對我實話實說，我想我也應該對他實話實說。

他說，「這樣吧，你可以再試，但先休息一陣子，然後記得帶很多**電解質**。帶四公升到十二公升的水，還有很多**電解質**。」

我：那名巡邏隊員真的那樣說？

梅莫：對。

我：他是白人還是墨西哥人？

梅莫：我想他爸媽是墨西哥人。他長得像拉丁裔。他告訴我如果要再試著穿越邊境，最好先休息一陣子，吃很多維他命。他還吩咐我去沙漠要帶維他命。

他說，「我知道你的狀況，因為我看過你所有紀錄，知道你試過的所有地點。你為什麼拚了命也要進美國？」我說，「呃，因為我想自力更生，我想幹活。我有工作，因為我想在墨西哥買一小塊地，蓋幾個小房間租給別人。我會求上帝讓我出人頭地。」我要那位巡邏隊員不要搜捕我，因為我不希望家人受苦，不希望老婆和小孩難過。我自己受苦沒關係，一個人沒問題。但我不能在墨西哥乾等，放老婆和小孩受苦，而我一直賺不到錢。

他說，「你知道嗎，我們會送你去諾加萊斯。那裡穿越邊境比索諾伊塔近很多，但非常危險，處處是危機。你必須小心響尾蛇和遇到的人。」我想當時那裡有很多**搶匪**。

他告訴我，「你身上有錢最好交給**搶匪**，這樣他們才不會綁架你或殺了你。把錢給他們就是了。你想穿越邊境，我只能告訴你這點。」

我說，「如果你想幫我，何必給我建議，不如直接送我一程？與其把我關在這裡，不如放我回街上。」(笑)

我(也在笑)：他怎麼回答？

梅莫：他說，「**少來了，笨蛋！**(*¡No, cabron!*)你現在是怎樣？乾脆叫我開車載你四處找工作好了。」(笑)老天，那趟經歷真是太神奇了。後來他們把我送到諾加萊斯，呃，應該說先送我到土桑的拘留所。我就是在那裡認識了路丘。那是我頭一回經過土桑。等他們把我們遣送到諾加萊斯，我們已經混熟了。

跟梅莫和路丘首次談話後，我發現他們倆顯然無論如何都要穿越邊境。兩人都不認為待在墨西哥是個選項。儘管人生經歷不同，在美國的人際網絡也不一樣，但兩人都是邊境穿越的老油條，不僅懂得如何對付邊境治安措施，也很清楚如何不被移民查緝的雷達掃到。

邊境迷思

美國人對移民管制有許多誤解。其中一個主要誤解就是只要政府肯花錢在圍籬、動作感測器、無人機和邊境巡邏隊身上，讓遷移過程變得夠危險，就能徹底杜絕遷移者。將近二十年的研究告訴我們，邊境查緝對嚇阻遷移者穿越邊境的效果微乎其微，社會經濟因素才是遷移率的決定要素。[24]二〇一三年二月十二日，美國總統歐巴馬在國情咨文中進一步加深了這個誤解，主張強化治安減緩了無證遷移潮：「真正的改革來自加強邊境治安，而我們可以在既有的進展之上繼續前進。在我任內，南方邊境布署的空前警力使得非法穿越邊境人數達到四十年最低。」[25]要是總統能將移民潮減緩歸於二〇〇八年的經濟危機，包括無證者工作機會減少和反移民情緒高漲，而不是「南方邊境布署的空前警力」，他的說法會更正確。只是這樣主張不僅點出了美國經濟趨勢的負面效應，也與許多民眾認為嚴守邊界就能遏止移民的看法背道而馳。

在我結識梅莫和路丘的前一年，加州大學聖地牙哥分校比較移民研究中心發表了一份調查報告，主題為「遷移者從墨西哥三州移民的決定，是否受其對邊境穿越危險度的看法影響」：

> 根據我們二〇〇八年在瓦哈卡取得的資料進行多變量迴歸分析……結果顯示，在控制年齡、性別、婚姻狀態、教育程度、過往遷移經驗和現居美國家人數目之後，遷移者對邊境穿越困難度及危險性的看法與其移民意願並沒有統計上的顯著關聯。我們在之前三次（於墨西哥哈利斯科和猶加敦不同的外移社群進行的）調查使用了相同問卷，並對答覆進行了相同分析，同樣沒有見到顯著關聯。總而言之，就算遷移者認為邊境設下重重障礙很可怕、很危險，也無法嚇阻其遷移的意

願。[26]

根據這份資料，遷移者就算知道地緣政治邊境比以往任何時候都危險，但對他們決定是否穿越邊境的影響仍然微不足道。報告作者還指出，邊境穿越的成功率高得驚人：「在四份研究中，我們發現穿越邊境遭到巡邏隊逮捕的遷移者不到五成，就算逮捕一次者也是如此……研究顯示被捕率在百分之廿四到四十七之間。而且遷移者就算被捕，絕大多數最後還是會越境成功，比例為百分之九十二至九十八，視其國籍而定。第一次越境不成者，幾乎都會再次或三度嘗試。」[27]

這些數據證實了安得列亞斯的主張，美墨邊境的治安措施向來對阻絕移民沒什麼用。[28]遺憾的是，上述發現往往被某些政治人物和聯邦官員刻意忽略。這些人利用民眾對外來侵入者的恐懼和邊界到處是漏洞的印象，一方面當作政治煙霧彈轉移人民對其他經濟與外交議題的注意，一方面用作生財工具，簡單又有系統地替自己爭取到軍備經費。

「沒人可看了」

梅莫和路丘因為都想回美國而結為莫逆，但兩人的越境動機和經歷卻大不相同。梅莫認識路丘時，已經多次嘗試穿越邊境，路線從加州、亞利桑那到德州都有。雖然他有親戚在弗雷斯諾，但穿越邊境主要是出於經濟動機。在美國生活二十年，他已經徹底成為無證勞動大軍的一員，覺得離家多年兩手空空回墨西哥是人生失敗。由於書讀得不多，在家鄉又缺乏賺錢機會，因此梅莫才會選擇常年無證工作，而且只要一被遣送就會再次非法越境。他為了寄錢回家給小孩而待在美國，這個想法讓他付出了極高的代價。他已經十多年沒有見到孩子，反覆穿越邊境顯然也讓他感到羞恥與難堪。

我：你家人對你穿越邊境有什麼看法？

梅莫：他們以為我有身分，生活過得不錯。後來我告訴他們實話，說我會用走的穿越邊境。我小孩都很擔心，跟我說，「不行啦，爸，走路太遠了，路上可能出事！」我說，「不會的，別擔心，一切都很好。」我只要到了就會打電話給他們。我回到加州後不久，他們就要我回去看他們。他們會打電話來問我哪時回去。我總是回答「不曉得，說不定明天就回去」。我從來不說自己哪天會去看他們，因為我不想說謊。有時我一被遣送到邊境就會立刻回美國。除非我有錢，否則我不想回維拉克魯茲。

我：你覺得沒有身分一個人待在美國辛苦嗎？

梅莫：不會。呃，沒有家人是蠻辛苦的，但又沒那麼辛苦，因為找工作和生活都比較有彈性。但我覺得在墨西哥生活比在美國辛苦多了。十美元在美國可以吃三天，一百披索在墨西哥卻做不到，一天就用得差不多了，要是有家庭就更別提了。在美國機會更多，更有辦法活下來。

有些遷移者可以存到錢，回墨西哥經營小生意或買地種田，但梅莫從來沒有攢到夠多的積蓄，而且因為沒有身分，他也無法在銀行開戶。他在美國大多數時候都只是勉強糊口，工作也常因無證勞動力的需求而起起落落，差事好找時可以寄錢回家，難找時只能打零工或靠朋友鄰居接濟苦撐。他很想回去看家人，但沒存到錢不想回去。一邊是低薪資高剝削的美國無證勞動環境，一邊是身無分文返回墨西哥的恥辱，這種拉扯是許多墨西哥男性遷移者常有的心境。[29]

相比之下，路丘在美國就有很深的家人連結，而且從首次遷移之後就再也沒有嘗試過穿越邊境，直到九一一事件和認識梅莫。聽完「墨西哥母牛」的故事後不久，我和路丘坐在璜波斯哥收容所外聊天，兩人聊到他為何嘗試穿越沙漠。

路丘：我在亞利桑那住了很久。從被遣送到現在將近一個月了，我一直想穿越邊境回美國。我在那裡有房子，呃，其實是拖車，但我已經在那裡住了很久。我有兩輛車，所有家當都在那裡，女友和小孩也都在等我。我的家人現在幾乎都在美國了，回哈利斯科其實已經沒人可看了。我和梅莫已經嘗試穿越邊境快一個月了，被抓了兩次。我以為他們會讓我坐牢，因為我已經被遣送過一次。我有個朋友，他兒子在移民單位工作。她說，「我跟我兒子提到你的狀況，他說你最好小心，如果被捉到可能得坐牢兩、三個月。我有哥哥在諾加萊斯可以幫你。你可以租個房間，租金他們會幫忙，這樣就有地方睡，而且至少有工作。」

我：但老實說你也沒有多少選擇，不是待在諾加萊斯這裡，就是再次穿越邊境。

路丘：這裡沒有選擇，選擇都在亞利桑那。穿越邊境是我最後剩下的選擇，也是唯一的選擇。

璜波斯哥

隨後幾週，我和梅莫、路丘愈混愈熟。白天我會到**邊界帶**訪談剛被遣送的那些人，大部分都在貝他組織辦公室外頭或附近的墓園，傍晚再走五公里路回璜波斯哥收容所，通常正好趕上幫忙準備晚餐或最後打掃的時間。

那幾個星期，我每天晚上都跟梅莫、路丘和其他收容所員工在一起，有什麼能幫忙的就儘量幫，通常包括遞肥皂和衛生紙、向新來者解釋收容所的規矩（例如不准抽菸；不要在收容所外閒晃，因為附近的幫派分子喜歡搶劫遷移者）及供餐等等。我在收容所裡花了大把時間跟遷移者閒聊，一次正式訪談也沒做，因為遷移者剛到收容所通常很累，肚子又餓，只想快點洗澡，換上乾淨的衣服，最不想看到有人把錄音器材推到他鼻子前面。

我一直以為收容所是少數幾個對遷移者來說相對安全，不用擔心被剝削或不當對待的地方。但這些年下來，我看過不少研究者霸凌精疲力竭的遷移者，要他們參與研究，也看過記者咄咄逼人，抓著被遣送者想挖「好」故事。我就曾經親耳聽見一位很有名的電視記者對攝影說：「我們最好找一個因為被遣送而失去小孩的媽媽，找那種故事狗血到不行的人，那樣才有看頭。」

我沒有將收容所當成訪談基地，也沒有四處挖掘「狗血」故事，而是將多數時間用在幫忙員工，或向新來者解釋自己是人類學家，正在寫一本有關遷移的書。收容所成了讓人熟悉我面孔的地方，而這些人很可能隔天就會在**邊界帶**看到我。在我五年的研究裡，有非常多訪談都是前一天我在收容所結識某人、隔天又在街上遇到對方而進行的。[30] 話雖如此，犢波斯哥收容所確實對我變得很重要，因為它讓我有機會認識可能的訪談對象，觀察紅十字會、人道組織及其他單位如何對待被遣送者，並從收容所員工身上了解遷移，因為他們都有穿越邊境的經驗。

犢波斯哥收容所的洗澡用餐時間通常是晚上七點到十一點。第一批男女入住者和小孩用餐完畢、分配好床位後，通常會有一段空檔。這時所有員工就會聚到廚房區閒晃、打牌和看電視。我很快就發現十一點到半夜兩點這段時間很重要，可以跟包括梅莫和路丘在內的員工聊他們的生活和遷移經驗。事後證明，這些人對我了解白天收集到的訪談資料與田野觀察非常關鍵。雖然收容所禁酒，但熟門熟路的梅莫總能夾帶啤酒進廚房，讓深夜的**巴拉哈**（*baraja*）撲克玩起來更熱絡。那是我第一季田野調查最喜歡的時光。我在那裡了解到收容所員工的生活，而他們的友誼也幫我排遣掉不少做研究的寂寞。他們則非常開心多了一個**打嘴炮**的對象。

我將焦點擺在梅莫和路丘的邊境穿越故事是有理由的，我想我得稍微解釋一下。這些年來我結識了數百位遷移者，他們兩人是我在墨西哥邊境相處時間最久的。我認識他們的時候，他們才剛到璜波斯哥幾個星期。而他們身為臨時員工，代表我晚上可以有大把時間和他們在一起，貼身觀察他們如何預備穿越邊境。我後來也有找其他遷移者，觀察他們如何預備和進入沙漠，但那些遷移者我頂多只認識幾天，幾乎沒機會拉近距離。由於梅莫和路丘可以待在收容所裡花好幾個星期預備第三度越境，因此白天蠻閒的，我們經常一起吃午餐、看棒球，做些平常會做的事。相比之下，我在**邊界帶**認識的其他遷移者往往急著再次穿越邊境；就算住在收容所，也得在晚上十一點就寢，沒辦法跟我或其他員工混熟。而三天收容時限一到，許多人就會躲到諾加萊斯墓園或其他地方，免得夜裡被搶。

我要強調的是，梅莫和路丘除了受得了被我煩，他們並不是遷移者中的特例。他們倆在許多方面都是相當典型的無證邊境穿越者：男性、未受正式教育、曾多次穿越邊境，並且早已完全融入美國的無證勞動力多年。他們大半輩子都待在美國，不認為回墨西哥是選項。此外，我認識他們的時候，他們倆已經對索諾拉沙漠異質集合體的危險有切身體會，並決心要成為最終還是克服重重障礙穿越美墨邊境的那「百分之九十二至九十八」。[31] 藉由洞察他們的生命，我希望讀者看見移民數據背後的人，而他們倆的邊境穿越故事只是滄海一粟，每天光是亞利桑那南部就有數百個相同故事在上演。我在書裡描述的事件只是該區自二〇〇〇年以來數百萬次越境嘗試裡的一丁點。[32]

5

遣送出境

Deported

單調的金屬門打開，一名武裝法警走進空蕩蕩的法庭。坐在門附近正在看手機的邊境巡邏隊員察覺有人進來，抬頭朝警衛輕輕頷首。一名三十多歲、頭髮炭黑的壯碩男子從門外進來。他低著頭，手腳都上了鐐銬，鐵鍊沉沉垂在身前。這名墨西哥囚犯穿著紐約洋基隊T恤，腋下大片乾涸的汗漬，加上骯髒的藍牛仔褲和磨損的運動鞋（鞋帶抽掉免得他上吊），全是在沙漠折騰了幾天後的標準裝扮。他拖著疲憊的步伐朝座位走去，套在他手腕、腳踝和腰間的鐵鍊鏗鏗作響，打破了法庭裡的寂靜，聽起來像有袋釘子在晃。

接著進來的囚犯是個留著沖天頭的青少年，身材瘦瘦高高，穿著一件山寨版的淺藍色麋鹿牌馬球衫。他舉起銬住的雙手，朝左邊旁聽席的十幾名地方人權觀察者和大學生行動分子打招呼，又朝兩名年輕金髮女子微笑，一臉酷樣。他後面跟著一個步履蹣跚的中年**先生**（*señor*），身高只有一百五十公分出頭，彷彿剛從瓦哈卡山谷的薩波特克村出來似的，搞不好還真的是。粗重的鐵鍊拴在他瘦小的身上讓他顯得分外矮小，他周圍的其他囚犯看來就像巨人一般。他吃力地跟在少年後頭，每走一步就瑟縮一下，彷彿踩在碎玻璃上。後面又進來更多囚犯，每個都讓鏗鏘聲更響一些。整個跛行隊伍包括娃娃臉的十八歲少年、目光黯淡的中年男女和幾名滿臉倦容的老人。法庭裡的廉價消毒藥水味很快就被這些經歷過沙漠，又被關在擁擠的拘留所裡等著見法官（*el juez*）的身軀散發的汗臭給淹沒了。

不到十五分鐘，法庭前方就坐了五十五位男士和十五位女士。他們用被銬的雙手費力戴上無線耳機，以便聽法院請來的西班牙語口譯轉述審判過程。庭訊開始前，被告們對著法院人員、旁聽席和感覺很不真實的場景，有些人匆匆環顧了法庭一眼，有些人緊張微笑，用手指調整塑膠耳機，還有些人低聲啜泣，但大多數人只是在座位上扭動身子，想替上銬的手腳找個舒服的姿勢，搞得鐵鍊不停哐啷作響，跟開著除噪助眠機沒兩樣。歡迎來到「流線行動」（Operation Streamline）。

近年來，全球不少國家都提高了邊境軍事化的程度，以應付為了經濟因素或躲避全球暖化、全球化及武裝衝突而湧入的移民與難民。❶這股強化邊境治安的趨勢讓許多國家將目光轉向了美墨邊境，因為那裡不僅是國家之間經濟政治實力懸殊以致關係緊張的具體象徵，❷也是應付不受歡迎（或看來不受歡迎）移民的典範。更多高牆、更多監視攝影機、更多刺鐵絲網。不僅移民管制更加嚴苛，遣送出境❸也愈來愈常成為世界各國維繫主權的重要規訓方式。❹這種驅逐手段雖然已經正規化，卻鮮少有人看出它是一種獨特的政策策略，自有一套「社會政治邏輯」，影響遠超過任何特定國家的邊境。❺

雖然遣送出境是無證遷移民進入美國這個社會過程的基本元素，卻幾乎沒有民族誌研究探討遣送出境是怎麼回事、實際體驗如何，以及遣送出境和邊境穿越其他部分的關係。❻在本章中，我提供了亞利桑那南部和墨西哥北部遣送過程的步驟、場域與行動者的快照，以便闡明這個現象如何既是這個研究不全的異質集合體中的一個官僚元素，也是它的實體要件。這個過程的分析將會透露出，當這些人試圖在墨西哥邊境生存、重新結夥成伴時，強制遷移對其生活的影響。

有效執法

美國於二〇〇〇年代中期實施移民改革。在此之前的幾十年，從墨西哥非法入境被捕的遷移者通常都以「自願離境」(voluntary departure) 辦理，幾乎無須程序就能離開。[7]不同於正式遣送出境需要經過行政聽證程序，自願離境的程序很快，遷移者只要宣告放棄會見法官的權利，就能不經審判或長期拘留而返回墨西哥。[8]因此，過去翻牆者（*alambristas*）被捕後只要回答邊境巡邏隊幾個問題，在拘留所待一小段時間，就會很快地被送到最近的通關口岸放人，幾小時後又能回到圍籬再碰運氣。綜觀二十世紀，巡邏隊員一天之內連續逮到同一個傢伙兩次的情形並不罕見。[9]這種捉捉放放的遊戲不僅讓邊境巡邏隊備感無力，也幾乎阻止不了遷移者再次嘗試。[10]

如果你是邊境穿越新手，頭一回碰上邊巡的自然有點恐怖。他們會揍你嗎？從背後朝你開槍？還是讓你坐牢？但當遷移者發現邊境巡邏隊（通常）不可能傷害他們或將他們關進牢裡，被捕就不再那麼嚇人了。漸漸地，邊境穿越慣犯會愈來愈熟悉遣送的標準流程，[11]就這樣捉了又放，放了又捉。一位一九九〇年代初期接受海曼訪談的巡邏隊員就對這項無效政策的無限循環大加嘲諷：「他們可會玩這個遊戲了。被捕就乖乖聽話，拖個八小時後又能重來一次。我們每天幹的基本上就這回事，拖住他們。」[12]這個社會司法過程向來是美國大眾文化批評移民政策的經典笑料。[13]不過，同一時期的非墨西哥人，也就是邊境巡邏隊員口中的「非老墨」，非法闖越地緣政治邊界的待遇更好，通常會獲得保釋，之後再出庭接受正式的遣送或驅逐聽證程序。可想而知，出庭率非常低。

二〇〇五年，美國國土安全部開始實驗新的遣送聽證程序，希望研擬出更具懲罰力的驅逐方式，或如政策規畫者所說的「有效執法」(enforcement with consequences)。[14]國土安全部後來採行了幾項頗有爭議的措施，流線行動便是其中之一。這套用於美國南疆的政策不再提供自願返回母國的選項，而是強制違反移民法的非暴力遷移者接受聯邦刑事司法審判。依據流線行動，初犯者將判輕罪，最高刑期六個月；再犯者則可被判重罪，一般最高刑期兩年，若有刑事前科得加至二十年。[15]理論上，這項「零容忍」政策應該比之前速理速送的驅逐策略有效，只可惜國土安全部萬萬沒想到，聯邦法院根本無力應付每年穿越邊境的數十萬人，以致政策根本不可行。

雖然流線行動每週有五天在亞利桑那、加州和德州執行，但土桑等地的聯邦法院每天最多只能審理七十人。換句話說，某區的邊境巡邏隊可能在廿四小時內逮捕了數百名遷移者，卻只有少部分人會見到法官，其餘大多數還是自願離境，一點麻煩都沒有就回到了墨西哥。捉捉放放。遷移者不僅在沙漠會碰到阻力或助力全憑運氣，連被捕後會不會上法庭也是。二〇一三年這天我在法院旁聽就有感覺，被邊境巡邏隊送來受審的那七十個人根本是隨便挑的。[16]上法庭常常只是因為你倒楣。

袋鼠法庭

法官遲到了，十四位律師坐在旁聽席上等候自己的客戶出庭應訊。其中幾位忙著翻閱卷宗，一位穿著廉價西裝，外表邋遢，拿著手機在玩填字遊戲，坐他隔壁的那位則是打著呵欠在看《紐約時報》，還有兩位和坐在法庭前方的聯邦法警聊天說笑。通常律師們早上九點會到，花三小時見四、五名客戶，每位客戶半小時翻閱卷宗和訊問，接著再陪對方進法庭向法官認罪，接受判決。[17]這項服務時薪為一百廿五美元，因此每位律師每年光靠流線行動就能輕鬆賺進十二萬五千美元，難怪笑得那麼開心。

法官總算來了，比預計的一點開始晚了二十分鐘。庭訊開始，所有指示和命令先用英語宣讀，再由坐在法官席旁的口譯翻譯。每次唱名五人到法庭前方，同時起訴。

「點到名請和律師一同上前。12-31324MP。[18]美國訴……」

「強納森・里瓦斯・叟塞多。」

「有（*Presente*）。」

「12-31325MP。」

「文森特・巴迪洛・里瓦斯。」

「有。」

「里卡多・狄亞茲・歐多尼耶。」

「有。」

「大衛・路易茲・岡薩雷茲。」

「有。」

「路菲諾・華雷斯・賈西亞。」

「有。」

五名被告到齊後，就會輪流回答基本問題。

「叟塞多先生，您是否於二〇一三年三月十三日或該日前後於沙沙比鎮附近非法入境美國？」

「是•（*Sí*）。」

「歐多尼耶先生，您是否於二〇一三年三月十二日或該日前後於沙沙比鎮附近非法入境美國？」

「是•。」

不是所有被告都了解狀況，例如第一批走進法庭的那位不良於行的矮小先生。

「賈西亞先生，您是否於二〇一三年三月十三日或該日前後於沙沙比鎮附近非法入境美國？」

沒反應。

「賈西亞先生，您是否於二〇一三年三月十三日或該日前後於沙沙比鎮附近非法入境美國？」

沉默。

「麻煩你告訴被告，他必須口頭回覆我的問題。」

賈西亞先生一臉困惑。律師在他耳邊低語幾句，賈西亞先生忽然跪在法官面前，彷彿哀求憐憫。

「麻煩你請被告站起來。賈西亞先生，您了解今天來是做什麼嗎？」
「法官大人，我客戶不大會說西班牙語，因為那不是他的母語。他只會講方言。」[19]
「你覺得他能用西班牙語認罪嗎？」
「應該可以，法官大人。」
「賈西亞先生，您知道我們在做什麼嗎？」
「我認罪（*Culpable*）。」
「先生，我還沒請您認罪，只是問您知道今天是來做什麼嗎？」
「知道。」
「很好，好極了。我們繼續。賈西亞先生，您是否於二〇一三年三月十三日或該日前後於沙沙比鎮附近非法入境美國？」
「是。」

最後庭上宣讀了五人的罪名，並要他們認罪。五人用西班牙語講了五次「我認罪」。流線行動的被告認罪率估計為百分之九十九。[20] 接著法庭逐一宣讀判決。

「叟塞多先生判處徒刑七十五天，里瓦斯先生判處徒刑三十天，歐多尼耶先生判處徒刑三十天，岡薩雷茲先生判處徒刑三十天，賈西亞先生刑滿獲釋。」

下一輪審訊開始。

「點到名請和律師一同上前。12-31329MP。美國訴……」

一小時後，將有七十名男女完成首次出庭、傳訊、認罪及判刑，統統壓縮在一次快速聽證裡。這些遷移者絕大多數都會被判刑滿獲釋，但也有人必須入獄服刑，最長一百八十天。一般拘留時間約為三十天。[21]由於被告都不是美國人，因此即使這場審判秀明顯欠缺適當程序與法律諮詢，還是不被聯邦政府或政策支持者在意。這是一場司法大戲，好讓政府看起來「對移民嚴懲嚴管」，而做法就是將非美國公民交到司法重拳手上，卻不給他們一般美國人面對公訴享有的權利、特權與程序。阿岡本要我們正視例外狀態創造的例外之地，而這套「司法」程序正凸顯了他的洞察有多犀利：「倘若集中營的本質在於實踐例外狀態，創造一個讓裸命與司法治理難以分辨的空間，那我們就不得不承認，只要這個結構出現，不論其中發生何種罪行，也不論其名稱與地貌，它就是集中營。」[22]

儘管國土安全部宣稱流線行動有效嚇阻了未經允許的遷移，卻缺乏有力的實證。許多分析者都主張，和流線行動約莫同時出現的美國經濟下滑與偷渡成本提高，更可能是遷移減緩的主因。[23]不過，就如利德蓋特等人所言，我們倒是有具體證據顯示這套可疑的司法程序在大筆花費聯邦預算方面可是頗有成效。[24]以我列席旁聽的亞利桑那法院為例，如果加上律師費，每年支出將近兩百三十萬美元，而每位遷移者每日拘留成本是一百美元，因此光是土桑區每年就要花費五千兩百五十萬美元。[25]

過去十年，不斷升高的反移民戰爭已經成了一門賺錢生意。提供人員場所羈押非暴力非法遷移者的私人企業每年都能從美國納稅人手上賺進數十億美元。而獲利提高多少跟這些企業與反移民議員的不當生意往來脫不了關係。[26]雙方達成共識，你蓋拘留所，我就設法把人填滿。

最後一名遷移者被判刑並送回拘留所後，土桑區邊境巡邏隊再次從被羈押的遷移者中隨機挑選了七十人接受次日的審判。下午一點，司法鐵鍊聲將會再次響起。幾小時後，賈西亞先生和其他數十名遷移者搭上巴士，返回墨西哥。

歡迎光臨諾加萊斯（*Bienvenidos a Nogales*）

週二晚上十一點，從迪康辛尼邊界口岸進入墨西哥諾加萊斯的車子不多，不像往美國方向塞了幾十輛車，只能蝸步前進。一輛掛著亞利桑那車牌往南走的皮卡車正在接受兩名深藍制服的移民及海關執法局官員盤查，看車上是否藏有金錢、突擊步槍或其他違禁品。其中一人拿著前端黏有鏡子的金屬棒伸到車底檢查，另一人牽著喘著氣的德國狼犬繞著車兜圈子。一輛車窗塗黑還架了鐵條的白色巴士等在後面，離墨西哥人行入境通道的入口只有十五公尺，引擎轟隆作響。車身原本漆有「威康賀運輸公司」字樣，但已經被白乙烯基塗料蓋掉。這家頗受爭議的保全公司每年都跟聯邦政府簽約，負責拘留及載送遷移者回墨西哥；由於曾經和其他同業一起被控虐待遷移者，因此在被士瑞克保全集團收購後便刻意保持低調。[27]

巴士門開了，一名身材走樣的武裝保全走下來和兩名邊境巡邏隊員打招呼。其中一名隊員說了句「**走吧**（*adelante*）」，巴士上那群衣冠不整、神情憔悴的男人魚貫下車。有些人揹著黑色或迷彩背包，上頭掛著一張寫有「國土安全部行李檢查站」的標籤；有些人拎著印有「個人物品」字樣的透明塑膠袋，國土安全部的戳章蓋得到處都是；還有些人兩手空空，所有家當不是在沙漠裡被邊境巡邏隊逼得扔掉了，就是在羈押時被看守沒收了。拘留中心的垃圾桶裡塞滿了食物、水、備用衣物、糖尿病藥、選民證和皺巴巴的小寶寶呵笑照片。沙漠裡也有這些物品，最終都成了這個祕密社會過程的考古遺留。

這群衣著灰暗的乘客半夜被人丟在邊界，神色都頗為驚惶，而這點並不難理解。從疲憊的臉龐、迷彩服、髒球鞋到掛著政府標籤的黑色背包，在在宣告他們是好欺負的被遣送出境者。不少遷移者戲稱這叫「魯蛇裝」，讓他們走在路上格外顯眼。我曾經問一位邊境巡邏隊新聞處人員，通常是哪些人會在晚上被遣返。「晚上真的很危險，」他告訴我，「所以我們只遣送男性，不會遣送婦女和孩童。」但根據人道團體「終結死亡」（No More Deaths）和我個人的觀察，邊境巡邏隊不一定那麼守規矩。[28]

在深夜被驅逐的遷移者中，最提心吊膽的通常是從其他邊境區被橫向遣送到諾加萊斯的人，這晚也不例外。而那些遷移者會被橫向遣送，是因為「外來者移地出境計畫」。這又是國土安全部「有效執法」的另外一招。邊境巡邏隊聲稱，用巴士將遷移者送到距離被捕地點很遠的邊界口岸驅逐出境，可以達成兩個目的。首先，這樣的調動有助於「嚇阻外來者一再非法穿越邊境或尋求人口販子協助，進而破壞人口販運集團的運作」。[29]其次，這種做法可以「讓外來者免於落入人口販子之手，不用被迫再次連日承受嚴苛環境的考驗去嘗試穿越邊境」。[30]這兩種說法都很有問題，因為墨西哥所有邊境城鎮都有人口販運集團，聯繫新的郊狼比打開電郵還簡單。此外，許多從加州聖思多羅等都會區被橫向遣送的遷移者都會發現，被扔在諾加萊斯這種地方最簡單的脫身之道就是穿越沙漠。

我曾在其他地方指出，橫向遣送與其說是為了打擊人口販運和保護遷移者，不如說是為了混淆被遣送者，讓他們身陷險境。[31]史班納也表示，如果想找郊狼帶路，最安全的做法就是在家鄉僱人，可以大幅減少被訛詐、攻擊或丟包的可能。[32]邊境巡邏隊將遷移者送往陌生的邊境城鎮，使其無法求助可能有點私交的人口販子，不僅將遷移者推入險惡的地理環境，也鼓勵他們求助不認識的人口販子，導致被搶的機率比被保護還高。儘管「外來者移地出境計畫」於二〇〇八年才啟動，但將遷移者送到環境和人際關係都陌生的城鎮的做法至少早在一九五〇年代就已出現，而且事實證明後果血腥。[33]

—

這裡是墨西哥境內，我站在人行入境通道前的計程車招呼站旁，幾名頭髮抹油的男子靠牆坐在附近的長椅上抽著廉價香菸，等被遣送者出來。其中一位男子名叫蓋亞多，長得圓圓胖胖，只剩一條腿，是這一帶行走多年的**郊狼**，替新來的遷移者和能帶他們穿越沙漠的**嚮導**（*guia*）[34]牽線。比起其他人，他顯然算可靠的：地盤小，聯絡方便，就算你被他僱的嚮導搶了或拋棄了，回到諾加萊斯也不難找到他。他就跟老忠實噴泉一樣，不是坐在國際大道的瑞吉斯旅館酒吧門口，就是把車停在馬里波沙口岸附近的墓園前，跟剛被遣送的遷移者閒聊。他經常開著那輛老舊的栗色龐帝克往來各據點，用木拐杖踩油門，剩下的腿踩煞車。這晚，他和其他人正緊緊盯著站在怠速巴士前的那群遷移者，物色下一位客戶或冤大頭。他們當中大多是男的，偶爾有女的，個個帶著給遷移者一張溫暖的床和便宜迅速偷渡的許諾，只不過他們除了帶人穿越沙漠，也可能綁人勒索贖金。

可憐蓋亞多和他的**同伴們**了（對遷移者則是好險），一輛亮橘色的公務卡車在邊界口岸前停下，兩名貝他組織人員從車裡出來。貝他組織隸屬於墨西哥國家移民中心，負責提供遷移者（包括取道墨西哥前往美國的非墨西哥人）醫療、資訊和一般協助。[35]此外，保護被遣送者不受人口販子、黑道幫派與組織犯罪網絡侵犯也是他們的工作內容。這兩位儀容整潔的男性到這裡來是為了充當**便車**（*un raite*），載那十幾名遷移者到幾公里外的瓚波斯哥，諾加萊斯最大的遷移者收容所。倘若他們沒有出現，那群新鮮人就得在街上碰運氣或等到破曉再自己找路去貝他組織辦公室了。

梅莫和路丘半夜兩點被遣送出境那次，兩人害怕會被在計程車招呼站等著的那些人攻擊，所以睡在邊界口岸附近的長椅上。有些人搞不清狀況，決定摸黑走去收容所，結果往往被附近專門欺負遷移者的小混混追著打。公務卡車載貨似地載著遷移者離開邊界口岸，蓋亞多跛著腳橫越馬路，重新坐回酒吧門口，幾小時後再回來等待。

收容我

璜波斯哥收容所，典型的夏日夜晚。下午氣溫幾乎都在攝氏卅八度徘徊，這會兒太陽終於下山了，悶熱的夜晚空氣有如濕毛毯裹在所有人皮膚上。六十個男人、十二個女人和三個不到十歲的小孩擠在收容所的教堂裡，雖然這地方是為了宗教活動而蓋，但多半時候都是充當新來遷移者的等候區或臨時寢室，如果床鋪都滿了的話。角落一台風扇顫巍巍地轉著，將熱風從教堂的一頭推到另一頭。附近一台電視大聲報著地方新聞，音量開得震耳欲聾。不曉得為什麼總是有人把音量調大。不過沒差，反正你也聽不到主播在講什麼，因為教堂裡幾十個人都在同時講話。

「不騙你（*No mames cabron*），我們走到沙沙比，他媽的郊狼竟然丟包我們。我們還被搶匪洗劫了兩次。我敢說那個郊狼和他們絕對是一夥的。」

「你知道哪裡有阿茲特卡銀行？我哥說他要匯錢給我們，讓我們再試一次。他搞不懂我們怎麼還沒穿越邊境。」

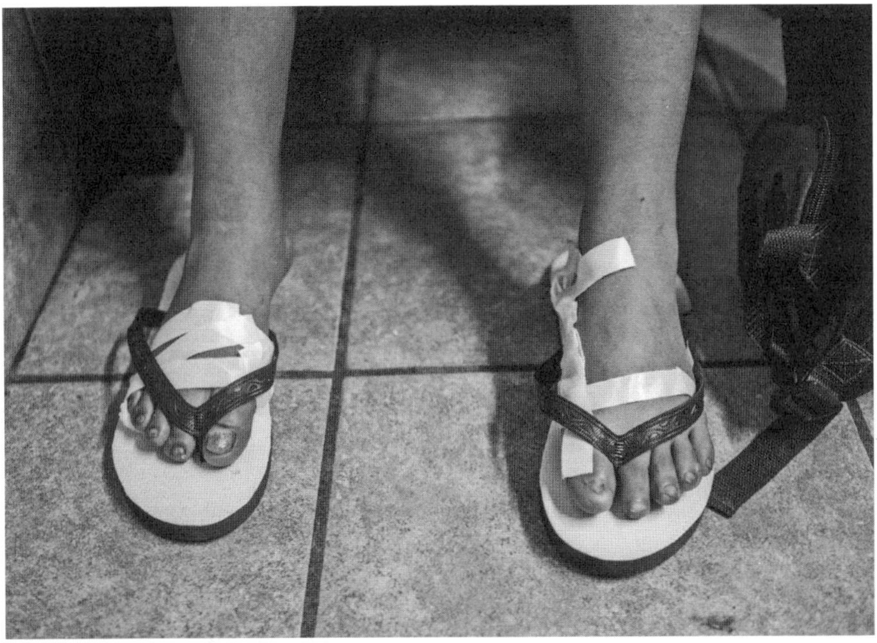

瓆波斯哥收容所，2013年。（攝影：麥可．威爾斯）

「喂，這地方叫什麼名字？佐諾拉嗎？」

梅莫探頭到教堂裡大喊：「男士們（*caballeros*），今晚人很多，快出來排隊。」他口氣嚴肅，想讓眾人相信他有管人的權力，明明他自己也是被遣送者，而且才來沒幾週。男人們一邊嘀咕一邊從座位上起身，魚貫朝門口走去。途中他們經過一個供奉瓜達露佩聖母的小祭壇和一座耶穌受難木雕，祭壇前堆滿了禱告卡、零錢與照片，全是之前的遷移者留下的。耶穌脖子上掛了好幾串玫瑰念珠和聖母聖衣，保佑奉獻者下回能躲掉邊巡的或水不會喝完。耶穌頭上、手上和腳上都漆了血。一名雙腳都纏著繃帶的男子從木雕前走過，紗布滲著墨點般的血漬；還有幾個人在胸前畫十，對著墨西哥最重要的兩個信仰對象低聲默禱。

在璜波斯哥收容所排隊上廁所，2009年。（攝影：本書作者）

山謬爾坐在缺了角的木桌前，在入住單上草草寫下這天的日期。他雖然不高，但坐在椅子上顯得很魁梧，墨黑的頭髮中分得非常完美，還抹了一大把芳香髮膠固定，簡直就像等著拷問緊張的面試者、判斷他們能不能留下來的大主管。他是收容所裡最潔身自愛，也是唯一真正得人尊敬的員工。他講話音量不高，而且幾乎不帶情感，但咬字非常用力，就像刻在木頭上一樣，給人一種永遠氣沖沖的感覺，完全無法想像他本人其實超愛**打嘴炮**。當他遞餐盤給你，問你要不要多一點**辣椒**（*chile*）時，那講話的語氣永遠讓你猜不透他到底是不是在開玩笑。

山謬爾已經在璜波斯哥待了快十個月。他在鳳凰城因為無照或無保險駕駛被捕，然後被遣送到這裡。他一直在存錢，想買假證件矇混進美國，那些東西至少要花掉他幾千美元。他告訴我：「梅莫和路丘打算在沙漠裡走很遠。我不想那樣做。那太冒險了，我不想拿自己的性命冒險。」山謬爾是普埃布拉人，幾個月來一直負責看管收容所的日常運作，依照負責人希爾達（Doña Hilda）和羅瑞若（Don Paco Loureiro）[36]的指示辦事。希爾達和羅瑞若每天只會來收容所幾個小時。兩人三十年來協助了將近兩百萬名遷移者，目前則是將多數管理工作與勞務交給山謬爾和其他幾人。這些員工被遣送來之後，選擇永久待在收容所裡從事低薪工作或擔任志工。梅莫和路丘雖然是新來的遷移者，而且打算再次穿越邊境，卻不知怎地打動了希爾達，允許他們長住下來，而不是只能待三天。梅莫傻笑的模樣和溫和的態度讓人備感親切，似乎常替他帶來意外的好處。他和路丘保證會守規矩，並協助維持秩序與整潔。

被遣送的男士們在山謬爾的桌前排隊，個個都像野人一般滿臉傷痕，穿著骯髒的上衣與脫線的球鞋。有些人拿著滿是塵土的背包，上頭還掛著拘留期間國土安全部別上的標籤。一名十九歲少年穿著住院服和拖鞋，鼻樑斷了，額頭上縫了十四針。「帶我們的**郊狼**想加速贏過邊境巡邏隊，結果卡車翻了。」他告訴我。一名來自恰帕斯的獨臂男子要人幫他壓飲水機的出水龍頭，好在小塑膠杯裡裝水。他獨自穿越邊境，結果在沙漠裡迷路了六天。他完好的那隻手臂上有一個褪色的黑色痕跡，曾經是戴著荊棘、雙手禱告的耶穌頭像。他說神在沙漠裡保護了他，讓他免於一死。

另一個名叫拉洛、一臉嚴肅的**墨城佬**（*chilango*）*說他在鳳凰城住了很多年，最近才被遣送出境。那天他和幾個好兄弟在一處空地等逛完家得寶的顧客出來，看有沒有零工可打，結果被警察逮捕，理由是非法侵入。兩名來自瓦哈卡的中年男人用米斯特克語交頭接耳，接著用很破的西班牙語問梅莫有

*譯註：墨城佬（*chilango*）是墨西哥人對首都墨西哥城居民的嘲諷用語，類似台灣人說的天龍國人。

沒有東西吃，他們已經餓了兩天肚子了。梅莫開始說廚房裡有七菜全餐和冰啤酒等著他們。儘管大夥兒都飢腸轆轆，還是被他這番胡扯（*chiste*）逗笑了。只有這樣才能不讓眼淚掉下來。

除了人物略有不同，同樣的場景一年到頭天天都在瓊波斯哥上演。男女老幼排隊等著住進收容所，不論丈夫、妻子、親友、子女或萍水相逢的陌生人，只要你肯聽，他們都有關於疲憊、脫水、心碎與倒楣的故事可說。過不了多久，所有疲憊的臉孔與悲慘的故事都混在了一塊兒。

「一次一個人。」山謬爾說，「請拿出你的遣送單（*comprobante*）。」

「所有人把文件拿在手上。」梅莫說。

「大名？」

「米格爾．羅培茲．佩尼亞。」

「年齡？」

「廿七。」

「出生地？」

「恰帕斯州塔帕丘拉市。」

「大名？」

「勞爾．帕茲．歐內拉斯。」

「年齡？」

「卅七。」

「出生地？」

「瓦哈卡州瓦哈卡市。」

「大名?」

「吉勒摩・威爾森・托瑞斯。」

「年齡?」

「十九。」

「出生地?」

「特拉斯卡拉州阿皮薩科市。」

唱名登記持續了二十分鐘。瓦哈卡、恰帕斯、維拉克魯茲、格雷羅、哈利斯科,感覺就像上了一堂墨西哥地理課。光從幾名入住者就能看出某種模式。瓦哈卡、瓦哈卡、恰帕斯、瓦哈卡、維拉克魯茲、恰帕斯、瓦哈卡。原住民人口最多、最貧困的州比例奇高。絕大多數被遣送者都來自墨西哥,但每天也有來自瓜地馬拉、宏都拉斯和薩爾瓦多的被遣送者。據估計,美國每年逮捕和驅逐的遷移者中,有百分之十五來自這些國家。[37]十七歲、四十一歲、六十三歲,偶爾甚至有嬰兒或七十多歲的長者,看不出年齡有什麼限制。女性入住者的出生地與年齡分布也是相同的模式。

一個男的謊報國籍被逮到。

「出生地?」

「猶加敦。」

「猶加敦半島?真的嗎?我們這裡很少遇到猶加敦人。你住猶加敦哪裡?」

「呃，其實我是宏都拉斯人。」

「我想也是。你沒有遣送單，所以只能住一晚，明天就得離開。」

沒有遣送單的，尤其是那些還要往北走的中美洲人，只能拿到一日住宿證。雖然墨西哥對外邦人的歧視很嚴重，但這項規定主要是為了防止吸毒者和小偷假扮成離開收容所的遷移者。

最後，入住手續總算完成，所有人的姓名個資都記在簿冊裡。同樣的流程午夜十二點和半夜三點還要再來一次，貝他組織會用卡車載送新一批被遣送者過來。收容所員工到隔天清晨都沒什麼時間睡覺。

手續完成後，接下來就是說明入住的相關規定。這時拉菲爾（或拉菲）就會上前對著疲憊的遷移者咆哮：「所有人到這裡集合，注意聽！」卅一歲的拉菲長得矮矮胖胖，膚色很淺，有著一張稚氣的圓臉和綠眼眸，從外表絕對猜不到他曾經在家鄉恰帕斯當軍人，反而更像愛玩Xbox和抽大麻的傢伙。他在羅利-杜漢住了幾年後，決定回家鄉探望生病的母親。幾個月後，他嘗試橫越沙漠返回北卡羅萊納，結果在路上傷了腿，最後被遣送出境，拄著拐杖到了瓊波斯哥。收容所准他延後離開以便靜養，但他很快就成了員工。雖然他成天嚷著自己很快就要穿越邊境，但我感覺他在這裡管人還蠻自在的，而且也待上快一年了。他顯然很喜歡兇新來的遷移者。

拉菲：好了，各位，這裡是私人機構，不是公家單位。我們跟政府、移民當局或貝他組織沒有任何關聯。他們把你們送來這裡，免得你們流落街頭。我們希望所有人和氣相處，彼此尊重又守秩序。我們要做的第一件事就是維持這地方的整潔。浴室裡有藍色垃圾桶，所有不要的東西都可以丟在那裡，例如髒衣服和襪子等等。別扔在地上或從窗子扔到浴室外面，懂嗎？

遷移者（異口同聲）：懂。

拉菲：很好。這裡不准罵髒話，也不能光著上身四處走，因為還有女人小孩在，不是只有男人。我不想聽到有人罵髒話，懂嗎？

遷移者（異口同聲）：懂。

拉菲：浴室在後面左邊。你們可以去那裡上廁所、洗腳和沖澡。水龍頭打開應該隨時有水，但最好檢查一下。如果沒水，就拿桶子下樓去裝或排隊使用桶子。下面有兩個黑色水槽，有龍頭可以替桶子裝水，讓你沖澡、洗腳或沖廁所。最近有很多人很懶，上完廁所也不拿桶子下去把水裝滿，害下個人沒辦法沖水洗手。這裡什麼都不用錢，住宿也免費，所有東西都是共用，因此需要保持浴室整潔。洗完腳記得把鞋子拿走，放進這些黑垃圾袋擺在這裡，免得臭氣沖天。所有鞋子都擺在這裡，如果能放進背包或自己的袋子裡，就隨身帶著，不然就收進黑垃圾袋裡。裝滿一個袋子，就封好再開另一個垃圾袋。有沒有問題？

遷移者（異口同聲）：沒有。

拉菲：這裡禁止吸菸。身上有菸、火柴或打火機的人記得放在桌上，我們隔天早上第一件事就是把它還給你們。身上有尖銳的東西，可能割傷或刺傷人的，也放在桌上，我們隔天早上歸還。警察很快就會來這裡幫各位搜身和檢查行李，只要找到違禁品就會把你趕出去。所以菸、火柴、打火機、刀和利器都交出來，我們明天會歸還。警察明天早上也會過來，這是法律規定，不只保護你們，也保護我們這裡。

各位，睡覺的地方有折好的毯子，可是數量有限，所以有些人今晚不會有毯子或床位，但有床墊可以睡地上。

遷移者：這裡有肥皂嗎？

拉菲：肥皂？你們可以去浴室看看，但我想應該沒有。你們得自己去看。我們沒辦法提供物品給每個人，你們得自己互相分享。這裡沒有政府補助。因為沒有補助，所以我們東西不多，只能提供現有的物品。有問題嗎？梅莫，你有要補充的嗎？

梅莫：別把襪子或內褲擺在浴室窗子上，免得下一個洗澡的人聞到你他媽的臭內褲（笑）。

規定說完了，拉菲和梅莫開始分配床位。

拉菲：你睡上鋪。嘿，你，你過來。你睡你爸旁邊。還有誰是結伴的嗎？好，那你們都睡這張床。

梅莫：鞋子不要放地上，收進垃圾袋裡。

拉菲：你睡上鋪。你不想睡上鋪？為什麼？

遷移者：我腳痛，沒辦法爬高。

拉菲：好吧，那你睡下鋪。還有誰身體不舒服，沒辦法爬高的？

床位安排好，警察就來了。棕皮膚的身軀一字排開接受搜身，背包裡的東西被撈出來扔在地上。警察刻意想讓氣氛輕鬆點：「各位，我們來找毒品、槍枝和保險套囉！」搜查時，有幾個人趁機傳簡訊給家人，告訴他們自己到了哪裡，而我則是和角落一個名叫強尼的宏都拉斯少年攀談了起來。他一臉愁容，渾身髒得要命，衣服滿是汙漬，破破爛爛，感覺在橋下住過。他的遭遇很坎坷：「我大概三週前離開宏都拉斯，想去路易斯安那投靠親戚。我以為接近邊界會輕鬆一點，沒想到更辛苦，進出墨西哥都有生命危險。」他看了警察和拉菲一眼，壓低聲音對我說：「這裡沒人會幫你。」

除了兩腳綁帶站不起來的先生，所有人都搜查過了。警察一無所獲，沒有毒品、槍枝或是保險套。梅莫宣布晚餐快好了，等女士們吃完，就有二十個人可以先下去用餐。我剛要往廚房走，就被山謬爾抓住手臂拉到一旁。「我看見你剛才在跟那個宏都拉斯小伙子講話。你要小心點，免得被他搶。」我跟他說，我覺得他比寢室裡大多數墨西哥人還慘，可能也是最害怕的。山謬爾用他一貫嚴厲的語氣冷冷說道：「宏都拉斯人都是強盜和騙子，統統都是，他們最會裝哭臉。」

——

大廳裡，長方形的塑膠桌上擺了幾碗燉豆和幾小疊溫熱的玉米餅，女人們和三個孩子坐在桌前狼吞虎嚥。帕多彎腰對著爐子攪動大鍋裡的食物，一邊跟年紀比較輕的幾個女人搭訕。他已經在墳波斯哥待了好幾年，被遣送出境前住在聖地牙哥，在那裡的幾家高級餐廳都當過廚師。「我會做義大利菜、做壽司，你說得出來的料理我都會做。」他常這樣吹噓。他沒有選擇返回家鄉瓦哈卡，也沒有嘗試穿越沙漠，而是在收容所裡還算舒服地待了下來。現在的他就像美食魔術師，不論別人捐了什麼食物或收容所的微薄經費能買到什麼食材，他都能變出美味的飯菜。

幾個女的稱讚了他的廚藝讓帕多笑得合不攏嘴，告訴她們他還單身。我找了個位子坐下，跟一位名叫蕾蒂的年輕女孩攀談了起來。她挺著大肚子，看上去懷了八個月的身孕，因為雙腳腫脹，肚子太大，所以鞋子脫了，褲扣也都解開。她告訴我和帕多，她今年十五歲，來自恰帕斯，和丈夫在沙漠裡走了五天，順利到了接應點，可是答應要來接他們的人卻沒有出現。兩人別無選擇，只好向邊境巡邏隊自首。從在座的表情看來，大夥兒都特別同情她。這裡所有人都很慘，但總是有人更慘。

來自瓦哈卡、年近三十的兩姊妹開始逗帕多，說他廚藝這麼好，哪可能還單身。帕多想把她們的注意力轉移到我身上，就跟她們說我因為老婆不在身邊，所以想來收容所找個「墨西哥女朋友」。兩姊妹覺得很好玩，就開始跟我說她們的故事。姊姊芭芭拉定居賓州多年，在一家大型購物中心附近的芝樂坊餐廳（Cheesecake Factory）上班。她回瓦哈卡探望小孩，妹妹決定和她一起回美國找工作，於是姊妹倆在沙漠裡走了五天，最後被邊境巡邏隊逮到。我問她們還有誰同行，芭芭拉指了指坐在她們旁邊默默吃飯的四十多歲女人，並跟我說她叫依絲特。依絲特馬上問我有沒有小孩。我說沒有，她說：「我在沙漠裡走了五天，就算要我再走五天也行，我不在乎。**主啊，我一定得過去**（*Primero Dios tengo que pasar*），我要見我孩子。」在歐巴馬的大遣送時期，「我要見我孩子」成了支持預定被遣送者的口號。依絲特開始啜泣，芭芭拉摟住她。接著依絲特又問：「你知道什麼時候可以沖澡嗎？」帕多說：「晚餐結束就可以了，但可能還要再等半個鐘頭，我記得有個時間。」依絲特擦去眼淚，轉頭破涕為笑對我說：「這個澡我都已經等五天了，就算再等一小時有差嗎？」

女士們用完餐，回到了女子宿舍。帕多和我開始清桌子，讓梅莫帶第一批二十位男士來吃飯。他們吃得很安靜，交談大多繞著有沒有鹽巴或多的玉米餅打轉。所有人都像幾天沒吃飯似的，而且搞不好還真是那樣。我正在爐子上熱玉米餅，用餐區通往外面街上的金屬門忽然砰砰作響。帕多開門發現外頭是高瘦結實的貝他組織人員弗拉可。「嘿，我送了一個女孩過來，她在卡車上。」我朝窗外瞄了一眼，只見一名二十歲出頭的年輕女人坐在前座。

「你怎麼不兩小時前把她跟其他女的一起送來？」帕多問。「因為我得先帶她去打個電話。」弗拉可咧嘴微笑，接著轉頭朝我眨了眨眼，做出地球人都知道的口交動作。我面無表情點了點頭，努力不讓怒火表現出來。所有人都知道弗拉可是混帳下三濫，經常以協助尋找親人之類的小恩小惠占女性遷移者身體的便宜。他卡車裡有一把沒執照的手槍，老是在深夜遷移者下車後故意亮出來。有一回我們在廚房玩牌，他忽然掏出手槍像小孩一樣朝人亂比，我感覺我們當中一定有誰會成為倒楣鬼。收容所員工都不喜歡也不信任他，但沒人能對他的濫權說什麼。帕多要他帶那個女的進來，然後立刻陪她去了宿舍。「別擔心，」他說，「我待會兒就拿晚飯給妳。」

接下來三個小時，貝他組織又載來兩卡車的遷移者。帕多又做了八十多份晚餐，最後把豆子都用完了。我們只好改供鹽漬小黃瓜、麵包片和食櫥裡搜得到的任何東西。到了半夜左右，帕多告訴新來的遷移者沒食物了，不少人只好餓著肚子去睡覺，但所有床位都滿了，有些人睡在教堂的地板上。

我和梅莫、路丘又聊了一小時，覺得該睡了。回男宿舍途中，我不小心踢到了好幾個晚來、所以得睡在走道上的遷移者。我找到山謬爾的床位，拉出他替我留的地墊鋪在地上，隨即倒頭躺在路丘的床旁邊。我覺得好累，卻遲遲無法入睡。房裡高溫、空氣不流通，再加上七十五個汗涔涔的身軀，把整間宿舍弄成了臭烘烘的三溫暖。幾個人打呼打得厲害，讓我好生嫉妒，其他人則是躲在毯子裡發簡訊或只是在悶熱裡不停翻身。最後我總算沉入夢鄉，但半小時後就被窸窣聲和某人的咒罵聲吵醒。宿舍裡很暗，但我聽出其中一個講話的人是路丘。

「媽的，你在搞什麼鬼？」

「沒事。」

「什麼叫沒事？」

「我在找我的鞋子。」

「現在是睡覺時間，你為什麼需要找鞋子？喂，那件他媽的T恤是我的！」

忽然間，山謬爾從我身上跳過去，一把抓住路丘在罵的人。「我認得你！」他吼道：「你就是幾星期前偷了別人鞋子的混球！」我坐起身子，聽見幾聲揮拳的悶響。路丘打開前門，一道光線透了進來。我瞥見山謬爾揪著某人的脖子離開，房門砰的關上，宿舍再度一片漆黑。一分鐘後，兩人悄悄摸回床上，趕在貝他組織卡車再一次載人來之前小睡片刻。

邊界帶

清晨七點，收容所裡的遷移者幾乎都已經換好衣服，從黑垃圾袋裡拿出鞋子，並收好行李。由於早上七點至傍晚六點收容所必須淨空，因此所有人都得離開。你要是才在諾加萊斯待了一晚，那就還可以回到璜波斯哥停留兩夜，有地方休息和熱食可吃。已經待到第三晚（也就是最後一晚）的人就得另謀他途，包括找地方過夜。遷移者魚貫走出前門，一邊從大塑膠袋裡拿回昨晚被收容所員工收去「保管」的菸。不少人會發現自己的那包菸變薄了，只因為拉菲半夜趁四下無人悄悄抽了菸稅。

貝他組織的卡車載著女人和小孩離開了，預備送往辦公室。貝他組織的辦公室是一棟亮橘色的混凝土建築，位於迪康辛尼邊界口岸（也就是遷移者遣送出境的地點）以西一點八公里處，距離馬里波沙邊界口岸大約八百公尺。才在沙漠跋涉了幾天的男士們則得自己走上幾公里到辦公室。這條狹長地帶是貝他組織辦公室的所在地，也是被遣送者通常的歸處，遷移者通常稱之為**邊界帶**（*la linea*）。

在邊界帶，每天都上演著由女英雄、騙子、無所事事者和聖人合演的同一齣戲碼，彷彿史坦貝克小說《平原傳奇》裡的情節無限反覆，讓人心碎又鼓舞。在同樣的對話和互動中，你可以看到人上一秒哭哭啼啼，下一秒就失控大笑，上一秒對人性絕望，下一秒又驚喜於陌生人的善意。站在邊界帶，我很快就發現邊境穿越故事裡這個特殊的部分沒有開始，也沒有結束。在這個人員流動不居，充斥著各種社會關係、經濟交換與政治操弄的場域裡，任何嘗試畫下明確界線的想法都是徒勞。

如同索諾拉沙漠異質集合體，這片文化界域有太多元素不停演化變動，以致無法一眼窺其全貌。面對母體不固定，研究者只能儘量接觸隨時隨地出現在你面前的各種人，而他們的故事就像扭曲的萬花筒裡的圖案一樣，時而清晰時而模糊。今天吃著塔可餅向你傾訴生命故事的人，明天可能不見蹤影，被新的面孔和故事所取代。時間一久，你會發現有些故事大同小異：「我無照駕駛被遣送出境，我得回到小孩身邊。」其餘故事則是莫名其妙，驚奇、有趣、悲傷、精神分裂或普通到不行。對邊界帶進行全盤的民族誌研究注定是片面的，有時混亂，永遠形貌不定。接下來的民族誌速寫是我個人的綿薄嘗試，希望捕捉到諾加萊斯兩個主要邊界口岸之間土地上的一丁點日常。

在本章剩餘的篇幅裡，我將帶讀者回顧我二〇〇九至二〇一四年在邊界帶觀察到的一些時刻。我刻意抹去這些民族誌速寫的時間，因為歸根結底，我所描繪的遷移者經歷和時間沒什麼關聯，直到今日還在發生。邊境文學作者伍瑞阿說得好：「只要對邊境有一點了解的人都會告訴你，墨西哥邊境城鎮廿四小時都在劇烈改變，卻也不曾和不會改變。」[38]

這些遷移者敘事沒有固定的結構，全是拍立得照片，毫無定論可言的故事。我在諾加萊斯遇到的那些人，許多只跟我交談過一、兩次就去了沙漠，從此我就沒再聽說他們的下落。這裡就跟其他邊境城鎮一樣，只是遷移之路的中途站，而我能做的往往只是在這些人從我眼前出現到消失在地平線之前做下紀錄。

貝他組織

被遣送者會發現自己選擇有限，有些甚至乾脆放棄穿越邊境的希望，決定回墨西哥或中美洲的家鄉。他們通常是初次穿越邊境的遷移者，因為沙漠裡的經歷而留下巨大的心理陰影。不過，絕大多數剛被遣送的遷移者都不會放棄，只要休息夠了或攢足購買旅途必需品的錢，甚至**郊狼**的僱用費，就會再次嘗試。這可能只需要幾天工夫，尤其親戚能匯錢幫忙的話更是如此。至於境況比較糟的人，預備期可能長達一週或數週，甚至得在邊界帶偷拐搶騙才有辦法應付，手法包括四處打給肯接電話的親友、洗窗戶、乞討、偷竊和兜售各種物品。當地多數商家都不想僱用遷移者，而僱用遷移者的商家往往恣意剝削他們。這時，「我要見我孩子」或「瓦哈卡已經沒什麼可留戀的了」之類的念頭就變得格外重要。面對艱難的預備期需要有東西保持動力，才不會灰心放棄。但不論你決定如何，所有事情都在貝他組織辦公室裡，或圍繞著它發生。

不可能會有人沒看到貝他組織辦公室，它非常顯眼。從公務車到主建築都漆成亮橘色，在一堆骯髒的棕色房舍與灰色混凝土建築之間格外突出。這裡的居民以勞動階級為主，小孩走路上學，主婦上街買菜，遷移者等待奇蹟發生。貝他組織辦公室和美國夢只有咫尺之遙，連我手機都還收得到亞利桑那的電信訊號。我坐在辦公室前的人行道上，旁邊是最近才從加州橫向遣送過來的里卡多。他那年卅六歲，帥帥的個子很高，有著綠色眼眸與和善的臉孔，燦爛笑容和輕鬆的神態很容易讓人放下心防。他開始用玩笑的口吻描述自己和一群顯然更習慣途中疲累的**農人們**同行的經過，將穿越邊境和被巡邏隊虐待的幾次經驗講得生動有趣，把我逗得哈哈大笑。

里卡多在美國住了十五年。他十八歲時去了美國，原本只打算工作一年存點錢就返回老家哈利斯科。但他在旅館找到一份工作，很快就適應了高薪生活，也娶了美國公民為妻。幾年後，他妻子生了一個女兒。他幾次嘗試成為公民都沒有成功，甚至還曾經被移民律師騙了幾千美元，最後決定維持無證移民的隱形生活。雖然他很小心不觸碰法網，卻還是因為酒駕被捕而遭到驅逐出境。現在他被送到諾加萊斯這個陌生地方，最近才跟他在貝他組織辦公室前遇到的本地郊狼搭上線。那位趕雞人答應幾天後帶他穿越沙漠。里卡多很想回到家人身邊，整天都在心裡計畫。我把手機借他，讓他打給老婆報告自己在哪裡。「我很快就會回去。」他說：「記得，如果郊狼打電話去，一定要先跟我說到話才匯錢。」

貝他組織辦公室露台籬笆旁的長椅上坐著幾名遷移者。今天除了墨西哥人之外，還有兩名留著雷鬼頭的非裔貝里斯人窩在角落，不想引人注意。兩人從膚色、髮型到口音都清楚顯示他們不是墨西哥人，而這樣的人很容易成為搶劫、攻擊和綁架的對象，因此最保險的做法就是待在貝他組織辦公室，太陽下山再搭車回收容所。為了確保安全，貝他組織用黑色防水布圍住前院，唯有走進來才能知道裡面有多少（或哪些國籍的）遷移者，免得遷移者被當地的人口販子或罪犯侵擾。

兩名衣冠楚楚的郊狼正在辦公室停車場上對著一群剛來的被遣送者灌迷湯。其中一人身體靠著貝他組織的卡車，詢問被遣送者之前穿越沙漠的經歷。這位趕雞人講話輕聲細語，循循善誘，比起在街上強拉搞不清楚狀況的遷移者上車的同業，他的方法溫和許多。他告訴兩名來自杜蘭戈的自耕農，由他陪同穿越沙漠絕不會像兩人上次那樣，保證路程迅速輕鬆又便宜，「只要走個幾小時就會到了。」聽得那兩個穿著破牛仔靴和汗漬斑斑的珍珠扣襯衫的鄉巴佬眼都直了。

幾名新來的被遣送者從我和里卡多身旁走過，進了辦公室。他們向坐在桌前的辦事員登記姓名，

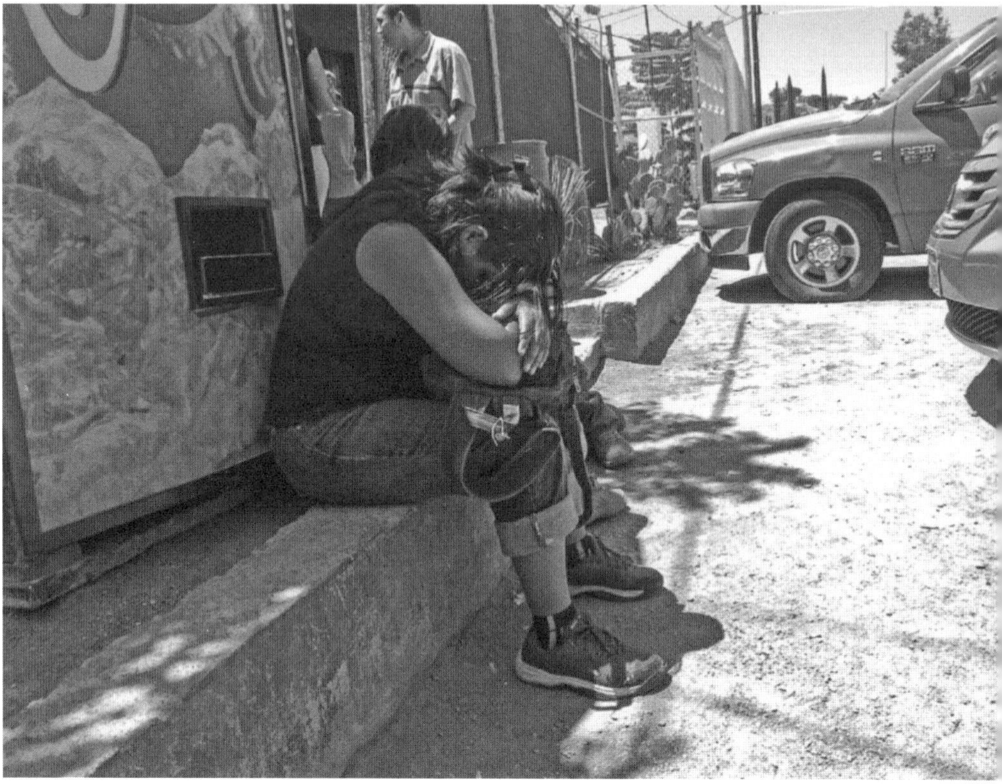

等待（*esperando*），墨西哥諾加萊斯市貝他組織辦公室，2009年7月。（攝影：本書作者）

然後出來坐著。遷移者必須簽到才能使用廁所或打電話給家人，跟他們說你被困在了諾加萊斯。不論你在邊界的哪一邊，都有文件要填。無證遷移留下的檔案多得驚人。

體型壯碩、負責看門的私人警衛羅莎走到門口大喊：「**艾瑞克·蘇蘇納達！電話！**（*¡Erik Susunaga! ¡Llamada!*）」接著就看見艾瑞克手忙腳亂進去接電話。許多遷移者在這裡枯等幾小時，就為了等親戚回電。「**嘿，表哥**（*Oye primo*），你可以匯七十五美元給我們，讓我們在旅館好好休息幾天再試一次嗎？」運氣不好的人如果有耐心，願意在貝他組織辦公室外等上一個多星期，或許能拿到墨西哥政府發給被遣送者的救濟金。這張價值將近一百二十美元的支票主要是讓被遣送者買折扣車票返回偏遠的家鄉。只可惜為了一張支票在邊界帶苦等兩週是一件辛苦又危險的事，尤其你身無分文，沒地方住，看上去百分百就像個走投無路的遷移者。

一對年長夫妻將車停在辦公室前，生鏽的皮卡車揚起一道索諾拉的沙塵。車上的女士朝我和里卡多走來，跟我們說她來找她廿三歲的兒子，他剛從聖思多羅被遣送過來。她哭著說他們強忍悲痛開了十二小時車到這裡，還在高速公路上付了一堆罰款與賄賂給政府官員。她抓著一張裱框照片，裡頭是她抱著兒子的合影。只要誰和她對上眼，她就拿照片給對方看，但沒人見過他。羅莎走到門口咆哮：「瑞內・歐黑達！電話！（*¡Rene Ojeda! ¡Llamada!*）」

一小時後，一輛車門印有政府標誌的亮銀色休旅車停在辦公室前，一名身穿筆挺白色禮服襯衫和打褶褲的黑髮中年男子從車上下來。他手提公事包，懷裡挾著顏色鮮豔的手冊，開始發給前後左右的人。那是墨西哥政府印的宣導品，警告穿越沙漠的危險。來自瓦哈卡的老夫妻安娜與璜安接過手冊，開始翻閱銅版紙上一幀幀拍下烈日、毒蠍與雙腳水泡的駭人照片。他們上一回穿越沙漠時遇到搶匪，又被人口販子丟包，最後遣送出境。璜安說他被關時詢問妻子的下落，結果腦袋挨了邊境巡邏隊員一拳，安娜的雙腿雙腳則是被長途跋涉折磨得不成樣。兩人都穿著夾腳拖，身上沒有任何家當。他們已經在邊界帶耗了快十天，一直想找辦法回到肯塔基，家人在那裡從事農活。兩人最近在馬路對面的廢棄貨櫃住了下來，貨櫃裡有兩張帶著汙漬的 La-Z Boy 沙發和一張國家行動黨海報。國家行動黨是墨西哥經濟保守派政黨，支持與美國簽署貿易協定，導致璜安和安娜這樣的人無法務農維生，只能離開瓦哈卡鄉間。貨櫃晚上是他們睡覺的地方，白天則成為眾人的廁所。

發手冊的官員開始對著長椅上的眾人打官腔，有點高高在上地警告他們穿越沙漠有多危險，還有為何最好不要嘗試。有幾個人開始打呵欠，目光恍惚。那裡所有人都知道沙漠有多危險，也都不可能因為這套官方說法而打消念頭。官員接著又說，遇到美國執法人員濫權就要申訴：「如果濫權發生在美國境內，一定要記下所有細節，作證時才能用上。不只女性，男性也是。對方穿著哪種制服？什麼顏色？制服正面通常會有執法人員的大名，最好記下來。如果那濫權的人開車，就記下車的顏色和車牌號碼。」有人表示自己被邊境巡邏隊不當對待了幾次，官員說他應該申訴，但沒有說明該怎麼做，只是重申舉報很重要。更多人打起呵欠，尤其前一晚露宿街頭或睡在口岸的遷移者。有些人開始低聲交談，不再理會這些安全宣導，其餘的人則是一臉無聊，頻頻看錶，心想是不是該去街上那家餐館（*comedor*）領取免費提供給遷移者的早餐或午餐了。官員知道自己是在對牛彈琴，但還是努力強調幾個重點：

> 如果你需要醫護、打電話、匯款或折扣車票，貝他組織都能協助，而且免費。但這些服務不是無期限的，只有你返回戶籍地之前的那幾天有效……我離開之後，各位如果想把手冊扔了，記得撕下最後一頁留著，上面是你需要緊急協助時的聯絡電話，譬如其中一個號碼是你在美國境內的沙漠裡發現屍體、有人受傷或被拋棄時打的。墨西哥領事館的電話也在上頭。你們之後可能會上法院，拘留期間可以要求會見領事。如果你被拘留，你有權告訴邊境巡邏隊你要見墨西哥領事。

在沙漠發現喪命的同伴竟然有專線電話可以打，但大夥兒似乎都不以為奇。接著官員開始向這群已經有半數人親身體驗過「外來者移地出境計畫」的人解釋計畫內容：

墨西哥人會被遣送到邊界。他們可以將你遣送到任何邊境城鎮，沒有義務送你回當初穿越邊境的地點。譬如你在諾加萊斯被捕，別以為他們就必須把你送回諾加萊斯……美國人可以將你放在墨西哥邊境的任何地方，用意是防止你再次嘗試從同個地點穿越邊境。這就是他們的目的，希望能「阻斷通路」。你或許跟誰結伴同行，例如家人或朋友，而他們就會把你送到一個地方，把對方送到另一個城鎮……所有邊境城鎮都有貝他組織和人權團體的辦公室可以尋求協助……聯絡上家人之後，千萬記得將你所在地的貝他組織電話號碼告訴他們。

官員滔滔不絕唸了半小時，最後總算拿起公事包祝大家好運，坐進閃閃發亮的車子裡飛快地走了。將近午餐時間，所有人起身準備朝山上走去。他們踏出貝他組織辦公室的大門，留下了一地的手冊。

等候

我們坐在距離貝他組織辦公室幾十公尺的老舊籃球場前的水泥牆上聊天，狄亞哥開口問道：「你在書裡會照實說，還是會改動我們的話？」接著又說：「我要你寫下來，奇卡諾（Chicano）邊境巡邏隊員全是超級大混帳，對待自己同胞（*paisano*）跟狗一樣。拘留所裡只有那些老墨巡邏隊員會把食物扔在地上，讓你像狗一樣趴在地上吃。老外巡邏隊員有時還會說好聽話，例如『好好照顧自己』或『順著神的旨意做』之類的。老墨只會幹你娘。」五十八歲的狄亞哥個性衝動，他在這座籃球場上苦等一個禮拜，就為了墨西哥政府的那張支票，搞得他更容易發火。他打算用那筆錢跟最近才認識的薩爾瓦多、奇諾，還有其他幾個身無分文的遷移者一起去提華納。他們計畫湊錢搭巴士到下加利福尼亞州，因為廿四歲的幫派分子薩爾瓦多來自加州凡奈斯，說他知道怎麼從聖思多羅附近的圍籬翻牆入境。「我應該被遣送了十次有吧，」他用英語驕傲地說，「我可以從聖地牙哥溜進去。我很弱，這片沙漠太可怕了。」他還知道以自己目前的狀況可能不適合再闖沙漠：

> 我們（他和一位同行的十五歲少年）爬得很慢，其他年輕人和**郊狼**攻頂都用跑的。等我們好不容易爬到山頂，其他人都休息過了，我們只好不休息繼續往前走。再說那個**郊狼**比我們所有人都裝備齊全，**電解質**什麼的都有。他帶了一堆東西，我們都不曉得應該帶那些玩意兒，而且他還吃我們喝我們的。最後他們拋下了我們。我們到後來都神智不清了，甚至想揮手攔飛機。

薩爾瓦多和來自墨西哥城的中年技師奇諾將狄亞哥納入了麾下，三人幾天來幾乎形影不離。在**邊界帶**，你可能被警察搶劫，被人口販子綁架，被地方幫派勒索，或被住在籃球場旁的市立墓園裡、喝龍舌蘭喝到爛醉的混混攻擊，所有人都知道人多勢眾的好處，即使硬湊也無所謂。有些人將這種遷移者小團體稱為「臨時社群」。[39] 這樣做雖然有立即的好處，但狄亞哥很清楚這種結合只是權宜之計，彼此的關係非常薄弱。「這裡所有魯蛇都相親相愛，因為沒錢的遷移者只有對方可以靠。大夥兒身上什麼都沒有，所以稱兄道弟。但只要有人找到工作或弄到什麼好康，就會立刻忘了你。」

聚集在籃球場周圍的遷移者幾乎都是貝他組織的拒絕往來戶。薩爾瓦多最近才和一名在辦公室前面擺攤賣塔可餅的**麵包師**（*panadero*）吵了一架。那位**麵包師**除了賣吃的，還充當匯款掮客賺了很多錢。

少了他，那些因為各種理由沒有身分證件的人就收不到親友的匯款。看門警衛羅莎將遷移者介紹給**麵包師**，再由麵包師騎單車到西聯辦公室領錢，小額匯款每筆費用十美元，大額匯款則按比例抽成，實際費用多少全看你討價還價的本事。

薩爾瓦多之前就揚言要痛扁麵包師，因為他聽說對方敲詐了一位不大會說西班牙語的瓜地馬拉原住民姑娘。羅莎看見兩人爭吵，立刻將薩爾瓦多踢出了辦公室。因為凡是對塔可餅老闆有害的，肯定對她的油水不利。在**邊界帶**，生意就是一切。

五十一歲的克勞狄歐剛被趕到籃球場，因為辦公室有人聽見他抱怨貝他組織。他講得毫不避諱：

> 我在**聯邦特區**（*el DF*，墨西哥城的舊稱）住過不少龍蛇雜處的地方，小時候待的特比托區更是惡名昭彰，但全比不上諾加萊斯。所有人似乎都想把你弄來這裡……我不懂貝他組織在搞什麼。我來這裡之前，聽過很多關於他們的好話。「他們會供你吃飯，還會協助你。」但等我來了才發現他們什麼也不幹。他們不供你吃飯，是教堂供你吃飯。他們不讓你洗澡，是收容所讓你洗澡。他們也不給你過夜，是收容所讓你過夜。貝他組織只會要你填表格，把你放進名單裡，還說一定要簽名，否則你什麼事都不能做。我就算只讀過**小學**（*la primaria*）也看得出來貝他組織什麼也沒幹。他們弄出一長串名單只是為了給政府看：「瞧我們幫了多少人。」他們有新卡車，有好薪水。名單只幫到他們，沒幫到我們。

雖然卡在支票遲遲不來，但狄亞哥、薩爾瓦多和奇諾還是比瑱安夫婦好過一點。他們發現距離邊界圍牆三十公尺的小山丘上有個單間房間的水泥建築有提供住宿，於是就待在那裡。那個灰色建築沒有窗，是一群沒錢的基督教宣教師臨時蓋成的遷移者收容所。只要願意每日禱告數次，說自己愛耶穌基督，就能免費睡在紙板床墊上過夜。不過，那裡雖然比擠在廢棄的貨櫃裡好得多，也安全得多，卻還是躲不過拿槍搶劫這些遷移者並警告他們敢報案就會被殺的當地警察。[40]

白星（*Estrella Blanca*）

所有人都認識朱丘。他是外表邋遢的愛心天使，每天孜孜不倦在**邊界帶**來回穿梭，分送牙刷、水、刮鬍刀和所有他收集得到可能對遷移者有用處的東西。他在亞利桑那無證生活了三十多年，後來被遣送到諾加萊斯，成為遊蕩街頭的流浪漢。自此之後，他便只求糊口，把時間全花在掙得各種物資送給被遣送者。我在籃球場往山坡上走的白星公車站遇到他。你可以在那裡買到折扣車票回「家」或造訪肯接濟你的親友。對有些遷移者來說，這是他們成年後頭一回返回自己出生的地方。

朱丘正在替一個手臂下側劃傷一道深口的男孩急救，那傷口是男孩躲避邊境巡邏隊時被刺鐵網鉤到的。朱丘一邊替傷口塗上碘酒，一邊跟我說他不想再協助遷移者收親友匯款了，因為他們拿了錢幾乎只會再次嘗試穿越沙漠，而不是買車票回家。他一口氣接著往下說：「巴士會經過墨西哥城，但如果車上乘客人數不夠，沒辦法開到瓦哈卡或科爾多瓦，司機就會放所有人下車，給他們一百披索。」一個來自瓦哈卡鄉下的農夫被扔在墨西哥城，其風險可能不下於待在**邊界帶**。

一位名叫露西的四十一歲女士正在等巴士。她剛結束拘留，決定回家鄉格雷羅州：

> 我從來從來沒有沒有想過他們會像那樣把我們鍊起來。他們把我們當什麼了？**他媽的**罪犯嗎？我

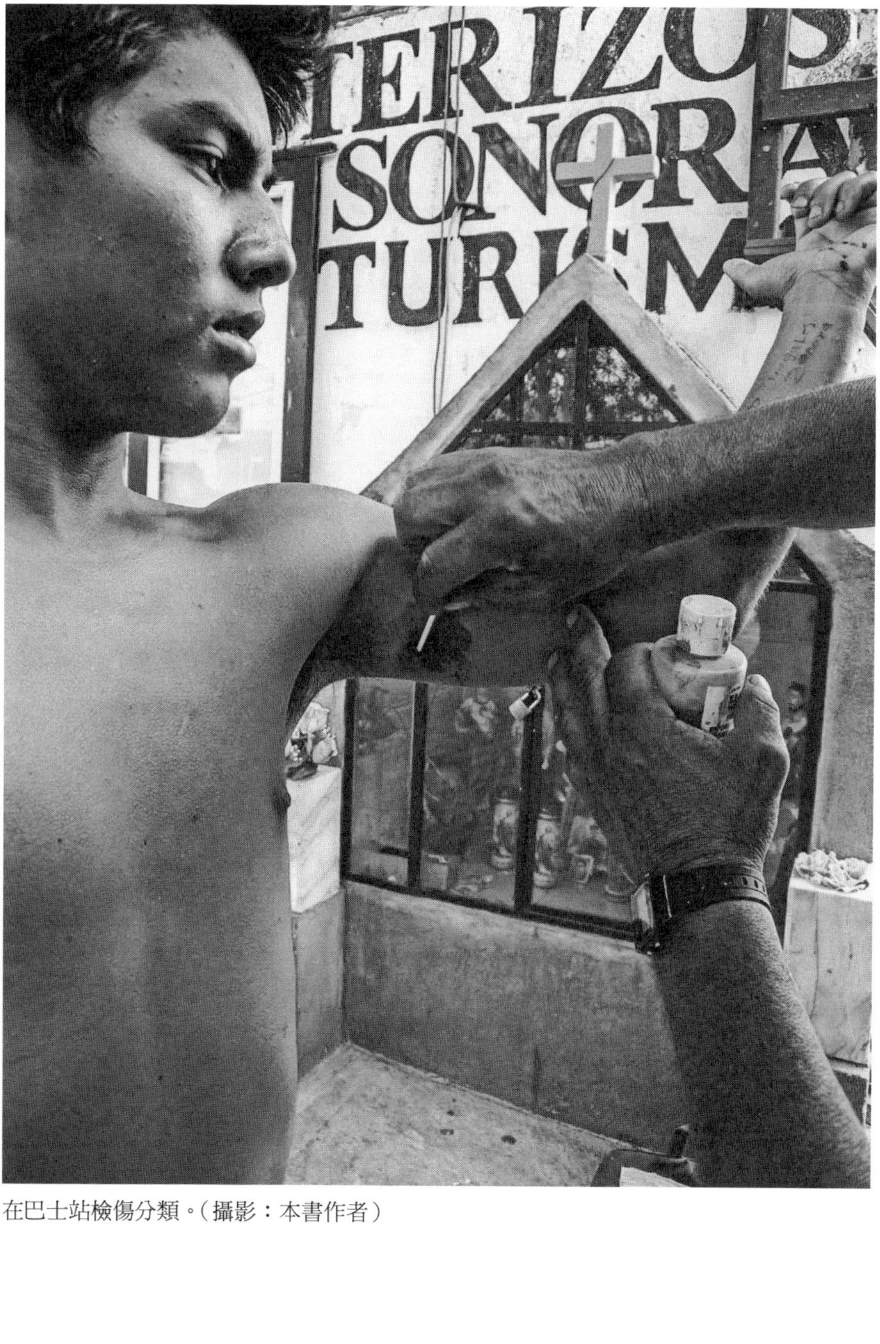

在巴士站檢傷分類。（攝影：本書作者）

以為他們只會逮捕我們，把我們送回出發地點，完全沒想到他們會把我們鍊起來……我在那裡待了快一週。那個地方真的很可怕，你想不到自己會去到那樣的地方，被人當動物對待……你才剛離開他媽的熱得要死的沙漠，就被扔到冷得要命的牢房……離開法院時，律師說我只要再穿越邊境一次，就得去坐牢。

這天只有三個人搭車，她是其中一位。其餘幾十名遷移者都待在山下的籃球場和其他組織辦公室，那裡就像前進沙漠的等候室。我和朱丘一起離開巴士站，他朝屈指可數的候車乘客點頭告別，呵呵笑著說：「今天趕雞人贏了。」

我們走著走著，忽然看見瑪利亞和她七歲的女兒露比妲沿著泥土路朝我們走來，不禁心底一沉。我一個多星期前在瑣波斯哥空蕩蕩的教堂裡遇到她們，看見母女倆正跪在瓜達露佩聖母畫像前專心禱告。露比妲兩手交握緊閉雙眼虔誠默禱的模樣，簡直可以當成主日學的宣傳照。瑪利亞是第一次穿越沙漠。她和先生帶著女兒從恰帕斯出發，結果沒有成功。全家在土桑聯邦拘留所被分開拘禁，她到現在都不曉得先生的下落。瑪利亞在邊界帶等了一週，依然沒有夫婿的消息，便決定帶女兒去艾爾塔再試試運氣。我和路丘都希望她們能成功，不會再回到諾加萊斯。但這會兒看到她們出現，就代表她們又被逮捕和遣送出境了。

我們停下來和她們打招呼，了解事情經過。瑪利亞一身黑衣，小背包裡裝著她們僅有的家當，看上去精疲力竭。雖然才一週不見，她的臉卻像老了十歲。不過，露比妲的眼睛依然亮閃閃的。她穿著粉紅條紋上衣、藍牛仔褲和卡通人物尼龍球鞋，彷彿要去上學似的。瑪利亞告訴我們，她們在艾爾塔找了另一位郊狼，但才走一天就被捉了。同行夥伴有些人順利脫逃，但她抱著露比妲跑不動。她為了買補給品把錢都花光了，身無分文回到了諾加萊斯。她一邊說著，淚水一邊滑落她的臉頰。她轉頭過去，不讓露比妲看見她在哭。朱丘立刻跪在小女孩身旁，問她喜歡哪種糖果。這裡所有人遇到這個小女孩都會特意呵護她，不讓她感受到周遭的凶險。雖然她兩次穿越沙漠失敗，又在聯邦拘留所待了幾天，還失去了父親的音訊，但她和媽媽在邊界帶的這將近兩週，我從來沒有見她哭過或大聲抱怨。

我們走到角落超市買點心給露比妲，然後坐在人行道邊。瑪利亞問我們諾加萊斯哪裡可以找工作。她需要賺錢買票搭巴士到提華納，因為她先生被遣送到了那裡。「這裡沒工作，孩子（*mija*）。」朱丘回答。「有人找我去小酒館（*cantina*）幫忙，」瑪利亞告訴我們，「但我知道不會只是當女侍。」她表示自己帶著露比妲很難工作，還說有郊狼提議替她「看」孩子，讓她先去提華納。「你覺得呢？」她問我們。瑪利亞顯然走投無路了，才會連這種話都考慮。她又開始掉淚，語氣裡充滿絕望。「你可以替我看著她嗎？」她問我：「你看起來人很好。」我回答她說沒辦法，還有她最好不要和女兒分開。路丘說她可以買折扣車票回恰帕斯，但瑪利亞說得坦白：「我為了這一趟借了三千美元，而我一個月才賺八百五十披索（六十五美元）。我已經沒錢了，不能兩手空空回去……跟人討錢買票到提華納比空手回恰帕斯還簡單……我必須繼續試著穿越邊境。」

我們談話時，露比妲就在便利商店旁的空地上跺腳，玩得呵呵笑。她跑過來遞了一顆她的糖果給我。朱丘起身轉頭對瑪利亞說：「孩子，妳不能待在諾加萊斯。這裡沒有工作給女性遷移者，對妳也沒有任何好處，留下來最後很可能會賣身。妳最好去巴士站討錢，大夥兒看到那個孩子都會同情妳的。」他伸手到口袋裡撈出一張皺巴巴的五十披索鈔票遞給她，接著忽然再也止不住淚水。朱丘在邊界帶看過許多可怕的事，但有些就是讓人難以承受。「幫她買點吃的，然後去車站。」

路易茲

我們被死者包圍，但他們的存在卻莫名地令人安心，彷彿這個滿是鑄鐵十字架、歪斜的墓碑與廉價塑膠花的地方保護了我們，擋開了邊境的一切擾攘與動盪。我和三十歲的路易茲默默感受這一刻。五分鐘前，我看見他和他的朋友楚伊站在籃球場附近一個生鏽的垃圾桶旁，兩人身上都覆著薄薄一層沙，被背上塞得滿滿的綠色迷彩背包壓得身影渺小。我會注意到他們不是因為兩人穿得像遷移者，而是他們正拿著一張索諾拉地圖在埋首研究。那東西在這裡可是很罕見。「這是朋友借給我們的，」路易茲對我說道，「我們只是想看看自己走過哪裡，還有接下來要去哪裡。」我向他自我介紹，沒多久我們倆就已經坐在墓園裡聽他描述自己的現況了。

路易茲來自墨西哥普埃布拉州，身高一百七十公分，頭髮烏亮，五官很深，講話輕聲細語，乍看很嚴肅，但沒兩下就會閃出狡黠的微笑而露了餡。和許多新來的被遣返者一樣，他二〇〇〇年十七歲穿越沙漠，之後就在美國住了下來。他坐在周圍都是墓碑的人行道邊，跟我說他怎麼會流落到諾加萊斯：

我那時正在開車。我很守法，車子也有牌照，但警察把我攔下來，說我超速。我明明開在速限內，所以就跟警察說：「超速的是你，因為你剛剛加速追上來。你沒有理由把我攔下來。」警察說：「請你出示證件。」我說：「老實說，我沒帶證件。」警察又說：「警告你別用假名。」於是我就報上本名，並跟他說：「你要我照實說，我就照實說。」

結果我還是被逮捕了，因為身上沒證件。他們抓了我，把我送到坦佩。我在那裡見了法官。他問我認不認罪，但他已經說我有罪了。他們說只要我認罪，他們就不會把我關起來。但如果我不認罪，他們就會一直關我。我說：「好吧，那我認罪，因為我想離開這裡。」

他們第一次逮捕我的時候，跟我說會把我送回墨西哥，結果卻把我送到阿爾帕約[41]警長的大牢。我要他們打電話給移民及海關執法局，並且以五百美元交保，但被拒絕了。他們說我不會付錢，所以不打算放人。我在那裡關了一陣子，那個地方對待人真的很恐怖。你得在所有人面前脫光。雖然他們有給我衣服，但是對我來說太大了，他們也不在乎……後來他們送我到另一座監獄待了兩天，接著便把我交給移民單位。

我想抗辯，但他們把我送離亞利桑那，拘留在艾爾帕索。我在那裡待了六個月，沒人可以幫我，我也不相信任何人。我和家人完全失去聯絡，他們把我的東西統統扔了，手機什麼的全丟了。從那之後，我就沒跟任何人聯絡了。我到現在都還不曉得家人在哪裡……我那時正在跑家事法院，因為我和老婆有點狀況，結果中途就被警察捉了，沒辦法出庭，什麼都不能做……我覺得美國政府打算奪走我的小孩。我敢說他們現在就在政府手上。我想回去找到他們……我什麼都沒了。

路易茲數度穿越沙漠。頭一回是二〇〇〇年，花了他一千美元和短短四個小時就越境成功。二〇〇九年他在亞利桑那被鄰居毆打，結果警察來了卻逮了他，因為他拿不出證件。那年他試了六次才順利回到美國。他說，到了二〇一三年，邊境遷移變得前所未有地困難。

我：**路**（*camino*）現在好走嗎？

路易茲：現在更**危險**（*peligroso*）了。你得走更遠，地形也更難走。沙漠很狡猾，白天可能看起來很好、很平靜，夜裡就會變得無邊無際，漆黑一片，而且晚上出來的動物都很危險。

我：聲音呢？

路易茲：你會聽見郊狼叫，聽見牠們靠近，躲在你身後。所有聲音圍住你，感覺整個沙漠就只有你在，只有你一個人。

他和同伴楚伊已經因為穿越沙漠被捕了兩次。兩人住在諾加萊斯街上，睡在橋底下或墓園裡，靠著垃圾桶裡撿來或好心人施捨的東西填肚子。路易茲跟我說他有糖尿病，幸好週日會送三明治給遷移者的一位老人買了兩瓶胰島素給他。他和楚伊只要存夠了水和食物，就會再次穿越沙漠，不找嚮導。路易茲身上沒有證件，只有一張寫著親戚地址的紙條。就算紙條掉了，他還是記得電話號碼。

儘管危險重重，路易茲仍舊不為所動：

路易茲：我曾經沒錢沒東西從華雷斯穿越邊境，就像現在我也打算想辦法從諾加萊斯過去一樣。我想越境回去，這樣才能去找我的小孩。我想越境回去問法官把他們送到哪裡去了，知道狀況。我想知道自己可以做些什麼。我只求神給我一個小小的機會，如此而已。目前我們正在找帶上路的食物，但沒那麼簡單。這裡和華雷斯都一樣……我只是試著前進，我還沒失去一切。我只是不斷往前。雖然什麼都可能發生，但對神來說，沒有不可能的事。

我：你穿越邊境時會想到小孩嗎？

路易茲：會。我只是想回美國，這樣才能見到他們，跟他們團聚。我想吻我的兒子，找出他們去哪裡了。他們可能以為我拋棄他們了。如果是，我要跟他們說不是那樣。我要他們知道我離開是因為移民單位逮到我沒有證件。我需要當面跟他們解釋情況。我想叫他們不要害怕，我回來了，可以幫助他們。

說到這裡，路易茲從背包裡拿出一個小塑膠袋，袋子裡放著他三個在美國出生的孩子的照片，年紀分別是四歲、六歲和七歲。照片裡，老么手指指著鏡頭，對著他笑。

我：你穿越邊境時會拿照片出來看嗎？

路易茲：不會。我有時只會在穿越沙漠前看一眼。雖然難過，卻也能讓我振作，讓我有正面的事可以想……我還帶著一張很小的瓜達露佩聖母像。我會向她禱告，祈求她在路上指引我、保護我。

小聊結束前，我問路易茲還有沒有什麼話想對我或可能會在這本書裡讀到他個人遭遇的讀者說。

路易茲：這裡所有人都想去那裡。我們在墨西哥過得很苦。至於我，我想回家去，想再有機會見我的家人。這就是我要的。我有時候什麼也沒做。他們卻說我們遷移者老是在違法，但我們不是所有人都有錢。差別就在這裡。**白人**（*güero*）希望我們能合法進入你們的國家。我知道那是他們的國家，但他們應該有點心腸，了解一下邊界這一頭的狀況。他們應該要看見兩邊的差別。我們去那裡是為了追夢。有時夢想只實現了一半，有時有些人就回頭了。我見過有人哭著回頭，因為失去了家人。但無所謂，我們只是試著繼續前進。

我們握手道別。路易茲轉身離開，走了幾步又回頭說：「我會穿越邊境的。」

周而復始

脫水的身軀頂著手銬腳鐐求法官開恩；心驚膽跳的男子通過邊界口岸，直接落入狼群之中；婦人在飯桌前崩潰，被陌生人扶去床上休息；年輕的母親抬頭望著邊界圍牆，預備再試一次。對許多遷移者而言，被遣送後的邊界帶世界只是下一次越境嘗試前一個混亂的中途站。那裡是索諾沙異質集合體的起點，有時也是終點。有些遷移者可能在短短幾小時內就經歷到本章描述的許多情節。不少人可能數度體驗政府的遣送機器和諾加萊斯的地雷生活，直到成功入境或決定放棄。遣送後的世界，其複雜可比沙漠，甚至可怕得多。如同圍籬另一頭，遷移者在邊界帶的遭遇有許多都仰賴運氣、技巧與堅持。邊界帶的敘事沒有定論，因為沒有完結。人的身軀在這個空間來來去去，有些順利通過了，有些沒有。入境成功的人或許還平安地躲在美國，直到破掉的車尾燈或工地移民臨檢將他們再次送到貝他組織辦公室前面。

里卡多跟他在諾加萊斯找到的郊狼一起離開了。出發不到半小時，他和同伴就被搶匪襲擊。搶匪拿槍指著他太陽穴，拿走了他所有東西。我最後一次看到他是在貝他組織辦公室前，哭著跟我說他要去提華納，因為他覺得從那裡穿越邊境比較安全。愛生氣的老頭狄亞哥終於拿到墨西哥政府的支票，準備和薩爾瓦多、奇諾還有其他答應要幫他的夥伴一起去提華納。羅莎說服狄亞哥將錢交給她保管，直到所有人都準備好離開。她告訴他口袋裡裝著那麼多錢走來走去很危險，但等狄亞哥找她拿錢時，羅莎卻裝作沒這回事，還將他趕出了貝他組織辦公室。

洛杉磯黑幫分子薩爾瓦多後來真的跟狄亞哥、奇諾和其他幾個人離開了，到其他地方碰運氣。我到加州凡奈斯造訪他家時，他說他中途就和其他人分道揚鑣了，因為奇諾偷了他們的錢去買酒。也是那陣子，奇諾打我手機跟我借錢，還說薩爾瓦多是混蛋，將他們扔在提華納的遷移者收容所裡自己溜了。我上回跟薩爾瓦多聊天時，他說他想去亞利桑那幹人口販運，因為他「認識幾個白人，那些傢伙可以去沙漠接遷移者，然後載他們通過檢查站」。朱丘將身上僅有的五十披索給了瑪利亞和露比姐買食物之後，母女倆當天就和一名在貝他組織辦公室遇到、答應帶她們去提華納的男人離開了。朱丘在邊界帶討生活了幾年後，終於展開了新生活，不再睡在巴士站長椅下，而是成為諾加萊斯一家非營利組織的員工，協助剛被遣送出境的遷移者。我敢說他現在還是會拿錢給那些比他更需要的人。我和路易茲聊天的六個月後，他發了簡訊給我：「我在亞利桑那。」

——

接近傍晚，我走到馬里波沙邊界口岸。耶穌會在那裡擺了流動廚房，而墨西哥邊界內的小山丘頂上停著一輛廢棄的紅十字會拖車。幾名遷移者和當地遊民已經排好隊等著領餐。一隻瘦成皮包骨的狗在門口徘徊，希望有人離開時賞一點碎屑給牠。兩名身穿馬球衫的青少年站在馬路對面，手裡都拿著望遠鏡和對講機，密切觀察邊境巡邏隊的公務車在圍籬附近的動靜。兩人頻頻回報邊巡的方位，身上的無線電不時吱喳作響。幾名穿著深色衣服的男女耐心躺在拖車旁的陰涼處。沙漠正在等候他們。

6

科技戰
Technological Warfare

「明天就走」

初識梅莫和路丘幾天後，他們某天傍晚跟我說他們就要去闖邊境了。「我今晚要好好休息，因為我想明天應該會出發。」梅莫意興闌珊地說。老實說，我想到能觀察他們準備並跟著踏上沙漠，心裡就很興奮。那天晚上離開時，我告訴了山謬爾最新進展，跟他說我明天一早會回來記錄預備過程。山謬爾冷笑一聲，點點頭說：「好吧，那就明天見囉。」

隔天一早我七點就到了，結果發現路丘和梅莫躺在床鋪上發呆，享受收容所清空後的閑散時光。他們看起來不像有事要幹的模樣，更別說是穿越邊境了。「我想我們明天再走好了，我們還沒準備好。」我難掩失望，但不想過問太多。我哪懂得什麼叫準備好了？於是我陪他們耗了一整天，幫忙打掃收容所，直到傍晚準備晚餐時，我才開始追著梅莫問。他們會採買哪些東西？怎麼做心理準備？哪時候離開最好？「明天你就知道了，」梅莫告訴我，「明天你就能看我們怎麼做。」於是隔天清早我又帶著相機和錄音筆出現在收容所，而梅莫又跟我說他們還沒準備好。「天氣不大對，我們想再等幾天。」我開始明白山謬爾的冷笑了。

到了週末，我已經不再問梅莫和路丘何時出發了，心想他們可

為末日血拚。（攝影：本書作者）

能會變成收容所的長期員工，就跟帕多、拉菲、山謬爾和派崔秀一樣，從事著一份可以換得住處和微薄溫飽的工作，一天天、一月月（帕多是一年年）慢慢失去了穿越邊境的夢想。山謬爾他們總是開玩笑自己「明天就走」。我繼續在邊界帶訪談遷移者，而梅莫和路丘則慢慢變成璜波斯哥的老面孔。幾週過去了，我和他倆成了朋友，不再問他們哪時要穿越邊境。我不再想知道了。不是因為不在乎了或不再相信他們，而是我自私地不想要他們離開我。晚上跟他們廝混讓我在邊界帶的田野工作愉快許多。每天傾聽艱辛的邊境穿越故事，看著幾小時或幾天來對我敞開心胸的新面孔消失在夕陽下，總會在我心裡留下一個大洞，而他們的友誼正填補了那個缺口。或許因為如此，當梅莫有天下午忽然說他們隔天會去採買補給品，當晚就要穿越沙漠時，我根本無法相信。他要我隔天一早就來，才能做紀錄。

「我跟你保證，」他說，「我們明天就走。」

廿六美元的補給品和一本《聖經》

隔天一早，收容所裡最後一批留宿者正要離開，我就到了璜波斯哥。梅莫和路丘心情很好，感覺對要去買東西很興奮。[1]我們沿著馬路走到當地的超市，開始在貨架上東挑西撿。這家店（*tienda*）沒有專為遷移者準備的物品，像是迷彩背包或黑色水罐之類的你會在沙漠上的考古遺留常見到的那些。它就是一間普通超市。這讓梅莫和路丘的採買顯得更加詭異。看他們拉著推車檢視商品名稱和標價，感覺很怪。為了將錢花在刀口上，兩人花了快一小時，左選右比才買好東西。其他顧客是為了星期天的烤牛肉（*carne asada*）來買肉，這兩位仁兄卻是為了穿越冥界（Hades）而採買。我記下結帳前他們推車裡的商品：

四瓶四公升裝的水
三包速食豆泥
十一個鮪魚小罐頭
兩個沙丁魚大罐頭
半公斤萊姆
兩袋麵粉餅皮

一條麵包
零點一公克生大蒜
零點二二公克新鮮青辣椒
一包檸檬口味霍爾斯（Halls）止咳糖
一包牛肉乾

其中不少顯然都是必需品。鮪魚和沙丁魚鹽分高，能讓他們體內水分維持更久，減緩脫水。麵包、豆泥和薄餅富含碳水化合物，因為他們每天步行會耗掉幾千卡的熱量，所以希望這些食物能讓他們穿越沙漠時不致挨餓。水很重要，但他們每人背包裡只能塞得下兩大瓶共八公升的水。他們不想用手拿水，因為那樣會拖慢步伐，無法在難走的路段快速移動。這些補給品總共廿六美元。以美國的標準這沒多少錢，但已經耗去他們攢了好幾週的積蓄。我想起幾週前跟路丘和山謬爾在收容所的對話：

路丘：嘿，墨西哥這裡一個披薩多少錢？
山謬爾：一百二到一百三披索（按二〇〇九年八月的匯率約合九到十美元）。
路丘：那是你一天的薪水，對吧？
山謬爾：對。
路丘：拜託，你工作一整天只能他媽的買一個披薩。工作八小時才買得到一個披薩。這裡一條褲子多少錢？
山謬爾：好褲子嗎？

路丘：對，好褲子。

山謬爾：不一定，可能六百披索（四十六美元）吧。

路丘：六百披索，那是一個禮拜的薪水了！一個禮拜！工作四十個小時買一條褲子。

採買穿越邊境的必需品很困難，因為梅莫和路丘在諾加萊斯找不到穩定的工作。過去一個月，他們偶爾會到建築工地當臨時工，一天收入不到一百二十披索。根據墨西哥政府統計，二〇〇九年一般最低薪資為每日五十三點三披索（約合四點一〇美元）。❷梅莫和路丘很幸運，工錢是這個數字的兩倍出頭，因為美元和墨西哥披索在北方邊境城鎮可以互兌，所以起薪較高。儘管如此，他們因為剛被遣送不久，也沒有證件可以在諾加萊斯合法工作，所以即使跟當地人做同樣的工作，也只能領取檯面下的、比當地人低的工錢。他們連在「自己的國家」工作都被剝削。

回到收容所，我看著他們將那些一般補給品塞進背包。兩人一邊打包，一邊向我解釋每件物品的重要性。

梅莫：蒜頭（他秀給我看，然後放進背包）。

我：為什麼要帶蒜頭？

梅莫：為了趕蛇，響尾蛇。衣服和鞋子都要用蒜頭抹。

我：有用嗎？

梅莫：有。

我：誰說的？

掏槍！（*¡Saca el arma!*）（攝影：本書作者）

梅莫：我不知道。

路丘：動物不喜歡大蒜味，就像吃了很多蒜頭，蚊子就不會叮你一樣。動物就算來了也會離開。

我：但你怎麼知道響尾蛇也怕蒜頭？

路丘：他們都那樣說。

梅莫：**郊狼**會這樣跟你說。但我們只在沙漠用蒜頭，加州不用。蒜頭只在沙漠有用。

我找不到科學證據支持蒜頭防蛇的說法，但墨西哥紅十字會還是在手冊裡建議你進入沙漠之前用大蒜塗抹身體、衣服和鞋子。路丘給我看他的備用襪和鞋粉，萬一腳濕了或那雙山寨愛迪達球鞋害他起水泡時可以用。他還塞了兩件黑T恤，說可以幫他避開**邊巡**的。「黑衣服會讓他們晚上比較難看見我們。」路丘表示。我問他沙漠溫度那麼高，穿黑衣服不會更熱、更不舒服嗎？他說：「太熱總比被捉好。」

梅莫和路丘一邊打包，一邊盡力回答我五花八門的問題，還不忘保持幽默。我們三個有說有笑。路丘對我說：「這是路上最重要的東西。」他手裡揮著塑膠響炮槍，槍口對著梅莫比劃。「你在沙漠裡拿槍做什麼？」我問。「為了趕走小動物，你可以用槍嚇走牠們。牠們不喜歡槍聲和硝煙味。」我開始想他們會遇到什麼動物：**莫哈維青皮響尾蛇**（Mojave green）❸、黑熊和山獅。我腦中浮現路丘舉起玩具槍朝撲來的猯豬開火的畫面。

打包期間，拉菲和山謬爾開始在背包上留言道別。我搶過麥克筆寫了「梅莫，別忘了你欠我的蘋果汁」。「蘋果汁」是暗語，我們晚上在收容所打牌想溜出去買啤酒時，就會有人說：「嘿，蘋果汁快喝完了，最好快去店裡買。」為了防止外人起疑，我們會用毛巾包著海龜牌啤酒的瓶子，從後門溜出去，但常把酒瓶裹成嬰兒一樣，引來更多揶揄與玩笑：「喂，雅森（Yason），我想寶寶需要餵奶了，快點帶他去店裡。」「嘿，**小雜種**（*cabroncito*），你最好多喝點蘋果汁，才會長得又高又壯！」後面這句話幾乎總會引來粗俗的反唇相譏，說某人的奶大到能餵飽在場所有人。❹我開始在腦中重放這些超男性氣概的有趣時光。回想這些美好片刻比面對梅莫和路丘即將身負危險輕鬆多了。

將食物衣服收進背包後，兩人開始塞那兩大瓶水。感覺背包縫線就要綳開了，但最後他們還是順利將背包拉鍊拉上。梅莫開玩笑說他打算再騰出一些空間，塞幾瓶海龜牌啤酒在路上喝。我們想到他在野地裡仰頭痛飲大瓶啤酒的滑稽畫面，不禁哈哈大笑。**喝你的奶！**（*¡Toma yu leche!*）梅莫果然是梅莫，立刻說起他真的曾經在穿越沙漠時喝過**啤酒**（*cerveza*）。

梅莫：和賈西亞同行那次，我們在亞利桑那的里奧里科喝過啤酒（笑）。還記得嗎，路丘？我們喝了酒，開心得很。

我：你們從哪裡弄來啤酒的（笑）？

梅莫：我們在里奧里科附近停了一下。那裡有一間小店。我們雖然躲起來，但看得見那間店，還有馬路有人在施工。我們食物吃完了，所以我自告奮勇到店裡。工地附近停著警長的車，但我照樣前進，表現得好像自己是工人。我在沙漠走到全身髒兮兮，所以看上去真的很像工人。我直接從警長面前走過去，進到店裡準備買吃的，但忽然想順便買一手啤酒。於是我買了食物和啤酒，然後走出來，走回路丘和賈西亞藏身的地方，把薄餅、鮪魚和可樂分給他們，接著說：「好了，你們只能一人兩瓶。」然後把啤酒拿出來。我們坐下來開始喝**啤酒**（*chela*），感覺就像小派對（笑）。我們一邊派對一邊講笑話，結果三人都喝得有點醉，因為脫水嚴重，而且走得很累。我們笑得很大聲，彷彿忘了自己在偷渡，而是在森林裡開趴似的（在場所有人都笑了）！直到聽見車子開過去，才嚇得再次動身。

這下所有人都笑了，開始討論如果他們越境成功，就要買一座啤酒山來喝。梅莫開始耍寶，揹起背包假裝跟我們揮手道別。

這時開玩笑已經不大跟男性氣概有關，而是為了放鬆心情。我們完全避談他們倆可能面臨的危險。山謬爾和拉菲盡說些樂觀話，例如「到了亞利桑那記得聯絡我們，你們有我們的手機號碼」。當時是八月中，氣溫逼近四十度，所有人都知道他們倆帶的水只能在沙漠撐個幾天。他們得沿途找水，最後很有可能被迫尋找散布在亞利桑那南部沙漠的牛槽，飲用槽裡長滿細菌的綠色液體。而且他們的裝備顯然嚴重不足。梅莫穿著笨重的工作靴，而路丘的廉價球鞋肯定會被沙漠折磨到解體。以他們需要消耗的熱量來看，兩人準備的食物可能頂多撐四天。他們還必須憑著前幾次經驗和路丘對那地方的認識設法穿越山區。兩人沒有帶地圖或羅盤，因為邊境巡邏隊要是逮到他們，從他們身上搜出這兩樣東西，他們就會被當成人口販子，真的有可能坐牢。

他們帶了衣服、食物和水，但非必要物品帶得不多。路丘有一本小記事簿，他在裡面寫下自己和梅莫的全名及出發日期。他還帶了一本翻爛的《聖經》，那是他酒駕被關期間某人給他的。梅莫沒有私人物品，他眼下有的就是背包裡的衣物，全是收容所裡的人給他的。我在皮夾裡找到一張繪有瓜達露佩聖母像的墨西哥電話卡遞給他，他告訴我電話卡會保護他，給他好運的。他們倆帶著廿六美元的補給品和一本《聖經》走進沙漠，還有希望。

我們跳上巴士，默默奔向諾加萊斯郊區。他們倆會徒步進入沙漠。這時梅莫忽然轉頭對我說：

> 我現在心裡好亂。我想到我的家人。我很怕自己會死在那裡。每次都不一樣，你永遠不曉得會發生什麼……**搶匪**今晚應該在開派對，因為今天是週六。我們應該可以躲過他們。我們有食物和水；上帝保佑，我們會過去的……我們會儘量撐久一點，想盡辦法撐下去。

我們三人下了車，朝貝他組織辦公室西方的涵洞走去。我在**邊界帶**做田野時，每天都會從旁邊經過，但直到現在才曉得它的功用。涵洞通過高速公路底下，遷移者走出涵洞就會來到諾加萊斯市區邊緣，走上通往沙漠的小路。梅莫和路丘之前用過這個涵洞，而且有一套做法：

> 梅莫：涵洞裡很黑，進去後必須專心聽，才聽得出有沒有響尾蛇，免得有人被咬……你還得留意

朝邊界帶出發。（攝影：本書作者）

裡頭有沒有人，如果有就立刻回頭，因為對方一定是**搶匪**。你可以回頭，但他們如果看到你了還是會追上來。他們會在那裡守株待兔。你有時可以從菸味判斷有沒有人躲在裡頭。有的話我就會叫路丘停下來，因為有人躲在裡頭。穿越邊境的人沒有理由在涵洞裡等。他們不是遷移者，是打算搶你的**搶匪**……你永遠必須很小心，因為走那裡的人很多。我們看過有人白天很早就進去了，但我們評估應該下午進去，因為我覺得最好等天有點黑，幾乎看不見了再到**邊界帶**。

我們停在涵洞附近，三人互相擁抱道別。梅莫開始前進，但忽然轉頭大喊，要我拿出相機來：「拍張照片給你的學生看！放進書裡！」那是我頭一回不想拍照。觀察這個過程很難受，但我努力振作，臉上掛著笑容。他們倆踏上沙漠前最不需要的就是看我哭哭啼啼。貝哈曾經寫道：「不讓你傷心的人類學就不值得從事。」❺這句話很有力量，我也一直很贊同，但有時實踐起來並不容易。目送路丘和梅莫一點也不令人興奮，也不是什麼發人深省的人類學田野經驗，只讓我感覺自己沒用，替他們倆擔心。接下來我再也幫不了他們了。

我腦中千頭萬緒，不曉得自己會不會再見到他們。難道會是認屍？各種末日景象瞬間朝我襲來：梅莫張口大聲呼救，白沙如巨浪翻騰，一口將他吞沒；路丘的《聖經》遺落在地上，一頁一頁被風雨慢慢毀去，手背和臉上的皮膚乾枯碎裂，轉眼隨風而逝，沒有皮肉的骷髏頭睜大眼睛，咧嘴微笑。我開始想像自己之後會如何描述此時此刻。想到這場經歷可能會變成我著作裡的資料，對我有利，卻無助於他們活下來，就讓我噁心想吐。眼下的我就只是個學術偷窺者。我和他們的距離從來不曾如此遙遠。

我勉強拿出相機拍了幾張模糊的照片，讓出發的梅莫開心。他停在涵洞前，露出牙齒朝我燦笑揮手，接著放聲大喊：「別擔心，我有帶蘋果汁！」然後就和路丘消失在了黑暗中。我往回走了十五公尺，在墓園前的人行道邊頹然坐下，任由穿著潔白制服和發亮皮鞋、剛放學的孩子們從我身旁走過。

科技戰

手機拍照聲此起彼落，幾名學生呵呵輕笑。岡薩雷茲和我看到我那挺著肚子的老婆穿上九公斤重的軍綠戰術背心，頭戴夜視鏡，看上去就像導演吉連電影裡的人物，都不禁咧嘴笑了出來。岡薩雷茲興沖沖告訴我們：「夜視鏡很酷，但好戲還在後頭，等你們進到槍砲室就知道了。」這些年來，我常帶學生參訪邊境巡邏隊，負責導覽的巡邏隊員多半是年輕的拉丁裔男性，而且講起他們的「玩具」就很興奮，岡薩雷茲[6]也不例外。我們所有人拿下夜視鏡，跟著他在走道穿梭，瀏覽兩邊牆上的政府宣導海報、九一一事件罹難者的追悼影像，以及巡邏隊員靠在大麻磚金字塔或載有安非他命的後車廂旁露齒微笑的照片。照片裡的男性（幾乎清一色都是男的）個個都像站在獵物旁的獵人一樣。我們經過一個布告欄，上頭貼著美國頭號通緝犯傳單，包括恐怖分子、毒販與郊狼，還有一張某位墨西哥人口販子的影印照。有人用鉛筆在那個墨西哥人的額頭上戳了個洞，並且寫上「哈哈」兩個字。

槍砲室是個沒有窗戶的白色小間，裡頭收著的壓動式獵槍和突擊步槍多到可以打一場小型內戰。我目光落在一把霧黑色的黑克勒–科赫HK33五點五六毫米突擊步槍上。這種槍一分鐘可以射擊七百五十發子彈，初速每秒九百五十公尺，我在沙漠看到巡邏隊員帶過幾次，所以很眼熟。二〇一〇年，我們在阿里瓦卡的田野工作站遭到十一名邊境巡邏隊員包圍，帶頭衝鋒的蒙面隊員就拿這種槍，並且隨即開始盤問在屋外清洗和記錄在沙漠收集到的遷移者遺留物的大學生。這種武器說它嚇人還算保守的。我敢說那些來自莫雷洛斯的玉米農和德古西加巴的失業教師被巡邏隊員壓在地上，用這種槍指著，耳裡聽見對方大喊「媽的別動！（*¡Parense putos!*）別逼我開槍！」肯定嚇得屁滾尿流。

導覽繼續進行，我們見識到更多邊境巡邏隊用來「提高現場警覺度，加強對邊境威脅之偵測、識別、監控與反擊能力」[7]的裝備器械，有如魔法陣一般令人目不暇給，包括「生物特徵辨識系統、手持熱感應裝置、行動監控系統、無人地面感測器、行動影像監控系統……遠端影像監控系統……車輛及貨物檢測系統……夜視裝置……以及集成固定塔」。[8]別忘了還有突擊步槍、無人機、四輪車、馬、手銬、電擊棒和老派的軍靴踩脖子。

每回造訪邊境巡邏隊，參觀他們的科技火力展示秀，我都會想起梅莫的笨重工作靴和路丘的《聖經》，想到他們用廿六美元買到的東西和美國邊境查緝單位每年花費的數十億美元。政府不斷將納稅錢奉獻給邊境治安工業複合體，遷移者則是不斷購買黑色衣服和大蒜。雙方都相信自己的工具和策略很有效，就如同馬凌諾斯基在《南海舡人》裡描述的場景：「要知道，島民堅信魔法的價值，就算如今有太多當地信仰與習俗遭到破壞，但依其行為看來，島民對魔法仍然深信不已。」❾

一九八九年，也就是梅莫首度穿越邊境那年，美國邊境巡邏隊的年度預算為兩億三千兩百萬美元，到了二○一○年已經飆漲到卅八億美元，原因除了一九九○年代中期查緝措施改變，也和二○○一年九一一事件導致治安疑慮升高有關。卅八億是很驚人的數字，但這還不包括分配給其他相關單位的數十億預算，例如主管邊界口岸治安的移民及海關執法局和負責邊界圍牆修築與維護的數個機關。根據最近一份國會報告的粗略估計，美國二○一二年度的邊境治安開銷高達一百四十八億美元。❿

曾任亞利桑那州長及國土安全部長的納波利塔諾對記者說過：「道高一尺，魔高一丈，這就是邊境的最佳寫照。」⓫美國和墨西哥隔著一道牆，但所有人都曉得那道牆阻攔不了人和不法藥物，不信你問那些經常找到或想出新方法越牆而過的人就知道。有些走私者會建造投射器，像射彈弓一樣把毒品射過圍籬。⓬有影片錄到某位蒙面男子一邊拿著手機閒聊，一邊用普通的千斤頂將圍牆舉起，讓人從底下鑽過去。⓭還有影片錄到運毒者修築坡道直接開車越過圍牆，⓮甚至花費數百萬美元挖掘隧道從圍牆底下通過。⓯別忘了還有那些嘴裡罵著「去你媽的圍牆」，然後就直接翻牆的低科技小老百姓。威懾預防策略施行後，翻牆的人確實少了，但數量還是不容執法單位小覷。美國聯邦政府二○○九年一份文件顯示，諾加萊斯的邊界圍籬那年平均每週有八人翻越。⓰那一帶明明有那麼多監視攝影機、巡邏隊員與動作感測器，這個數字簡直驚人。我曾經親眼目睹兩個男的大白天直接翻越諾加萊斯市區內的邊界圍牆，從邊境巡邏隊的警車旁匍匐通過。有志者事竟成。

邊界圍牆，亞利桑那諾加利斯。（攝影：麥可·威爾斯）

雖然證據顯示築牆阻擋不了人體彈弓、千斤頂和其他五花八門的創意，但美國人似乎依然堅信，修築更多圍牆可以解決國內許多經濟和社會問題。政治人物很清楚選民的這個執念，經常加以利用。譬如二〇一一年，共和黨總統候選人凱恩在田納西州庫克維爾談到移民治安問題，就用這席話獲得台下群眾的如雷掌聲：「我們會蓋一道真正的圍籬，不只高六公尺，還要加上刺鐵絲網、通電，並且在圍籬另一邊掛看板註明『足以致命』……結果我這樣說被人批評，『凱恩先生，那樣做太不考慮別人了。』什麼叫不考慮別人？那些人偷渡到美國來，殺死我們的同胞和邊境巡邏隊的弟兄，那才叫不考慮別人。我一點都不擔心自己不考慮別人。我只是要那些人別再溜進美國！」[17]我總是忍不住想，到時凱恩這些保守派要找誰去蓋超級圍牆？總不會是二〇〇六年因為僱用無證勞工修築提華納-聖思多羅邊界圍牆而被罰錢的那間加州工程公司吧？[18]

訴諸許多美國保守派心中的恐懼——棕皮膚的外人正在瓦解他們的經濟與社區，殘害他們的同胞——在美國政壇幾乎屢試不爽。[19]只可惜這些極端分子再怎麼訴諸恐懼或仇恨，美國政府依然不為所動，認為在邊界全線修築圍牆既沒有效，又不可行。因為圍牆從修築到維護都非常貴，[20]而且可能嚴重破壞環境。[21]這就是為什麼美墨邊界全長三千一百四十五公里，只有五百六十五公里（百分之十八）築有算是

沃克峽谷邊界圍籬。（攝影：鮑伯・基伊）

圍牆的東西。[22]這些高聳懾人的障礙物目的在提高翻越的難度，但只出現在市區邊界口岸及其周邊。邊境巡邏隊總是得意洋洋向來訪的政治人物展示這些龐然大物，而你在政治宣傳照和公關照裡看到的圍籬也是它們。但你很少有機會看到圍牆蓋到哪裡就突然沒了。

說起圍牆，不論你問邊境巡邏隊員或遷移者，他們都會告訴你：圍牆根本擋不了越境遷移。對邊境巡邏隊來說，圍牆只是將遷移者趕到對他們「戰術有利」的偏遠地區；而對遷移者來說，圍牆就像路標，告訴你必須往亞利桑那沙漠走，只有那裡才有一絲機會避開邊巡的。不論如何，美國政府每年花在治安科技上的數十億美元掩蓋了一個骯髒的小祕密，那就是比起圍籬、動作感測器[23]、無人機和紅外線攝影機，自然環境才是邊境巡邏隊最好用也最致命的武器。

美墨邊界許多地方不是設有三索刺鐵絲圍籬，就是空空如也。在諾加萊斯西北方的沃克峽谷甚至有一道沒鎖的閘門，可以隨意開關。邊境巡邏隊很少在這些地方出現，因為他們沒有理由在這片開闊區域設重兵。遷移者一入境就將之逮捕、送回墨西哥，這樣幾乎不會對遷移者造成影響，他們馬上就可以精神飽滿再度出發。更何況邊境巡邏隊人手不足，無法駐守整條邊界。不過，這樣的情況正在改變。[24]邊境巡邏隊發現，讓遷移者經歷幾次中暑、搶劫和荒野裡會遇到的各種危險，對他們更為有利。他們寧可等遷移者吃過一些苦頭再追捕他們、將他們送回墨西哥，因為疲憊或喪命的邊境穿越者更容易捉。人類學家馬嘎尼亞曾經訪談一名巡邏隊員，對方毫不諱言這套策略：

專賣越境補給品的露天市集，墨西哥索諾拉州艾爾塔城。（攝影：麥可・威爾斯）

他們有一套戰術，就是不管遷移者，讓他們走上兩、三天，走得又餓又熱。他們很清楚遷移者的位置，知道他們在哪裡。他們會說：「這個邊境穿越者會到那裡，他需要走兩、三天，所以我先回家睡覺，明天等他累了或在等人，我再去樹下逮人。這樣就不用費力追了，為什麼？因為遷移者都累壞了，根本跑不動。」我告訴你……就兩、三天。他們都研究過了。他們知道哪時逮人、知道那個地方的狀況，還有邊境穿越者會試圖從哪裡入境。一切都在他們的掌控中。[25]

美國海關及邊境防衛局的統計資料似乎佐證了這位巡邏隊員的說法。二〇一〇至二〇一一年在土桑區被捕的遷移者中，只有百分之廿一

（六萬八千八百一十三人）在距離邊界一點六公里內被捕。[26]百分之廿六（八萬三千一百九十四人）穿越邊界後又走了八公里多才被捕，還有百分之廿七（八萬九千九百七十二人）走了超過卅二公里。[27]換句話說，當時遭到邊境巡邏隊逮捕的遷移者中，有百分之五十三（十七萬三千一百六十六人）以上曾經長時間被索諾拉異質集合體掐著喉嚨走（參見附錄二）。

科技（*Tecnología*）

據估計，未經允許的遷移者中有百分之九十二至九十八最後都成功穿越邊境。[28]就算這個數字太過高估，還是讓人忍不住好奇，每年花在邊境治安的幾十億美元到底有什麼效果？既然有太多遷移者在這場昂貴的貓捉老鼠遊戲中毫髮無傷，這些統計數據只讓人覺得好笑。然而，真正笑的其實是政府承包商。他們賣給美國政府售價過高的裝備及基礎設施，賺得盆滿缽滿，但那些器材卻甚少達到宣稱的效果。[29]不過，不是只有承包商賺大錢。除了人口販子每收一位遷移者就能賺到幾千美元，其實還有一整個地下產業在支持遷移者躲開偵測，橫越沙漠。

在艾爾塔和沙沙比這些墨西哥邊境城鎮，都有小販聚在市集一角專賣迷彩背包、黑色衣物、水瓶、高鹽分食物及急救藥物。[30]這些邊境生意人會用哄抬過的價格向你兜售「保證」能預防偵測的黑水瓶和絕對不會留下鞋印的毯底球鞋。走在艾爾塔城中心，你不難聽見「嘿，帥哥（*oye, carnal*），這雙鞋是特製的，走路不會出聲音，我發誓（*Te lo juro*）」之類的叫喊。如果錢夠多，除了高檔球鞋和近乎全黑的迷彩衣物，你還需要鞋粉保持腳是乾的、多一雙襪子預防水泡、止痛藥治療腳痠、電解質飲料補充水分、紅牛補充能量（但會害你脫水）、接著劑修補鞋子（鞋子一定會解體）和繃帶包紮遲早會扭到的

科技，璜波斯哥收容所。（攝影：麥可・威爾斯）

腳踝。還有一樣東西也很重要，那就是別忘了攜帶十字架、禱告卡，或任何你想得到的護身符。

不只美國聯邦政府獻給邊境治安工業複合體的預算如脫韁野馬，遷移者花錢添購各式科技行頭也是毫不手軟，目的就為了躲過邊巡的和他們在索諾拉沙漠的幫兇。只不過說來古怪，邊境穿越者遇到的問題竟然和他們的阻攔者一樣，就是買來的東西幾乎都不管用。沒錯，食物、飲水和急救包是可以減緩痛苦，避免你早早喪命，但那些東西除了幫助你忍受沙漠的折磨，對你反制監控科技幾乎沒用。其餘物品甚至害多於利，例如黑色衣物和黑水罐雖然某些時候能讓你不容易被看見，卻會吸收更多陽光，導致你體核溫度上升，喝的水發燙。要是你已經被坐在監控車裡的邊境巡邏隊員用紅外線攝影機盯上，那你體溫升高

邊境巡邏隊監控車。（攝影：麥可・威爾斯）

簡直就跟背上用霓虹燈寫著「我在這裡！（*¡Aquí estoy!*）」沒有兩樣。

然而，當你指出這些科技缺陷時，他們總是回答誰曉得這些小玩意兒到時會不會派上用場，所以最好有備無患。撇開運氣不談，遷移者都曉得，每回穿越沙漠不成都能幫助自己更機靈。每次闖關都是一次荒野求生和找藉口的速成班，而遷移者學得非常快。就算第一次越境失敗，只要能熬過嚴重脫水和不適應惡劣地形帶來的創傷，就能大幅縮短學習曲線。社會科學家稱呼這種習得知識為遷移資本（migration-specific capital），[31] 而事實證明只要累積這類資本，就愈有可能加入那百分之九十二的遷移者，成為順利穿越邊境的人。[32]

面對邊境戰爭，遷移者知道自己從名義到能力上都居於劣勢。但他們也有一個小祕密（*secreto*）是站在圍籬對面的人始終不肯置信的，那就是邊巡的裝備再高檔，也比不上遷移者堅定的決心。正是這份決心，每年驅使數十萬經濟移民朝美國前進。有一回我在邊界帶跟一位被遣送者邊吃塔可餅邊聊，他笑著告訴我：「對墨西哥人來說，邊界根本不存在（*Para los Mexicanos no hay fronteras*），我們會一直嘗試到成功為止。我們相信瓜達露佩聖母會保佑我們。只可惜有時你的身體跟不上信仰。」

鎩羽而歸

快到瓚波斯哥時，我聽見廚房裡傳來電視聲響，墨西哥版的《歡笑一籮筐》音量大得刺耳。我還沒進門，就從香味猜出帕多正在煮好吃的豆子燉飯。我肚子很餓。在諾加萊斯頂著酷熱的夏陽走了一整天，我只想趕快坐下。我轉個彎走進廚房，沒想到站在大鍋子前攪拌濃湯的竟然是路丘，不是帕多，把我嚇了一跳，整個人愣住了。五天前我不是才目送他和梅莫走進涵洞嗎？我呆立原地，說不出話來。

路丘朝我微笑，什麼也沒說，只是搖了搖頭。梅莫聽見我進門，便從廚房儲藏間裡走出來輕聲說：「我們被他們逮到了。」我不曉得該為他們還活著而高興，還是為他們第三度失敗而難過。「怎麼回事？」我傻傻問道。「我們被他們逮到了。」梅莫又說一次。他想為我擠出笑容，但很牽強。我頭一回見他開不出玩笑。「過來坐吧。」梅莫說，於是我們三個擠在一張塑膠桌前坐了下來。電視繼續咆哮。

他們兩個都很狼狽，簡直不成人形，幾天下來的身體疲憊徹底改變了他們的講話方式與動作。路丘得了重感冒，聲音幾乎啞了，梅莫則是無精打采，動作不再像之前那樣過動活潑。兩人開始講述事情經過，卻少了慣常的插科打諢。

我：你們這回在沙漠走了幾天？

路丘：三天。

梅莫：我們走了很遠。

路丘：沒錯，我們一路走到阿瓜林達[33]的檢查哨附近，結果被他們逮到又送回了這裡。當時邊境巡邏隊正在追一票人，大約十七個，我們正巧也在那裡，真是大錯特錯，結果就被捉了。那一帶有人養牛，我們就躲在那裡。我們雖然睡在樹下，但附近很開闊。要是我們往山裡去，就不會被他們逮到了。**邊巡的**追人追到一半發現我們，嚇一跳說：「嘿！你們兩個在這裡做什麼？」他們出現時，我們還坐著樹底下呼呼大睡。他們開始東問西問。邊境巡邏隊員用對講機和朋友通話，問對方剛才逮到多少人，朋友說「十七個」。他說：「很好，我又替你逮到兩個。走吧！」於是他們就把我們跟那群人關在一起。我們要是再往山裡去，就不會被他們逮到了。他們不會往山裡走。可惜我們決定睡在開闊的地方。

路丘顯然不舒服或不想說話，講完這些就起身告退了。他走進男宿舍，一頭倒在其中一張下鋪上。我從狹長的走道望過去，只見他仰頭默默望著頭頂上方的床板。這時，梅莫說話了：

> 路丘很不好受。因為我們被遣送回土桑時，曾經經過他家。我們坐在巴士上，他忽然跟我說：「你看！我家在那裡。」他指著他住的房子，接著就開始一臉悲傷。我覺得很難過。我跟他說：「路丘，別擔心。神會保護我們。我們不會有事的，什麼都不會發生。這只是一次挫折。別擔心，我們會回來的。」路丘問我：「梅莫，你真的那樣相信嗎？」我說：「當然！我們會回來的。」我試著鼓勵他。
>
> 我：你**在路上**（*en el camino*）會很難保持樂觀嗎？我感覺你一直很開朗。
>
> 梅莫：當然。我相信上帝。我們沿著小徑，清晨四點就走，我很確定我們會成功穿越邊境。我說：「我們明天就會到了！別擔心，路丘，一切都會沒事的。」

逃避

第三次越境失敗後，梅莫和路丘隔了幾天才恢復元氣。一切又回復往常。他們倆甚至在璜波斯哥附近找到臨時工，替一家海鮮餐廳重新裝潢。正巧那段時間我也比較有空跟他們和收容所其他員工相處，收工後一起廝混。某個週日，我和梅莫、路丘一起去看棒球，然後去他倆最喜歡的酒吧。那地方名叫**香蕉**（La Banana），是一家沒有窗戶的落魄酒館，專門用震耳欲聾的音量播放*banda*樂曲。他們倆都沒錢，所以由我請了幾輪海龜牌啤酒，三人都只想忘記自己的狀況。桌上冒出一包菸，可能是前一晚從收容所房客手上沒收的。我們三人懶懶坐著，不知道誰拿誰的性能力開玩笑，我們都笑了。這一聚是短暫的逃避。

我們三個都不能喝多，因為下午還得回去工作，不能一臉醉樣。笑完之後，我們繼續啜飲啤酒。我看得出來，越境失敗對梅莫打擊很大，因為才喝了幾杯，他就轉頭淚眼汪汪對著我說：「我們現在就像一家人了。我們都沒有問題，一切都很好。」我很想相信他的話，但心底明白並不是。他們又困在了諾加萊斯，不知何時身心才能準備好再次嘗試穿越邊境，而我剩不到一週就得回美國，開始教書。梅莫伸手摟著我，有人拿我的相機替我們拍了照。我開始心想，等我離開不知道會發生什麼，而我還能不能再見到梅莫。

中午過後我就去了收容所。那是我在諾加萊斯的最後一天，我想向所有人道別。山謬爾煮了一鍋美味的蝦湯（*caldo de camarón*）。接下來幾小時我們談天說笑，計畫我下回來訪。梅莫和路丘去工作了，無法和我們共進午餐，因此傍晚七點左右，我走到他們工作的地方，跟他們說再見。我還給了他們兩台即可拍，因為他們之前答應我下回穿越邊境會帶著。他們倆不打算回收容所，而是提議送我到我在諾加萊斯市區下榻的旅館。兩人的老闆開車送我們，路丘給我看他最近工作賺來的一疊鈔票。「你相信嗎？這是我三十年來拿到的第一份墨西哥薪水（笑）。我跟家人說我終於拿到薪水了，他們聽到金額那麼少都笑了。」

我們在瑞吉斯旅館前下了車。這裡離邊界不到半條街，站在街上就能看見亞利桑那的諾加利斯。我邀梅莫和路丘陪我再喝一杯啤酒，結果一杯變成了好幾杯。路丘開始拿他微薄的薪水替我們買酒。只要他一點酒，我就偷偷塞錢給侍者，免得路丘把薪水花光。酒過數巡，我們三人都感性起來。我跟梅莫說我很怕他會死在沙漠。淚水灑在桌上，酒又再點一輪。傍晚時分，當地的醉漢、討人厭的外籍僑民、皮條客和性工作者紛紛湧入，酒館裡開始熱鬧起來，音樂也愈放愈大聲。梅莫跟我說他父親在他小時候被人殺害了，至今還沒報仇。這是我頭一回見他發火。他眼眶泛淚，一邊說著一邊用掌心拭去淚水。我轉頭看路丘，發現他喝醉了，開始騷擾侍者，還頻頻胡言亂語打斷梅莫講他父親被殺的故事。「冷靜一點，放輕鬆。」梅莫對他說。路丘吼道：「去你的，笨蛋！」

他氣沖沖站了起來，廉價的塑膠桌被他撞到一旁。他衝到梅莫面前，我趕忙擋在兩人中間，拍拍路丘胸脯要他冷靜一點。「我們是兄弟啊，路丘！應該互相扶持才對。」梅莫討饒。侍者走過來，我跟他保證兩人只是有點誤會。路丘總算坐了下來，開口道歉，隨即開始哽咽：「我們一定要穿過去，一定要穿過去，一定要穿過去。」我們三個繼續乾杯。

7

穿越邊境
The Crossing

在土桑（*En Tucson*）

我手機響了。螢幕上出現不認得的亞利桑那號碼，我心底立刻湧現不好的念頭。他們死掉了？殯儀館的人在路丘口袋裡找到名片，所以打手機給我，想找親戚或最親近的朋友？還是他們被邊巡的逮到，從拘留所裡打電話給我？要是梅莫在，他肯定會叫我樂觀一點：「別擔心，不會有事的。（*No te preocupes. Todo va a estar bien.*）」說不定他們真的越境成功了。我和他們在諾加萊斯告別已經是兩週前的事了。兩週來無線電悄然無聲。我時不時就會拿起手機，檢查有沒有未接來電，可惜一通也沒有。結果現在手機真的響了，我卻緊張到差點忘了接。「喂？喂？（*¿Bueno? ¿Bueno?*）」手機另一頭的那個人大聲說道：「我們到了！我們到了！」

梅莫語氣裡掩不住興奮，很想一口氣在電話裡交代完所有細節。他向我保證我給他們的即可拍完好無恙，底片也拍完了。我說我會去找他們，因為我想聽他們親口描述。一週後，我去了亞利桑那，打電話問路丘他家的地址。「我家離邊巡的真的很近。」路丘說。他說得一點也不誇張。從機場到他家路上，我起碼看見十幾輛邊境巡邏隊的狗籠車（*perrera*）❶和兩輛遣送巴士。

我駛進塵土飛揚的拖車公園，將車停在一間普通的拖車屋前。

紗門顫巍巍打開，梅莫走下拖車，笑容燦爛跟我打招呼。他穿著我不認得的衣服，臉上的暖意散發著喜悅與自在，感覺完全變了一個人。我下了租來的轎車，兩人立刻緊緊相擁，彷彿多年不見的手足。我淡淡說道：「嘿，兄弟（*Oye, mano*），我有禮物給你。」接著便從後座拿出一瓶真正的蘋果汁塞到他手裡。我們兩個笑得跟孩子一樣。路丘從拖車裡探頭出來，朝我們咧嘴微笑。「快點進來！」他催促道。

我走進拖車，發現空間很小，散發著濃濃的單身漢氛圍。起居室很整潔，但看得出來只有男人（*hombre*）在住。電視正在播足球（*futbol*）賽，音量當然開到最大，玻璃咖啡桌上Natural Light啤酒罐堆成了一座小山。他們兩個在我來之前已經先開起派對了。我一屁股坐在老舊的仿皮沙發上，開始邊喝啤酒邊聽他們講述路上的遭遇，一待就是十小時。

除非你在邊境附近做研究，否則很難聽到遷移者的故事。許多人並不喜歡回想自己在索諾拉異質集合體的經歷。這也不能怪他們。就算他們成功穿越邊境，過程也是充滿創傷，在他們情緒、心理和身體上留下難以磨滅的印記，光是回想就可能引發痛苦、恐懼和絕望。對家裡有無證遷移者的美國家庭來說，穿越邊境往往是禁忌話題。一位曾是無證遷移者的女士跟我說：「三十年前，四歲左右的我非法來到這個國家。我們現在是美國公民。媽媽、哥哥和我是過河來的，我阿姨則是穿越沙漠。這件事在我家是禁忌，所有人都絕口不提。」

我在本章後半會用訪談片段和梅路兩人拍攝的照片來描述他們穿越邊境的過程。這些資料重不重要我不敢說，但至少獨一無二。我很有幸取得他們的故事，以及從他們的視角拍得的照片。但別忘了，還有數百萬人有過相同遭遇，他們穿越沙漠的故事永遠不會有人知道。那些人不是死在路上，就是不想回憶那段痛苦的過往，或是身為無證移民讓他們社會地位低落，無法公開講述自己的故事。這些拉丁裔家庭就和過去許多移民族群一樣，可能得等上至少一個世代才能在美國社會獲得足夠的地位，可

班尼頓，亞利桑那洛伯峰附近的BK-3地點。（攝影：麥可・威爾斯）

以不用再懷著恐懼或羞愧訴說自己的遷移經驗。問題是隨著時間過去，這些歷史可能會遭到美化或編輯，甚至徹底遺忘。檢視這個隱而不顯的社會過程留下的考古遺留，或許能提供一個不同的方法，讓我們更安全地出土這些未曝光的故事。

不遠過去（recent past）的遺留

只要走進阿里瓦卡附近的無人荒野，就不難見到邊境穿越者留下的東西，宛如童話裡的麵包屑小徑，只是換成破衣服和乾透的水瓶。這是成形中的美國移民史。每當談到無證遷移的惡果，這些物品就會成為輿論的重點，多年來都是如此。[2]這些許多人口中的遷移者「垃圾」是反移民分子的最愛，足以證明拉丁裔邊境穿越者正在摧毀美國。就像某位網民在二〇一二年一篇關於穿越沙漠的報導底下說的：「墨西哥是垃圾場，而墨西哥人去到的地方都會變成垃圾場。首先是我們的沙漠，再來就是他們住進去的社區。」[3]只要談到遷移者留下的東西，這樣的看法就是主流。在這套簡化的說詞裡，這些東西就是垃圾，幾乎沒有文化、歷史和科學價值。大眾往往很難理解這個概念，人們現在留下或扔掉的東西都是未來考古學家的研究對象。雖然邊境穿越者扔在沙漠的東西有些確實是垃圾，但許多都是被迫捨棄的珍貴物品，像是袖珍《聖經》、家人照片和情書，因此我不會一概稱為垃圾。將這些東西貶為「垃圾」不僅是價值判斷，更是將種類不同的東西很有問題地簡化成一類，隱去了這些東西可以告訴我們的有關邊境穿越過程的種種。[4]

近年來，有愈來愈多考古學家主張考古學有助於了解當前的社會議題。這股名為當代考古學（archaeology of the contemporary）的學術風潮最早可以回溯到一九七〇年代，美國學者拉舍基的土桑垃圾計

旅館前的女子，亞利桑那鐵木（Ironwood）國家紀念碑裡發現的受損照片。（攝影：麥可・威爾斯）

畫（Tucson Garbage Project）證明了考古學對現代社會可以很有貢獻，對我們往往誤以為透徹了解的晚近事務提供嶄新的洞見。[5]研究者使用發掘、遺址測繪（site mapping）和其他考古方法及理論，深入探討人工製品和各種社會政治脈絡與議題的關聯。[6]作為「當代我們的考古學」，這個典範是深植於後現代化世界的不悅，包含了伴隨著對於人類、動物到環境的全球規模性破壞所產生的情緒挫折與創傷，這些亦已成為地球的日常的一部分。[7]而將關注的焦點放在仍在發生中的爭議性社會現象的物質遺留，例如政治暴力、無家可歸及戰爭，將可以提供我們有別於掌權者主流文字論述的新視角。[8]岡薩雷茲-魯比亞爾為這套做法提出了有力的論據：「歷史考古學之所以成立，主要基於我們深信人需要不一樣的故事——光憑口述和文字資料並不足以告訴我們過去的全貌，還有一些歷史可以從人工製品裡得知，還有其他經驗需要解釋……考古學……不只可以生出不一樣的故事，還能用不一樣的方法說故事。」[9]

考古學能讓我們以有意義的新方法介入不遠的過去及其物質遺跡，得到在歷史、集體記憶或個人經驗的轉譯過程中可能遺漏的新資訊。除此之外，就如英國考古學家斯科菲爾德一針見血指出的：「我們可以用考古學來質疑聽說發生了什麼和實際發生了什麼的區別。」[10]對衝突議題而言更是如此，無證遷移就是典型的例子，親身體驗者的故事往往被忽略、貶低或刻意編輯。我在第四章就提過，記者報導移民往往追求誇張事蹟，刻意排除平凡、意味不明或複雜的故事。面對遷移議題，考古學可以帶我們看見過程中被特殊創傷或暴力經驗埋沒的其他要素，[11]同時讓故事不再以旁觀者為中心，不再只是記者貼身跟隨邊境穿越者的見聞。

穿越邊境

本章介紹無證遷移計畫這些年所使用的考古學方法，包括遷移者遺址的類型學研究、拾獲物品的耗損分析，以及絕對和相對定年法（dating techniques）。其中定年法能幫助我們掌握祕密遷移這個社會過程的演變。我讓這些考古資料和路丘與梅莫最近一次的邊境穿越經歷直接對話，以便將偏向個人化和時間片段化的民族誌分析，疊加在聲音多重、意義模稜且時空尺度都更大的考古資料之上。對我來說，兩者不是截然二分。梅莫和路丘提供的經歷描述與照片讓遺留在沙漠上、代表幾百萬個邊境穿越故事的無數物品有了生命。⑫

接下來的敘述由田野筆記、訪談摘錄、梅路兩人拍攝的照片，以及他們跟我說明照片時的討論揉合而成。為了凸顯物質紀錄和遷移者口述之間的關聯與張力，我將遷移者的故事和照片跟我們在索諾拉沙漠進行考古調查得到的資料並置，並適時針對考古證據或證據的闕如進行簡短的討論。

遇見安克爾

我：第三趟越境之後，你們回到收容所，看起來很狼狽。

梅莫：沒錯，因為脫水。

我：你們在諾加萊斯待了幾天才恢復？

梅莫：大概兩週。還蠻久的對吧，路丘？原本是十天，不過因為找到工作，所以我們又多待了三天。

路丘：安克爾就是那時候找到我的。他先到貝他組織找人，他們叫他去收容所。他一出現在收容所，我馬上認出他來。我之前見過他，因為他是我女朋友女兒的男朋友，兩個人還在一起。他說：「嘿，路丘，我一直在找你，因為我要找你一起穿越邊境。走吧！我會免費帶你過去。」但他身上沒有錢，什麼都沒有。

我：他怎麼會到諾加萊斯？

路丘：他跟女友在一起。她開車到墨西哥來找他，兩人在旅館喝了四天。她跟他說我被困在諾加萊斯，所以他就來找我們，要我們當晚就跟他一起走。但我們還沒拿到當建築工的薪水，所以還不能走。

梅莫：那天晚上我們待在收容所，隔天早上安克爾來，我們就一起離開了。

路丘：他們不讓安克爾待在璜波斯哥，因為所有人都看得出來他是**混混**（*malandro*）。他隔天很早就來了，但還在宿醉，而且身上什麼都沒有。我們還得替他準備衣服。

梅莫：沒錯，我們從收容所拿了一個背包給他，衣服是山謬爾拿來的。

路丘：之後我們去買食物和其他東西，就是我們第三次越境之前帶你去的那家店。

梅莫：我們到巴士總站，從那裡搭便車到聖塔克魯茲（墨西哥諾加萊斯市以東四十五公里左右的小鎮），再搭皮卡車坐在車斗裡到邊界。

等待

我：你們有遇到軍人嗎？

路丘：有，我們步行途中遇到過。

梅莫：沒錯，而且遇到兩次！

路丘：第一次是帶隊中尉搜我們的身，問我們在那裡做什麼，有沒有攜帶毒品。後來他開始檢查梅莫的背包。我們說我們什麼都沒帶，只是想穿越邊境。中尉說：「沒帶東西很危險。什麼都沒帶會被**搶匪**殺死。」說完他們就離開了。

我：安克爾說什麼？

路丘：他什麼也沒說，但他們把他的菸摸走了（笑）。他們是抽著他的菸離開的。

梅莫：那是第一次。第二次是在我們越過邊界之前，又來了一隊軍人問我們話，大概十到十二人。

路丘：越過邊界之前，我們在墨西哥這邊等。我們等了四小時，直到天色變暗才越過邊界。我們一直走到大約半夜三點，然後才休息一會兒。

這不是梅莫和路丘頭一回先在邊界附近等上一段時間才穿越邊界。他們講起上一次穿越邊境時，在邊界前等了一整晚：

路丘：梅莫走到**邊界帶**（這裡指邊界圍籬）去查看狀況，結果不知道從哪裡冒出來一個**趕雞人**朝他大吼：「喂，你在做什麼？你最好不是**搶匪**，否則看我不揍扁你！」

梅莫：沒錯，他對我很兇。

路丘：梅莫說：「我不是搶匪，只是來看能不能越過邊界。」但那個**趕雞人**還是繼續大吼：「看什麼看？給我離開，到他媽的那邊去！」他帶了十五或二十個遷移者在一旁等，所以我們就走過去，跟他們坐在一起。

我：你們去跟他們坐在一起？

路丘：對，我們吃了一點東西，跟他們一起等了一陣子。後來有個老太太拎著好幾袋食物走過來。**趕雞人**說：「給我過來！」接著命令他的助手：「抓住那個老太婆！」但助手說：「不要，你自己去。」老太太繼續往前。她拿的食物是要給邊界附近另一群人的。她從諾加萊斯一路走來，給**趕雞人**送食物。

梅莫：那個老太太說不定是拿食物給黑道。

路丘：後來又有三個**小伙子**（*vato*）從我們附近經過。之前吼梅莫的那個**趕雞人**又開始朝他們咆哮：「喂！你們要去哪裡？快停下來！」那三個小伙子回吼道：「別擔心，我們是替黑道開車的，就是——」他們講了某個黑道的名字。

我：所以你們跟那群遷移者一直耗到晚上？你們都聊些什麼？

路丘：我們就只是閒聊打屁。我們整個晚上都待在那裡，清晨時那些遷移者才開始移動。首先是那個吼梅莫的傢伙帶著一群人離開，接下來又有兩群人出發，之後才是我們。我們是最後越過邊界的。

類型學

遷移者在途中果腹充飢、休息、遮蔭和躲避執法人員的地方，邊境巡邏隊一律稱之為**停靠點**（layup）。然而，無證遷移計畫詳盡分析了這些遷移者打造和反覆利用的不同地點後發現，邊境穿越者

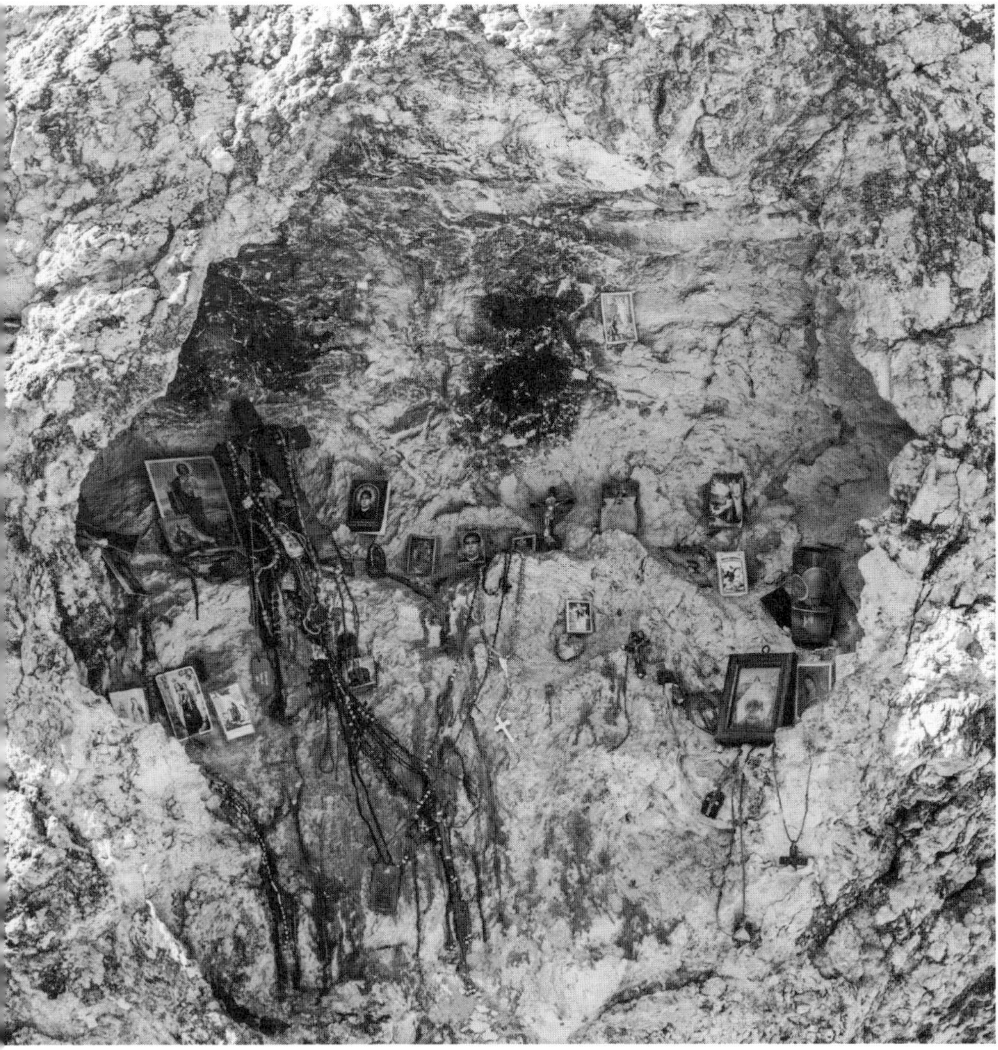

遷移者神龕。（攝影：麥可・威爾斯）

全是山！（攝影：梅莫和路丘）

並非只是「停靠」在樹叢裡，躲避移民官員。這些地點在考古學上各有區別，涉及不同的環境互動與行為。有時這些行為從遺留的人工製品就能看出，有時則需借助遷移者的視角，才能正確做出考古學的詮釋或補上遷移過程中未能留下物質痕跡的細節。因此，我們不是將所有地點一概稱為「停靠點」，而是發展出一套類型學，將遷移者長時間駐紮、短暫休息、等候接應、祈禱敬拜、被捕和喪命的地點統統區分開來。[13]

二〇〇九至二〇一三年，無證遷移計畫於諾加萊斯-沙沙比走廊地帶進行了四次田野調查，從三百四十一個和無證遷移或邊境查緝有關的地點收集物質和空間資料，從而依據位置、地點特徵、人工製品清單和遷移者訪談，將這些地點分成數個大類。其中至少包括**營地**：遷移者聚集和休息數小時到整夜的地點；**休息點**：遷移者短暫停留，用餐喝水的地方；**接應點**：遷移者扔棄所有補給品，由人口販子開車接走的地方；**敬拜處**：遷移者留下祭品以求旅途平安的地方。至於遷移者穿越邊界前於墨西哥這邊等候出發的地點，我們則命名為**越境發起區**。有些發起區相對樸素，只有幾個空罐頭和水瓶，有些則比較複雜，除了火堆、有遮蔽的過夜區和規模不小的神龕，還能見到大量衣物和消耗品。遷移者、人口販子和運毒者可能在這些地方停留數小時到數天不等，等候恰當時機穿越邊界。[14]二〇一三年受訪的一位女士就表示，他們一群人在越境發起區睡了整整九天。

在路上

路丘：這片是我們走過的山區。還記得吧，梅莫？我們那時剛過**邊界帶**，剛剛穿越邊界望著接下來的路。我們必須從遠方那兩個山峰中間經過。

我：你們看到這樣的景象，心裡在想什麼？

路丘：我們在想還得走多遠。我是說，你看這張照片！我們得穿越這整片山區才能到土桑。這麼遠。

我：我實在很難想像。那麼多座山。

梅莫：有夠多！

路丘：真的是**全是山**！（*¡Puro monte!*）但我們全走完了。不過，你瞧瞧這裡和沙沙比的差別。[15]這裡有草，你可以看到動物和樹木之類的，有地方可躲。翻過山到了沙沙比附近，那裡什麼都沒有，只有喬拉仙人掌。從這裡比從沙沙比走更有機會成功。那裡只有沙漠和岩石。

我：你們怎麼知道這條路線的？

路丘：知道路的是安克爾，因為他當過**趕雞人**和**毒騾**（*burrero*）的嚮導。不過我們還是迷路了，沒有從這裡過去，而是走錯邊，只好原路折返。這對安克爾那傢伙沒什麼。他走過很多次，大概四、五趟了吧。

梅莫：但我們是第一次走，也只有這一次。

路丘：從聖塔克魯茲到土桑有很多樹啊、植物啊什麼的。從沙沙比走就不一樣。阿里瓦卡那裡光禿禿的，只有幾條小河。我們走的路線有大樹，小溪的水也很多。安克爾知道所有牛槽的位置，譬如他會說：「這四升的水夠你們撐到下一個牛槽了。」到了下個牛槽，他會說：「這四升的水你們只能一次喝一點，因為到下個牛槽還很遠。」就這樣，他多多少少認得路。

我：他怎麼知道的？

路丘：他當過運毒者（毒騾）的嚮導。嚮導必須知道這些才能帶隊。

梅莫：我猜他應該先是**毒騾**，摸熟這些事情之後才改當嚮導。

路丘：他會說諸如此類的話，譬如「你們看，**毒騾**在這裡休息過。他們不久前才經過這裡」。

梅莫和路丘不止一次提到安克爾當過**趕雞人**和**毒騾**，所以才認得路。但他們有時說法更可怕。以下是我二〇〇九年田野筆記裡的某一段，當時路丘和梅莫才成功抵達亞利桑那幾個月：

> 出發沒多久，梅莫和路丘就發現安克爾其實是**搶匪**，靠著在沙漠持槍搶劫毒騾為生。他們似乎真的很怕他。他跟他們說他在沙漠裡曾經差點殺死毒騾。為了不露臉，他會從背後偷襲，然後用槍抵著對方腦袋。梅莫認為那人一定幹過很可怕的事。

遷移者工事。（攝影：麥可．威爾斯）

遷移者使用過的遺址通常都會被毒騾藉機利用，包括人道組織的飲水投放點、神龕和休息點。不過，比起遷移者，毒騾留下的考古足跡並不多，而且有些遺址模稜兩可。區分毒騾和遷移者並不容易，因為有些遷移者會充當毒騾以支付邊境穿越費，而他們從穿著到裝備可能都跟一般遷移者沒有兩樣。[16]針對違禁品走私，無證遷移計畫找到最明確的考古標誌就是用來裝大麻的自製麻布背包，[17]而比較不明確的毒品走私證據則是沙漠裡用樹枝和岩石搭成的非正式工事。這些工事裡有時會找到空麻布袋、食物和紮營裝備。接受訪談的遷移者看到那些場所的照片時，都說毒騾和把風的人比較有時間和必要搭建長期住所，因此那些藏匿處主要是他們蓋的。不過，遷移者也說他們在沙漠裡經過那些地方時，偶爾也會拿來躲避陽光或偵測。

「這個笨蛋竟然拍我在睡覺！難道是愛上我了？」（攝影：路丘）

路丘：你看，這張照片是我拍的！那個**死傢伙**（*pinche güey*，指梅莫）昏倒了！（笑）

梅莫：這個**笨蛋**竟然拍我在睡覺！難道是愛上我了？（笑）我們已經走了很遠的路。我的腿就是那時開始抽筋的。所以我只好休息，因為那個該死的峽谷全是黑岩石。

路丘：沒錯，我們就是在那裡匆匆喝了點水。安克爾一直說：「快點走！別停下來！快點！」我們很快通過峽谷。

梅莫：這時我的血壓開始下降。

路丘：那是因為我們下切到一個很深的峽谷，然後又不停往上爬，爬得很急，害梅莫喘不過氣來。那段路真的很辛苦。當時大概是中午吧，非常熱，梅莫嚴重脫水，開始嘔白沫。

使用痕

要找到邊境穿越者脫水或水泡流血之類

的考古紀錄並不容易，部分原因在於這類身體傷痛留下的痕跡不是會分解（例如血和嘔吐物），就是根本沒有痕跡（例如疲憊）。為了找出痛苦和身體創傷的物質證據，我只能搬出「使用痕」（use wear）這個塵封已久的考古概念，檢查人在使用物品時所做的改動。我將這個概念細分成兩類。第一類是**耗損模式**，也就是物品依原有功能使用造成的變化；第二類是**修改**，也就是為了改善物品功能或修補損壞所做的更動。譬如在沙漠裡找到一隻鞋底破洞的鞋，代表那人的雙腳因為行走而受到強烈創傷，而脫落的鞋底被人用胸罩肩帶固定住，則表示使用者迫切需要鞋子正常運作，才能繼續行動（見下圖）。[18] 腳底

圖馬卡科里山區拾獲的遷移者球鞋，脫落的鞋底被人用胸罩肩帶和細繩子跟鞋身綁在一起。（攝影：麥可・威爾斯）

起水泡或鞋子磨損跟不上隊伍的人往往會被拋下，有時就等於宣判死刑。當你知道這個被拋下的事實，又在沙漠裡撿到破損或拼湊修補的鞋子，還要做考古學的詮釋，心裡往往會很不好受。

從這些使用痕模式可以推論出遷移者的身體痛苦與絕望，但唯有加上民族誌資料才能讓這些物品道出更細膩的故事。我在瓚波斯哥常會看到腳上纏著厚厚繃帶，穿著醫院發的涼鞋跛腳走路的人。這些遷移者有的說他們的鞋子被搶匪偷了，有的說鞋子途中穿爛了，甚至有人說他們赤腳或穿著襪子橫越尖銳的沙漠地面。雖然破破爛爛的鞋子上沒有署名，也沒註明發生了什麼邊境穿越經驗，但確實暗示著許多人共同苦難的普同性現象學。

牧場主人（*ranchero*）

我：你們拍了很多牛的照片，為什麼？

梅莫（笑）：那是我們在追牛搞笑。讀到你書的人一定以為我們是牛仔或擁有**他媽的牧場**（*pinche rancho*）！

路丘：我們在追牛，梅莫想抓牠們的尾巴，安克爾抓到一隻牛的尾巴，結果被牛拖在地上滾。

梅莫：我們在自己找樂子，笑得有夠吵的。只有這種時候你才會忘記自己在做什麼。

路丘：我們那時只剩下一點點食物了。

梅莫：所以我們三個人合吃了一塊**鮪魚**（仙人掌果）。

我：沙漠裡有**鮪魚**？

梅莫：對啊，我是說**仙人掌果**（*nopal*）啦。那玩意兒很乾，刺很多，**全是骨頭**（*puro hueso*），但我們還是吃了！我們還找到一些植物吃。我們都餓壞了，真的好好吃。

路丘：我們找到一些可以吃的植物。我奶奶在墨西哥都會吃這些東西。我們從養牛的地方弄了點鹽，撒在植物上頭配著吃。

我：是喔？

梅莫：是啊。（笑）沙漠裡可以找到這種**鹽塊**（*sal*），所以我們就切了一點。老天！你還記得我們吃了龍舌蘭葉嗎？那簡直是要命，讓我的胃痙攣到不行，痛得快死了。結果路丘還說：「別擔心，再來一片，這裡有很多。」（笑）

路丘：我們那時其實已經沒剩什麼食物了。

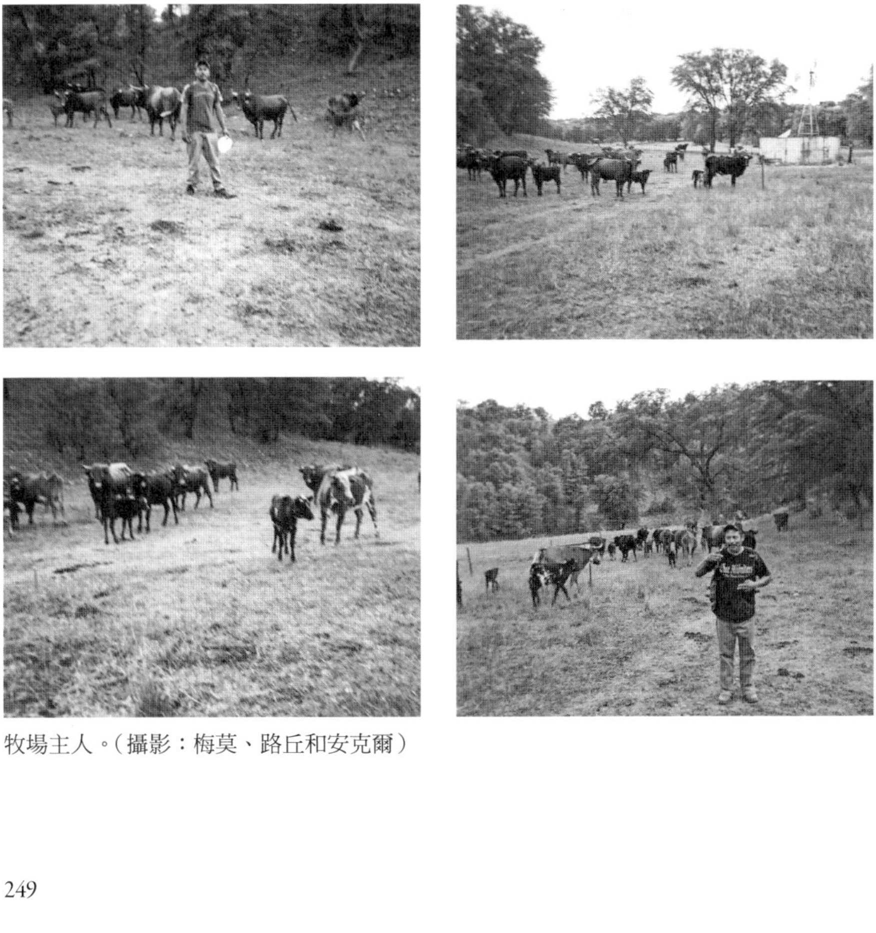

牧場主人。（攝影：梅莫、路丘和安克爾）

年代學

梅莫：我們拍這些照片時（見頁二五一）已經走了好幾天的路。

路丘：我們走到都沒力了。我記得我們倒在溪溝裡，精疲力竭躺在沙上，直到天黑。我們只是想休息個半小時。

梅莫：我累壞了。能夠用背包當枕頭躺一會兒，感覺真棒。

路丘：這張梅莫看起來跟死人一樣。

梅莫：那是我們攀岩的前一天。

二〇一〇年六月廿五日：亞利桑那綠谷

空氣裡飄著濃濃的烤肉味，所有人想到自己午餐只能吃卡車後斗裡那些軟趴趴的火腿三明治，五臟廟就一陣不爽。下午又悶又熱，那人不僅在烤肉，聽著土桑經典搖滾樂電台，搞不好還在暢飲冰涼的飲料。史提利丹樂團的《捲回時光》從那人家的露台大聲傳來，彷彿在替我們的祕密考古田野調查配樂。那人煮著午餐，渾然不知我們六個人正在離她家後院圍牆不到三百公尺的樹叢裡東挖西掘。這個遺址位於亞利桑那綠谷一處退休社區的南端，我們將它命名為**蛇窩**，因為當初來踩點發現這裡蛇很多。我才來二十分鐘就看到了四條蛇。我們會來這裡，是因為我在阿里瓦卡遇到一位女邊境巡邏隊員跟我開玩笑說：「你去綠谷退休社區南邊的林子裡走一遭，就會看到偷渡客蓋的小豪宅。」我們在蛇窩發現的特徵包括整整齊齊擺在地上的衣服和其他東西。這些**原位的**（*in situ*）物品讓人感覺它們的主人才剛走不久。我不禁心想，他們在這裡等候天黑或接應的車輛時，肚子會不會轟隆叫。

收集可能幾分鐘或幾小時前才發生的隱密行為的考古資料感覺很怪，有時就像在研究剛被你嚇跑的野生動物，讓你忍不住質疑自己是不是幫兇，讓無證遷移者更加**去人化**（dehumanization）。「科學地」記錄某人剛吃完的食物的痕跡與殘留物或許會讓你感覺和對方很親近，卻也可能帶來強烈的距離感。你會發現自己不停自問：「我這樣做是應該的嗎？」

和其他考古研究一樣，**年代學**（chronology）也是無證遷移計畫不可或缺的一環。為遺址標定時間對於了解科技、物質文化，還

梅莫和路丘在越境途中休息。下面兩張照片是亞利桑那綠谷南方的遷移者營地。（攝影：梅莫、路丘和麥可・威爾斯）

有人與沙漠的遭遇如何隨時間演變非常重要，而我們的研究同時使用了絕對和相對定年法。絕對日期又稱日曆日期，是從附有時間戳記的文件推論而得，包括車票、遣送單和食物保存期限等等。相對定年通常依據金屬物品的鏽蝕程度、塑膠之類製品的結構完整度，以及肉類、水果和其他食物裡可分解物質的新鮮度來判斷。有些人造物是特製品或式樣來自特定年代，這些層位標記（horizon marker）就成為定年的基準。譬如本書第六章提到的黑水瓶最早生產於二〇〇九年年底，因此看到它就代表年份不會早於那個時間點。由於遷移者留下的考古跡證非常脆弱，加上車票或機票之類的紙製品分解迅速，因此必須趁著還「新鮮」時（很遺憾又得用野生動物來類比）記錄下來。換句話說，就是真的得緊跟在這些極力不留下痕跡的人身後收集一切。

每回發現剛使用過的營地，總是令人心底不安。拿梅莫和路丘躺在地上休息的照片跟遷移者在蛇窩用衣服和背包當床的照片相比較，那些棄置物的「新鮮」和物質文化的樣貌讓你感覺就像撞見屍體剛被移走的犯罪現場。有些批評者對無證遷移考古研究的顧慮來自其政治意涵，我的困擾卻來自於時機，因為無證遷移計畫研究人員經常不告而至，發出的聲響足以嚇跑待在這些場所的遷移者。這代表人類學家對於這些考古定格的產生要負部分責任，有時更為處境本來就很危險的遷移者帶來困擾。和埋在層層泥土礫石底下的古代遺址不同，遷移者的考古脈絡是鮮活變動的。今天記錄到的現象可能明天就徹底不同，因為這些地點被環境變化破壞，或被其他經過的人改變。

「別停下來！繼續跑！」

路丘：我覺得最好白天前進，因為邊境巡邏隊的攝影機晚上可以把你看得清清楚楚。白天氣溫很

「你瞧這張照片，他是怎麼牛飲的？難怪會沒水！」（攝影：安克爾）

高，又熱，那些（紅外線）攝影機不容易看到人。

梅莫：但白天比較難走，速度慢很多，結果只會喝更多水。

路丘：沒錯，就像梅莫。老天，他把他的**水**（*agua*）都喝光了。我還賣水給他呢！（笑）

梅莫：對啊，他水剩很多。我跟他說：「路丘，給我一點水！」他說：「你幹嘛把水都喝完了？」我的水會喝光，是因為我一直把水分給我們三個人喝，結果很快就發現水沒了，只剩路丘有水。我一滴水也沒喝，走了五公里多，然後又跟路丘說：「喂，老兄，再給我一點水喝，我很渴。」他抓著那**桶**（*galón*）水說：「我賣你一點。」我跟他說：「**笨蛋**，我哪來的錢！」他說：「好吧，那我借你，讓你跟我買水。」（笑）我就把桶子搶過來喝了幾小口。

路丘：你瞧這張照片，他是怎麼牛飲的？難怪會沒水！（笑）我記得我們這時差不多剛越過一道溪溝，然後經過一條邊境巡邏隊使用的道路。午夜左右，我聽見文森特．費南德茲的歌聲響徹整個峽谷。音樂是從卡車上傳來的，但車的款式看不出來。

梅莫：邊境巡邏隊會故意放墨西哥音樂，讓遷移者以為他們是**老鄉**（*paisano*），跑去問能不能搭便車。賤貨！（笑）

路丘：沒錯。還有，來接應的**趕雞人**會摸黑吹口哨，低聲喊說「**走吧**（*Vámonos*）！」**邊巡的**會如法炮製，讓遷移者誤以為他們是人口販子，從樹林走出來自投羅網。

梅莫：邊境巡邏隊還會學鳥叫或郊狼叫，因為人口販子有時也會這樣做當信號。

路丘：我們的水差不多喝完了，很快就得喝牛槽的水了。

梅莫：我這時開始覺得我們必須盡力不斷往前走。我們剛爬上這座大山丘，可以看見底下有**邊巡的**經過。猯豬才剛過去不久。我們路上遇到猯豬帶著小豬，不曉得該逃跑還是躲到大牧豆樹上，

爬山。（攝影：梅莫）

因為牠們又回頭想攻擊我們。我們找到一些樹枝，用樹枝擋開豬豬，還撿石頭扔牠們。最後牠們總算走了……

路丘：我們的腳狀況很糟，非常痛。

梅莫：起了很多水泡。

路丘：還有大岩石。我們在巴塔哥尼亞湖附近發現一個礦坑，那裡有黑色的土和一點點水。我們渴得要命，很想喝那些水，但安克爾說水裡都是化學物質，喝了會生病。

梅莫：我們就是那時遇到熊的，對吧？

路丘：沒錯。

我：你們遇到熊？

梅莫：對，一頭大黑熊。我們看見他的大腳印。

路丘：安克爾說，如果熊開始追我們，就把背包扔了，因為熊只想要食物。

我（不敢置信）：但你們真的有看到熊？

路丘：對，我們看到一頭熊，然後在潟湖附近看到另一頭熊的腳印。

梅莫：他可能跟我們一樣去那裡喝水。

我：你們看到熊之後呢？

路丘：當然拔腿就跑啊。（笑）我們下到溪溝再往上爬到另一邊，三個人都在大喊：「別停下來！別停下來！繼續跑！」

梅莫：我們爬到另一邊，那隻熊就站在溪溝對面看著我們。

路丘：他看著我們，但什麼都不能做。

梅莫：我覺得他可能更怕我們。我們一直大喊：「繼續跑！他會累的！」

我：你們在爬的時候，心裡在想什麼？

路丘：我們在想，爬上去他們就捉不到我們了。感覺就像爬山一樣。

梅莫：那落差真的很大！天哪，有夠大！

我：對**邊巡的**來說呢？

路丘：**邊巡的**才不會上去！他們怕死了。（笑）路離那裡很遠，他們得走上三公里多才能到我們在照片裡的那地方。他們必須把車留在路旁，開不到那裡，所以他們幾乎不會去那一帶。

梅莫：拜託，比三公里遠多了！

我：你們覺得第三次越境有讓你們學到什麼嗎？

路丘：有，學到很多。

梅莫：盡可能避開小路。

路丘：你必須挑對你來說最難走，而其他人到不了的地方。你懂我的意思嗎？你要挑樹和山和石頭很多的地方……避開小路。那才是你該走的地方。要是挑最簡單的路，你很快就會被他們逮到。

我：但那些地方對你們也會比較難走。

路丘：是比較難走，但他們也一樣。我們爬到那座石頭山時，已經在沙漠裡走了大概四天了。爬到那裡就差不多快到象頭山了。大概在那附近，我用手機打電話給家人。之後我們又走了三小時。天色開始暗了，我們可以看見土桑就在遠方，可以看見整片燈光。

梅莫：我們爬到更高的地方看見土桑，就說：「我們就是要走到那裡。」

路丘：安克爾開始興奮大喊：「耶！我們就快到了！」

梅莫：我們不斷往前走，接著停下來把所有東西扔了。帶來的夾克、衣服和襪子堆成好大一疊。我們只留下每人一雙備用襪和一個背包，其餘都扔了，因為揹不動了。

路丘：我們什麼都揹不動了。

梅莫：我們只剩下一個背包和路丘的《聖經》。

堆積

反移民分子經常提出一項種族歧視的說法，指控邊境穿越者（甚至所有拉丁裔）漠視環境，愛亂丟垃圾。[19]這項指控其實站不住腳，因為我不止一次拿背包和衣服的照片給遷移者看，聽到他們對於扔東西或將個人物品留在沙漠裡感到歉疚與遺憾。遷移者將東西扔在路上通常有三個原因。首先，有些東西（空水瓶、食物包裝、破掉的襪子或背包）是因為沒用了而被丟棄。[20]其次，如梅莫和路丘先前提到的，連續行走多日之後，遷移者可能累得無法再揹太重的背包。無證遷移計畫研究人員經常在小路上或小路旁發現整個背包，裡頭還裝著食物、飲料和衣服。在沙漠裡不難遇到兩眼迷濛、手裡只

遷移者留在沙漠裡的個人物品。（攝影：麥可・威爾斯）

拿著水瓶的遷移者。

除了疲憊，遷移者還可能被邊境巡邏隊或動物嚇到，倉皇逃命時把東西扔了；而執法官員有時也會強迫遷移者扔掉東西才能上車。我們經常在邊境巡邏隊最近剛逮到人的地點附近發現裝有食物、藥品、衣服和身分證件的背包。這些地方我們稱為**逮捕點**，除了背包，也經常可以見到拋棄式手銬和其他邊境巡邏隊用品，例如嚼菸盒、GPS和對講機用的長效鹼性電池、彈匣和速食包裝等等。二〇一三年，我親眼見到一名邊境巡邏隊員在阿里瓦卡的泥土路上逮捕了三名男子。二十分鐘後我開車經過，發現路旁躺著三個裝滿衣服、食物和個人物品的背包。

不過，遷移者扔棄物品最常見的原因還是即將離開沙漠。雖然執法人員一律用**停靠點**稱呼遷移者躲藏和邊境穿越相關人工製品棄置的地方，但一般人通常用這個詞來指稱大量衣服、背包和其他物品堆積的地點。這些場所我們稱為**接應點**，[21]代表數日跋涉的結束，並且離**郊狼**安排車輛接人的地點不遠。二〇〇九至二〇一三年，我們記錄到四十八個接應點，發現數十萬個物品。這些地方可以見到大量背包和衣物，以及各式各樣的衛生、化妝、電子和個人用品。[22]遷移者到了接應點後，人口販子通常會吩咐他們整理儀容，例如刷牙、噴體香劑和換上乾淨衣物，免得看起來像是剛走過沙漠。丟棄衣服及背包是為了去除所有可能被認出是無證遷移者的罪證。可惜由於換衣服和上車的時間太趕、過程太亂，以致不少人會不慎遺落個人物品，像是身分證、照片或其他貴重物品等等。

空水瓶

路丘：我們（倒數第二天）晚上睡洞穴。梅莫和安克爾睡裡面，我在洞口把風。結果那些**該死的**

吸血鬼（指蝙蝠）根本不讓我睡，（笑）一直在我頭頂上飛來飛去。我們六點起床，開始上路。我們身上已經沒水了，但我一看到象頭山就知道方向了，因為我之前走過那裡。我們穿越一座高爾夫球場，但沒有喝灑水器的水，因為水裡有化學物質。那裡有一棟施工中的房子。我們大概下午三點到那裡，開水管把整個人弄濕！我們都渴死了，我開始有幻覺，雖然周圍都是沙漠，我卻一直看到水。

梅莫：路丘一直說他看到水，但明明就沒有。

路丘：周圍只有土，其他什麼都沒有。

我：那是第四或第五天了？

梅莫：對，我們沒有食物，也沒有水，什麼都沒了，只剩一個空水瓶。我們在施工中的房子休息完之後又走了五公里，突然開始下雨了。

驟雨。（攝影：路丘）

路丘：我們那時正好走到溪溝。溪水非常急，我們就被困住了。水流得很快，掉進去的話，水會淹到這裡（指著胸膛）。亞利桑那薩瓦里塔的雨真的很大。我們就快抵達終點了，三個人都很開心，精神總算又振作起來，而且輕鬆許多，因為有水了。

梅莫：沒錯，我們又笑又叫，吼得有夠大聲的。我們拚命胡鬧，假裝自己在野餐。呿！結果就下雨了。我們只有一件雨衣，因為其他東西都扔了。

路丘：那時大概晚上九點，我們剛坐下來就下雨了。

梅莫：可憐的路丘沒有雨衣，所以我跟他說：「穿我的，我們一起用。」我找到一個塑膠袋，就把它套在身上。我們坐著淋雨，而邊境巡邏隊正在找我們。我們可以看見他們開車經過。

路丘：我們那時都很有精神，因為就快到了。我們摸黑走路，一直撞到樹。那裡很多大牧豆樹。天色很黑，很難看清楚。

梅莫：我們撞進一片牧豆樹林，差點出不來。

路丘：晚上八、九點左右，我們終於遇到來接人的車了。

路丘：我們走了一整天，差不多有十五到十八個小時。從象頭山走到薩瓦里塔（距離超過三十公里），我們真的走了很久，而且很遠，對吧？我家人都在等我。我打電話給他們，跟他們說我們到了，說我們肚子很餓。他們帶我們回家，煮東西給我們吃，有墨西哥**烤牛肉**、飯和汽水。我們到的時候全身濕透，但總算是平安抵達，大家都很開心。

梅莫：我們很高興終於進到房子裡，脫離危險了。老天，那感覺真棒！可是我記得自己肚子好餓，喉嚨像火燒一樣，吞東西好困難，但我真的餓到你無法想像。

路丘（輕聲說道）：是啊，好餓。

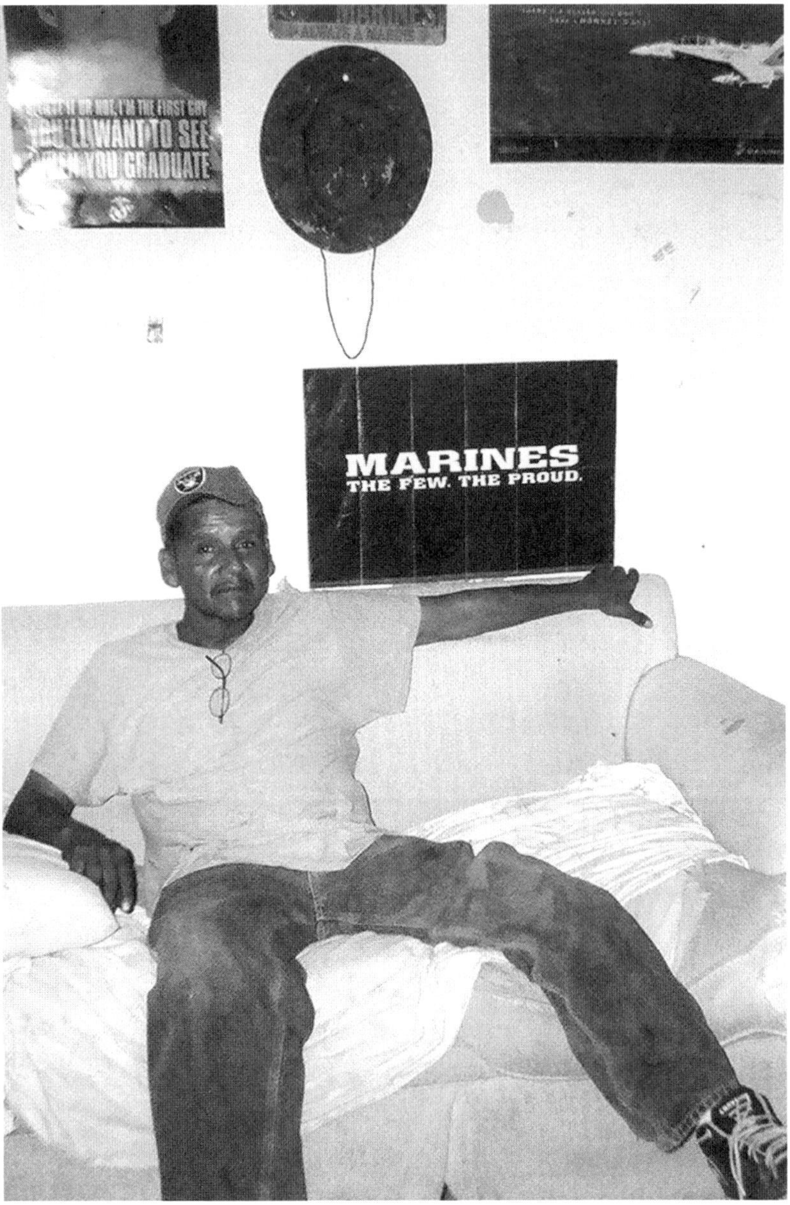

家。（攝影：梅莫）

梅莫：我記得我們坐下來開始吃晚餐，我轉頭說：「嘿，路丘，你看這是汽水耶！」我很想喝很冰的可樂，但杯子裡裝的不是可樂。我記得是芬達。我到現在還記得那杯冰涼的汽水有多好喝。

路丘：我們一共走了八十公里有吧，我說晚上，其餘則是白天走的。㉓我們走的全是最難走的地區，看不到路或小徑。我想這就是我們沒有被捉的原因。**全是山**，大岩石和高山，邊境巡邏隊不會去的地方。

回憶

我：你們提到沙漠時經常開玩笑，穿越邊境時也常嘻嘻哈哈，但有時情況很嚴肅。

梅莫和路丘（異口同聲）：沒錯。

路丘（低聲道）：譬如遇到猯豬……

梅莫：因為你必須想辦法讓自己振作。你可以當成笑話講，但有時確實很危險。雖然危險，但你不能因此放慢腳步，即使很累。（竊笑）就像追牛那時候，我們已經精疲力竭了，一點力氣也沒有，但追著牛跑卻讓我們冷靜下來，因為安克爾那個瘋子……老天，那些玩笑話！他真的讓我們笑到不行。

路丘：沒錯，我們完全忘了自己有多累。他用那些**胡扯**（*pendejada*）讓我們打起精神。

我：經過這些事情之後，你們對沙漠有什麼感覺？

路丘：有些經歷傷害很深，晚上做夢都還會夢到。沒錯，你會夢到在沙漠裡走或夢到自己被追。

梅莫：是啊，剛回來的那幾天。

路丘：**夢到**（*suenio*）警察和**邊巡的**那些的，感覺跟心靈創傷一樣。

梅莫：有時大白天你會忽然覺得自己好像還在穿越沙漠。

我：你們現在還會這樣嗎？

路丘：會。

梅莫：現在不會，但剛回來的時候，頭幾天會，大概八天吧。

路丘：我現在有時還會有那種感覺，還會……

我：就像做惡夢？

路丘：沒錯，就像做惡夢，睡覺的時候會看見，感覺自己被起訴、被追捕，或我在東躲西藏，就是之前在沙漠遇到的那些事。

梅莫：後來我們有時睡著之後，路丘會醒來說：「嘿，我又夢到穿越沙漠了。」我就會說：「閉嘴！我暫時不想再想到那些事。」（笑）

路丘：還是忘了吧，那些回憶。

我：但你們還是有可能得再穿越邊境，對吧？

路丘：是啊，他們一點小事就能把你抓起來，你永遠不知道哪時候。他們會逮住你，跟你說「走吧」，然後你就得再次穿越邊境了。

梅莫：沒錯，但你會更有經驗。

路丘：不要不要不要不要，我不想要更多經驗了。

「重生」

時間轉到二〇一五年，距離梅莫和路丘最後一次穿越邊境已經超過五年了。兩人的生活算是相當平穩。他們和亞利桑那幾千名拉丁裔無證居民一樣，繼續在移民當局的雷達底下工作與生活，靠著打零工和短期合同工為生。梅莫在農場忙活了二十年，很驕傲自己學會了新的建築技能，包括釘石膏板、鋪石板和灌水泥等等。然而，回歸的過程並非一帆風順。回美國的頭一年左右，梅莫和路丘一起住在小拖車公園裡，什麼工作都幹，酒也喝得很兇。我好幾次看他們喝得爛醉，毫無理由吵起架來，害我常常必須勸架。路丘後來還是離婚了。由於拖車歸妻子所有，他們兩個只能離開。梅莫搬去和朋友同住，路丘則是投靠親戚。兩人還是常喝酒。二〇一〇年除夕夜，梅莫喝醉之後跌到家後面的大排水溝裡，摔斷腳踝困在溝裡直到破曉，因為鄰居音樂開得太大聲，完全沒聽到他在哀號。

接下來幾個月，梅莫拄著拐杖沒辦法工作。他和路丘決定暫時戒酒，兩人的友誼立刻大幅改善。意外發生後不久，他們就搬到大鳳凰城區一間一房一廳的公寓，兩人一起住到現在。過去幾年，他們熬過了經濟衰退，甚至找到還算穩定的工作，讓他們不愁吃住。兩人目前都是單身，但社交生活很活躍。他們在公寓所在的社區有很多朋友。雖然工作經常很難找，但兩人似乎都很滿足，梅莫甚至還存到錢買了輛車。我只會在一種場合見他面露不安，就是我們開車出去遇到警察或邊境巡邏隊公務車的時候。他會立刻坐正，直視前方，而且要我「保持正常，不要露出害怕的樣子」。

五年過去，梅莫和路丘對整件事及他們待在諾加萊斯那幾個月的回憶顯然受到了時間的影響。過程中痛苦的部分被淡化了，其餘部分則是朝幽默和正面的方向調整。梅莫的敘述愈來愈逗趣，路丘則往往愈講愈嚴肅鬱悶。我感覺他們純粹是為了我而回想那段往事。這些年來，我有時必須提醒他們一些細節，有時則會冒出新的資訊。由於他們數度穿越沙漠，因此故事有些地方開始混在一起，有些則是遭到遺忘。和所有回憶一樣，他們的回憶也在變化。

本章以梅莫和路丘最後一次穿越邊境的經過為背景，證明了無證遷移考古學能為邊境穿越研究帶來新的洞見，讓我們更加理解人和沙漠異質集合體的各種往來方式，以及這些互動留下的物質痕跡。有充分證據顯示考古學有助於保存這些歷史事件的片段，不讓事件片段因為種種緣故而從記憶中淡去，或成為美國無證移民社群不能說或不會說的祕密。考古學還有助於修正掌權者或某些人對邊境穿越的刻意曲解。這些人為了妖魔化拉丁裔遷移者，特意強調過去世代遷移者的「高貴」。[24]

儘管如此，要說服美國大眾接受祕密遷移留下的物質跡證很重要並不容易，而且原因還不少。二〇一一年，大眾雜誌《考古學》刊登了一則報導，標題為「北漂之路」(The Journey to El Norte)，是全球最早介紹無證遷移計畫的文章之一。結果有幾名憤怒的讀者投書編輯，向雜誌抗議這篇報導。其中一則投書這樣寫道：

> 我很震驚，你們竟然會考慮刊登「北漂之路」這樣的報導。那篇文章故意美化了非法移民。將這些罪犯和十九世紀末、二十世紀初的數百萬歐洲移民相提並論，對於努力讓子孫過上美好生活的後者來說，根本是侮辱。我祖父母合法來到這個國家。他們不求施捨，努力學英語，最後自己開了公司。將非法移民留下的垃圾堆當成工藝品造冊，好像那些破爛是聖物一樣，簡直莫名其妙。[25]

分解。（攝影：麥可·威爾斯）

這段評論不僅顯示了美國人對早期歐洲移民的歷史有多健忘，還凸顯了許多民眾對於現代移民史及當代考古遺產懷有典型的、帶著種族偏見的價值判斷。那位讀者在投書裡對十九世紀末、二十世紀初歐洲新移民的歷史輕描淡寫，其偽善可見一斑。一百五十年前，史密斯出版了一本講述紐約五點區孩童的書。五點區是當時惡名昭彰的貧民窟，居民大多是來自歐洲的新移民。史密斯在書中大嘆第一代移民子女造成的社會衝擊：「這些孩子的爸媽是外國人。他們骯髒邋遢，身上有太多寄生蟲，根本無法進學校念書。他們的家是城市裡的狗窩及貧民窟，小偷、流浪漢、賭徒和殺人犯充斥。每天清早，他們就會被大人從髒屋子裡趕出來，到街上撿煤渣、骨頭和破爛，還有偷東西……他們對作奸犯科瞭若指掌，長大後只會讓危險人物數目增多。我們這裡名聲最壞的小偷、竊賊、搶匪與暴徒，全是外國人之後。」[26]

還有一個問題也對保存這份移民歷史造成了妨礙，那就是無證者愈來愈常處於「例外狀態」。[27]移民只要從事一般公民不想做的工作，就會得到容忍；但美國民眾沒什麼興趣傾聽這些人的聲音、保存其歷史或給予他們權利。這種「例外主義」瀰漫在無證遷移者的生活各層面，讓人不禁質疑我們國家的民主理念。誠如朵帝所言：

> 即使是比較不那麼極端的例外主義看法，我們也不應該輕忽，因為那些主張可能會對承受方的個人或群體造成重創，也確實造成了莫大傷害。那些看法還會讓人嚴重質疑我們所標榜的民主價值的深度與廣度，以及我們對具有或不具身分證件或公民身分者所給予的價值……這種例外主義會滲透到人們的日常生活，影響他們個人存在與群體關係的最基本元素，將一群人排除在社會之外，視之為「他者」，至少是其餘人民的潛在敵人。[28]

這種例外主義甚至會試圖抹除遷移的考古紀錄。

邊境穿越會留下實體痕跡，但不代表後代的研究者一定能取得這份考古紀錄。自二〇〇〇年代初期開始，聯邦政府、各州和民間機構便齊心協力「清理」沙漠，每年都有數百噸遷移相關物品遭到清除的命運，持續超過十年。[29]美國土地管理局二〇一一年一份報告點出這番辛苦背後的思路：「清理和復原計畫主要集中於美墨邊境一百六十公里內的區域……人口販運與無證移民造成的衝擊除了販運走廊垃圾堆積外，還包括邊境地帶出現的非法道路、小徑與把風點。由於自然與文化環境受到干擾，導致野生動物棲地破碎，考古和宗教遺址受損，土壤腐蝕，外來入侵種植物增加……這些後果都因為垃圾清除而有改善。」[30]

根據聯邦規範，五十年以下的物品通常不具「歷史價值」，也就是沒有法律可以保護遷移者捨棄掉的人工製品。諷刺的是，土地管理局提到他們努力「清理」遷移者遺址正是為了保護其他的「考古遺址」。換句話說，政府認為遷移者的物質文化是垃圾，因此抹除掉合情合理。時間若能快轉到五十年後，這些物質都會變成「歷史文物」而獲得保護。然而，由於政治的不確定性以及其中所凸顯的人道苦難和政府責任，目前幾乎沒有人有興趣保存這份正在成為歷史的紀錄。

將無證遷移的痕跡視為必須清除的環境禍害，將會影響後代人取得的考古紀錄。這些痕跡有許多還來不及記錄就被摧毀了。[31] 遺址的形成跟埋葬學一樣，都離不開政治。[32] 歷史學家多曼斯卡或許正是看到了這一點，才會指出試圖理解過去如何被操弄、並找出其在當代政治論述中殘留遺跡的人，或許有能力「**預言**未來」。[33]

邊境穿越的記憶會隨時間淡忘，實體證據也會遭到促成邊境穿越的政治體制有系統地移除。這個移除就和屍體瓦解一樣，是這個異質集合體所製造的暴力尾聲。這個過程似乎證實了法莫的看法：「抹除歷史可能是結構暴力建構者最常倚賴的解釋手段。抹除或扭曲歷史是去社會化過程。這過程形塑了一個關於發生了什麼及為何如此的**霸權**（hegemonic）論述。」[34]

我坐在梅莫和路丘家窄小的起居室裡，希望邊境穿越者留下的敘事與物品能在遺忘或消失前救回一部分。我問梅莫，他穿越邊境那麼多次有何感受？

> 我很珍惜那些經歷，真的很在乎。我想到那些在沙漠裡跋山涉水，千辛萬苦只為出人頭地和尋找出路的人，心裡就很難過。他們在路上被人拘留、攻擊或殺害真的很慘，醜惡到極點。有些人會

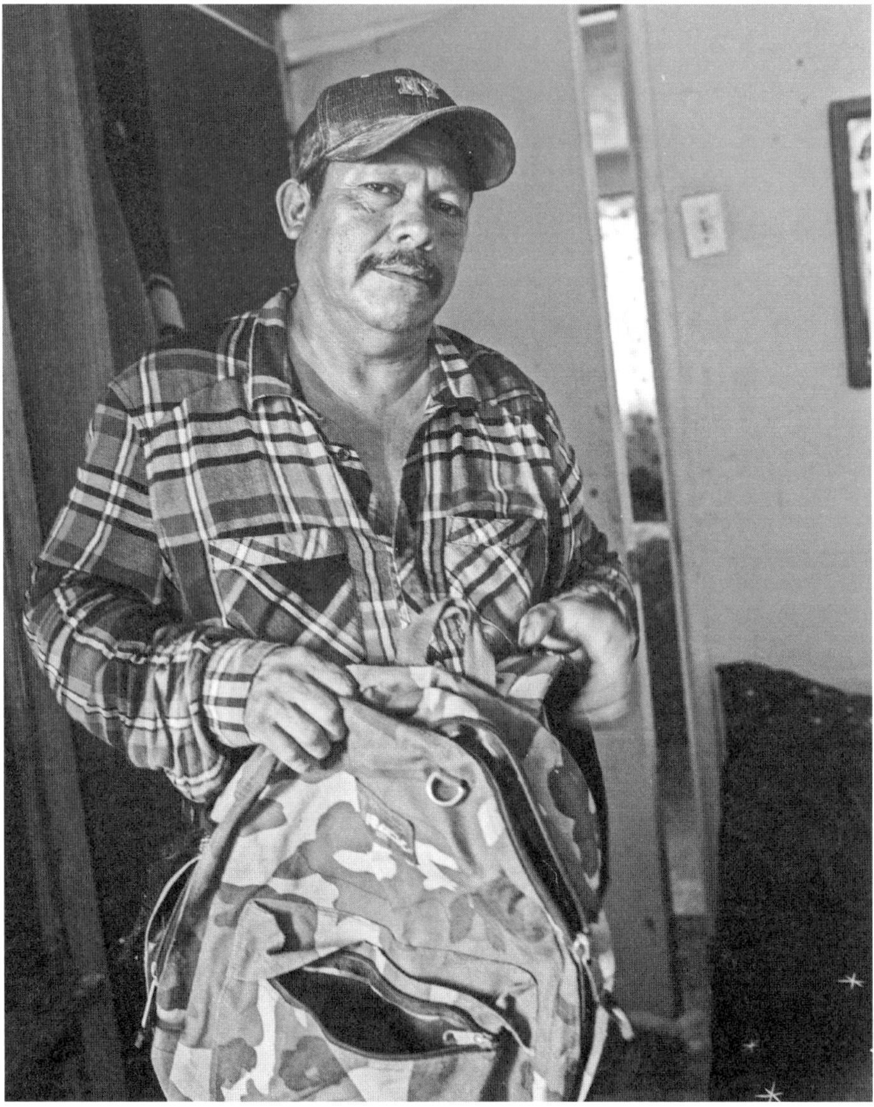

我記得（*recuerdo*）。（攝影：麥可・威爾斯）

被拋下，沒有人知道他們在哪裡。當你終於到了目的地，感覺真是「謝天謝地」，跟重生一樣。唯有那時你才又活過來，因此我們總是會去教堂，感謝神讓我們平安無事，跟同樣來到這裡的人一起向前打拚。我的目標是在這裡再待一會兒，然後回墨西哥，但得等我有本事活下來才回去。

現在穿越邊境非常危險……我一直留著這個背包，作為上一次越境的紀念。

第三部分　危險地帶

Perilous Terrain

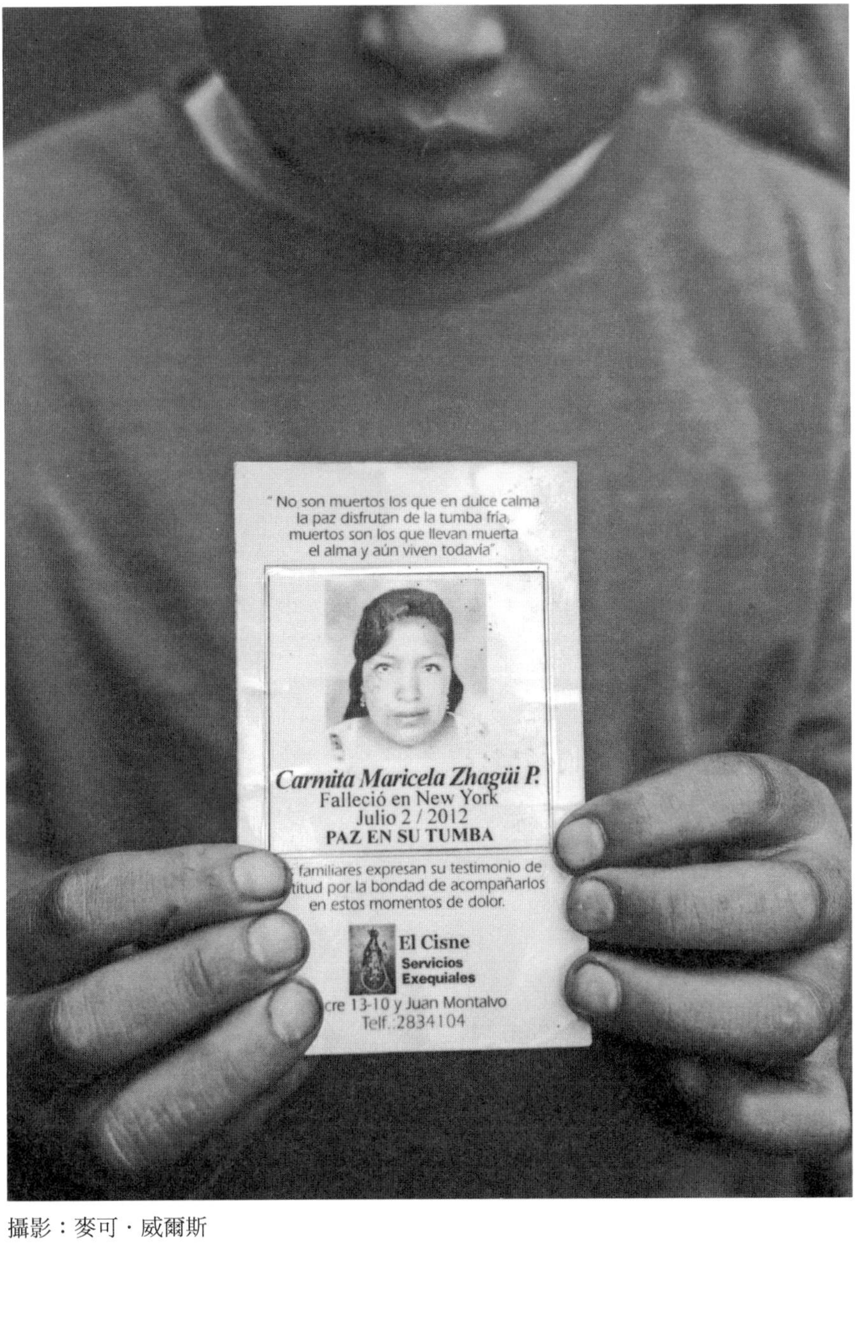
" No son muertos los que en dulce calma
la paz disfrutan de la tumba fría,
muertos son los que llevan muerta
el alma y aún viven todavía".
Carmita Maricela Zhagüi P.
Falleció en New York
Julio 2 / 2012
PAZ EN SU TUMBA
familiares expresan su testimonio de
titud por la bondad de acompañarlos
en estos momentos de dolor.
El Cisne
Servicios
Exequiales
cre 13-10 y Juan Montalvo
Telf.:2834104

攝影：麥可．威爾斯

8

曝光

Exposure

薩爾瓦多來的卡洛斯

二〇一二年六月廿八日，三位參與無證遷移計畫暑期田野學校的學生跟著「土桑撒馬利亞人」的志工共事了一整天，❶觀察該組織的各項人道援助行動，並且在他們沙漠裡的飲水和食物投放點收集民族誌與考古資料。❷杜魯蒙（Justine Drummond）❸是參與學生之一，以下節錄自他的訪談：

> 我們跟羅伯托（撒馬利亞人志工）一起，他接到另外兩位志工打來的電話……問我們能不能到巴塔莫特路，順便帶一些吃的和藥物給他們遇到的一位遷移者……我們根據他們給的GPS座標將車停在附近，然後往回走到他們說的地點。其中一名志工出來接我們，將我們帶到一間小洗衣店，店裡坐著一個少年遷移者，名叫卡洛斯。羅伯托、琳達和莫妮卡（後兩位也是撒馬利亞人志工）開始跟卡洛斯說話。我和另外兩位同學坐得離卡洛斯比較遠，跟之前陪他的志工聊天……他們跟我們說，他們開車經過發現卡洛斯一直坐在路邊，就下車詢問。他說的大意是他之前一直跟著一大群人走，然後**郊狼**說……呃，基本上就是人口販子覺得隊伍裡有人生病或跟不上他要的前進速度，

就直接喊說邊境巡邏隊來了，嚇得所有人鳥獸散。

混亂中，卡洛斯跟著隊伍裡的一名婦人。我想他還提到一個男的，他們三人應該一起行動吧，我不確定。他一直跟著他們，在被志工發現之前已經獨自走了四小時。他和婦人分開是因為對方身體不舒服，他想來求援。他是從山裡走過來的，還指了方向給我們看……於是我們坐在路邊和他一起吃午餐，向他自我介紹。邊境巡邏隊的車不時開過巴塔莫特路。我們看不到路，但聽得見車開過。

卡洛斯十九歲，來自薩爾瓦多，身上穿著吉他圖案的藍上衣、灰色麂皮鞋和牛仔褲，手腕上戴著一條粉紅的尼龍手環，上頭寫著姊姊的名字……他眼神呆滯，非常安靜，但臉上掛著微笑，看起來有點疲憊，脫水得很厲害。

最後他們決定向警長報案，送他去醫院……返回車上途中，我們開始跟他聊天，問他隊伍裡有多少人，又是從哪裡出發。他就是這時候指著洛伯峰，跟我們說他是從那裡來的。

我沒聽到他說起那位婦人的名字。他只說自己跟兩個人一起，但最先發現他的那兩位志工不會講西班牙語。他可能知道那兩位同行者的名字，但我不確定有人有問出來。

丟包

這些年來，那條小路一直很冷。我二〇〇九年為了田野調查到亞利桑那踩點，頭一回造訪那裡。當時那一帶遍地殘骸，到處是紅牛空罐、洋芋片包裝、骯髒的藍牛仔褲和遷移者躲避邊境巡邏隊時有意無意遺落的各種物品，是個活動熱區；巡邏隊員和他們追捕的遷移者的鞋印還在泥土或沙上清晰可見，軍靴留下的深痕和球鞋的淺印子有如馬賽克交錯相疊。你偶爾會在樹上看到衣服碎片或剛剛折斷的樹枝，顯示有人不久前才開路經過。從這裡穿越沙漠，你知道周圍並不平靜，卻很難看見什麼。到處都有動靜，卻統統躲在你視線之外。

我在那條小路最初造訪的幾個點當中，有一個後來標作BK-3的地點，[4]不只新鮮還令人震撼不已：背包堆積如山，溪溝裡到處是打結的衣服。被留下的東西又新又亮。罐頭不是沒開，就是只吃了一半，動物和昆蟲還來不及分食。水瓶裡還有水。感覺就像人類學家走進陌生的村莊，他的腳步聲讓村民飯吃到一半全跑了。那年夏天，我們頭一回在那條小路上調查，我一直提心吊膽，深怕碰巧遇上躲在蔭涼處休息的人。儘管那年我們沒有遇到半個人，但那裡顯然不是只有我們。

二〇一〇年我重回小路，遷移者遺留的許多東西都不知被哪個人或單位清掉了。沙漠去汙完成，遊魂也被剷除了。人類曾經偷偷占據這裡的證據幾乎都被清走，顯然直接送到了垃圾場，沒清掉的東西也大多曬白、風化或分解了。才過一年，原本新鮮充滿生氣的東西受到日曬雨淋的摧殘，都緩緩死去。一般人都以為寶特瓶和尼龍背包能在沙漠裡永保原樣，其實不然。所有東西在這裡都會分解。衣服會變成碎片，只剩針腳殘留。背包會灰飛煙滅，只留下金屬拉鍊和聚氨酯（PU）扣環。寶特瓶會脆裂剝落，迎風飛散。等我二〇一一年舊地重遊，已經幾乎看不到任何人類在此活動過的印記，沒有半點痕跡顯示這條路還有人走。

連續幾年的頻繁使用，讓執法人員對這條小路非常熟悉。我們二〇〇九年在這一帶標記的遷移者遺址裡頭，有幾個大到用谷歌地球就能找到。我們都看得見了，邊境巡邏隊員坐在遷移者戲稱為蒼蠅（*el mosco*）的直升機裡吹著冷氣往下看怎麼可能看不見。幾次追捕之後，這個點就暴露了。邊巡的很聰明，他們開始沿路裝設動作感測器，一有人走過就立刻掌握。只是遷移者和人口販子更機靈，直接放棄那條路線，另外找路走。那地方永遠有邊巡的不知道或步行走不到的峽谷或山徑。我們在那裡走動五年，很少遇到步行的邊境巡邏隊員。他們通常沒有毅力和動機深入樹叢，還是手拿嚼菸盒待在車裡留意地面感測器響了沒比較實在。遷移者往荒野裡越走越深，不少人甚至深入到再也不見蹤影。

二〇一一年我已經跟那條小路熟得像老友一樣了，很喜歡去遛達。那裡是我研究的起點，我們現在用來記錄和分析遷移者物質的許多考古技術最初都是在那裡測試的。我還能利用那地方向學生說明之前的考古工作，跟他們開玩笑說我們絕對會觸發動作感測器，很快就會有蒼蠅飛到大夥兒頭頂上。我們甚至打賭聯邦政府每回出動直升機窺探人類學家、健行客和牛群得花多少錢。從考古證據看來，他們在這裡顯然再也捉不到多少遷移者了。

二〇一二年七月二日早上，我臨時起意決定重訪那條小路，檢視其中一個被清理過的遺址。我們當時正在研究沙漠保存（desert conservation）和遷移者物質文化受到的影響，那個遺址是其中一個點。❺我們覺得那裡應該沒什麼人工製品，更不會有人。我想帶學生見識一下遷移物證消失後的景況。我們停好租來的休旅車，開始步行五公里到洛伯峰附近的一處高地，那裡曾經散置了數百個背包。我們一行人吃力地在山裡爬上爬下，翻過了幾座山，偶爾蜿蜒下切到沖刷地，那裡的沙鬆軟到每一步都比上一步更難走。一路上，我們只見到幾個背包和衣服殘骸、一隻飽經風霜的鞋和一個生鏽的空鮪魚罐頭。

我們下切到深谷前，發現一棵大牧豆樹下埋著一張破掉的黑防水布和一個水瓶。有人曾經躲在這裡，但那兩樣東西外表都舊了。巴納德學院的沃特豪斯（Olivia Waterhouse）是團隊裡比較早慧的大學生，她決定去一探究竟。她鑽進林下樹叢，從裡頭拉出絞成一團的泥濘衣服和塑膠布。那東西已經有一陣子了，很難判斷原本的模樣。沃特豪斯繼續挖，結果竟然從一堆髒衣服底下撈出一條顏色鮮豔的墨西哥毯（*serape*）。塑膠布將它保護得很好，沒有受到這些年雨水和土石流的破壞。毯子的大紅與深藍線條感覺就像新織的，和棕色沙漠形成了強烈對比。這天我們原本不期望發現任何東西，因為我們覺得這個遺址已經凋零得很厲害，應該連一張紀錄卡都用不上，因此這條毯子來得令人意外。但我們不能將它留在這裡。這種地方有這麼美又這麼格格不入的東西實在太稀罕了。「記下GPS座標，然後裝起來。」我說。沃特豪斯將毯子收進她的背包裡，隊伍繼續前進。

我們離開深谷，開始上坡朝著標記為BK-5的地點走。斜坡很長、很難走，就是那種會讓你強烈感覺到自己大腿和肺部的山路。坡度是騙人的，常常只有走到一半才會發現有多難爬。我們之前對BK-5做過幾次紀錄，我也在不同樹下吃過午餐。就一個近來少有人知的險惡地點來說，我覺得自己對它已經夠熟悉、夠親近了。領頭的學生匆匆往上爬，我們只能吃力試著跟上他過動的雙腿。但他走得太前面，以致我們差點聽不見他回頭大喊：「嘿！嘿！上面有人！上面有人！」我看不見是什麼讓他大喊，但我猜可能是被丟包的遷移者，需要水或急救，因此立刻扔下背包跑上斜坡。但等我跑到他旁邊，立刻從他瞪大的眼睛知道他看見的絕不是扭到腳的人。我又往前幾步，總算看見那個女的。她顯然已經死了。

31°44'55"N, 111°12'24"W

我們八人圍成半圓看著那個女的。顯然不是所有人都見過屍體，因為有人問那個女的是不是真的死了。學生們走到附近的樹下坐著，留我思考該怎麼做。我走到山頂試試手機訊號。十五分鐘後，我總算打通了報案電話。我告訴接線員我們在山裡發現一具屍體，並給了她大概的方位：「巴塔莫特路東北方五公里，洛伯峰附近。」但那樣做沒什麼幫助，因為她對這一帶不熟。於是我給了她GPS座標，但她不曉得那些數字的意思，所以我就跟她說我們會派個人到巴塔莫特路去等執法人員，因為光靠說的絕對沒辦法讓他們找到我們。芝加哥大學的研究生史都華（Haeden Stewart）願意跑回休旅車那裡去等。我告訴其餘的人我們要在這裡等，但在警長來之前，我們必須記錄和拍下現場。大夥兒似乎都興致缺缺，我也是。

不過，這時我們多少都明白，這件苦差事非做不可。我提醒自己，既然我主持的計畫以人在沙漠裡的受苦與死亡為研究主題，就不能只因為傷心或噁心就迴避這個社會過程的某些部分。換句話說，我們必須仔細檢視這位無名女性的屍體，盡可能多記下資訊。這表示我們得拍照，而這個決定後來讓我遭到一些同行質疑與批評。他們認為我們不應該拍攝屍體，也不該放進論文或書裡。的確，讀者看到會不舒服，但這樣才好，因為我們身為研究者也會不舒服，而且一直如此。當我們開始覺得這種死亡沒有什麼，那才應該擔心。我開始拍她，因為我覺得必須保存這種死亡的特寫，替不在場的人記下這一刻。

但我也清楚，再怎麼立意良善，傳播這類照片仍然可能帶來危險和道德爭議。桑塔格就警告：「拍照者的意圖無法決定照片的意義。照片自有其生命歷程，會隨使用群體的突發奇想或忠實不二而漂流。」❻我控制不了這些照片的生命，也無法決定觀看者如何解讀。我只希望這些影像能成為無法否認的物證，證明有個女的死在31°44'55" N, 111°12'24" W，而目擊者親眼見到她死去的「血肉之軀」。❼

——

她趴倒在地上，看來是死於上坡氣力耗盡。為了爬到這裡，她一口氣走了起碼六十五公里，可能還越過了圖馬卡科里山。她穿著普通的棕白兩色慢跑鞋、黑色彈性長褲和長袖迷彩上衣。你可能以為這種上衣是獵鹿人穿的，但遷移者和毒驢這幾年也跟上了潮流。棕綠相間的圖樣和這個時節的索諾拉沙漠完美融合。她臉孔朝下，暴露在陡峭的斜坡上，代表臨死前可能還在忍痛攀爬，而後突然斷氣。這樣陳屍在小路上，顯示她可能是孤零零死的。

她身體已經僵直，手指開始蜷曲，腳踝腫到鞋子感覺隨時就要爆開，褲子屁股處黏著排泄物，還冒著古銅色的泡沫，應該是死時噴出的。沒想到這幅景象竟然讓人無法將目光轉開。她才死去幾天，屍體處於法醫人類學所謂的腐**化初期**：「體色呈灰到綠，部分肌肉還算新鮮……軀體膨脹……手腳呈棕到黑。」[8] 這番描述完全不足以形容屍體在沙漠裡的實際樣貌、味道與聲響。沒有任何話語做得到。在沙漠的寂靜裡，你可以聽見蒼蠅嗡嗡作響，忙著在她身上和體內產卵，還有她鼓脹的胃不停嘶嘶排出脹氣，宛如緩緩洩氣的輪胎。

翅膀僵硬的火雞禿鷹有如黑色紙飛機，在高空繞著屍體自在盤旋。我數了一下，至少有四隻，忍不住讚嘆牠們來得真快。二〇一二年的這時候，第一輪法醫實驗剛進行了兩週，我才看過鳥啄食豬屍的影片。看見牠們在上空飛舞令人很不舒服，我努力當作沒發現。我走近屍體，慌亂做起田野筆記：「沒有背包或明顯的個人物品……肩膀和臉下方壓著一瓶電解質液。」我彎身檢視，風忽然掃過她的身體，一股甜氣和腐屍味瞬間灌入我的口鼻。是**死亡**（*la muerte*）的味道。

屍體在酷暑下曝曬多日，已經起了變化。她的皮膚開始發黑、木乃伊化，外表特徵也因為身體腫脹而模糊了一些。雖然有幾處已經變成陌生的形狀及顏色，但那烏黑的頭髮和右手腕上的髮圈還是保留了幾分原本的她。我凝視她的頭髮。髮絲柔順，色澤如黑曜石般，可能是我見過最黑的頭髮，那質感彷彿她還活著。我想伸手摸她，但沒辦法。她已經死去太久，我知道她的皮膚摸起來不會像人。我

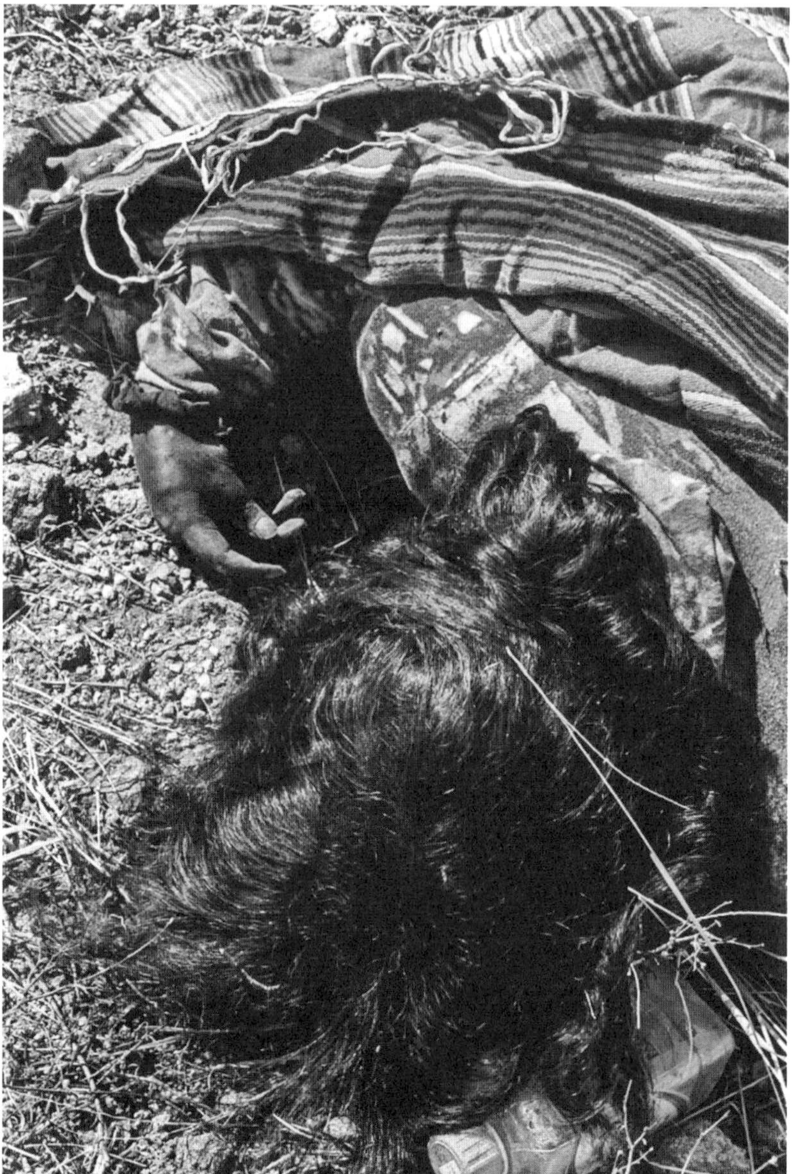

31°44'55" N, 111°12'24" W，2012年7月2日。（攝影：本書作者）

想看她的臉，但不敢翻動她。這是「犯罪現場」，我不想破壞證據。我開始揣想她在世時的模樣。她待人和善嗎？笑聲如何？是什麼逼她走上這片沙漠？我拍照她會生氣嗎？最後我要沃特豪斯把我們找到的那條毯子拿出來蓋住她。這讓我們這些活著的人好過一點。

我走到離屍體不遠的樹下，和學生們會合。所有人都沒有說話，只有微風拂過附近的牧豆樹枝，偶爾打破緊繃的沉默。突然有人放聲大哭，坐在旁邊的夥伴立刻獻上擁抱與安慰；其餘的人則是重重嘆息，還有一個人氣沖沖走開想要獨處。我們感覺在那裡坐了幾百年。禿鷹繼續耐心地在上空盤旋，既被下方這些人類的心中小劇場牽連在內又漠不關心。牠們只知道我們壞了牠們的午餐計畫。

我想對其他人說些安慰的話，讓眼前的死亡變得平和與莊嚴。但這樣想很可笑。面對這種情況，你說什麼都很假。幾個月後，我演講完被一位聽眾堵住，批評我拍下那個女子的屍體有辱死者的尊嚴。我回答遷移者在索諾拉沙漠遭遇的死亡根本毫無尊嚴。這正是重點所在，正是「威懾預防」的真面目。這些相片本來就應該讓我們不舒服，因為此時仍然有人陳屍沙漠，卻沒有足夠的目擊證人。這才是不安的真相。這種不被看見是沙漠異質集合體製造的痛苦與死亡暴力的關鍵要素。帕奇拉特就指出，在我們生活的世界裡，「權力藉由創造距離和隱藏而運作。我們對『進步』和『文明』的理解不僅和隱藏（但不消除）那些愈來愈被看成身體和道德上令人反感的事物密不可分，甚至已經和這種隱藏成了同義詞。」❾因此，這些照片既讓意在殺人的美國邊境查緝政策的人道衝擊浮上檯面，又堅實證明了我們無須遠赴「異地」也能「直面死亡與臨終」❿。死人就在我們自家後院，他們是主權磨坊的人類原料。想在死人被異質集合體抹除之前瞥見他們全憑「運氣」。

沙漠邊境穿越既殘酷又嚴苛，遷移者往往因為體溫過高、脫水、中暑和其他相關症狀而緩緩地痛苦地死去。將這些死亡描繪成其他樣子，不僅否認了沙漠裡的嚴酷現實，對親身經歷者也是幫倒忙。

等待（*esperando*）。（攝影：本書作者）

巴特勒提醒我們，美國民眾很少有機會看見這類照片，以免引發內部反彈或壞了國族主義者的事：「有些影像不會出現在媒體，有些死者的姓名不會有人提，有些失去不會被當成失去；暴力被散化、去現實化……我們加諸他人的暴力永遠只會選擇性地呈現在民眾眼前。」但我不曉得這本書的讀者看到女人屍體的照片會有什麼反應。是難過或嫌惡？得知美國邊境查緝內幕所帶來的衝擊是否更能促成政治行動？這些影像能否在情感上更有效地滲入美國民眾的意識？還是如詩人多爾帝提到卡特那張聲（惡）名遠播的〈禿鷹守著蘇丹挨餓小孩〉照片時寫到的，這些照片所描繪的暴力最多只成為一種令人讚賞的「美學」。[11]

在那塵土飛揚的午後，我最後只這麼說：「至少我們比禿鷹快了一步。」

「身體」

史都華和另一名學生花了近五小時才接到警長，帶他回陳屍地點和我們會合。遷移者一旦喪命，便不再歸美國聯邦政府管轄，而是交由所在郡處理，但邊境巡邏隊通常會提供郊區執法人員後勤支援。這回是警長一人帶了三名邊境巡邏隊員同行。其中兩位比較年輕，一位是老鳥。他們從公路旁出發，拖著一個裝有越野腳輪的擔架走了五公里來這裡。

警長很客氣。他很清楚我們六人已經陪著屍體枯坐了好幾小時，肯定會盯著他的一舉一動，確保她會得到妥善處理。警長顯然不是頭一回面對這種情況。他迅速戴上淺藍醫療手套，拿出傻瓜相機拍了幾張照片，然後記下屍體所在的GPS座標。

「她身上的毯子是原本就這樣的嗎？」

「不是，是我們蓋上的。」

「她有攜帶任何物品嗎？」

「除了那瓶**電解質液**就沒看到什麼個人物品。」

「好，我們該移動她了。」

調查就這樣結束了。沒有靠近屍體翻找個人物品，也沒有檢查小路，看有沒有其他人或屍體，就拍了幾張照片和記錄座標，前後只花五分鐘。

警長轉頭吩咐那兩位年輕的巡邏隊員，一位是墨西哥裔，一位是白人，要他們幫忙他搬屍體。老鳥弄了弄戰術背心上的裝備，接著朝山頂去，顯然不打算參與下個階段。那兩名巡邏隊菜鳥顯然對眼前的景象感到很不自在，尤其是那個白人。沃特豪斯問他年紀。「廿二歲。」他說。我們裡頭有四位學生比他還大。警長將醫療手套遞給兩名菜鳥，接著便開始計畫該怎麼搬動她。「希望不要我們一抬，她身體就爆了。」他說。白人巡邏隊員緊張地笑了笑，似乎分不清對方是否在開玩笑。

他們將擔架推到她身旁，白色屍袋放在地上。「我們要先將她翻身放進屍袋裡，因為會有東西流出來。」警長告訴巡邏隊員，接著便抓住她的手臂和肩膀，兩名巡邏隊員則是彎腰抓住她的腳。白人隊員一靠近屍體，就嗅到肌肉腐爛的臭味，立刻放開她的雙腳往後退，開始乾喘。他眼眶濕濕的，拚命忍住嘔吐的感覺，隨即開起玩笑，說什麼「噁心」死了，結果發現我們八個人都冷冷瞪著他。眼前的景象無疑非常諷刺：邊境巡邏隊成天用「身體」稱呼遷移者，⑫ 結果一堆隊員根本沒準備好面對死掉的身體。警長面色嚴厲瞟他一眼，要他識相點。「好了，數到三就翻身。」他們彎下腰，動作僵硬地將她翻了過來。

翻身後，我看見她殘餘的臉。那景象非常嚇人，完全看不出人樣。嘴巴成了扭曲發紫的黑洞，掩蓋了其他五官。我看不到她的眼睛，因為那嘴巴讓人移不開目光。脣邊的皮膚鬆垮變形，有如融解一般，鼻子凹陷又膨起。她死時面孔朝下，頭顱肌肉變軟而被壓成泥土和石頭的形狀，整張臉鐵灰帶著豆綠，曾有的美麗與人味消失殆盡，成了開口吶喊的食屍鬼。那副景象只要看了，就永遠在你心裡揮之不去。

他們將她流湯的屍體裝進袋裡，拉上拉鍊，但還需要抬上擔架。雖然她已經被白塑膠布包著，兩名年輕的巡邏隊員摸到她還是一臉不自在。我看他們一直抓不住她，便上前幫忙抓住她的腳，感覺那腳踝跟咖啡桌腳一樣硬。我們齊心協力將她抬了起來。這時又來了一名邊境巡邏隊員。我們將她放在他開來的沙灘車上，車就開走了。我們收拾東西，默默走那五公里路返回車上。

法醫

土桑區南部發現的遷移者屍體都會送往皮馬郡法醫室處理。自二〇〇〇年起，皮馬郡法醫室平均每年接獲一百八十四具遷移者遺體；截至二〇一三年元月，這些遺體當中仍有將近九百具未查出身分，也無人領回。[13]替這些屍體尋找姓名並不容易。沙漠的環境條件讓人體組織很容易分解，動物也會迅速支解骨頭，四處扔棄，而遷移者身上往往沒有便於辨識身分的證件。皮馬郡法醫室僱用了一小群人類學家，不眠不休追查遺體身分，並協助失蹤者家屬報案。雷內克是其中一位文化人類學家，自二〇〇六年起便一直在協助失蹤者與死者家屬。二〇一三年，她成立了非營利組織科樂比人權中心，協助遷移者家屬和他們死於遷移途中的家人團聚。我們交情很好。發現屍體的幾週前，她才招待我學生參觀她的辦公室。

參觀法醫室會讓人心情好不起來，因為你會被迫直面遷移者的死亡與屍體無人認領的孤單。目睹官署貯存被動物啃過的人骨和流湯發臭的屍袋的地方，不僅在情緒上難以接受，生理上更讓人作嘔。但對某些訪客來說，最難面對的卻是那個保管無名屍個人物品的無窗小房間。就算屍體腐爛的酸臭不會讓你昏倒，看見那些無名屍身上取下的友誼手鍊、皮夾大小的嬰兒照片或禱告卡也往往會讓你受不了。那些物品或許會讓人情緒激動，卻不一定能告訴你死者生前的模樣。法醫室的人可以作證，遷移

皮馬郡法醫室裡的無名骸骨。（攝影：麥可・威爾斯）

者攜帶的證件往往不是出於偽造或盜用，就是根本沒有。⓮我們發現的屍體直接被送來這裡，存放在其中一格冰櫃中。她沒有身分證件，也沒有個人物品。

那天晚上，我打電話給雷內克，跟她說明了事情經過。她答應案子有任何進展會立刻通知我。兩週後，我收到一封電郵：

> 嗨，傑森：
>
> 簡單跟你更新一下你們發現的那名女士的狀況。她編號是12-1567，目前仍然身分不明。我剛和土桑撒馬利亞人的一名職員聊天……她跟我說了一些蠻有用的資訊，跟那位薩爾瓦多少年留下先走的人有關。底下是她在電話裡跟我

說的內容，有哪裡需要訂正或補充再告訴我：

二〇一二年七月十七日：我接到土桑撒馬利亞人一名職員來電，她和12-1567號屍體的發現者有聯絡。她說屍體發現前一天，⑮他們有幾名志工在那一帶（離阿里瓦卡路七公里多）遇到一名薩爾瓦多來的年輕人，名叫卡洛斯。

他說他剛拋下兩名急需醫療救助的同行夥伴，姓名分別是：卅八歲的瑪賽拉・哈圭波亞（Marsela Haguipolla）（或是瑪麗賽拉・阿圭波亞〔Maricela Ahguipolla〕），來自瓜地馬拉或厄瓜多；還有一位老人，姓名為東尼・岡薩雷茲（Tony Gonzales），來自厄瓜多。老人七十歲……不確定他們和ML12-1567是否有關，但很有可能。

我會聯絡瓜地馬拉和厄瓜多領事館，查詢新失蹤者名單。

看來卡洛斯終究知道他們的名字。

無名屍的個人物品，皮馬郡法醫室。（攝影：麥可・威爾斯）

9

忘也忘不了

You Can't Leave Them Behind

皇后區

位於皇后區傑克森高地中心的羅斯福大道喧囂擾攘，飄散著唯有紐約能孕育出的街頭流浪兒氣氛。它是全美種族最複雜的社區，也是厄瓜多裔移民的大本營。我跟克里斯提安約好在羅斯福大道和八十二街口地鐵站正下方等他。我焦急地來回踱步，在茫茫棕色面孔裡尋找他的臉龐。我們沒見過面，我不曉得他的長相。我掃視來往的行人，試著想像他的模樣。從電話裡的嗓音判斷，我覺得他應該個子頗高，年近五十，外表像是建築工人，穿著沾滿水泥的連身工作服和咖啡色鋼頭靴。十分鐘後，我看見一名短髮烏黑的三十多歲男子朝我走來。我察覺他神色有點提防。我不怪他，因為我也很緊張。克里斯提安比我想得年輕，我有點驚訝他竟然穿著超合身的麋鹿牌T恤和顏色鮮豔的網球鞋，手裡還拿著蘋果手機。他一身打扮完全不像打零工的藍領階級，而是拉丁裔的都會菁英。

聊沒多久，我就得知克里斯提安是一九九〇年代末期，厄瓜多經濟崩盤後湧入美國的數十萬移民之一。和秘魯那一場勞民傷財的邊界戰爭，加上出口歲入下滑、撙節措施過嚴、債務增加和政治動盪，導致厄瓜多陷入百年多來未曾見過的經濟危機。❶十年內貧窮率飆漲至百分之四十，一九九三到二〇〇六年間估計有九十萬厄瓜多人永久離開家園，前往美國、西班牙和其他西歐國家找工作。❷喬基奇和普波斯基就指出，「從一九九九到二〇〇〇年這短短兩年內，就有廿六萬七千名厄瓜多人淨移民。匯款總額更從一九九七年的約莫六億四千三百萬美元升至二〇〇一年的超過十四億一千萬美元。」❸

一九九九至二〇〇五年的移民潮，共有近十三萬七千名厄瓜多人遷移至美國，❹克里斯提安也是其中一員。他二〇〇一年來到美國東北部，目前估計有四十二萬五千七百名厄瓜多人（*cuatoriano*）聚集在該地區。和當時許多同胞一樣，克里斯提安十幾歲就離開懷孕的女友和生活拮据的家人出國找工作。過去十多年他持續匯錢，在老家蓋了一棟自己不曾造訪過的房子，供應自己不曾牽過手的兒子吃穿和讀書。❺

上述細節是我後來和他數次電話訪談及造訪紐約時聽到的。但在首次會面的這天當下，我們倆依然完全陌生。

克里斯提安自我介紹。頭頂上方地鐵列車經過的轟隆聲加上白天車流的嘈雜，讓我們幾乎得用喊的才能聽見對方。我問他哪裡有安靜點的地方可以說話，他推薦附近一家厄瓜多餐館。下一秒我已經和他隔桌對坐，努力向他解釋我所為何來。「謝謝你答應跟我見面。我知道這有點詭異，但就像我在電話裡說的，我從厄瓜多領事館得到你的聯絡電話，所以想見你一面，因為我是發現瑪麗賽拉遺體的人。」

一陣尷尬的沉默。

我接著往下說：「我想，我這樣做是因為我想認識她和她的家人。我想讓你知道我們發現她的過程，而你有想問的事，我或許也能回答。我正在寫一本跟遷移者在沙漠裡的遭遇有關的書。我想徵求你的同意，讓我在書裡介紹她的故事，還有她失蹤時家人的感受。」

雖然我們之前已經通過幾次電話，我剛才講的那些事他都知道，但我還是不曉得見到本人時，他會有什麼反應。但沒過幾秒，克里斯提安就直視著我說：「我跟他們說了好幾遍，跟他們說越境很危險，說我不希望瑪麗賽拉過來。他們卻以為我只是不想讓弟媳來這裡找工作。其實我是因為自己的遭遇。我知道穿越沙漠會遇到什麼，真的很恐怖……你絕不會相信我遇到了什麼。我不希望她經歷一樣的事。」

雖然對克里斯提安和許多非法入境美國（厄瓜多人的說法是**走那條路**〔*por el camino*〕或**過草原**〔*por la pampa*〕）的非墨西哥人來說，索諾拉沙漠真的很可怕，不過那已經是他們艱辛旅程的最後一哩路了。從出發開始，他們的遷移可能長達數週或數月之久。[6]**厄瓜多人**和其他非墨西哥人有時得支付一萬多美元給**帶路人**（*pasador*），協助他們偷渡多個國家。[7]美國聯邦政府二〇一三年遣送出境的遷移者有百分之卅一為中南美洲人，並且似乎逐年增加。[8]這些遷移者會使用各種方法穿越多國邊界，如步行、奔跑、乘坐竹筏過河或坐在貨物列車頂上等等，[9]最終來到美墨邊境，踏入沙漠試試運氣。從我們首次會面到隨後幾次在紐約對談，克里斯提安陸陸續續回憶當年穿越沙漠的細節，而我也逐漸明白他為何堅決反對自己的弟媳瑪麗賽拉遷移到美國。

在接下來的篇幅裡，我選擇用克里斯提安自己的話來敘述他的遷移經歷，盡可能不加干擾或打斷。這樣的敘事觀點轉移有兩個理由。首先，由他本人來說比我能做的任何民族誌詮釋或摘要都來得真實。如我在書裡不停強調的，沒有什麼能取代邊境穿越者的內部觀點。其次，藉由將他的話推到台前，我希望彌補坊間缺乏無證遷移第一人稱自述的不足，尤其是南美洲移民。人類學家傑克森在他介紹烏干達、布吉納法索和墨西哥遷移者生命經驗的新作裡寫道，「人對於自己的理性魔力有一種執迷，總想讓世界變得可以理解。若想避開這道陷阱，就不能將能言善道的『我們』直接投射在『他們』身上，而是必須不斷用多重變動的實際生命經驗加以檢驗。」[10]雖然我有加入簡短的分析與補充，有時也用腳註說明，但本章主要還是讓克里斯提安自己發聲，讓他有機會帶領我們理解他的世界。[11]

「忘也忘不了」

克里斯提安：瑪麗賽拉離開我家鄉那天，怎麼說呢……我想她是抱著希望，心裡懷著很多目標，夢想著到這裡來。她有很多夢想要實現，一心只想來這裡。但她也是帶著心碎來的。跟我二〇〇一年那時一樣，出發的第一天非常痛苦。我根本不想來紐約，想走的是我姑姑。我和女友處得很好，就是孩子的媽。她那時懷孕，我們很快就會有兒子了。我很高興。我很想結婚、找工作，賺錢拉拔孩子長大。我想跟他一起生活。我那時想的就是這些。後來我們決定過來，我姑姑說：「這樣對你兒子、對你老婆、對你爸媽都比較好。」我母親生病，父親賺的錢很少。

我們家是一間很小的泥磚屋。政府計畫開一條大馬路通過我們那區，我們連僅有的窩都保不住。我一直在想這件事。萬一發生了，我們該怎麼辦？我爸媽能去哪裡？我和我兄弟姊妹又能去哪裡？所以我才決定來這裡，為了蓋一間房子。我妹妹叫凡妮莎，她現在已經長大了。我很愛她，希望她能讀書。我們都沒有上過學，因為根本沒錢。我一直在想她的事。我想替她辦**十五歲禮**（*quince años*）。那裡有太多事不可能發生，有太多事我想做卻做不到。我一直在想這些事，最後我說：「我去。」我要爸爸替我籌錢，他問我爺爺奶奶能不能拿地去抵押。沒錯，我決定要走。

我：你打算要走，心裡有什麼想法？

克里斯提安：我就是相信神，求祂幫助我。我跟祂說我是為了爸媽和兒子去的，很快就會回厄瓜多，頂多兩、三年。

我那時在睡覺。第一架飛機撞上去時，大概是早上七、八點。我奶奶跑進來，要我趕快開電視。她說：「紐約出事了。」她邊說邊哭，因為她有兩個兒子在那裡。那對我們厄瓜多人和全世界都是大事。事情發生後，家人不希望我去。我考慮過，但覺得那裡肯定會有很多工作。我心想要是去紐約，就能幫忙清理被毀的房子，因為**非法者**（*ilegal*）在這裡能做的也就只有建築和清潔工。我覺得自己可以從建築工開始。九一一事件後過幾天，大概是十六或十七日，我們就出發了。

我離開對凡妮莎影響真的很大，因為我們從小就膩在一起。我那時有工作，經常帶她去血拼，幫她買衣服，買洋裝。她那時還是小女孩，在家裡就像小公主。我對她就像自己的女兒，什麼都想給她……。我離開那天真的很難過。我不想叫醒她。我天一亮就走了，她還在睡覺，我只吻了她的臉就離開了。我越境時一直想起她。到了**路上**，我們上了一輛卡車，但我只能坐車斗，因為前座沒位子了。車子在路上奔馳，我看見她就坐在我旁邊。我想像她在車上。那感覺好難過，我忍不住哭了。我兒子那時還沒出生，凡妮莎是我最愛的人。這種事會在你心裡烙下印子，忘也忘不了……我離家時十七歲，從墨西哥到美國時已經十八了。

過草原（*por la pampa*）

克里斯提安：我們先去（厄瓜多的）瓜亞基爾，然後從瓜亞基爾飛到秘魯，再從秘魯飛巴拿馬，從巴拿馬搭巴士到哥斯大黎加，接著去尼加拉瓜、薩爾瓦多和瓜地馬拉。在秘魯和巴拿馬，他們對我們很好。我們住旅館，因為扮成觀光客，所以還有行李，穿得也很體面，免得有人指指點點。

我們口袋裡有錢，感覺像來度假。但一到哥斯大黎加，老天……怎麼說呢……我們在哥斯大黎加越過一條河之後，事情就急轉直下。我還以為（紐約）很近了，心想「我們就快到了！」我們才過一條河，我就以為我們到紐約了！（笑）

我們到哥斯大黎加之後，曾經穿過一片甘蔗田，結果有蛇！天哪！我們跑到一間很小的屋子裡。我們必須在那裡換衣服，因為穿太好。他們給了我們另一套衣服，然後要我們鑽進車子的後車廂。六個人擠在一起。我們就是這樣到尼加拉瓜的。我們在後車廂裡捱了六個小時。我永遠不會再試一次……老天，他們車開得好快，好恐怖。要是發生車禍，我們一定全死光……姑姑和我現在幾乎絕口不提這些事。我只要想到就會受影響，覺得很難受。

我想是宏都拉斯吧。他們帶我們到叢林裡的一間房子。我們在那裡待了一個月，哪兒都不能去。

從那裡，他們把我們帶到瓜地馬拉。我們一接近墨西哥邊界，他們就開始對我們很惡劣。

他們帶我們到一位女士家，那房子真的很漂亮。我們以為會住裡頭，結果沒有。他們把我們關在後院的雞舍裡，跟老鼠一起睡。裡頭到處是泥巴，床底下有大老鼠打架，晚上還有蟾蜍發出各式各樣的聲音，而且熱得要命。我們不能離開雞舍，只能從木板縫隙看到外面，看到那位女士煮飯的地方。她會做薄餅和燉豆，我們必須付錢。我們在那裡睡了兩晚。

之後他們把我們打扮成**瓜地馬拉人**，讓我們穿得好像當地人，女生一律換上長裙和短上衣。我們走到（蘇恰特）河邊，因為已經非常近了。他們說：「要是有人問，你們就說是來購物的。」我們坐上輪胎做成的皮筏，他們用槳划水，把我們送到墨西哥的恰帕斯。

我們來到一座城的郊外。他們把我們帶到一棟房子的頂樓。老天，那裡簡直熱得不可思議。我們在那裡待了一晚，隔天就離開了。他們又讓我們搭計程車，三人一輛分乘兩部車。他們說：「我們一說躲起來，你們就要躲起來。我們會拉下椅背，你們就要鑽進後車廂。」只要經過檢查哨，我們就得那樣做。他們還告訴我們該說什麼。我們必須知道總統是誰、貨幣名和國歌。我們還學了幾句墨西哥話，像是**幹**（*chingada*）、**沒錯**（*odelay*）和**幹你娘**（*chinga su madre*）。（笑）後來他們把我們送到海岸附近，但我不曉得是哪裡。

墨西哥萬歲，笨蛋！（*¡Viva México, Cabrones!*）

從瓜地馬拉到墨西哥索諾拉的諾加萊斯，直線距離超過兩千五百六十公里。許多走過這段跨國長征的非墨西哥遷移者都會告訴你，如此遙遠的一段障礙賽跑遠比沙漠危險得多。那些跟克里斯提安和她姑姑一樣有幸找到嚮導同行的人，將會發現自己被一個又一個人口販子轉手，人身價格也跟著變動。[12]這些無證遷移者完全任人擺布，既是違法的化身，又被貶為必須用盡辦法走私的貨物。[13]這趟祕密旅程通常包括棋盤式的移動，在不同的「安全屋」、雞舍和骯髒的閣樓落腳，外加各種別出心裁的交通方式與偽裝。途中遷移者還必須竭力避免落入鯊魚口中，因為在這條路上被當地人、黑幫和執法人員綁架、搶劫、攻擊、強暴或殺害是家常便飯。對中南美洲人來說，墨西哥本身就是移民查緝異質集合體。

克里斯提安：在墨西哥，我們待在一位女士那裡，她起初對我們很好。我不曉得後來發生了什麼，但過了一週半左右，她開始對我們很壞。我猜是我們的家人或**郊狼**沒給她錢。她養了一隻大狗，不讓我們離開房間。我們不能出去。後來過了三週左右吧，離開的時候到了。那位女士說：「他們付了錢，我們會帶你們到水邊搭船，之後你們再坐火車。」

接著他們跟我們說：「聽著，你們都要去搭船。我們會給你們救生衣，這樣掉到水裡才不會沒命。」

我們心想：「好吧，至少他們有給救生衣。」可是等我們到了水邊，他們卻只給了我們垃圾袋。

我們問：「你們給我們這個做什麼？」他們說：「這就是救生衣。」

起初船開得很順。我們到了海上，感覺很棒。我那時才十七歲，跟電影《鐵達尼號》一樣張開雙臂坐在船頭，因為風在吹。（笑）空氣很好，很舒服。

但傍晚六點剛過，另一艘船朝我們開來，感覺像巡邏隊。他們說自己是強盜，要搶劫我們。我們的船駕駛有吸毒。他拿起白粉吸了一口，然後把粉弄齊，又吸一口。吸完第三口時，他只說了一句（用墨西哥口音）「**抓緊了，笨蛋！**（*¡Agarrense, cabrones!*）」接著便油門全開。他高聲大喊：「小心摔出去，小心摔出去！」他油門一開，所有人都跌在甲板上。船飛了起來。這下我們終於明白為什麼要發垃圾袋了。垃圾袋是用來罩住身體的，因為水會飛進來。我們都像沖澡一樣，身體全濕了。所有人都在尖叫、大哭，說自己就要死了。我們吼著要駕駛停下來，但他沒理會。感覺好恐怖好恐怖。我們發現自己在大海中央。天色很黑，駕駛突然把船停下來說：「所有人下水，我們快到岸邊了。」於是我們跳進海裡。我姑姑跳進海裡就消失了，看不見人影。我拚命打水轉圈找她。最後我總算找到她了，我們一起游到岸邊。可是岸上有夠泥濘，而且到處是刺。我們沒有穿鞋，又必須跑過海灘，所以腳都受傷了。之後嚮導告訴我們：「那裡有條路，你們必須沿著路走。你們會遇到一間小屋，在那之前絕對不要停留，因為這一帶住了不少人，他們可能會搶劫或槍殺你們。」我們一直跑到小屋，中途都沒有停。小屋裡有個老人，大家都喊他「**爺爺**（*abuelo*）」，他說我們可以躲在那裡。於是我們就進去睡覺。我們身上都是泥巴。他告訴我們必須在這裡等一陣子，火車⓮破曉才會來。

老人帶我們到火車會經過的地方，離小屋走路大約五分鐘。「只要車一停，」他告訴我們，「就立刻上去。」那地方都是芒果樹。**爺爺**要我們爬到樹上把風，看有沒有人從其他農場過來，還是移民官員或警察正在靠近。只要看到火車來了就要立刻下來，想盡辦法跳上火車。

我姑姑在樹上哭。她整趟路都在流眼淚。她一直很緊張。她很想回家，但又想到她在厄瓜多的孩子，還有她想讓他們上學。除非她穿越邊境，否則就甭想了。我們有幾次真的考慮回家，但又想到自己付了那麼多**銀兩**（*plata*），每個人要一萬兩千美元。我們沒有錢，只好拿爺爺的地去借。要是回去，爺爺就沒有地了。

過了不久，火車來了，我們立刻跳上去躲了起來，坐在車廂之間。我們剛躲好，火車就開始前進了。我們只要經過城市或小鎮就會躲起來。他們告訴我們，只要車長停車或鳴笛，我們就要下車躲起來，因為那表示檢查哨到了，警察會上車搜查。車長真的有停車和鳴笛，但不是完全停住，只是慢下來，但速度還是很快。雖然火車還在動，但我們就必須跳車。

我們每到一個地方，就會換人接應。火車上有個小孩，他是我們的嚮導，我們跳車後他負責帶路。我們走著走著遇到一間雞舍，便鑽了進去。我們滿身泥土，又濕又髒。嚮導說我們得梳洗一下，天黑時進**城**（*pueblo*），他們會給我們衣服和食物。天色暗了以後，我們走到那個小城，心裡很害怕，因為感覺很多人都想搶劫我們。⓯我們到了一間房子，洗了澡，他們給了我們新衣服。接著嚮導說：「大家吃點東西。我們半夜會帶你們去巴士站，讓你們去墨西哥**聯邦區**（*al Distrito Federal*），也就是墨西哥市。」

後來，他們帶我們到巴士站，跟我們說：「如果有人上車盤查，例如警察，你們就要裝睡。如果

> 被問，就說你們要去**聯邦區**度假。」嚮導跟我們說，到了墨西哥市，會有一位計程車司機來接我們。他說：「你們會看到司機，他會戴某種顏色的帽子。你們就會知道是他。然後你們就上他的計程車。」結果確實如此。我們清晨到了墨西哥市下車，司機已經在那裡了。我們坐上計程車，他載我們到他的房子。我們吃了早餐，他說：「你們不會在這裡待太久，會有人來接你們。」下午另一個人來了，把我們帶到另一間屋子。我們又被關了大概三、四天。後來那個人跟我們說：「你們會去一座**牧場**。」我們的盤纏已經沒了，必須再給他們錢才能繼續（往北）前進。那個人讓我們打電話叫親友匯錢。我打電話給我爸說：「拜託，錢用完了，我想離開這裡。」之後他們帶我們去了一座廢棄的大牧場。我以為那裡只會有我們，但我們到了之後，他們把燈打開。天哪！有三百多人躺在地上。他們吩咐我們抓一張床墊自己找地方睡覺。所有遷移者就是被他們安置在那裡。

廢棄的墨西哥牧場裡，穿著緊身白牛仔褲和鱷皮靴的男人手持俗稱的山羊角（*cuernos de chivo*）[16]，看守從各國綁架來的三百名受害者，感覺就像羅德里格茲電影《絕煞刀鋒》的場景一般。但對橫越墨西哥的遷移者來說，卻是再真實可怕不過的夢魘；而且從克里斯提安偷渡之後，十四年來情況只退不進。隨著墨西哥毒品戰爭爆發，販毒集團愈來愈投入人口販運，穿越墨西哥失蹤的中美洲遷移者人數已達七至十五萬人之間。[17]這些人命運各有不同，從勒索贖金、販運到國外賣淫到替販毒集團跑腿都有。[18]二〇一〇年，七十二名遷移者在墨國北部邊境的塔毛利帕斯州遭人矇眼槍殺，只是移民路上的冰山一角。[19]美國民眾，包括那些助紂為虐的吸毒者，對每天發生在墨西哥的毒品暴力早已司空見慣，充耳不聞；只有當遷移者遇害過程太過血腥殘暴，新聞才會報導。

對必須穿越這片名副其實的熱地（Tierra Caliente）北上的中南美洲遷移者而言，墨西哥這個已經變成戰場的國家宛如巨大的異質迷宮，只要轉錯一個彎就有可能墮入深淵。橫越墨西哥的偷渡過程太過詭譎，許多人永遠無從得知自己的家人是死於沙漠，還是半路就遇到更恐怖的事。[20]不少中美洲婦人在墨西哥奔走多年，就為了尋覓失蹤兒女的下落。她們都能告訴你，墨西哥異質集合體自有一套死亡暴力。[21]

我們將從克里斯提安的經歷看到，遷移者往往需要一點機靈和大量運氣才能突破人口販運者布下的天羅地網。

> 克里斯提安：那裡有很多來自各個國家的人。有中國人、巴西人、薩爾瓦多人和尼加拉瓜人，幾乎世界各國都有。那裡有廚房，他們要所有人輪流煮飯給其他人吃。那裡真的好多人……我和不少位遷移者成了朋友。他們有的已經待了一個月、一個半月或兩個月，卻還是沒人來接。我們哪裡也去不了，因為被關在一個大空間裡，隨時有人看著。他們只要看到你想走動，就會大喊：「喂，你想幹嘛？」我們只看得到外面都是山，其他什麼也沒有。照理說我應該很快就能離開，但我在那裡待了一個星期，嚮導還是沒出現。他們不准我用手機。兩週後，我心想「這樣不對」，於是我想到一個辦法。我在那裡認識了一些女性遷移者，就請她們幫我。我跟她們說：「我想做一件事，需要妳們替我掩護。」我跟姑姑和一個女的走到露台上，我假裝昏倒，看守我們的人跑過來看出了什麼事。他們打電話給老大，跟他們說我昏倒了，接著又打給一個有車的傢伙，把我送到醫院，因為我說我快死了。
>
> 他們帶我去看一位醫師，感覺像是他們的私人醫師。他檢查之後說我神經衰弱，而且貧血，因為

我已經**在路上**好幾週了。醫師離開後，一位護士走了進來。我告訴自己，現在不做就遲了，於是就請她幫忙。我把事情經過告訴她。我邊哭邊說：「我和家人已經分開兩個月左右了。他們把我們關在一個地方。我姑姑在牧場裡生病了，但他們完全不讓我們打電話給任何人。」我請她幫我聯絡家人，讓我跟他們說出了什麼事。護士說：「不行，我不想惹麻煩。這裡所有事都被**黑幫**（*la mafia*）控制。」

我一直求她，不停掉眼淚。我想她可能心軟了。她說：「別跟任何人說。」接著就去拿了電話來，讓我打給我爸爸。他一接起電話，我就說：「**爸**（*papi*），我時間不多，只能長話短說。你聽好，麻煩快去找阿瓦雷茲。」阿瓦雷茲就是安排我離開厄瓜多的**帶路人**。她知道所有聯絡人。「你去找她，問她我們在哪裡。你去找她的時候，儘量多帶些家人一起。**爸**，問她我們在哪裡。我沒有時間多講了。」說完我就掛了電話。我只跟他說了這件事。兩天後，他們就來把我們六個人帶走了。他們把我們帶到邊界附近，到可以穿越沙漠進到亞利桑那的地方。

索諾拉

克里斯提安遷移那年，邊境巡邏隊在土桑區逮捕了四十四萬九千六百七十五人。相較之下，梅莫和路丘穿越沙漠的二〇〇九年被捕遣送的遷移者共有廿四萬一千六百六十七人。逮捕人數減少可能出於美國二〇〇八年的經濟衰退，一方面無證勞工能找到的工作數量下滑，另一方面美國國內興起反移民浪潮，似乎也導致許多有意遷移者裹足不前。雖然克里斯提安和梅路兩人的遷移經歷頗多雷同，但要記得克里斯提安出發的年代較早，治安措施還沒有因為九一一事件而升高。當時遷移者需要穿越的沙漠距離較短，同行人數也多，因此至少會有一部分人入境成功。此外，當時也還沒有外來者移地出境計畫或流線行動，嚇阻遷移者被捕後立刻再次嘗試越境。

克里斯提安：到邊境之後，他們帶我們去一間房子。那時是十二月第一週，天氣冷得要命。**嚮導**說：「我們已經很接近美國了，但不能從這裡過去。我們必須穿越沙漠，才不會被發現。」晚上十點左右，他們開了一輛車來接我們，把我們載到山區附近，跟我們說：「每個人拿兩瓶水，跟所有你需要的東西。」

老天，那裡真的好冷。在厄瓜多，人人都說在沙漠裡會渴死，所以要帶很多水。我們也都那樣想，所以每個人都帶了兩瓶四公升的水。他們放我們下車，我們就開始走，結果才走了十五到二十分鐘，我們低頭一看，發現瓶子都結凍了。真的！我不騙你！整個凍起來，硬得跟石頭一樣。所有人都嚇到了。我們厄瓜多人從來沒看過水結凍成那樣子！（笑）

嚮導爬到山上打量周遭情況，接著說：「我們不能走這裡，監控太多。我們今晚得在這裡過夜。」我說：「山裡這麼冷，我們怎麼睡在這裡？」我們隊伍大概有廿五人，才走不到五分鐘就冷得發抖。最後有人說：「我們分成女人一群、男人一群，兩群人各自窩在一起睡，這樣才不會凍死。」

我們開始一個貼著一個睡，互相取暖，就這樣過了一夜。

天亮後，嚮導說：「我們要繼續走，但只能沿著山腳，躲在懸崖下，走深谷。」所以我們又開始往前走，最後來到一處乾河床。嚮導要我們分批走，免得有飛機或巡邏車出現。就算遇到了，他們也看不到所有人，因為其餘的人都躲著或趴在地上。嚮導說我們隔天再走，所以我們又睡覺了。

隔天晚上，我們再度出發。走了一陣子之後，我們穿過圍籬來到一條高速公路。**郊狼**就說：「這裡是墨西哥，那裡就是美國。只要穿越這條路，就算通過了。但這條高速公路很難穿越，因為邊境巡邏隊很多。」他要我們排成一行，我不曉得為什麼，但我被排在最後。我搞不清姑姑在哪裡，她應該在最前面。我們出發時，天已經全黑了。我不曉得是誰說了「快跑」，但我猜是邊境巡邏隊來了。我們拔腿就逃，最後我身旁只剩另一個朋友。[22]

我們不曉得其他人去哪裡了，只好躲在樹後。我們可以看見邊境巡邏隊的車燈。嚮導跟我們說過，只要看到**邊巡的**就要躲起來。我們看見邊境巡邏隊用大燈搜索躲在高速公路旁的人。我們邊躲邊想該怎麼辦。這時一名邊境巡邏隊員拿燈照到了我們。我們被他發現了。那一瞬間，我**在路上**遇到的種種全都在腦中浮現。我開始想到各種可怕的狀況，忍不住哭了。那是我們頭一回被捕。他們一直叮嚀我們，萬一被抓，就要說我們是墨西哥來的，所以我們就照說了。他們拿了一些文件要我們簽，我們就簽了。他們又摁了我們的指紋。我們被拘留了一小時左右。他們給我們每人一個漢堡，我們都好滿足！真是太美味了，而且還熱騰騰的。（笑）吃完之後，他們把我們送上巴士，我以為會開很久，沒想到才坐五分鐘就回到邊界了。我說：「我們走了那麼多天，結果五分鐘就回邊界了？」回到墨西哥以後，他們又帶我們到之前的房子。

隔天晚上我們又試了一次。路線完全一樣，但花的時間更少；這回只花了一天，快了很多。而且這回不只廿五個人，而是七十個人加上四名**郊狼**。他們跟我們說：「我們一喊快跑，你們就越過高速公路。」後來我們就開始跑。但才一半的人跑過去，邊境巡邏隊就出現了。過到高速公路另一邊的人繼續前進，其餘一半停住不動。我是停住的那一半。我抓住姑姑的手開始往回跑，兩人一路逃回墨西哥。三小時後，我們又再試了一次。

這回**嚮導**說女人先走，男人殿後。他們把我和姑姑分開，我反對也沒用。結果又發生同樣的事。

女士們被逮到，我什麼也幫不了我姑姑。我又不得不逃回墨西哥。我看見移民官員抓到我姑姑和其他女士。我猜她一定會跟他們說她是墨西哥人，然後被他們送回邊界。我百分之百確定。我心想起碼姑姑不會沒東西吃！（笑）

我們往回跑躲起來。天亮時，嚮導說：「邊境巡邏隊肯定以為我們會改天再來，所以我們現在就重新出發。」這回我們順利通過了。嚮導帶我們到一間安全屋說：「現在天剛亮。我們要在這裡待兩、三個小時，等車子來。」我想上廁所，所以就走到外頭，結果發現到處都是燈，所有人都跪在地上。邊境巡邏隊包圍了我們。**郊狼**大喊要我們快跑，但我們哪裡也去不了。所以我們就被抓到了。我以為他們會像上次一樣，很快把我們送回去，所以就跟旁邊一位朋友說：「嘿，動作快一點！我們趕快上巴士去吃東西！」我們都餓壞了，而拘留所會給你食物。所以我們趕快排隊，搶在其他人前面報上自己的名字！（笑）

他們把我們帶到拘留所去，結果這回不妙了。他們查過指紋之後，開始問我們一大堆和墨西哥有關的問題，像是「上一任總統是誰？你在哪裡念小學？學校叫什麼名字？你住在哪條街上？」老天，那些問題好難。他們問我是否去過**聯邦區**，瓜達露佩聖母聖殿在哪條街上？我統統不曉得。（笑）他們問的問題我們都答不出來。問完之後，他們說我們不是墨西哥人。他們說：「聽著，只要跟我說你是哪裡來的，你明天就能回到自己國家了。」

我開始考慮。那時是十二月中，我心裡實在很想回去和家人過聖誕節，望彌撒。我想穿越邊境的事可以之後再說。我不曉得。結果就這樣結束了，在我熬了那麼久之後。經歷那麼多事，生病，想家人，結果就這樣結束了。我想到聖誕節，決定回去陪家人比較好。於是我決定跟他們說我是厄瓜多人，還給了他們所有資料。他們說隔天就會把我遣送出境，開始摁我指紋，拍更多照。他們把我衣服脫光，讓我洗澡，給我一套橘色的制服。我開始找我姑姑，問被拘留的其他人有沒有看到她，但他們都說沒有。我真的很擔心她。隔天他們喊我的名字，我以為他們要送我回去，結果他們給我一個小袋子，要我把自己的東西放進去，然後就把我關進牢裡。

發生這一切讓我感到好絕望，心想：「你看我變成什麼下場？」我完全沒想到自己會坐牢。經歷了那麼多事，哪知結局是這樣。我坐上巴士時，以為他們要載我去機場，送我回我的國家，結果不是。他們把我送到另一座監獄。我問他們何時能出獄，他們答說不曉得。

新年快樂！

克里斯提安：他們送我去的另一座監獄非常大，裡頭有一個大房間，床位很多。我一走進去，看到那麼多人，只有我孤零零一個……我就袋子一扔，當著所有人的面開始大哭。我想到我的爸媽，想到他們想念我會有多難過，就哭得無法控制。想到我遭遇的一切，真的太恐怖太恐怖了。我差點就死了。挨餓受凍，結果現在又遇到這種事。你有時會因此失去對神的信心，覺得神不可能這樣對你。神對我們非常火大，但我們只是想來這裡工作而已。我們經歷太多事了。我跋山涉水辛苦了將近三個半月，結果就是被關進牢裡。我們花了那麼多錢，還差點喪命。所以我那天哭了，身旁的人怎麼安慰都沒辦法。

我知道我厄瓜多家裡的電話，還有我紐約叔叔的號碼。我先打電話給爸媽。我一聽到他們的聲音就哭了。我爸爸也哭了。他不曉得該怎麼辦，都快急瘋了。接著我打電話給叔叔。他要我冷靜，說他會替我請律師，把我弄出去。

我那時才十八歲，孤零零一個人，監牢裡沒有和我同隊伍的夥伴。我從來沒有跟家人分開這麼久。我在牢裡整整三天沒吃飯。我肚子不餓，什麼都不想要，只想見家人。我和一個瓜地馬拉人成了朋友，他跟我說什麼事都不會發生，我只是得在這裡等法官決定我哪時可以離開。日子一天天過去。過了一個禮拜，我只是吃飯睡覺，很少跟人交談。我在那裡待了二十天，還是沒有離開。我在牢裡過聖誕節。十二月廿四日那天真的好難受。我打電話給爸爸媽媽，在電話裡流眼淚。爸爸媽媽也難過得要命。他們跟我說：「你被關在好遠的地方，我們沒辦法去看你。」那是我全家人度過最傷心的聖誕節。法官還是沒有召我出庭。到了十二月卅一日，我心想：「再這樣下去，我就看不到元旦日出時的月亮和星星了。我不能讓這種事發生。」於是我就決定裝病。那時是半夜十二點半，大家都在互道新年快樂，我跟獄卒說我肚子痛，他們立刻用輪床把我送到醫務室。我知道醫務室離牢房很遠，他們得把我推出建築外才能到那裡。我只想看元旦的月亮和星星。（笑）到了外頭，我看到星星覺得很開心，心情也平靜下來，一邊想著我老婆和爸爸媽媽掉眼淚。他們把我送到醫務室，檢查後說我沒事，可能只是感染之類的，接著就把我送回牢房了。

幾天後，他們打電話來通知我要出庭，叫我準備好。時間是一月了。我叔叔替我請了辯護律師。他們帶我到法庭去，跟我說了一堆事情，我統統聽不懂。他們只講英文，我只能跟我的律師用電話交談。她說我不會有事，我家人匯了錢給她，讓她替我支付保釋金。幾天後，他們叫我收拾東西，說我可以離開了。

他們給了我一些文件，把我送到一個巴士站。那裡有一個辦事員會說西班牙語，所以我就問他：「我應該去哪裡？」他回答：「我不知道，那是你的問題。你可以去紐約找家人。」我其實沒有錢，身上只剩二十美元。我打電話給姑姑，她比我先被保釋。我跟她說我被放出來了。她要我去找西

克里斯提安。（攝影：麥可・威爾斯）

聯匯款，碰巧車站裡就有一間。她說：「我會匯錢給你，讓你買車票到紐約。」

離開亞利桑那時，我還穿著坐牢前的那套衣服。他們逮捕我時，我衣服很髒，味道又難聞，而且還被收在塑膠袋裡。

我穿著那些髒衣服，頭髮又很長，但我在每個公車站遇到好人。我遇到一位墨西哥女士，她問我出了什麼事，我跟她說了事情經過。天氣很冷，她替我買了衣服、球鞋和一條毯子，還給我二十美元當旅費，因為從亞利桑那到紐約要三天。我在路上還遇到其他人買食物給我，他們都是幫助我的大好人。我經歷千辛萬苦，總算到了這裡！我覺得紐約會不一樣，心想曼哈頓會有又大又美的建築，人人都過得很好。我到了時代廣場的公車站，那裡簡直不可思議，那麼多建築和燈光。但後來我搭車到皇后區，(笑) 心想「就這樣？」那裡地上都是垃圾，聲音又吵，因為有火車。我一直以為叔叔住在很好的公寓裡。我看到大樓時，覺得真棒，心想「哇！」但他帶我走到大樓後面，我問：「為什麼不走前門？」那是因為他住在地下室(笑)的一個小房間裡，小到連轉身都很難，而且還和七個人合住。我千里迢迢過來就為了這個？我感覺被人潑了一大桶冷水。你在網路和電影裡看到的紐約好美，所有人皮膚都白，也看不到垃圾。你想像紐約就是那個樣子。而且親戚寄來的照片都是他們去玩的時候拍的，不是工作時拍的！照片裡拍的地方都很漂亮。結果我到了皇后區，這裡什麼都髒得要命！害我費了那麼大的勁。從我到的第一天，我就開始工作，開始還債。那趟旅程讓我欠了兩萬一千美元，包括利息。

雖然過程高潮迭起，但克里斯提安的精彩故事並非特例。拉丁美洲每年都有數十萬名男女老幼奮力往北，希望擠進美國。他們都有類似甚至更慘的經驗。從強暴、謀殺、毆打、搶劫到綁架，全是這群橫越墨西哥的小魚的必備風險。對克里斯提安和許多人來說，美墨邊境或許是這趟暴力之旅相對不足道的一小段，沙漠異質集合體只是他們為了求生必須克服的無數障礙之一。難怪克里斯提安會勸瑪麗賽拉別來紐約。

「他們說人各有福」

和克里斯提安初會六個月後，我又回到皇后區。時近週六午夜，克里斯提安、威爾斯和我在霓虹燈點綴的酒吧裡啜飲啤酒。喇叭震耳欲聾放著電子舞曲，衣不蔽體的男女三三兩兩圍在高掛的電視螢幕前。克里斯提安忙著發簡訊給朋友，我們約好待會兒到那家他常去的拉丁夜店和他們碰面。昆卡感覺就像另一個世界。離開家鄉超過十年，克里斯提安顯然竭力在紐約打造新的人生。他和親戚及一位長期伴侶一起住在不錯的公寓裡，靠各種建築工作為生。只要有空，他就會上英語課，並努力想取得高中同等學力證明，週末則是和姑姑陪侄子姪女到附近公園玩。然而，儘管在美國擁有這麼多自由、經驗與經濟機會，但克里斯提安始終明白為了在厄瓜多養一個家，自己付出了多少個人代價。卡在兩個完全不同的世界是極痛苦的經驗。

我：穿越邊境十多年過去，你的感想是什麼？

克里斯提安：嗯，我現在覺得很值得，因為謝天謝地我成功越境了。這點真的能幫你熬過這一切，讓你更珍惜自己的生命，覺得活著有目的、有使命。經歷過那些事讓我想法改變了。我想為自己而活，我會遭遇這些事或許有它的道理在。但我也不知道。我有時感覺並不值得，因為你拋下了家人。我本來打算最多只待兩、三年。我用兩、三年賺夠了錢，然後回家。但來到這個國家一陣子之後，你就會開始習慣賺錢(*dinero*)，而故鄉的家人也開始習慣過得好一點。我離開的時候，家裡很窮。別誤會，我家現在還是很窮，但起碼每天不愁餓肚子。他們有食物吃，住的地方也安全舒服許多。

我兒子快十二歲了，他母親（目前也在紐約）想**走那條路**帶他過來。但我跟她說還是不要比較好，因為他還小，我不曉得路上會發生什麼。最好讓他待在厄瓜多，想辦法讓他上學讀書。我並不是反對帶小孩過來，只是不希望我家小孩過來。我是過來了，但我家小孩可能死在**路上**，被強暴或襲擊。我知道父母的愛與關懷非常重要，但我家的情況就是如此。至少我兒子在厄瓜多有人照顧，供他吃穿。他在昆卡可以上學。

感謝神，一切都很順利。我很努力工作，現在狀況好轉了許多，至少對我在厄瓜多的家人來說是如此，而這裡多少也是。我是說，沒有身分證件，在這裡能做的事不多，但有什麼你就做什麼。有身分證件情況會好很多。有更好的工作可做，想做什麼就能做什麼。但無論如何我都感謝神，一切還算不錯。我過得不差，只擔心哪一天被移民官員逮到，把我遣送出境。我不曉得接下來會怎樣，但我想回去，終於能見見兒子，認識他。這就是我現在的想法。我想回去，和小孩團聚，陪他長大。（嘆氣）

我：你有跟瑪麗賽拉說這些嗎？

克里斯提安：有啊，但沒人聽進去，他們都覺得自己可以。他們說人各有福，一堆人說自己怎樣怎樣順利通過了……有人說自己兩、三天就越境成功了，還有人說自己兩個星期就過來了，什麼也沒發生，跟我們不一樣。但有些人遭遇比我們還慘。老實說，我再也不想經歷一次了。譬如我就很怕自己回去之後會怎樣。所有人都說回厄瓜多或自己國家之後，你會再也無法適應那裡的生活，適應不了必須面對的經濟危機。我很擔心回厄瓜多之後又想回來這裡，只得從頭再經歷一次。瑪麗賽拉出發前，我一直在想這個。她出事之前，我一直想回厄瓜多，想回家鄉親口告訴她這些事。我一直想說等我回厄瓜多，就要告訴我的弟媳穿越邊境是什麼情況，我們都經歷了什麼。結果你看，再也沒機會了。人們有時會賭上一切，卻毫無所得。許多人為了家人來這裡，卻只迎來了死亡。姑姑總是跟我說，我們活著到這裡是奇蹟。瑪麗賽拉來這裡的用意跟我一樣。她來是因為孩子。她想給他們所需的一切，因為他們在厄瓜多沒有出頭的機會。

10

瑪麗賽拉
Maricela

我不想要這個人生，但不曉得能怎麼辦。
——瑪麗賽拉．艾思奎達，《少了他》✪

克里斯提安的房子

隔著鐵窗可以看見昆卡四面環繞的翠綠山巒，雲靄繚繞的山峰映照在如詩如畫的鐵藍湖泊中，宛如漂浮一般，有時細看還會發現吃草的駱馬在湖畔啜飲冰涼的湖水，或是遠方白雪飄飄。在這裡，沁人的薄霧有如濕漉的膠膜覆蓋著萬事萬物，讓人難以想像索諾拉沙漠的模樣。

雖然他們在這裡已經住了快兩年，許多房間還是空空如也，沒有完工也沒暖氣。元月時分，海拔兩千五百公尺的安地斯山上，就算待在屋裡，呼吸有時也會噴白氣。我和威爾斯還有克里斯提安的廿四歲妹妹凡妮莎站在空蕩蕩的起居室裡，陪伴我們的只有幾把鐵椅、一小棵閃呀閃的聖誕樹和擺在角落的手工聖誕馬槽。這些靠著來自紐約的匯款買來的應景裝飾，讓人悲傷想起克里斯提安的家人才剛過完沒有他在的第十三個聖誕節。雖然克里斯提安不曾出現，也未曾踏進這棟三層樓的混凝土透天厝，但住在這裡的家人（包括他兒子小克里斯提安、他爸爸恩涅斯托先生、媽媽朵若芮絲女士、

瑪麗賽拉和家人合照，厄瓜多昆卡。（攝影：凡妮莎）

他妹妹、他弟弟提歐和提歐的三個小孩）都稱呼這裡是「克里斯提安的房子」。

雖然相隔遙遠，但電話、視訊和按時寄來的錢與禮物總是讓他們感覺到那位「施主」的存在。南美有許多這種家人移民在外的勞動階級**社區**（*barrio*），❶昆卡屬於其中最大的幾個。而克里斯提安的透天厝就和當地許多跨國家庭的房子一樣，是靠著十多年來每月從紐約寄來的匯款一磚一瓦、一室一房蓋起來的。瑪麗賽拉二〇一二年六月離開昆卡時，心裡的夢想正是她有一天也要和克里斯提安一樣，替家人蓋一個家，讓老公提歐和十三歲的老大傑米、十歲的老二蘿拉和六歲的老么艾德加也能在移民經濟資助興建的「**瑪麗的房子**（*la casa de Mari*）」裡過聖誕。

房裡的迷你手提音響開始播放費南德茲的《山的法則》。嘹亮的喇叭與奔騰的小提琴在沒有裝飾的水泥牆和冰冷的灰地板之間迴盪，讓這首心碎之歌更加盪氣迴腸。身材瘦長的傑米站在房中間，一手摀著胸口，一手朝天舉高，彷彿在教堂裡做見證一樣。雖然房裡只有我、威爾斯和凡妮莎，但傑米還是假裝眼前有萬千歌迷正在為他歡呼。他緊閉雙眼，嘴巴跟著樂曲唱出第一句歌詞「我在龍舌蘭葉上寫下你我的名字，筆畫交纏相依，證明我們彼此相愛」，接著猛然轉身，開始手舞足蹈，彷彿全世界的目光都在他身上，我們三個鼓譟歡呼。歌曲結束，我們高喊安可。傑米的妹妹蘿拉、弟弟艾德加和堂哥小克里斯提安站在開著的窗外看得笑呵呵，也跟我們一起鼓掌。凡妮莎轉頭對我說：「瑪麗賽拉以前常這樣表演。孩子們放音樂唱歌，因為這樣做能讓他們想起她。」

——

在這場即興演唱會的三天前，我和威爾斯帶著我們的配偶和兩個小孩搭著計程車首次造訪這間

克里斯提安的房子，厄瓜多昆卡。（攝影：麥可・威爾斯）

房子，我完全不曉得會發生什麼。籌備這趟旅程時，我試著從這家人的角度去想。萬一有人發現我母親、姊姊或妻子的遺體，而那個人想寫書，所以來造訪我，我會有什麼感受？但這樣做並沒有讓我安心多少。克里斯提安向他們解釋過我是誰，並保證我和威爾斯很可靠。我和凡妮莎在臉書上頻繁對話，負責安排小孩和家人迎接我們來訪的也是她。我們預定停留一週，但我連我們能不能捱過初次會面時的尷尬都沒有把握。我下了計程車，朝在屋外等候我們的那一家人走去，一邊在心裡複習我的自我介紹。但我還沒來得及開口，一名個子嬌小、頭髮黝黑繫著縞瑪瑙長穗帶的婦人就蹣跚上前將我抱住，好像認識我一樣。接著，朵若芮絲女士（*doña*）眼眶濕潤，聲音顫抖地說：「謝謝你們來。」

對我們所有人來說，在昆卡造訪瑪麗賽拉家人的那一週，情緒就像雲霄飛車一樣起伏不斷。下車不到五分鐘，我們已經坐在小臥室裡跟朵若芮絲女士和凡妮莎一起掉淚，聽她們描述瑪麗賽拉的生前與離世。瑪麗賽拉的三個小孩靜靜聽著奶奶和姑姑說話，只有他們沒落淚，因為他們正忙著逗弄我八個月大的兒子。接下來幾天，同樣的畫面還會在不同地方出現。瑪麗賽拉的家人敞開心扉，向我訴說瑪麗賽拉，以及她失蹤、死亡與裝在棺木裡回到昆卡為他們帶來的創傷。大人會哭，小孩則是呵呵笑，將嬰兒傳來傳去。朵若芮絲女士只要提到媳婦的名字就會崩潰。對她來說，感覺就像沙漠裡喪命的是自己女兒一樣。但對凡妮莎來說，除了失去摯友閨密讓她心痛，廿四歲的她一夜成為三個小孩的代理媽媽，也讓她焦頭爛額。我對瑪麗賽拉的生前和她離世帶來的傷痛的認識，主要都來自這兩位的描述。

雖然本章內容大多來自我在紐約和克里斯提安的對談，以及我在昆卡和朵若芮絲女士及凡妮莎的談話，但我還跟瑪麗賽拉在厄瓜多的成年家人談過她，包括恩涅斯托先生和她丈夫提歐。造訪昆卡那一週，我會在提歐晚上下班後和他週休那一天和他聊天，但我很少直接提到他的妻子。他心裡的傷痛顯然還未癒合。出於尊重，我從來不主動提起瑪麗賽拉，而他也只提過妻子幾次。我們造訪期間不巧遇上他們的結婚紀念日，似乎讓他更加心痛。因此，我們往往避談他的妻子，只是單純閒聊或談論孩子和昆卡勞動階級每日面對的經濟困境。雖然他不大願意談瑪麗賽拉，但還是讓我走進他的家和家庭生活，並且在我們停留期間竭力將我們當成上賓對待。

除了他們，我還造訪了瑪麗賽拉前往美國前和家人同住的小木屋，跟她的鄰居和其他親戚聊過天。瑪麗賽拉一家之前的住處只有一個房間，鐵皮屋頂，泥土地面，木牆板跟紙一樣薄，地點在城裡的棚屋區，家裡經常跑進半野生的狗和雞。難怪她想蓋一個新家。

雖然我們的到訪喚起了痛苦的回憶，但我想對瑪麗賽拉的家人來說，能跟發現她遺體的人談及她

瑪麗賽拉的墓，厄瓜多昆卡。（攝影：麥可・威爾斯）

的離世還是很療癒，對凡妮莎和朵若芮絲女士更是如此。雖然親人們知道更多瑪麗賽拉在沙漠過世的消息，心裡稍稍得到安慰，但我才是更該心懷感謝的人。他們不僅敞開大門歡迎我和威爾斯兩家人，還給了我們許多喜悅的小時光。我們那週有許多時間都是和凡妮莎及瑪麗賽拉的小孩在昆卡走走逛逛，造訪公園，享用冰淇淋和披薩，替傑米和蘿拉準備參加遊行的行頭，同時逗樂我的兒子。雖然三個小孩喜歡談起自己的母親，還興沖沖帶我們去看她的墓，我卻沒有看他們哭過。在這個被死亡重創的家裡，他們似乎才是最堅強的人。

二〇一二年六月初，卅一歲的卡米塔・瑪麗賽拉・札桂・葡亞斯（Carmita Maricela Zhagüi Puyas）決定將丈夫和三個孩子留在昆卡，獨自前往美國。她的親人目送她離開，在她失蹤期間焦急找她，如今承受著她過世帶來的悲傷。接下來的故事是她們眼中的瑪麗賽拉。

「事情已經定了」

朵若芮絲女士：她好喜歡音樂！天哪，真的很誇張。她隨時都愛跳舞。她經常出門去跳舞，也喜歡幫孩子辦派對（笑）……所以她老公到現在房間裡還有非常多CD，因為她太喜歡音樂了。只要去**城裡**（*centro*），她一定會去買**光碟**（*disco*）。只要有新音樂，她就會想辦法弄到手。她常對我說：「媽媽（*mamita*），跳舞最適合配音樂了。」跳舞真的是她最開心的時候……我兒子和她是一月十二日結婚的。他們十三年前舉行公證儀式，這星期就滿十四年了。克里斯提安替我們出錢辦了一場教堂婚禮。他們七年前在教堂結婚。

瑪麗賽拉的親戚：她好幸福，這裡所有人都叫她瑪麗波薩（Mariposa），也就是蝴蝶。

克里斯提安：呃，我剛來紐約的時候，她才剛嫁給我弟兩年，所以我沒什麼時間好好認識她。但我到這裡之後，我弟總是三句話不離她。她性格真的很開朗，知足常樂，喜歡開玩笑和胡鬧，經常穿得漂漂亮亮出門。瑪麗賽拉還很直接，心裡想什麼就說，直接表達心裡的感受。我在昆卡的時候，她生了我侄子。我媽從那時開始才真的對她親近，兩人開始在一起，我媽開始把她當成女兒看待。她們在一起很多年，同住超過十年了。

她二〇一二年六月離開厄瓜多。她從來沒到過紐約。我家人打電話給我，問我能不能幫助她過來，我拒絕了。我拒絕是因為我走過那段路，所以很擔心。她有三個小孩，我說拋下他們會很不好受，他們會非常痛苦。我叫她不要來。可是怎麼說呢，她哥哥真的很堅持，一直跟她說：「來吧，來紐約。」最後他說服了她。我猜她是想要……我也不曉得。她無法給孩子他們想要的東西，我想那是她想這麼做的理由。她六年前跟銀行借了錢，金額是兩千美元，現在含利息是五千美元。誰曉得，也許她想來紐約是覺得可以還債。在這裡找到工作，把錢還一還。

提歐：這裡的日子爛透了，所以大家都想離開。

朵若芮絲女士：我跟她說：「別走，跟我一起待在克里斯提安的房子。他希望你們跟我們一起住。」她老公也這樣跟她說，但她只是告訴我：「別怕，**媽媽**，姊夫會帶我一起去，我想找工作。」我女兒瑪麗賽拉長得好漂亮。每天早上她送孩子上學，我就孤零零在家，等她回來陪我。她就住在隔壁，會替我沖咖啡。我知道你可能無法想像她就像我女兒，但真的是那樣。我永遠忘不了她。

我永遠忘不了她。

凡妮莎：她是星期二早上七點半左右來的吧，跟我說：「我決定去了。」我說我阻止不了她，因為那是她和我哥的決定。他們必須自己做決定，我不能強迫她做她不想做的事。她跟提歐討論過，我哥說他不希望她走。他心裡有很多疑慮，正反兩面都想了很多，我什麼也不方便說。過了一會兒，她告訴我：「事情已經定了，我要去我要去我要去，就算提歐不讓我去，我也要去。他叫我別去，可是……」她想去，因為那樣才能出頭，才能還債。她欠了很多錢，有誰會幫她還？沒有人。但她必須還錢，所以決定去。她必須為了孩子付出。

神替每個人都安排好了命運，離開是她自己的決定。我們還能怎麼辦？我們只能讓她離開……她覺得她去一年就會回來。她告訴我：「我只拜託妳一件事，就是幫我照顧我的小孩。為了他們，我什麼都會做。」我說：「瑪麗，別去。」但她只說：「時候到了，我會去的。」她想去那裡，然後在錢的事上幫助我們。我們照顧孩子，她負責匯錢。她離開那天，我們哭得好傷心。我們抄了一堆電話號碼給她，要她遇到狀況了就打電話。我們說：「瑪麗，生病就打電話給我們，讓我們幫妳。」我們最後又叫她別走，但她對我說：「不論命運如何，我都非去不可。」

朵若芮絲女士：瑪麗離開前說：「媽媽，請替我照顧**孩子們**（*mis wawas*，克丘亞語）。」我求她：「女兒，妳為什麼不留下來就好？」她說：「不行，**媽媽**，我不能留下來。我孩子在這裡快沒東西吃了，過得很痛苦。他們會跟妳一起。我知道神會保佑你們。請妳填飽他們，**媽媽**，別讓他們餓肚子。」說完她就離開了，把孩子託給我……我的女兒啊……喔，我的女兒，妳再也不會回來了！（哭泣）

凡妮莎：大概是六月一日吧，她要我替她染頭髮。她想優雅地上飛機，想漂漂亮亮進美國。所以我就替她染了頭髮……我哥載她到巴士站，她搭車到瓜亞基爾。他到現在看見那些巴士還是會哭……八天後，她從巴拿馬打電話來，也可能是瓜地馬拉。她說她不喜歡那裡的食物。我們要她回家，但她說沒辦法。她對我說：「跟我公公婆婆和孩子們說我愛他們，我不是為了耍任性而離開的。」她邊說邊哭，我聽得好不忍心。六月第三週，我又和她通了電話。她發了一則臉書訊息給我們，說她想跟我們講話，跟孩子們講話，因為他們準備帶她穿越沙漠了。她告訴我：「我不曉得怎麼才能去到那裡，但我是為了家人去的。上帝保佑，我會過去的。」

失蹤（*Perdida*）

比起男性，記者和民族誌對女性邊境穿越經驗的記述與研究少了許多。這份不足部分來自研究時的男性偏誤，部分則是因為女性一般只占每年無證遷移人口的不到百分之十五。儘管我們對瑪麗賽拉穿越沙漠的過程所知有限，但有不少令人深省的數據可供參考。兩國遷移研究中心二〇〇六年調查指出，女性暴露於惡劣環境的死亡率是男性的二點六七倍。[2]部分研究者認為，這項差距來自人口販子通常視女性為包袱，以致棄置的機率較高。[3]兩國遷移研究中心最近一項分析也指出，一九九〇

凡妮莎和提歐。（攝影：麥可・威爾斯）

至二〇一二年，皮馬郡法醫室共相驗了兩千兩百卅八具邊境穿越者的遺體，其中百分之十八為女性，[4]還有幾年（二〇〇〇至二〇〇五年）更達百分之廿三。比起遭到邊境巡邏隊逮捕和遣送的女性人數，死於途中的女性多得不成比例。但不論原因或性別，只要被扔在索諾拉沙漠裡，基本上就等於被叛了死刑。

克里斯提安：她和她姊夫一起走，第三週就到了墨西哥。我覺得真的很快，心想上帝保佑，她很快就能過來了。但六月底我媽打電話來，跟我說瑪麗失蹤了，說她一直沒消息。她沒有打電話回家，他們也不知道她在哪裡。我說她很快就會出現了，不用擔心。同一天我又接到我弟電話，語氣很焦急，問我能不能幫忙找她，我說好。

凡妮莎：我不記得確切日期，但大概是

她進沙漠後的那個禮拜，我們開始找她。週末左右，星期六吧，她姊夫打電話給我們。是他帶她進沙漠的。他打來說瑪麗失蹤了，他不曉得她的下落。我們聽了非常擔心，開始四處打聽……我們打電話給在**美國**（*los Estados Unidos*）的親戚，看他們能不能幫忙。我們要她哥哥幫忙找她，因為是他出錢讓她去的。我們問他**帶路人**是誰，看能不能聯絡到對方。我們想知道他們能不能幫忙，但她哥始終絕口不提，不肯告訴我們**帶路人**是誰，也不肯說他們走哪條路線。這件事到現在還是個謎。

克里斯提安：她和她姊夫一起走，但我家人打電話來那天，他卻到了美國。瑪麗留在沙漠裡應該是六月廿七日，而她姊夫好像廿九日到美國。他打電話給厄瓜多的家人，說瑪麗賽拉在沙漠裡被丟包了。我搞不懂他怎麼能把她留在那裡。我開始非常擔心，因為我去過沙漠，知道那是怎麼回事，更何況那時又是夏天。我們到現在還是不曉得我弟媳到底出了什麼事。

凡妮莎：有人跟我們說她被綁架了，被關在牧場裡。我每天發臉書訊息給她，想知道她在哪裡。我說：「瑪麗，我們都很擔心妳，快點回來。」提歐打電話給她哥，問她到哪裡去了，還說只要能找她回來，我們家什麼錢都付。結果她哥竟然開始臭罵他，跟我們說瑪麗很好。那真的好心痛……我們在網站上留言，在網路上搜尋穿越邊境的影片，希望……我也不曉得，或許是希望能在影片裡看到她吧。

克里斯提安：瑪麗被人丟在沙漠裡。我跟家人說如果她一直待在那裡，移民官員會去抓她，把她關進牢裡。她姊夫說他們當時在某片樹叢或樹林附近，想找地方躲起來或遮蔭，結果瑪麗腳受傷了還是怎樣。我猜她可能哭著說「我想去美國」，但已經走不動了，熱到沒力氣之類的。正當他們打算找地方躲，忽然聽見附近有人的聲音。我猜應該是邊境巡邏隊。所有人開始逃，但瑪麗說她跑不動，只能留下來。她走不動了。我不曉得那傢伙怎麼忍心……我不曉得他怎麼能拋下她。

凡妮莎：她姊夫說她身體不舒服，想坐在石頭上休息。後來他們被什麼嚇到，所有人都跑了，就只有她沒跟上。他不曉得她去了哪裡，不確定她在前面、坐在哪裡休息，還是暈倒了。

尋找邊境穿越失蹤者很困難，尤其像克里斯提安這種沒有證件，不大會講英語，又對美國聯邦官僚體系毫無認識的人；就算找到了，打電話給邊境巡邏隊也沒什麼幫助，因為他們對搜尋毫無興趣，頂多只會告訴家屬親友，失蹤的遷移者「在亞利桑那州附近的沙漠裡」。沙漠異質集合體本來就是為了讓找人特別困難。如同克里斯提安接下來提到的，他一直以為瑪麗賽拉是在鳳凰城附近失蹤的，離她被丟包的地點往北足足有兩百公里。

克里斯提安：我自然以為她躲起來了，因為移民官員沒看到她。我覺得移民官員只要認真找人，不可能找不到。她要是自首就會坐牢，但就不會死。六月廿九日，我弟弟打電話給我，跟我交代事情經過，我就開始打電話到監獄、移民拘留所和醫院去問。我打遍了整個亞利桑那，還在臉書留言，說她失蹤了，求大家幫忙找人……我在臉書貼照片，請大家幫忙找人，因為我沒辦法到亞利桑那，那裡移民官員很多，很危險。我跟電台和電視節目聯絡……我開始詢問鳳凰城的醫院，但他們說醫院裡沒有叫瑪麗賽拉的病人。我們怕她用假名，所以就改成描繪她的長相，問他們有沒有見過，可惜還是沒有。

幾天過去，我們依然等著她跟我們聯絡。她沒打電話，也沒出現，但所有人還是抱著希望。因為很多人都是這樣，兩、三週毫無音訊。你有時就是沒辦法打電話，人口販子不准你打。我們祈禱瑪麗也是這樣。有人說遷移者常常會被綁架，強迫賣淫，搞得我很擔心。而且我打電話回厄瓜多，瑪麗賽拉的小孩就會跟我說，「幫我們找媽媽！」她家老大十三歲，老二和老么才十歲和六歲。他們會哭著說：「拜託，**伯伯**（*Tio*），我**媽媽**（*mami*）在哪裡？」那感覺真是糟透了。我不曉得怎麼回答，只好說：「好，我會幫你們找，但不要哭了。」我爸我媽和我妹都試著聯絡人口販子，打他們手上有的電話號碼，但什麼也問不出來。我只好一直跟他們說：「別緊張，她會沒事的。」我要他們別擔心，她只是沒辦法打電話，但很快就會打的。

日子一天天過去，有人告訴我們應該向一個叫作全國移民祕書處的厄瓜多機構求助，於是我家人就去了。那裡的人打電話給厄瓜多領事館，請他們幫我找人。我把所有資料給他們，包括失蹤日期等等。他們開始找她。我每天都打電話去問有沒有什麼進展，但他們一直說沒有。最後他們找到她了，只不過是在停屍間。

確認

一九九四年，美國邊境巡邏隊某位官員在起草威懾預防政策備忘錄時，打下了「暴力升高，策略的效果才出得來」這樣一句話。這十三個字的影響之大，簡直難以估量。過去二十多年來，隨著這項政策實施、擴大與調整，暴力的確升高了，但從遷移者死亡數據裡完全無法估量與想像。美國聯邦政府目光短淺，始終堅持美墨邊境是外化之地，移民查緝手段的暴力可控可藏，還可抹除。根據這套主權觀，遷移者遭遇聯邦政策所感受到的殘酷都是「假的」。他們的存在早已被否定，不可能受傷。❺口口聲聲呼籲加強邊境治安的策略專家、邊境巡邏隊長和政治人物應該花點時間看看屍袋裡的血水，聽聽遙遠的拉丁美洲某戶人家裡小孩痛失母親的哭喊。唯有如此或許他們才會明白，威懾預防策略實施後，沙漠異質集合體製造的痛苦、死亡與毀滅不僅增加了，還將創傷擴及到全世界。

> 克里斯提安：六月廿七日，他們跟我說他們找到她了。鑑識科的人問我們有沒有她的指紋或身分證件之類的……我不想相信她死了，但我覺得或許是真的。他們認為那個遺體八成是她，可是需要確定。我只好打電話回家要證件。接電話的是凡妮莎。我跟她說他們找到瑪麗了，但想確定是她。我說：「他們找到她了，他們找到瑪麗了。」凡妮莎說：「她在哪裡？她哪時會回來？你哪時會見到她？」家裡所有人都希望她還活著。我說：「我需要她的指紋和其他可以確認她身分的東西。」凡妮莎說：「什麼叫確認是她？你為什麼需要那種東西？」
>
> 凡妮莎：我們週五早上十一點左右得知她過世的消息。克里斯提安打電話回家，問我在做什麼？我說我在換衣服，準備要去工作，他說他想跟爸爸講電話。我跟他說爸爸不在家，問他為什麼需要跟爸爸講電話。他說他需要瑪麗的證件，例如身分證或出生證明之類的。我問他為什麼，他說他們想要瑪麗的指紋，因為他們大概有九成五把握找到她了，但需要證件確認。我不相信那會是她。我覺得她還是會出現。我在電話裡哭了。克里斯提安要我禱告，祈求神讓我堅強。我說：「我一直求神幫忙，結果你看祂做了什麼？」
>
> 我跟他說他瘋了，那不可能是她，但我會跟爸爸說。我走出門，眼睛都哭紅了。我在街上遇到姑姑，她問我怎麼了。我跟她說瑪麗死了。老天，她哀號得好大聲。我從來沒有聽過那麼大聲的哀號。全**社區**的人都跑過來看發生了什麼事。我姑姑趴倒在地上哀號：「不！不！」我不曉得該說什麼，就跑進廚房躲著。我想等媽媽回來，她就快到家了。親友鄰居想問我問題，我說：「不要

跟我說話！別問我！」連姑姑也一直想問我，我一直說：「我不知道，我不想說這件事！」我跟姑姑說，消息是克里斯提安告訴我的，但我不相信。我說：「她沒有死，她還活著。我希望她會出現。除非看到屍體，否則我不會相信，我絕不相信，絕不。」

我求姑姑讓我靜一靜，結果她帶了更多家人過來。我跟他們說那邊的人需要證件確認是不是她。我還叫他們不要哭，因為我的孩子，我是說我**侄子**（*sobrino*）很快就會回來了，我不希望他們看到這幅景象。他們走沒多久，又帶了更多人過來。這時屋外已經一堆人了。我媽回來嚇了一跳，因為我們家房子外頭擠了好多人。親戚要我快點出去，因為我媽在外頭追問出了什麼事。後來我姑姑告訴她：「瑪麗死了。」老天，我媽聽了就……

克里斯提安：我大概是中午打的電話，然後我家人就開始找證件。他們把證件用電郵寄給我，我再轉寄給鑑識科的人。他們下午就確認身分，這下又輪我打電話回厄瓜多告訴家人了。這對他們一點都不是開心的事，簡直天翻地覆，對我媽媽、我弟弟妹妹和侄子姪女都是。沒有人可以安慰他們，因為他們都很哀慟。所有人都很痛苦，無法互相安慰。

朵若芮絲女士：克里斯提安打電話來，他跟我說：「**媽媽**，我有瑪麗賽拉的消息要告訴妳。」我哭了，他說：「媽，不要哭，冷靜點，不要哭。」我說：「可是兒子啊，我怎麼冷靜得下來？我女兒死了。」

凡妮莎：他們說她是七月二日死的。他們在那天發現她的遺體，但她可能六月卅一日左右就過世了……後來在法醫室待了一陣子。我們隔了廿五天才得知她的死訊。

瑪麗賽拉的親戚：她腎臟有毛病，出發前不久還曾經很不舒服。她那時在她家租來的房間裡，空間很小，牆是合板做的。她有一回病得很嚴重，我和姑姑去看她，她躺在床上起不了身。我們問她哪裡痛，她說腎臟。後來她吃了藥，就舒服一點。有人說她是因為腎臟出毛病死的。他們說腎臟有問題的人會一直口渴。

克里斯提安：我爸也哭了。那感覺真的很糟，實在很痛苦。我覺得很無力，什麼都做不了，幫不了我家人。我那時真的好想回去，因為看到他們哭成那樣，聽見他們那麼難過，真的很不好受。於是我決定加快腳步。事情愈快處理完，我家人在厄瓜多就能愈快平復。

回家

當瑪麗賽拉的殘缺遺體在紐約搭上飛機，立刻和許多死去的邊境穿越者一樣，從美國不承認的無名氏變回厄瓜多公民，同時擁有母國和那個之前極力剝除她的國家的種種權利與特權。她踏進沙漠異質集合體，對邊境巡邏隊來說不過又是一個需要威懾逮捕的「身體」。但死後一被發現就馬上回復為人和公民，需要迅速遣返。對生活在拉丁美洲經濟邊緣的人來說，往往唯有死亡才能讓他們獲得政府承認。❻

經過幾週輾轉於安全屋、孤山荒漠和身分不明流落在停屍間的日子，瑪麗賽拉再一次加入了跨國遷移潮，成為每年從美國送回拉丁美洲的數千具遺體裡的一員。❼

克里斯提安：我記得葬禮是八月七日，在厄瓜多。他們等了一個月。你可以想像他們有多焦急。我他們捱了一個月，孩子們焦急數著日子，等媽媽回家。她死在美國，家人卻只能在遠方等待。我爸、我媽、我弟，尤其是我**姪子姪女**，只有瑪麗賽拉回家了，他們的心才能平靜。她的孩子需要見到她。我想到就受不了。他們一直打電話問我：「她什麼時候回來？她什麼時候回來？」我說：「不管多少錢我都付。」我只想趕快處理完……只想忘掉這一切。我不想讓厄瓜多的**侄子姪女**一直等她，所以我們拚了命加快腳步，好讓他們快點得到平靜。

我們找了皇后區一家殯儀館，所有事情他們都一手包辦，包括文件和各種安排。費用大概是九千五百美元，我和我兩個叔叔，還有幾個親戚一起湊足了**銀兩**。他們說我們可以將遺體直接從亞利桑那送回厄瓜多，也可以先送來紐約舉行燭光追悼儀式。我們決定先送來紐約。棺木抵達時封得很緊，他們不讓我們看她最後一面。他們說屍體的狀況很糟，只能靠指紋確認……追悼會持續了一天一夜，參加者大多是我們在紐約的親友，瑪麗賽拉家只有她哥和幾個親戚來。隔天我們就送她回厄瓜多了。家人到瓜亞基爾機場接她。同行的人很多。那天晚上大夥兒陪著遺體回家，一路浩浩蕩蕩。守靈那天來了好多人，將近五、六百人吧，因為大家都很驚訝會發生這種事，而且瑪麗賽拉待人又好，交遊廣闊。葬禮那天也是**人很多**（*mucha gente*）。

凡妮莎：我們有一整個車隊從瓜亞基爾機場回家，大概十五輛車，全是我們跟瑪麗的親朋好友和左鄰右舍。我們回來時，很多人都在等，街上滿滿是人。

克里斯提安：她的葬禮和守靈日都來了幾百人，教堂擠得滿滿的。她朋友很多。我們在彌撒時放了很多音樂，葬禮還請了DJ和街頭樂隊。認識她的人真的很多。

凡妮莎：她一直說她會過去的……她的夢想就是去美國。她夢想實現了，只不過為此丟了性命。

面目全非

在沙漠裡湮滅屍體永遠不會被看到。當這套機制運作完美，屍體會被隱形的怪物吸乾血和內臟，骨頭會乾枯碎裂，隨風飄散。當威嚇與抹除徹底達成，對於被失蹤者的認識與記憶就只能在故事、惡夢和褪色的相片裡尋找。不過，異質集合體有時也會被打斷，有些死者的痕跡會倖存下來，沒有被掩埋或遺忘。或許是酒醉的獵人不小心踩到咧著發黑金牙微笑的顎骨；或許是登山客不經意瞥見依然掛在乾枯手腕上的廉價金錶的反光；又或許是兩名脫水的遷移者帶著**邊巡**的回頭去找他們拋下的**同伴**。這些尋獲的屍體都帶著暴力的印記，而美國正是靠著這些不可見的日常暴力維繫南方邊境的治安。只要打開裝著被遣返者遺體的棺木，就能見證被刻意隱匿的索諾拉沙漠死亡暴力，讓活著的人目睹新形態的死後創傷。

拉丁美洲人大多是虔誠的天主教徒，見到遺體對他們來說是哀悼的要素，[8]這才能讓死亡變的真實。[9]然而，喪禮上供人憑弔的遺體通常都會化妝，並做過防腐，讓死者看上去安詳平靜，遠離愁苦。[10]邊境穿越者的遺體被送回故鄉時往往狀態極差，因此常會建議親人不要開棺。他們的慘死無法經由禮儀師的手而得到安慰。看到你曾經認識或愛過的人在棺木裡面容腐爛，骨骸扭曲，只會讓人難以承受。遺體殘缺所凸顯的殘暴可能長久烙印在親人心裡，甚至讓哀慟永遠無法終止。[11]

> 克里斯提安：我的**侄子姪女**非常難過。小侄子大聲尖叫，怎麼安撫都停不下來。他們已經曉得媽媽死了，只想見她最後一面。我們在亞利桑那有問那裡的人，想了解遺體的狀況。他們說狀況很糟，不能讓我們看。我沒辦法告訴我媽媽、弟弟和侄子姪女。你想想，瑪麗死了，而且不成人形，

我們無法跟她說話或道別。真是太悲慘了，慘到極點。我還是很想見她最後一面，但沒辦法。

凡妮莎：他們叫我們不要開棺，可是我想見她。我本來以為接她回厄瓜多之後，我們可以替她換衣服。他們說她模樣真的很糟，所以我想替她換上新衣服再下葬。克里斯提安跟我說：「女兒（*mija*），你們不能把棺木打開。」我問他為什麼，他說：「她的遺體腐化得很厲害，流出來的血水有毒，你們打開棺木會生病。」我說：「我不管，我就是要打開，就算生病也一樣，無所謂。」他一直說棺木封死了，我不應該打開，可是我很堅持。但我最後還是覺得不想看到那樣的她。後來棺材到了，她孩子的教父大喊：「把棺木打開！」我說：「不行。」另外一個人就說：「拿手套來開。」當時是半夜兩點，我們在殯儀館，有人拿了手套戴上，然後把棺木打開。我們起先只看到她頭的側面，因為她臉被棉布蓋著。我們沒想到會看到棉布。我們拿起棉布，發現她臉已經沒了，真的很……她的臉毀了。我們趕緊把棉布放回去，棺木蓋上。殯儀館主任說：「我見過許多客死異鄉者的遺體，從瓜亞基爾或基多的機場送回來，從來沒見過狀況這麼糟的，一次都沒有。」她已經屍骨不全了，遺體在滴水，棺材裡都濕透了。

克里斯提安：傑森，我真的被你嚇一跳。沒想到你會打電話來跟我說：「我找到瑪麗賽拉了。」這讓我突然很好奇，想知道你是怎麼找到她的，難道你有照片？我們一直不曉得到底發生了什麼，他們只跟我們說他們找到她了，就這樣。

我和克里斯提安第一次通電話，他問我的頭幾件事之一就是我有沒有瑪麗賽拉遺體的照片。對我來說，這個問題很尷尬，我不曉得應該如何理解。我承認自己有拍照片，但不論是那回和隨後幾次講電話，我都刻意避重就輕。「有，」我說，「但我不確定你會想看到她死時的模樣。」但他一直問，要我用電郵把照片寄給他。而我就是下不了手，無法將瑪麗賽拉的遺體變成附件。我感覺那比將照片放進書裡或演講時秀出來更加冒犯。我愚蠢地以為自己知道怎麼處理那些照片最好。

我當時想得很天真：「怎麼會有人想看親人死在沙漠裡的模樣？」我既不了解他家人面對瑪麗賽拉遺體時的心路歷程，也不曉得那些照片對他們有多重要。我告訴克里斯提安，說我不會用電郵寄，但見面時會拿副本給他看。

這些年來我學到一件事，就是民族誌學者對於關鍵田野時刻的時間地點幾乎完全無法掌控。如果我能選擇，絕不會挑紐約皇后區的Dunkin' Donuts。那個週六，我和克里斯提安坐在窗邊啜飲咖啡，馬路上車來車往。我以為那裡會比我們吃午餐的餐館安靜，豈料那地方雖然沒有餐盤乒乒乓乓和騷莎舞曲，卻有著那家連鎖甜甜圈店特有的亮橘與粉紅裝潢，以及天花板喇叭奮力吼出的青少年流行音樂，怎麼看也不像是適合緬懷死者的地方。

「你真的有帶她遺體的照片來嗎？」克里斯提安問我第三次了。我勉為其難從袋子裡拿出一個印有藥房商標的小信封，裡頭是我去藥房沖洗的照片。我不想讓她成為電郵附件，於是在柯達沖印機前站了整整二十分鐘，等候她腫脹的遺體化成五乘七的照片從機器裡緩緩輸出。眼前的場景實在太不合適了。

我將第一張照片遞給他，照片裡是她的後腦和右手。他默默看了快一分鐘。

克里斯提安：我不懂，為什麼照片裡的屍體有手，回到那裡手卻不見了？

我：什麼？

克里斯提安：她回到那裡的時候手不見了，被他們砍掉了。他們在厄瓜多看到屍體的時候，她沒有手。

我（結巴）：可能是為了取得指紋吧……呃……他們常常必須把手切下來。我想指紋很多時候不好取得。因為手指扭曲，皮膚乾掉，他們只好把手切下來泡水，以便取得指紋。[12]

克里斯提安（看著她倒在山坡上的照片）：看來她還想往上爬……天哪，怎麼會變成這樣？（哭泣）她還想往上爬，想繼續前進……她是趴倒在地上的。他們說遺體運回厄瓜多的時候，她臉上一點皮膚也不剩。難怪，因為她趴倒在地上，臉可能很快就被蟲子吃了吧。還有那氣溫……她有好多夢想。怎麼說呢，她差點就到了。她在照片裡已經在美國了嗎？

我：對，她已經越過邊界五十多公里了。

克里斯提安：看到屍體被摧殘成這樣真的很心痛。他們沒跟我們說把手切掉

朵若芮絲女士，厄瓜多昆卡。（攝影：麥可・威爾斯）

了。遺體送回厄瓜多沒有手，我們以為是動物吃掉的。那種感覺很複雜。我們很擔心她被動物攻擊，或被人強暴或毆打，幸好都沒發生，真是謝天謝地。她那天會死是神的旨意，我們無能為力。那是她的命運。我們以為不會發生，但確實發生了。有些朋友到現在還是希望那人不是她，你知道嗎？他們在厄瓜多看到遺體時心想：「我們向神禱告，希望她還活著。」許多人還期望她有一天會回來。對我來說，至少她現在安息了。我們很感謝她被找到，因為有很多人從來沒被找到。他們掉進了某個洞裡。

——

我和威爾斯坐在後院廚房裡，幫忙凡妮莎和朵若芮絲女士準備晚餐。柴火在泥土地上的角落裡熊熊燒著，附近一個木頭做的雞圈，裡頭幾十隻瘦巴巴的白雞咯咯叫。凡妮莎纏了我一整天，不停問我哪時候才要讓她看照片。但我只要一伸手，就會有瑪麗賽拉的小孩好奇湊上來。後來孩子們走了，她開始談起遺體回家那天的狀況。

凡妮莎：她回來的時候沒臉沒手，你想想，看到遺體變成那樣有多難受……她回來的時候不成人形，棺木裡血肉模糊，濕答答的，那遺體看起來完全不像她……上頭有個標籤說是她，但我們實在很難相信她死了，他們只能靠手辨識她。我們裡頭有人懷疑那真的是她。說不定她還躲在沙漠裡。她可能還活著，或者雖然死了，但屍體還沒被找到。我們想知道你們發現她的時候，她是什麼樣子？他們怎麼辨認她的身分？怎麼知道是她？因為她回來的時候根本不成人形。真的，那個遺體一點都不像她，我需要看照片。

我：我可以給妳看照片，證明她的手沒有被動物吃掉。但我得警告妳，有些照片很難看得下去。

說完我將一本小相冊遞給了凡妮莎，她立刻擺在腿上開始翻看。頭幾張是我和我學生替瑪麗賽拉做的神龕，包括玻璃馬賽克、許願蠟燭、瓜達露佩聖母畫像和各式各樣的紀念物。我想先用幾張平淡的照片破冰，再讓她看衝擊較大的照片。我警告她下一張就是遺體。她一翻到就大喊：「是她！是她！」我和威爾斯看著她，只見凡妮莎緊緊抓著瑪麗趴倒在地的照片，淚水潸然而下。她抹去相冊上的淚水，用心碎淚濕的眼眸看了我好一會兒，隨即又將目光轉回照片上。朵若芮絲女士靠著老木頭桌凝視窗外，不敢湊過來看照片。廚房裡雞群噗噗走動，夾雜著凡妮莎斷斷續續的抽噎，時而爆出哭聲。

快門聲輕輕響起，威爾斯抱著敬意記下面對逝者的這一刻。沒有人說話。鍋裡的燉肉滾了，鍋蓋啪啪掀動。凡妮莎翻到下一頁，看到瑪麗賽拉遺體被毯子遮蓋好的照片，便遞給了母親。那張照片感覺比較好接受。朵若芮絲女士用爬滿皺紋的小手溫柔撫摸相片，低聲道：「那毯子好美，真漂亮……我的女兒，女兒啊……妳到底在想什麼？（哭泣）妳到底在想什麼？」小小廚房裡盡是她們母女倆的哀傷。我好想讓此時此刻快點過去，但時間似乎停止了。我和威爾斯宛如兩個偷窺者，困在這巨大的悲傷中，只能默默不解地看著這一切。

正當我以為事情不會再糟的時候，凡妮莎忽然指著其中一張禿鷹在瑪麗賽拉遺體上方盤旋的照片說：

凡妮莎：那是什麼鳥？牠們會吃人嗎？

我：動物還來不及做什麼，我們就發現她了。真的，我跟妳保證。我們發現瑪麗賽拉的時候，遺體很完整，沒有被動物傷害。我保證。

我結結巴巴講了好幾分鐘，再三保證我們發現遺體時很完整，笨拙地搜尋腦中的西班牙語，不斷強調瑪麗賽拉雙手完好，我們對她的遺體很恭敬，警察和法醫也沒有破壞她的尊嚴。我聽著話語從自己嘴裡講出來，講得吞吞吐吐，感覺很空洞。我彷彿回到目送路丘和梅莫走進涵洞的時候，即使盡可能與他們為伴，卻不是真的在一起，而是隔著一道看不見的玻璃，安安穩穩看著他們離開。現在我又有同樣的感覺。我在二〇一二年七月某個豔陽天和瑪麗賽拉在亞利桑那沙漠裡共處了片刻哀傷，但只有我晚上回家喝著啤酒落淚。只有我活著，而她沒有。她不是我母親，也不是我太太，我永遠無法真正體會這家人在那天失去了什麼。而此刻坐在厄瓜多昆卡泥濘街道上，面對著漫溢的炊煙和淚水，我說什麼都毫無意義。最後我總算閉嘴，不再叨唸我們趕在禿鷹之前找到了她。凡妮莎輕輕說道：

感謝神讓我們找到遺體，讓她可以葬在這裡。她能回到我們身邊是個奇蹟。雖然肢體不全，但她終究回來了。她回來了。如果這真的是她，那我們就能重新出發了。但我得說，我們真的很難相信那就是她的模樣。看到她變成那樣真的很難受。

直到目睹克里斯提安和凡妮莎對瑪麗賽拉遺體照片的反應，我才開始明白這些照片對這家人的意義。他們需要看到她臨終的模樣，需要用那個身影取代掉他們打開棺木後就此烙印心底的她。他們需要一個方法讓沙漠暴力現形，或許才能讓那暴力變得更好理解。

後續

幾年過去，瑪麗賽拉離世造成的傷痛依然難以估量，但她厄瓜多家人的生活顯然再也回不到從前了。所有人都在努力消化這一切。瑪麗賽拉為了孩子而遷移，但因此受創最重、最需要重構社會連結的也是她的孩子。近期人類學研究顯示，母親跨國遷移的現象對留守兒女的「社群、關係與情感世界」都會造成衝擊。⓭母親遷移者一旦死亡或失蹤，她們的兒女及接替照護者勢必建構新的世界，但我們目前對這類衝擊的理解卻少得可憐。

我和凡妮莎第一次視訊訪談時，湊巧目睹了她家人的重建過程。我們正聊著瑪麗賽拉的生前往事，還有我和學生怎麼會在沙漠碰巧發現她，瑪麗賽拉的小兒子艾德加忽然走了進來。他湊到鏡頭前盯著我瞧，接著大喊：「為什麼會這樣，媽媽？妳什麼時候回來？」凡妮莎溫柔摟了摟他說：「沒事的，所以我現在才會喊你兒子啊。你有沒有把湯喝完？」

那時離瑪麗回家已經一年多了，但家裡的大人小孩仍在辛苦適應她的死去造成的斷裂與創傷。

恩涅斯托先生（朵若芮絲女士的丈夫）：她才幾歲，還那麼年輕，結果就這樣離開了我們……唉，失去她之後，我們的生活全垮了。孩子只能由我們照顧了。我和我老婆本來過得很清閒，沒什麼煩心事，現在因為孩子們只能從頭來過了。一切重新開始，感覺他們成了我們的孩子。呃，他們**就是**我們的孩子。為了他們，我們得付出一切，我老婆更是如此。她必須替他們煮飯洗衣服。我工作的地方離家很遠（背景傳來小孩的尖叫和笑聲），週薪只有一百美元，少得不足以應付全家人的開銷。我們還是沒錢買食物。

克里斯提安：我永遠無法體會那幾個孩子心裡的悲傷。他們很想念瑪麗賽拉，尤其是她女兒。他們現在由我爸媽照顧，但我爸媽都老了，沒辦法像他們親生母親那樣照顧他們……那天我站在我弟媳的棺木前，發誓我會照顧她的孩子。她為了他們來這裡，為了給他們更好的生活和她未曾擁有的一切。我向瑪麗保證她的孩子什麼都不會缺，我會盡力供應他們一切。我努力工作，一直照顧他們到現在。他們需要什麼我都買，供他們吃住，送他們上學。我弟在厄瓜多賺得很少，每個月才兩百四十美元。那裡的物價和這裡差不多，因此根本不夠。

但我弟現在好一點了。他之前整個人都垮了，消沉到極點。雖然為了孩子撐著，可是狀況非常糟，什麼都不在乎。他有時覺得是自己的錯，心想怎麼死的不是他？他從來沒想到會發生這種事，沒有人想到。他覺得是自己的責任。我跟他談，試著安撫他。我跟他說他需要冷靜下來，對自己好一點。從現在開始，他得為孩子打拚。為了孩子他需要堅強起來，因為只要放手不管他們，他們就會出問題。他需要堅強起來，但想振作真的很難，很辛苦。他們結婚十二年了，他非常愛她，兩人一起經歷了那麼多，跟孩子一起挨餓……原本一家五口一起，現在只剩下他們了。

凡妮莎：瑪麗過世後，我很長一段時間都想輕生。我哥哥一直跟我說：「至少妳還有兩個侄子和一個姪女，他們身上都有瑪麗的影子，所以別哭了，別再難過了。」可是說的比做的簡單。我知道他們身上都有瑪麗的影子，但還是很難，真的很難。這件事讓我的小侄子受傷很深，因為他很愛他媽媽。他會放音樂想念她，讓我看了就難過。他整天說著「我想媽媽」，還有「神啊，請祢帶我去找她」，整天掉眼淚。老大被他弄得很煩，就跟他說：「我不要你哭。我們的媽媽不在了，我媽媽去了很遠的地方。我不要你為了她哭。」瑪麗過世後，傑米就瘋了，像活在另一個世界一樣。

克里斯提安：全世界都有夢想，但有時夢想會毀掉人生。我們抱著希望離開家，可是卻沒想到會

在家附近，厄瓜多昆卡的墓園。（攝影：麥可・威爾斯）

在沙漠裡遇見死亡。那樣死去真是悲慘，孤零零的，離家人那麼遠，那麼絕望……瑪麗彷彿有預感似的。她在出發前替小兒子做了聖餐禮，又在臉書上放離別的歌，好像知道自己將不久人世。老么艾德加就快七歲了。他可能適應得最好，因為……怎麼說呢，我想是他和他母親在一起沒那麼久。他會想媽媽，但還是會玩、會上學，有事情分心，所以還撐得住。但比較大的兩個孩子，十一歲的蘿拉和十三歲的傑米，他們對媽媽比較有印象，所以會哭，會經常想到她。最難過的是母親節。傑米開始叛逆期，但媽媽不在了，沒有人可以告訴他怎麼做。他想要媽媽。我家人都不曉得該拿他怎麼辦。但他現在懂事了，心情也開始穩定下來。失去母親絕對不好過，連我們都深受打擊，更何況是孩子們。

夢想（*Sueño*）

出了房子，我牽著艾德加的小手走在泥土路上。他抬頭看我，聲音稚嫩地說：「我們要去看媽媽嗎？」「對啊，」我說，「可以嗎？」他青澀地點點頭，拉著我繼續往前走。我們所有人都要去墓園：我、威爾斯、我們倆的老婆和兩個小孩，還有凡妮莎和瑪麗賽拉的三個孩子。我和威爾斯本來想自己去，但凡妮莎堅持其他人也要同行。我很擔心孩子的反應，因為出發到厄瓜多前，克里斯提安跟我說：「最慘的是墓園就在往我家的路上，小孩每天上學都會經過。我很想把瑪麗賽拉葬在其他地方，但實在沒什麼選擇。我為這件事苦惱了很久。不管孩子們想不想，他們每天都會見到媽媽。」

我們走到墓園前，傑米跑去找管理員拿大門鑰匙。我們待在路上等，天上忽然下起了毛毛雨，搞得整件事的氣氛更加陰暗。傑米回來了，喀嚓一聲很快將鎖打開。他解開拴住鑄鐵門的上油鐵鍊，將它繞在圍籬柱上。天色宛如冰冷的石板，和墓園裡大多數的水泥墓碑簡直融為一體。逝者有如積木層層相疊，收進狹長的隔間裡，門面裝飾著藍白兩色的瓷磚碎片，有些人的姓名刻在大理石上，有些則用黑油漆潦草寫著。比較有錢的逝者有黃銅製的名牌，還有上鎖的玻璃鐵門。

我們一行人穿越磚塊水泥砌成的峽谷，經過兩旁滿滿的十字架、翻倒的花瓶和褪色的死者照片。這裡是冰冷建築與濕草地組成的迷宮。凡妮莎和傑米開始回憶葬禮當天。「那天有兩千人來這裡送她，」她驕傲地告訴我們，「把這裡擠得水洩不通。」傑米邊說還不忘伸長纖細的雙臂強調。他妹妹蘿拉默默點頭，附和他的說法。我們從後方繞到瑪麗賽拉的墓前，凡妮莎指著墓牆上用暗白水泥漆寫的「我❤瑪麗」怯怯說道：「那是我寫的。」

三個小孩和凡妮莎先上前跟她說了聲嗨，接著便退開讓威爾斯和我們其他人可以靠近去看。傑米站在邊上望著遠山，烏黑的頭髮迎風微擺。蘿拉站在凡妮莎身旁用粉紅色的球鞋踢草，變得異常安靜。小艾德加像是玩攀爬架，從後面翻牆爬到母親的墓上，呵呵笑著問我們待會兒要不要去公園玩。

我站在瑪麗賽拉墓前。那墓雖不華麗，但維護得很好。她家人固定會來打掃，並經常放上鮮花。她的全名和遺體尋獲的日期用金字註明，丈夫和孩子的名字則是刻在一塊小鐵牌上，在這個冰冷的地方陪伴她。墓碑中央是瑪麗賽拉的照片，她頭側向一邊，但直視鏡頭，看起來年輕自信，甚至像在冷笑。那是大家希望記得她的樣子。我伸手輕觸玻璃，小艾德加跑過來拉拉我的袖子問：「你會拍照嗎？」

傍晚時分，克里斯提安的房子，我和威爾斯在後院和凡妮莎一起圍在火前。灰煙裊裊飄向漆黑的天空，空氣稀薄而清新。我隔著火光注視凡妮莎的鵝蛋臉和黑眼眸，看她被舞動的火光照得黃澄澄的。眼前的景象有如殘留在生鏽銀版上的靜謐時刻。她方才講著瑪麗賽拉和她自己的故事，講了好幾小時，時而流淚時而低語，偶爾的沉默透著悲傷與痛苦，全是不能被睡著的孩子們知道的故事。她說她很想相信一切都會過去，她嫂嫂終於安息了，但話語間充滿了懷疑與傳聞。即使她人在昆卡，瑪麗賽拉在沙漠的遭遇卻始終糾纏著她。她也知道了那個異質集合體，因為即使嫂嫂已經入土為安，那扇悲傷的大門卻感覺再也不會闔上。

> 凡妮莎：瑪麗賽拉晚上會到我夢裡來。她在我夢裡好逼真，跟我說她被綁架了。她對我說：「你們埋在昆卡的人是誰？你們埋的是誰？我還活著！」在另一個夢裡，她對我說：「我要離開這裡。我要離開，因為我不得不。我要走，因為我非得去到那裡，我會到那裡的。」接著又說：「麻煩替我照顧孩子們。」她總是要我替她照顧孩子。這些就是我做的夢。還有一回，我夢見她跟我說她在沙漠被人丟包了。他們拋下她，但她需要幫助，所以只好繼續往前，最後遇到一座**牧場**，她就是被關在那裡。她只是在等待時機，最後一定能聯繫我們，回昆卡來。他們最後一定會放了她。
>
> 或許這才是事情經過。
>
> 我最近一次夢見她，她跟我說：「別擔心，我很好，不要為我掉眼淚。」我凝望了她一會兒，她就消失了。也許她是說她安息了，所以叫我別哭。也許墓園裡的人是她，她安息了，一切都過去了……我們沒想到會找到她的遺體，因為好多人都說遺體永遠找不到。她回來了，但我們到現在還是不確定自己葬的人是她。我們是第一個有親人在沙漠過世但找回來的人。我們心裡還是很懷

疑那到底是不是她。或許她撞到頭失去記憶了。我一直希望她是被綁架了。瑪麗賽拉的教母的侄子消失在遷移途中，十年後才冒出來，妻子小孩都有了。他好幾年前離開後就消失了，但是沒有死。他們說瑪麗賽拉也可能還活著。

—

二〇一三年七月廿四日，在沙漠做完六週田野調查後，我在土桑機場等著回家，忽然接到凡妮莎的臉書訊息。那時離瑪麗賽拉遺體身分確定滿一週年還差三天。凡妮莎的訊息很短。她這樣寫道：「我需要和你講電話，有件事想請你幫忙。我們家又有親人在沙漠失蹤了。」

11

我們會等到你來

We Will Wait Until You Get Here

荷西的房間

荷西・塔古利（José Tacuri）的房間看上去就和一般十五歲少年的房間沒有兩樣。即將擺脫童真的他住在昆卡勞動階級社區的小房子裡，沒有窗戶的水泥小房間（*cuartito*）隨處可見他童年已逝、青春期剛來的痕跡。兩隻白色泰迪熊收在角落，繪有電影《汽車總動員》圖案的小被被還擺在床上。和這些孩子氣的物品並存於這個空間裡的，是掛在角落的淺灰西裝，還有旁邊那一疊帽T、垮褲及紐約洋基隊和尼克隊的棒球帽，只因紐約（*Nueva York*）是他一心嚮往的所在。嬉哈裝扮外加手工刺青與耳環，全是他最愛的雷鬼動歌手年哥・弗洛的翻版。荷西最近的自拍，幾乎每一張都像是《媽媽，我是正牌黑幫》的專輯封面照。但在衣服旁邊卻是一張耶穌像和收納盒。這小子雖然畫了紋身，走路又有點臭屁，卻仍是個戴牙套的小孩。

他床上擺著一個枕頭，是女友塔瑪拉送他的十五歲生日禮物，上頭用噴槍寫著「生日快樂！今天是特別的日子，因為神又賜給你一年的生命。我只希望你長命百歲，我們可以一起度過。我要用滿滿的心意跟你說，我愛你。」荷西的房間看上去就和大多數青少年的房間一樣，只不過永遠凍結在某個時間點了。自從他出發前往美國，消失在亞利桑那阿里瓦卡南方的沙漠後，這裡的一切就再也沒

十五歲的荷西。（攝影：麥可・威爾斯）

有更動過。

二〇一三年七月，我和凡妮莎通話過後幾天，荷西在紐約的家人打電話來，向我說明荷西的狀況。接下來幾週，我除了協助他們聯絡之前認出瑪麗賽拉遺體的土桑科樂比人權中心，提報失蹤，還充當諮詢專線，回答該怎麼做才能找到荷西的問題。由於我對索諾拉沙漠還算熟，因此覺得多了解荷西可能走的路線，應該有助於推算他最後的所在地，提高找到人的機會。荷西失蹤兩個月後，我和威爾斯飛到紐約，跟荷西父母及當時與他同行的兩位親戚會面。我們之後又和他們見了許多次。首次會面時，我問那兩位親戚他們從厄瓜多到亞利桑那的路程經過，並開始一點一滴了解荷西的生活及他決定遷移的理由。在紐約和荷西家人會面四個月後，我和威爾斯來到昆卡，踏進這個彷彿定格的房間。

如果說親人殘缺不全的屍體是索諾拉沙漠死亡暴力親身示範，那麼完全不見屍體就是索諾拉沙漠死亡暴力的幽靈現形。也許借助時間與治療（如果真有這個選項的話），加上足夠的酒精和藥物，你能抹去那些詭異的畫面：以古怪角度交叉的橈骨和尺骨，冷笑骷髏頭上剝落的皮膚，以及堆積如山的貝殼色長骨，彷彿食人族才剛吃飽離開。你可能運氣好沒有打開棺木，永遠不會目睹妻子遺體變成什麼模樣。你可能只是感謝遺體能找回來。你永遠可以親吻過去美好時光留下的皺摺照片，在孩子臉上看到她的影子，讓你想起她曾有的容顏，眼裡有過的美麗與活力。但如果沒有屍骨可以哀悼，沒有棺木可以安葬呢？如果親人下落不明的謎團始終未解，你要怎麼重新出發？如果對方每晚都到你夢裡求助，你又如何放下？對荷西的家人來說，他的房間既是保留他往昔模樣的時間膠囊，也是他生死未卜的痛苦提醒。這個空間是這家人悲傷無絕期的體現。在昆卡，我和荷西的祖母羅蓮娜女士坐在廚房裡，她跟我說：

> 主啊！我們一直祈禱他會出現。我們已經等了好久，幾乎每天都在禱告和哭泣，但他就是沒出現。我們無法安心。所有人都很痛苦，白天晚上都在落淚。我們

「我只希望你長命百歲，我們可以一起度過。」（照片提供：荷西家人）

求神透露一些消息。我們為了打聽訊息，能去的地方都去過了，卻什麼也沒得到。除非荷西回來，我們永遠無法安心。不論他生或死，我們只希望他能出現。我們需要知道狀況。不管他發生了什麼，我們都需要知道，才不會繼續痛苦，可以不再想這件事。他的爸媽和舅舅阿姨都很痛苦。我們希望有一天神能回應我們，因為只有祂知道他的下落。真的很難受（哭泣），幾乎沒有半點消息真的讓人受不了。他到美國了嗎？他還活著嗎？我們很窮。因為窮，他爸媽才會為了孩子出國討生活。但他們在紐約也很痛苦，因為荷西沒有出現。他們還在痛苦，還在等他出現，但什麼也沒發生。

留下

學者早就指出跨國遷移對家庭結構和離開或留下的家人都會造成巨大衝擊。[1]荷西身為無證遷移者的孩子，他的經驗並不罕見。荷西的父親古斯塔夫在昆卡的工作不足以餵養五個孩子，何況其中一個女兒還有身障，因此他做了艱難的決定，於荷西十歲時離開家鄉前往紐約。古斯塔夫赴美不到一年，妻子寶琳娜也決定遷移，兩人一起工作可以讓家人更有飯吃。他們剛找到工作不久，就開始有能力定期匯錢回家，除了餵飽孩子，讓他們上學，生病的女兒也能獲得必須的昂貴醫療。這些錢不僅讓荷西不用工作，還讓他成為那個街區能夠擁有筆電、iPod、高價球鞋和各式各樣繡有或印有「紐約」字樣的衣服的孩子，隨時想帶女友看電影或招待親戚吃披薩也都沒問題。

荷西的阿姨和外婆成為孩子的照顧者，但荷西隨時可以和**爸爸媽媽**視訊，因為他們的小房子現在有網路了。這種從**紐約**到昆卡的線上教養簡直就像從里維拉的科幻電影《夢遊交易所》裡搬出來的場景。但各位不難想像，遠距教養和陪伴不同，不可能一樣。儘管享有家庭經濟穩定帶來的舒適與縱情消費，但荷西卻開始出現不少厄瓜多人稱之為**有錢病**（*el dolor de dólares*）的症狀。遷移者的子女感覺被遺棄，而遠在國外的父母為了撫平這份傷痛，就用美國的錢和禮物來彌補。❷

和許多處境類似的小孩一樣，荷西因為感覺被父母遺棄忽略而走上了叛逆之路，不僅輟學，也不再上教堂，還迷上了**啤酒**（*chela*），很快便成為在足球場上徹夜派對狂歡的常客。等他到了青春期，**阿姨**（*tía*）和**外婆**（*abuela*）開始經常得在夜裡到街上四處找他。沒有爸爸或媽媽拿家法侍候，叛逆根本易如反掌。

以昆卡的標準來看，塔古利家族老老少少在紐約同住的那間二層樓灰泥牆屋瓦房簡直是豪宅了。換句話說，就算新移民在美國的薪水矮人一截，但有些人每週工作七十二小時，幾年下來還是能過得相對富足。寬闊的礫石車道上停滿新款休旅車和小貨車，露台上的建築工具與鋸木架則是常在的擺設。寬敞的後院散落著各種玩具，足球扔得到處都是，潔白的溜滑梯鞦韆組新得像剛從Pottery Barn玩具店型錄裡搬出來似的。前門邊堆滿大大小小各種花色都有的泥濘球鞋，起居室平面電視旁的櫃子裡全是黃金和陶瓷做的小擺飾，還有一個角落收留著泰迪熊、滿載洋娃娃的嬰兒車和其他重要的童年回憶。一隻毛茸茸的白貓在屋裡躁動不安，不是咬我腳踝，就是我想摸牠時朝我齜牙咧嘴。這是廿一世紀版的洛克威爾美國移民夢系列。但和許多移民夢一樣，塔古利家的夢想只實現了一半。荷西的父親古斯塔夫坐在這個金光閃閃的美式牢籠裡，對我講起他遷移到美國對兒子造成了哪些無可挽回的

傷害：

古斯塔夫：我在昆卡的時候，荷西就好像我的右手，到哪裡都跟著我，我們兩個誰也離不開誰。但我到這裡來之後，他就變得很叛逆。我打電話問他：「荷西，你為什麼變了？」他告訴我：「不對，**爸爸**，該怪的人是你。是你先離開我的。我們之前就像好兄弟，我什麼都聽你的，結果你卻離開了。我變成這樣都是你的錯。」我跟他說：「聽著，我來紐約不是為了自己。我來是為了賺錢，因為我在厄瓜多沒辦法供應你們的生活所需。」我在他十歲那年離開，為了供他和其他家人吃穿。他那時還無法理解這些事，我一直問他為何變得那麼任性？之前是那麼乖的小孩，怎麼變了？但他只是不停吵著要來紐約，而我實在搞不懂。他在昆卡什麼都有了，卻一直說該怪的人是我和我老婆。他說他覺得心裡很空，說他就算回家，我們也不在。他說只有和我們團圓才能填補他心裡的空洞。

邁爾斯研究了一九九〇年代厄瓜多人的遷移模式及遷移後對家庭生活造成的衝擊，結果發現不少來自昆卡的無證遷移者每隔幾年都會頂著巨大的風險與代價，回家鄉探望家人。❸但隨著九一一事件發生，邊境治安轉趨嚴格，定期返鄉就變得太過危險與昂貴，對荷西父母這類的非墨西哥裔遷移者更是如此。❹政策分析家一再指出，由於風險和經濟代價提高，使得美國出現一批長期居留的無證人口。這些遷移者不再冒險回鄉探親，而是匯錢給配偶或小孩，讓他們來美國團聚。❺因為見識過索諾拉沙漠異質集合體的遷移者，幾乎沒人想經歷第二次。

荷西向父母親哀求了好幾年，最後終於說服他們讓他來紐約。

古斯塔夫：我二〇一二年有想過帶荷西來，但沒有認真考慮，因為他那時還小。我跟他說：「別擔心，時間到了你就可以來。」沒想到一年後，也就是今年三月，他竟然對我說：「**爸爸**，我想去找你。」我說：「你瘋了嗎？不行。你來這裡要做什麼？你來這還太小了。」他年紀還小，但個子算高，甚至比我壯了（他這裡用了過去式）。他說：「你幫我，讓我去那裡。」我說：「不行，兒子，你不能來。」但他說：「我在這裡很寂寞。」他那樣跟我說。我說：「我來紐約是為了你們。我離開家，吃了那麼多苦，就是想讓你們過得舒服一點。」他對我說：「**爸爸**，我想去那裡幫你。我好想你，你已經離開那麼久了。」於是我就被說服了。我說：「好吧，我會幫你。我們會在厄瓜多找人，帶你離開。我們會帶你來這裡。我們會把事情交到神的手上，因為來這裡的**路很辛苦**（*el camino es duro*）。我很清楚，因為我走過。但只要相信神，我們會成功的。」一個月後，我付錢僱了人。就在出發前幾小時，荷西好像反悔了。我才付了一千多美元，但還是跟他說：「雖然出發的時間到了，但我真的不希望你過來。你應該跟弟弟妹妹待在家裡，照顧他們。」荷西告訴我：「不要。我已經做了決定，我要離開，我想去找你。**爸爸**，別擔心，我會順利過去的。」

「除了山還是山」

二〇一三年四月三日，荷西和兩個表兄弟一起離開了昆卡。兩人分別是十三歲的菲利浦和十九歲的曼尼。❻和二〇〇一年克里斯提安的遭遇相仿，他們的旅途也長達數月之久，不過相對平順。三人搭機離開瓜亞基爾後，一路搭乘汽車和巴士穿越多國邊界，不到兩週就抵達了墨西哥。但一到墨西哥市，他們就被送到不同的安全屋，在那裡等候了四十五天，才被送到諾加萊斯。❼三人沒辦法離開安全屋，只好自己找事做，大半時間都耗在看電視或在小院子裡散步。荷西待的安全屋有網路，人口販子偶爾會准他上網用臉書，但當然要付費。

在室內憋了一個半月後，荷西的兩個表兄弟坐進一輛客運巴士的行李艙裡，領到一個尿桶，並被吩咐不要出聲音，就這樣靜靜躲了兩天。而他們上方的乘客睡覺的睡覺、看雜誌的看雜誌，或是望著墨西哥北部鄉間風景，渾然不覺底下有人。雖然荷西如何抵達諾加萊斯的細節並不清楚，但很可能和他的表兄弟差不多。最後他們三人總算在美墨邊境團圓，被送到某個安全屋，跟其他幾十名遷移者在一起，等候嚮導告訴他們試運氣的時間到了。抵達諾加萊斯十天後，一輛車深夜來到安全屋前，將他們載到了沙漠邊。

> 菲利浦：我們晚上離開諾加萊斯的屋子，被送到一座**橋**（*puento*）底下。車子從屋子到**橋**下只花了二十分鐘左右。所有人都揹著黑背包，拿著一桶水，將近四公升。有些桶子是白的，有些被塗黑……荷西穿著黑色喬丹鞋、黑褲子、黑色套頭衫、黑襯衫和上頭有紅字的黑帽子。所有人都穿得一身黑。
>
> 曼尼：荷西帶著玫瑰念珠、禱告卡和女朋友給他的貓頭鷹項鍊，皮帶上寫了幾個電話號碼，包括他爸的手機和室內電話號碼。他沒有帶身分證件。
>
> 菲利浦：我們越過圍籬，開始步行。隊伍大概四十人，外加兩位嚮導，其中一個叫作史庫比，另一位的名字我忘了……我們翻過一座小山，到了山下又越過第二道圍籬。我們爬到小山上的時候可以看見諾加萊斯市，但後來就看不到了。我們走了一整夜，大約清晨四、五點才在一座**牧場**附

近休息，睡在那兒的一間廢棄房子裡，到了早上我們又再度出發。

曼尼：我們是從**橋**•那裡出發的，走了一小段路開始爬山，翻過山之後就是平地，接著遇到一條路，路旁有間房子。穿過那條路之後什麼都沒有，除了山還是山。我們翻過一座高山，山上還有兩個會閃的天線，不停閃紅光。嚮導說那裡是**豬**•**玀**•**山**•（*La Montaña de Verdo*）。

菲利浦：隔天隊伍就分開了。我、荷西和曼尼跟著史庫比……後來開始爬山，史庫比在山頂等大家。我們第二天清晨六點到山腳下，荷西的鞋子開始掉底，鞋底脫膠了。荷西不停坐下來喝水。我們分水給他喝，

喬丹鞋，索諾拉沙漠，2010年7月。（攝影：麥可．威爾斯）

讓他繼續走。後來我們翻過一座小山，然後下到平地。那裡沒有樹，也沒有遮蔭的地方，完全沒地方躲。

曼尼：我們在山腳下休息十分鐘，表弟荷西就開始打盹了。他不想起來。只要停下來休息，他就想睡覺。嚮導說：「別睡，我們只是休息喘口氣，然後就要繼續上路。」但荷西還是開始打盹，因為天氣太熱。熱會讓你想睡，磨掉你的力氣。我們其實沒剩多少水了。荷西的水在背包裡，但他還需要更多。他開始喝很多水，覺得愈來愈渴。我們有買**電解質**，也給他喝了。他有什麼就喝，完全沒辦法克制。

菲利浦：早上七點左右，荷西停下腳步，他走不動了，摔倒在地上。史庫比開始用腳踢他，跟他說：「快起來，否則我就踢你。」荷西腿沒力了，整個人倒在地上，說他不行了。史庫比大吼：「你快給我起來，否則我就揍你。」荷西坐在地上一臉茫然（模仿頭暈目眩的樣子），史庫比一直踢他。荷西試著站起來，但又重重坐倒，整個人栽在樹叢上，把樹枝都壓斷了。他跌了三次，最後一次再也爬不起來。他很想睡覺，眼睛都睜不開了。我們其實也差不多，但荷西感冒了。我們離開諾加萊斯時，他就不舒服了。他說他想自首。他對我說：「我走不動了，但你們應該繼續走。」

曼尼：他的腳已經不聽使喚了。他倒在地上說：「我會去自首。」那時附近都是移民官員。我們留下他的那個地方到處都有邊境巡邏隊。

菲利浦：那裡有直升機在飛，因為前一天他們才抓到我們隊伍裡很多人。我們跟荷西說我們會繼續走，讓他坐在山腳下。他待的那裡沒地方躲，也沒有樹，什麼都沒有。他身上有食物和我給他的一小瓶水。我們走到下一座山，史庫比在那裡等。之後我們就再也沒看到荷西了。

這對表兄弟拋下荷西一天半後，和嚮導遇上了邊境巡邏隊，被追到山裡。史庫比當場拋棄了他們。兩人孤零零地迷了路，又沒有水和食物，更糟的是十三歲的菲利浦已經脫水到開始咳血。破曉時，他們再度出發，途中遇到一片潟湖，於是將桶子裝滿混濁的水。那天早上他們誤打誤撞走到了阿里瓦卡路，很快就被邊境巡邏隊逮到。他們倆在那片山區走的直線距離將近五十公里。我在標記菲利浦和曼尼被捕地點的座標時，赫然發現那裡就在瑪麗賽拉陳屍處南方十三公里。看來他們走的是同一條路線。

幾天後，曼尼和菲利浦總算在聯邦拘留所裡跟家人聯繫上。他們告訴家人荷西被留在沙漠裡了。雖然荷西被拋下的地點到處是邊境巡邏隊，但他並沒有自首。第一次訪談結束前，曼尼對我說：「我不曉得他為何不自首。也許他後來又繼續走了，我不確定到底發生了什麼。」

模糊性失落

親人失蹤帶來的不確定與痛苦折磨之大，用重創仍不足以形容。對許多人來說，親人失蹤就像一場遲遲無法醒來的夢魘，心裡永遠惦記著自己的兒子、女兒、哥哥或妻子究竟在哪裡。不信你問那些有家人親戚在戰場上失蹤、登上馬航三七〇號班機或九一一時屍體被崩塌的世貿雙塔吞噬、至今仍然未尋獲的人就知道。這類創傷者可能永遠無法走出悲傷、困惑與憂鬱。臨床心理學家稱呼這種現象為**模糊性失落**（ambiguous loss）[8]，甚至主張這是人類最沉痛的悲傷，「造成的壓力最大，因為無法化解、令人困惑，不確定某位家人是否還在這個家中。有些失落很明確，比較清楚，例如有死亡證明、追悼和祭拜安葬遺體的機會。但模糊性失落完全沒有這些標記，得不到維持邊界（從社會學角度說）或了結（從心理學角度說）所需的清楚明白」。[9]

二〇一三年六月二日，索諾拉沙漠做到了邊境巡邏隊策略規畫者的要求，嚇阻了試圖進入美國的荷西。但這個異質集合體不僅阻擋了他，還將他生吞活剝，抹去他的所有痕跡，釋出的悲痛近至紐約、遠到厄瓜多都感覺得到。然而，這種抹除既非「意外」也非大自然的作為，而是明明白白寫在美國聯邦治安計畫裡，成效全看它「威懾」了多少人。[10] 遺憾的是，我們沒有可靠的數據揭露到底有多少人在那片沙漠失蹤或宣告死亡。負責評估威懾預防策略的官員也很清楚這一點：「由於沙漠裡可能仍有屍體未被發現，也使得遷移者死亡人數統計的正確性有待商榷……未被發現的屍體總數可能永遠無法得

「等待荷西。(*Esperando por José.*)」(攝影：麥可・威爾斯)

知。」[11]

對荷西一家人來說，找不到屍體就代表他們一直抱著希望，期盼他還活著，代表他們將永遠為他哀傷，但缺乏具體的死亡證據卻讓他們無法公開表達。他們無法「扯衣服抓頭髮，以各種方式表現哀傷，將失落展露出來，變得可以表達」[12]，因為他們也不確定自己到底失去了什麼。這種曖昧模糊的情況讓他們無法慢慢放下死亡。[13]對他們來說，沙漠死亡暴力既飄渺又無處可逃。

荷西的妹妹獨自坐在他房裡（還是該說紀念館？）抱著他的衣服祈禱他會回來。荷西的外婆夜裡會到泥土球場徘徊，希望看見他正在和那群混混朋友喝啤酒。荷西的阿姨不敢去他最愛的餐廳吃飯，因為受不了侄子常待的包廂裡空無一人。如同穿越撒拉哈沙漠或地中海失蹤的西非遷移者，[14]荷西的遊魂也在他家人四周與夢裡流連。荷西的阿姨露西亞跟我提到他們一家人做過的夢和見到的幻象：「我夢見他在一條河附近，穿著白襯衫坐在地上，用腳踢石頭，將石頭扔進河裡。我問他：『你在這裡幹嘛？』他說：『沒事。』接著就只是繼續扔石頭。還有一次，我夢見他告訴我：『他們沒來找我，我還在諾加萊斯。』我不曉得自己為什麼會做這些夢。我爸也夢見過荷西，夢到他很害怕，向他求助。」其他家人則想像他失去記憶、替黑道運毒或被當成人質關在牧場裡。荷西的阿姨寶拉坐在昆卡家中沒有窗戶的陰暗廚房裡，向我總結了他們一家人的挫折，和瑪麗賽拉家人經歷的痛苦形成了強烈對比：

> 寶拉：我們只是想搞清楚到底怎麼回事，荷西到底發生了什麼。不論真相如何，神都會賜予我們接受的力量。他是死是活？我們需要知道他到底怎麼了。你想想什麼都不知道是什麼感覺？（哭泣）我們求神賜予我們前進的力量。或許荷西還活著。神哪，請祢帶他回來，或讓他去找移民官員或警察自首。我們需要知道狀況，才能重新繼續向前。神保佑的話，荷西很快就會出現的。不

管他活著或死了，我們只是想知道。我們不想再猜想他可能在哪裡，現在過得如何或出了什麼事。我們什麼都不知道……也許**郊狼**做了什麼；也許他殺了荷西，將他埋了，讓人找不到他。如果荷西被拋下，他們應該會找到遺體，但他們什麼也沒發現。因為什麼都不知道，我們有時會絕望到產生不好的想法。我不想這麼說，但瑪麗賽拉的家人至少知道她過世了，可以讓她入土為安，甚至探望她！他們至少可以到墳前獻花。**我們什麼都不知道！**（*¡Aquí no sabemos nada!*）我們對他發生了什麼一無所知。

儘管荷西的家人對他的下落與遭遇想像了無數種可能，但他女友塔瑪拉依然抱著一絲希望。我和威爾斯在昆卡一間咖啡館裡和她同桌而坐，兩人都對她的樂觀與堅強感到驚訝。她雖然年輕，卻有著經歷多年苦痛的人的那種堅定。在一個多小時的談話裡，她提到兩人相識相戀的過程，提到目送荷西離開的痛苦。儘管她字裡行間散發著濃濃悲傷，卻不肯落淚。她爸媽都遷移到紐約了，她和姊姊同住，兩人經常吵架。她告訴我們，荷西是她最好的朋友，只有他懂她的寂寞和痛苦。他們是一對苦命鴛鴦，一起適應被跨國遷移徹底弄得支離破碎的生活。在那間光線明亮的咖啡館裡，她忍著淚水告訴我：「就在他離開前，我們說好不管發生什麼都會永遠在一起。我不曉得他是死是活，但我會永遠等他。」

「我們會等到你來」

若你從來不曾看過自己的小孩挨餓，不曾焦急地替你生病的寶寶找醫師或好幾年不曾擁抱自己的兒子，你可能將荷西的遭遇怪在他父母身上。畢竟是他們將他扔在昆卡，是他們付錢給人口販子帶著他們的十五歲兒子走進沙漠。然而，只有對促成這種狀況發生的全球政治經濟結構視而不見的人，才會認為全是荷西父母的錯。一個人要多麼走投無路才會忍心放下五個孩子，四處借貸湊足幾千美元，踏上一段不一定能活命、更別說成功跨越邊境的危險旅程？就算順利在美國立足，勞力也永遠受到剝削，社會地位隨時會被剝奪。而做爸爸或媽媽的又要多麼走投無路，才會將兒子交到人口販子手上，讓對方帶他走進一個出於刻意安排的沙漠殺戮場，結局往往不是極度痛苦就是死亡？這些都是許多生活相對安逸的本書讀者永遠無法回答的問題。與其責備或論斷荷西的家人，或許我們可以試著站在他們的立場，想像自己要是面對同樣的抉擇又將如何？

當我坐在荷西父母紐約家中的客廳裡，實在很難去想移民數據、法律、異質集合體或發生這一切應該怪誰。當古斯塔夫講起他和兒子最後一次聊天，他的話裡沒有政治，只有痛苦：

> 古斯塔夫：那天是星期六，他打電話來說：「**爸爸**，我要去你那裡了。嚮導今天會來接我，帶我去找你。」他們週六晚上十一點出發，接下來的過程我們並不清楚。一週過去，兩週過去，我們還是不曉得他在那裡。我打電話給**嚮導**，他說荷西在沙漠裡，不可能跟他聯絡上。我一直問：「他哪時候會到？」後來某個星期天早上，我們接到電話，是他被捕的表哥打來的。他們說他逃走了。我說他不大可能逃得掉。他們說：「沒有，荷西真的逃掉了。」要躲開移民官員其實不容易，於是我又打給**嚮導**，問我兒子的事。我說荷西如果逃跑了，他應該知道他在哪裡。但嚮導開始給我其他藉口，說不清荷西去哪裡了。我再也沒有聽到兒子的消息。
>
> 那個星期六是我最後一次和他說話。離開前他跟我說：「我心裡充滿希望，你一定要相信我們會團聚的。」他希望我支持他。他說：「答應我，我到了那裡你會幫我。」我說：「你是我兒子，我

無論如何都會支持你，不用害怕。」「你確定你會在那裡等我嗎？」他問我。我說：「我保證我會在這裡等你。」他在害怕。他有事想告訴我。他想來這裡是因為心裡有事。我們倆最後一次說話，他說：「**爸爸**，我真的有話想跟你說。」我說：「好啊，你說吧。」「不是這樣，」他說，「我想面對面說，像父親和兒子那樣。」「沒問題，」我說，「我們等你過來再說。但如果你想現在說，我也樂意聽。」他說：「不行，現在還不是時候。等我到你那裡，我們再說。」

我兒子一直沒說他想講什麼（賓琳娜開始哭）……他在厄瓜多認識了一個女孩，兩人約會了六個月，兩週前在一起，女孩懷孕了。他到墨西哥時才知道這件事，我猜他想跟我說的就是這個。他想跟我說那個女孩懷孕了，想知道我能不能幫他。我沒有機會告訴他，但到現在我還是準備支持那個女孩和她肚子裡的小女娃。我不會不管她的。我一直很懊悔，我沒辦法當面告訴我兒子，說我真的會支持他。那寶寶會是個女孩，我很開心。他失蹤之後，我們是那麼難過，有了這個小寶寶，我們生活會快樂一點，讓我保持希望，繼續為荷西奔走。

他女友每天都會打電話來，詢問有沒有他的消息，看我們是不是知道什麼，我能不能找誰幫忙。我說：「沒有，我沒有新消息。」這種話真的很難開口。她覺得我在這裡什麼事也沒幹，沒有打電話找誰幫忙。荷西都失蹤了，我們卻一點動作也沒有。其實不是。我們一直四處問人，打聽荷西的下落。除非找到他，知道他的消息，否則我們再也找不回過去的快樂。

我們束手無策。我們沒辦法去邊界帶找他。荷西就這樣消失了，不知道是死是活，我們一輩子都會為此落淚。他是個堅強的孩子（哭泣），我很想他，有時甚至什麼都不想要了。但這種時候，我不能讓心裡的感覺爆開，只能將痛苦封住，鎖在心底。但真的很難，因為我只要走出房子，心裡想的就是他，沒有別人。工作的時候，我試著專心做事，我得這麼做，但只能撐一會兒，我心裡又全是他。我對他說：「你出了什麼事？你在哪裡？為什麼沒有打電話給我？你很堅強。」他真的是個堅強的年輕人。

老實說，我一直睡不好，通常都拖到半夜兩、三點才能睡著，但四、五點就會醒來。我睡不著，因為他一直出現在我夢裡（泣不成聲），讓我沒辦法睡。我有一張他的照片，隨時都會拿出來看，對他講話。我會想到他小時候，我們聊天說話。我想到就會笑，但同時又會掉眼淚，因為我有好多事都沒能為他做。

我們決定讓荷西過來，但沒想到他會失蹤。完全沒想到。我們完全沒想到事情會變成這個樣子，但就是遇到了。我很難開口說我兒子失蹤了，永遠不會回來了。我相信他會回來，我們會再見到他。我不曉得要怎麼才能再見到我兒子，用什麼樣的形式，但我想見他。就算有人跟我說：「聽著，我們找到你兒子了，但他變成怎樣怎樣」⓯，這樣也好。我不想活在懷疑之中，整天想著他到底出了什麼事。我們抱孫女了，這是神賜的禮物。但我同時也很難過，因為我們找不到她的父親。我們找不到我們的兒子。

日子一天天過去，我們覺得愈來愈無力。我有時都覺得這場仗快打輸了。我有時起床會替自己打氣：「我們會找到他的，我們會找到他的。」這種生活真的很難熬。沒有半點消息，沒有就是沒有（哭泣）。我向神禱告，希望我們終有一天能和荷西團圓，不論怎樣都好。

二〇一三年十一月，瑪利亞・荷西（María José）呱呱墜地。

12

後記
Epilogue

危險地帶

經過幾週計畫，我總算說服邊境巡邏隊公關室和搜索創傷救援隊，讓他們跟荷西的母親寶琳娜及兩位表兄弟講電話。這樣要是曼尼和菲利浦想起更多關於他們穿越邊境的細節和拋下荷西的地點，或許就能回溯他們在沙漠的路線，縮小尋找荷西的範圍。我先和參與視訊會議的幾名巡邏隊員談了一會兒。

我：我得先提醒各位，他們都相信荷西還活著，所以會問你們很多事情。例如寶琳娜可能會問：「他會不會在拘留所，只是姓名還沒查出來？」類似這種事，我已經跟她說了很多次，跟她說時間過了那麼久，這種事發生的機率很低，但她還是會問。

巡邏隊員：我們儘量，但我不確定我們能回答多少問題。我們會盡力收集資料，評估狀況，看能不能展開搜索，尋找這位年輕人的遺體。

寶琳娜、曼尼和菲利浦來電話了。十三歲的菲利浦先接受問話，結果不大好。他沒有提供太多有用的具體細節，而且不難想見有點緊張。談話不到五分鐘，你就可以聽出其中一位搜索創傷救援隊員開始不耐煩了。

菲利浦：我們從**橋**底下走過，然後開始爬山。我們翻過那座山，然後通過一道圍籬，接著就開始往北走。

搜索創傷救援隊員：你們看得到諾加萊斯嗎？

菲利浦：看得到，在山上的時候。

搜索創傷救援隊員：諾加萊斯在東方還是西方？

菲利浦：我不曉得，但我們看得到市區。之後我們走了大約一個小時，遇到一間還沒蓋好的房子。我們進去歇了一會兒，然後又繼續走……我們到了土桑，因為我們經過一座牧場，看到很多馬。我們經過那裡，然後遇到一條路。不過只有我和曼尼，因為荷西在後面。

搜索創傷救援隊員：不是不是不是，我想知道你們是**哪時候**穿越邊境的，因為我沒有辦法……（語帶惱怒）你提到「房子」和「**橋**」，你們那時還在墨西哥境內，對吧？墨西哥我不熟，我只知道美國這邊，所以我需要知道你們哪時候從墨西哥進入美國，懂嗎？你們怎麼知道自己穿越邊界了？

菲利浦：我們越過一道圍籬，是刺鐵絲網。**郊狼**說我們已經進到美國了……我們天黑之前穿越墨西哥和美國的邊界，大概下午五點通過邊界的。

搜索創傷救援隊員：圍籬附近的地形怎麼樣？

菲利浦：全都是山，圍籬也在山上。我們爬到一半就遇到圍籬，越過後繼續往上爬。那裡樹很多……

問話持續了一個多小時。曼尼和菲利浦對他們在沙漠裡走了幾天說法不一，對地標和基本方向的描述有時只能用模糊來形容。以他們的年紀和對那一帶的陌生程度，加上多數時候都是晚上前進，交代不清其實不難想像。他們一直告訴巡邏隊員「高山上有會閃燈的天線」，還有荷西身體很不舒服而被留下來的那片荒原。聽他們描述了一個小時，你可以聽出搜索創傷救援隊員口氣裡的不悅，因為得不到他想要的細節。最後輪到寶琳娜了。其中一位比較有同情心的搜索創傷救援隊員坐到電腦前，問她有什麼問題想問。

寶琳娜：我沒有問題想問，只想請你們幫忙找我兒子。

搜索創傷救援隊員：我們真的很抱歉。我知道妳和妳家人都很煎熬。我只能說我們會分析剛才那兩位少年的陳述，並和德里昂先生保持聯絡，討論可以怎麼進行。我知道這樣做無法立即幫上什麼忙，但很遺憾那片區域真的很大，呃，而且很不好走，因此我們必須討論一下，看我們能怎麼做。

寶琳娜：我覺得荷西不會從沙漠回墨西哥，因為他在那裡待了一個月左右。他在諾加萊斯的最後一天打電話給我們，跟我們說他要出發了。他是真的很開心，因為終於能離開那裡，跟我們團圓了（哭泣）。那天他還打了幾次電話。他有個女友在厄瓜多。她手機接到一通電話，號碼很長。她查了那個號碼，發現是從別國打來的。

搜索創傷救援隊員：那是在他穿越邊境之前，還是之後？

寶琳娜：在那之後。到了月底又有一通電話，這回是我妹妹在厄瓜多接的。她很確定是荷西，因為他喊了她的名字，然後電話就掛斷了。

搜索創傷救援隊員：所以妳覺得他可能回到墨西哥，然後打電話回厄瓜多？

寶琳娜：對。

搜索創傷救援隊員（語氣傲慢）：女士，讓我搞清楚一點。你們的意思是，就算經過那麼久，而且被留在沙漠裡，妳還是覺得荷西有打電話跟那個誰說……

寶琳娜：對，沒錯，我覺得……（尷尬沉默了十秒）。

那位搜索創傷救援隊員正想往下說，就被同事給打斷，通話也被切成靜音。我們默默等了快一分鐘，他們才又回到線上。其中一名搜索創傷救援隊員匆匆說他們會看情況處理，隨即便結束通話。十二天後，我收到一封電郵：

親愛的德里昂先生：

首先我要感謝您聯絡本單位，讓我們知道荷西．塔古利的狀況。我們很感謝您的耐心與協助，讓我們和曼尼及菲利浦通話。

經過數小時和數天分析兩位少年提供的資訊，以及詢問了其他相關人士後，我們針對本案做出了如下判斷。以目前的條件尚不足以出動邊境巡邏隊對荷西進行額外搜索。不過，本單位完全可以理解荷西家人可能還想用其他方式繼續尋找他，因此我想在此說明本單位對於荷西可能從哪裡穿越邊境及其路線的推斷。他可能在亞他斯科沙山脈南方的梧桐峽谷以東穿越邊界，而兩位少年提到的「天線」應該在亞他斯科沙峰上。荷西很可能在亞他斯科沙山西方跟表兄弟分開，或許在亞他斯科沙峰西北。他的兩位表親繼續往北，最後在莫伊沙牧場路以東、阿里瓦卡路以南附近被捕。

我們土桑區隊的所有同仁都對荷西母親及其他家人的煎熬感同身受。荷西的不幸遭遇再次沉痛提醒我們，許多無證遷移者經由這片危險地帶進入美國會面臨多大危險。

遺體

遷移是厄瓜多窮人的宿命。我姊姊遷移了。她為了孩子而離開，因為這裡生活很艱苦。什麼都沒有。她離鄉背井，好匯錢回來，讓孩子的人生有更多機會、更多可能。但她其實一點也不想離開孩子。

——露西亞（荷西的阿姨）

我想那趟旅程真的改變了我們，讓你更會去想自己是誰。那趟旅程會改變你的行為舉止。你過去可能很叛逆，工作不認真，但只要開始穿越邊境，你就會開始想要改變。經歷這樣的事會改變一個人，讓你變成更好的人。這是我的看法。

——克里斯提安

一八九一年，《哈潑新月刊雜誌》刊登了一幅由美國藝術家雷明頓繪製的插圖，標題為《渴死在沙漠》。在這幅搭配無證中國移民報導的插圖中，一名帶著帽子與水壺的苦力在荒涼的索諾拉沙漠痛苦掙扎。❶一百多年後，這幅圖畫再次辛辣地提醒我們，只要有人在自己國家走投無路，薪水不足以溫飽，而美國又需要廉價勞動力，遷移者就會不計代價穿越邊境。

造成這些人寧願拋家棄子，冒著生命危險也要穿越沙漠到另一個國家刷馬桶賺取最低薪資的原因其實很明顯：全球經濟不平等、政治動盪、戰爭、飢荒、政府腐敗、販毒集團施暴或放任資本主義，以及消費者對廉價商品與服務的需求。相關政治經濟議題數也數不完，沒有簡單的政策可以解決。新的外籍勞工計畫能解決美國邊境問題嗎？勞動監督和懲罰僱用無證移工的雇主可以阻止遷移潮嗎？平衡美國和南方鄰邦的貿易關係，能打消遷移者離鄉背井的念頭嗎？還是加大對拉丁美洲的經濟投資，減少邊境戰爭的經費？這些建議一再有人提出，卻始終成效不彰。

歸根結底，原因還是出在美國的口是心非，一方面需要這些能以遣返為要脅而取得的廉價勞動力，另一方面又不想讓無證勞工待在國內。美國民眾必須先察覺這個根本的社會經濟兩難，並加以解決，才有辦法認真改革移民政策。然而，這本書從來都不是為了解決我們的非法移民問題。這個難題沒有簡單的解方。我只是想點出美國邊境治安手段的偽善與不人道，同時呈現美國邊境查緝措施對人身性命造成的巨大戕害。我希望揭開這個名為「威懾預防」的邊境管制策略的神祕面紗，揭露一個由異質行動者構成的策略網絡如何日復一日製造許多形式複雜的暴力。當我們走到這項聯邦政策的幕後，就會見到邊境巡邏隊的策略規畫者用手裡細繩操控的那些動物、致命的高溫與「險惡地形」。若問我希望這本書能做到什麼，那便是將美國邊境查緝措施刻意隱瞞的效應攤在陽光下，讓更多人注意到這整套移民治安方針背後的暴力思路。

然而，從某個角度來說，這本書也是索諾拉沙漠異質集合體生還者的證言及殞命者的悼文。無證者慷慨應允我在書裡分享的話語、故事與影像是他們的公開表態，向世人宣告他們的生命值得注意、重視與迴護，❷值得為之追悼。誠如巴特勒所言，我們不該將悲傷視為私人情緒，無關政治，而是應該視之為公眾情感，能激發「複雜秩序下的政治社群感」。❸當我們可以公開哀悼瑪麗賽拉、荷西及成千上萬因為殘忍的邊境政策和不斷將人推往美國找工作的全球化經濟而受苦死亡的人，或許就更能理解不同世界如何緊密交纏，而我們身而為人又對彼此負有何等道德責任。

——

一九八〇年代，我還是個孩子的時候，家裡住在德州麥卡倫市。我記得自己曾經親眼見過走投無路的人大白天從墨西哥的雷諾薩涉水橫渡格蘭德河。一九九〇年代初期施行的威懾預防政策將遷移者刻意導引至亞利桑那，使得這類大膽行動一夜消失。直到最近五年，索諾拉沙漠的治安措施日益嚴峻，格蘭德河再次出現橫渡者的身影。目前許多無證遷移者會在德州南部荒蕪的牧地長途跋涉，以躲避邊境巡邏隊，使得這一帶成為全美最繁忙的邊境穿越走廊。❹本書付印期間，加入出走大軍的中美洲人數目創下歷史新高，其中許多是逃離貧窮與暴力的孩童。為了抵達美墨邊境，這些遷移者會搭俗稱野獸的貨運火車橫越墨西哥，時常斷手斷腳甚至送命。死於這條新路線的成人與孩童人數不得而知，但墨西哥北部發現的亂葬崗和德州數個郡的墓園裡出現的無主墳塚，都顯示這條路線是新的殺戮場。❺

面對這批有礙觀瞻的中美洲遷移者，美國聯邦政府的反應是動用政治經濟手腕，迫使墨西哥政府遏止遷移者坐在火車頂上偷渡。❻因此，遷移者目前可能必須步行上千公里橫越地雷處處的墨西哥，路上幾乎免不了遭遇攻擊、搶劫、謀殺、強暴和勒索。❼美國早已將其南方邊界推到瓜地馬拉，並且將墨西哥的險惡地形納入異質集合體中。

二〇一四年十一月二十日，美國總統歐巴馬頒布行政命令，暫緩遣送符合特定條件的大批無證遷移者出境，包括二〇一〇年之前抵達美國且至少有一名子女為美國公民或合法居民者，以及十六歲之前抵達美國者。這道遲來的命令讓大批滯留美國的人暫時鬆了口氣，人數估計將近五百萬。遺憾的是，本書提到的幾位朋友，以及不符資格的六、七百萬無證遷移者，都無緣獲得這項暫時措施的庇蔭。基本上，歐巴馬此舉相當於提供某些已經踏上美國領土的人一片聯邦OK繃。然而，這項行政命令並未改變美國邊境的治安手段，也沒有終結異質集合體，壓根沒有減緩無證遷移潮。

每天你都會在**邊界帶**見到路丘、梅莫、克里斯提安、瑪麗賽拉和荷西。他們有些人為了追求更好的生活，有些人則是冀望修補跨國遷移撕裂的家庭。這個社會過程有如一張複雜的蜘蛛網，範圍又大又廣，對困在網上的人來說，永遠沒有「幸福結局」可言。梅莫和路丘依然每天都得力求溫飽，同時躲避移民單位的查緝。梅莫一直跟我說只要存夠錢，他就會回去探望病弱的母親。從她親吻兒子的臉頰與他告別，已經快二十年過去了，但團圓至今仍是一場夢。撰寫這最後一章時，我接到梅莫電話，說他被經濟不景氣害慘了。工作機會銳減，讓他突然得在家附近的家得寶門口站崗，等待有人來僱臨時工。我們相識六年來，他頭一回向我借錢買日用品。儘管如此，梅莫依然是個樂天派，不斷跟我保證他回去探望母親之後，會再帶著相機穿越沙漠回來。反觀路丘則是三不五時想起那段經歷，死也不肯再回到亞利桑那荒漠。

克里斯提安一直努力存錢，希望弄到旅遊簽證讓年邁的父母到紐約來。他已經十多年沒有見到他們了。更重要的是，他希望兩老能帶著他未曾謀面的十三歲兒子一起來。他最近也不好過。二〇一四年秋天，他站在五公尺高的梯子上卸除房子上的石棉瓦，結果腳下踩空跌落了好幾層鷹架，倒在地上昏迷了十分鐘，同事都以為他死了。由於工地許多人都是無證者，不敢打一一九，因此將克里斯提安送到一家免費診所，替他包紮冰敷，餵他止痛藥。意外發生後四個月我見到他，他仍然不良於行，內傷也還沒痊癒，而且還是沒看醫生。既然稍微能走動了，他又開始打算找工作，像是辦公大樓夜班清潔工之類輕鬆點的兼職。

瑪麗賽拉的三個孩子慢慢適應失去母親的生活。克里斯提安盡可能經常匯錢供應他們所需，而凡妮莎則是盡力填補瑪麗賽拉過世在他們心裡留下的空缺。

荷西的女友塔瑪拉忙著照顧兩人的愛情結晶，一邊信守承諾繼續等他。她經常寫電郵問我有沒有荷西的消息，並計畫未來和她母親一樣遷移到紐約，好賺取美元匯回昆卡養育女兒。

古斯塔夫和寶琳娜仍然抱著希望，覺得兒子還活著。我經常和寶琳娜通電話，聽她說他們又聯繫了哪些帶路人，看他們知不知道荷西走的路線。我承諾幫他們夫婦倆繼續尋找兒子的下落，因此除了頻繁聯繫郊狼，我也花了許多時間尋找當時跟荷西同行的夥伴。過去這一年，我、威爾斯和基伊只要去亞利桑那，就會到索諾拉沙漠的亞他斯科沙山脈附近轉轉，尋找荷西的蛛絲馬跡，但他依然沒有出現。

撰寫本書期間，我偶然讀到奧丹詩人澤沛達的一首詩〈一九九三年洪水及其他〉。詩裡有一段我現在時不時就會找出來重讀：

> 遺體。
> 此刻他的骨灰在山腳下

被雨水沖刷，
重新混進了當初孕育他的土壤。
他的尖叫無聲，
你彷彿在他的笑聲中聽見那些灰燼，
猶如青少年的話語讓你摸不著頭緒，
你無法期待十五歲的少年能夠懂得。
骨灰已經飄向四面八方，
混進了帶來雨水的雲，
甚至飄到流向皮馬郡的希拉河上。
當然有些骨灰飄進了大河，順流而下
去了墨西哥，混進溫暖的沙灘，而你正躺在沙灘上
微笑看著螃蟹爬過身旁。
不論荷西身在何處，都願他溫暖微笑。

致謝

Acknowledgments

麥可・威爾斯

我要感謝瑪麗賽拉和荷西在厄瓜多和紐約的家人、阿里瓦卡的朋友和吉普賽小館（La Gitana Cantina）的所有人，包括佛恩（Fern）和潘尼（Penny），尤其要謝謝蓋瑞（Gary）。我還要感謝無證遷移計畫的所有學生。內人葛蕾絲（Grace）和兩個女兒帕比（Poppy）及茱妮波（Juniper），我很愛妳們。最後要謝謝德里昂從一開始就找我加入計畫。

傑森・德里昂

這本書能完成，全靠書中人物對我的信任與坦誠。他們的慷慨我無以回報，只能期許自己做好說書人的角色，替這些朋友說出他們沒辦法親自講述的故事。我要感謝瑪麗賽拉的家人，尤其化名為克里斯提安和凡妮莎的兩位，謝謝他們打開紐約和厄瓜多的家與生活讓我走入其中。謝謝荷西的家人，即使他們的遭遇仍然像無法癒合的傷口，卻還是信任我，應允我講述他們的心碎故事。最後我要謝謝路丘和梅莫這些年來給我的一切。梅莫，**你是我兄弟**（*eres mi hermano*）。

我要感謝許多朋友與機構這些年來對無證遷移計畫的啟發與支持，並協助我順利生出這本書。二〇〇四年夏天，我和來自墨西哥特拉斯卡拉聖荷西瀉湖區的巴迪洛（Victor Baldillo）坐在發掘遺址旁，聽他說起穿越索諾拉沙漠的痛苦經歷。和他為友徹底改變了我的人生道路，啟發我成為如此這般的人類學家。**兄弟，我們海灘見！**（*¡Nos vemos en la playa mano!*）謝謝賁弛（Lauren Benz）出了個瘋主意，要我去亞利桑那看看考古學能對無證遷移說些什麼。

無證遷移計畫的種子是我在華盛頓大學教書時種下的。華大的「權利金研究基金補助計畫」給了我迫切需要的資源，讓我得以在二〇〇九年進行首季的田野調查。此外，我還拿到國家科學基金會的RAPID補助計畫（案號0939554），在亞利桑那和墨西哥進行前導研究。謝謝國家科學基金會的溫斯洛（Deborah Winslow）從很早期就看好這項研究計畫。

我要感謝謝爾–鄧肯（Bettina Shell-Duncan），她是我在華大人類學系時的系主任，雖然她沒有義務那麼幫我，卻竭力支持我的研究。我還要謝謝佛拉加（Luis Fraga）在我華大執教兩年期間的全心支持。霍夫曼（Danny Hoffman）是我在西雅圖時的好同事、好鄰居和好朋友，亞基拉（Rick Aguilar）則是值得信賴的好夥伴（*compuerciero*）。最後，我要感謝賈西亞（María Elena García）和魯瑟洛（José Antonio Lucero）這些年給我的指引、友誼與關愛，我對他們的感激無法盡訴。

我有幸以密西根大學作為我學術的家。校方始終在財務、後勤與智性上大力支持本人的研究，時常讓我感到何德何能。我要感謝密大文學、科學與藝術學院提供的補助，讓書裡許多照片得以順利納入。

密大人類學系是我待過最有學院氣氛的地方。系主任弗里克（Tom Fricke）從我一到系上就大力相挺，讓我銘感五內。系上許多同事是我獲得支持與腦力激盪的來源，這本書少了他們就不會成真。我要特別感謝貝克（Rob Beck）、貝哈（Ruth Behar）、戴爾文（Maureen Delvin）、杜阿（Jatin Dua）、菲利－哈尼克（Gillian Feeley-Harnik）、費爾維利（Kriazti Fehervary）、卡爾維（Raven Garvey）、胡爾（Matt Hull）、基恩（Webb Keane）、金士頓（John Kingston）、克許（Stuart Kirsch）、雷蒙（Alaina Lemon）、曼海姆（Bruce Mannheim）、米塔尼（John Mitani）、穆爾克（Erik Mueggler）、歐謝亞（John O' Shea）、帕森斯（Jeff Parsons）、派特里吉（Damani Patridge）、羅伯茲（Liz Roberts）、施里尤克（Andrew Shryock）、希諾波利（Carla Sinopoli）、史佩斯（John Speth）、史都華（Brian Stewart）、沃爾波夫（Milford Wolpoff）、萊特（Henry Wright）和楊恩（Lisa Young）。本書的章節與構想大大得益於人類系社會文化研討會、人類史學（AnthroHistory）工作坊和人類系博物館午餐交流會上同事與學生的回饋，以及二〇〇九至二〇一五年邀請我發表演講的各單位的聽眾。我要感謝人類學系的朗奇斯特（Amy Rundquist）和溫尼罕（Julie Winningham）在行政事務上的協助，滿足我從田野調查、寫書到出版補助各方面的需求。我還要感謝人類學系圖書館館員戴維斯（Jennifer Nason Davis）在檔案裡尋找本書能用的照片。我要特別感謝同鄉克魯格里亞克（Amanda Krugliak）各方面的大力合作。謝謝巴恩斯（Richard Barnes）幫助我用新的目光看待遷移經驗。感謝史密斯（Sid Smith）和人文研究中心（the Institute for Humanities）對無證遷移計畫的堅定支持，並讓「例外狀態展」得以成真。謝謝杜爾因－懷特（John Doering-White）、法蘭克－維塔爾（Amelia Frank-Vitale）和卡米訥（Matan Kaminer）給我許多啟發，我很榮幸和這幾位學生共事。謝謝（譯註：作者這裡用中文）「Amigo」蔡（Howard “Amigo” Tsai）、「強尼叔叔」狄佛爾（Johnathan “Uncle Johnny” Devore）和希克斯（Randall “Kevin” Hicks）讓我入夥。感謝內姆瑟（Dan Nemser）和達布金（Loren Dobkin），你們真是太棒的朋友。我要特別感謝我的死黨兼人生教練廉波特（Michael Lempert）於本書撰寫期間各個階段的協助，並提醒我哪裡有特價珍珠奶茶。

本書大部分篇幅是我在高等研究學院（School for Advanced Research）擔任威勒海德研究員期間撰寫的。我要感謝學院教職員對我鼎力支持，尤其是貝卡（Lynn Baca）、戴維斯（Flannery Davis）、蓋根（Cynthia Geoghegan）、古鐵瑞茲（Isidro Gutierrez）、霍爾特（Laura Holt）、蒙托亞（Randy Montoya）、帕切科（Lisa Pacheco）、蒲恩（Elysia Poon）、山多瓦（Carol Sandoval）、史威尼（Ray Sweeney）和泰勒（Nicole Taylor）。我要特別感謝前院長布魯克斯（James Brooks）於二〇一三學年度讓這群出色學者齊聚一堂。我很榮幸和以下這群夥伴在高等研究學院（主要是撞球間）共度一年：鮑狄諾（Patricia Baudino）、布蘭塞特（Kent Blansett）、波姆（Debbie Boehm）、丹克（Jon Daehnke）、傑德（Islah Jad）、卡蘭狄諾（George Karandino）、李和（Ho Li）、隆特伊（Amy Lonetree）和特菲勒斯（Májiá Tailfeathers）。特別感謝威爾森（Jordan Wilson）教我各種烹飪訣竅。我要感謝哈特（Laurie Hart），因為她是如此特別，還有布格司（Philippe Bourgois）的友誼與指引。我還要感謝托瑞亞多（Chile Torreado），他做的墨西哥捲餅早餐真是全新墨西哥州最讚。

我二〇一三年獲頒國家地理的新秀探險家獎（an Emerging Explorer award），本書部分研究得到該獎支持。我要感謝國家地理同仁的長期支持，尤其是艾馬朵（Fabio Amador）、克洛寧（Anastasia Cronin）、莫恩（Alex Moen）、索恩頓（Christopher Thornton）和祖克（Cheryl Zook）。

感謝我在其他單位的許多同事對本書不少章節和構想的好意見，尤其是道蒂（Shannon Dawdy）、麥奎爾（Randy McGuire）和史蒂芬（Lynn Stephen）。謝謝我的法國患難兄弟理夏（François Richard）。

我有太多事情要歸功於馬歇爾（Kate Marshall）。身為加州大學出版社編輯，她在這本書構思、撰寫和編輯期間不僅全力支持，還充滿耐心，給我誠實的回饋。她在編輯上的敏感度可比蜘蛛，不僅將本書推向正確的軌道，必要時也會叫我懸崖勒馬。我找不到比她更棒的寫作教練了。我要感謝加大出版社的印製魔術師布朗（Dore Brown），將我沾滿咖啡漬的粗糙手稿改造成你手上的成品。我還要感謝艾森史塔克（Stacy Eisenstark）為了本書好幾個地方奮鬥，以及佛特坎普（Ryan Furtkamp）和丹恩（Alex Dhane）努力宣傳這本著作。感謝耐心勤勉的文案貝克（Steven B. Baker）幫我做到一絲不苟，就算我堅持放進一堆無法翻譯的墨西哥俚語和編造字，他依然不離不棄。我還要感謝加大出版社對這本書的信心，讓我和威爾斯放進那麼多照片。

本書初稿得到三位審稿人誠實又有幫助的批評指教，他們的回饋充滿洞見，讓手稿的內容大為改善。書中所有錯誤疏漏均為作者之過。

雖然我在書裡提到阿里瓦卡的次數不多，但那裡從二〇一〇至二〇一四年一直是無證遷移計畫的心臟、靈魂與震央，並成了我第二個家。我永遠無法回報阿里瓦卡這些年給我和我學生的愛與支持於萬一。感謝阿里瓦卡行動中心連續幾個田野調查季借地方給我們做實驗。我要大大擁抱好友法羅（Jill Farrell），是她讓我知道社群的真諦。謝謝麥奎爾（Danny McGuire）、撞球玩家蓋瑞（Gary）、荷莉（Holly）、肯尼（Kenny）和黛比（Debbie）、奧塔維歐（Octavio）、朗尼（Ronnie）、昆鐵洛（Sean Quintero）、羅哈斯（Shawn Rojas）、謝爾登（Kathy Sheldon）、史陶伯（Bradley Staub）、提姆（Tim）和裘裘叔叔（Uncle JoJo）。讀者要是去阿里瓦卡，一定要造訪吉普賽小館，那裡是北美甚至全世界最棒的酒館。我還要感謝老闆米林諾維奇夫婦（Maggie and Rich Milinovitch）、謝帕德夫婦（Penny and Steve Shepard，還有巴斯特〔Buster〕和奇哥〔Chico〕）和羅賓森（Fern Robinson）這幾位大好人，感謝他們總是不吝對無證遷移計畫伸出援手。我要向我阿里瓦卡的表親杜伍（Drew C. Do）致敬。我愛你，兄弟。

這些年我在土桑認識了一些非常棒的人。謝謝威爾森（Mike Wilson）、普萊斯（Norma Price）和土桑撒馬利亞人的大家。還要謝謝我朋友雷內克（Robin Reineke），她幫我的次數多得數不完，並且讓我明白什麼叫為了改變而工作。如果想更了解雷內克等人在沙漠替家屬尋找親人遺體的工作內容，可以到科樂比人權中心網站（http://colibricenter.org/）查詢。土桑導演兼作家弗格森（Kathryn Ferguson）一直是我的沙漠屬靈嚮導，我很榮幸能稱她為友。我要感謝「禪師」基伊（Bob Kee）這些年來向我展現的一切，尤其是讓我明白什麼叫真正的人道主義者。我欠他的情永遠也還不了。

田野調查期間，墨西哥諾加萊斯有許多人指引我、支持我。謝謝羅雷洛夫婦（don Paco and doña Hilda Lourero）打開瑱波斯哥收容所的大門，讓我做研究，並且從一九八〇年代初期到現在協助了一百多萬名遷移者，供他們溫暖的床和食物。感謝收容所許多員工協助我做研究，更重要的是讓我看到一個人如何在每天面對無止盡的悲慘與愁苦照顧遷移者時還能保持樂觀。我特別要感謝費爾南多（Fernando）、波洛（Polo）、荷西（José）、艾瑞克（Erik）和內奇（Netchy）。

二〇〇九年我徒步穿越沙漠，「長耳大野兔」黑淞（Jackson〔Jackrabbit〕Hathorn）是第一個被我說動同行的學生。我不可能找到比他更好的旅伴或ＤＪ了。這些年來有許許多多大學生和研究生參與無證遷移計畫，讓計畫得以成功。我想在此點名感謝他們。無證遷移計畫二〇〇九年班：雷德斯馬（Briana Ledesma）；二〇一〇年班：艾瑪迪（Rachel Emadi）、賈西亞（Ester García）、黑米爾（Morgan Chalmers Hamill）、伊安農（Adrienne Iannone）、歐斯特里徹ＴＭ（Ian OstericherTM）、潘恩（Hilary Payne）、普拉斯（Graham Pruss）、理奇（Steven Ritchey）、許普曼（Austin Shipman）、史托克斯（Shaylee Stokes）、瓦洛維奇（Sasa Vulovic）和亞克索（Sophia Yackshaw）；二〇一二年班：貝克（Johnquil Baker）、巴瑞特（Reanne Barrett）、卡斯提洛（Mario Castillo）、狄岑（Alarica Dietzen）、葛拉波克沙（Sam Grabowksa）、曼克爾（Magda Mankel）、尼爾森（Lauren Nelson）、帕拉齊歐（Rolando Palacio）、「丘巴卡」舒伯特（Ashley〔Schewbacca〕Schubert）和辛格（Parth Singh）；以及二〇一三年班：安東尼歐（Anna Antoniou）、巴特（Emily Butt）、丹特斯（Andrea Dantus）、多爾夫斯曼－霍普金斯（Marcela Dorfsman-

Hopkins）、戴維斯（Jordan Edward Davis）、德拉羅薩（Bill De La Rosa）、雷夫博（John Lefeber）、凱斯（Hannah Kass）、李伊（Dan Lee）、羅夫蘭德（Erika Loveland）和姆林（Leah Mlyn）。

這些年來，密西根大學有許多學生協助整理我們每年從田野帶回來的數千件人工製品和幾百小時錄音帶。沒有他們，我們的實驗不可能進行：狄克森（Ariana Dixon）、佛林格-畢爾（Anna〔Bri〕Forringer-Beal）、杜羅斯（Emma DuRoss）、黑斯（Emma Hays）、赫里斯托瓦（Poli Hristova）、尼德罕姆（Melissa Needham）、佛斯特司（Michelle Vosters）、山德斯（Joia Sanders）和「酷炫」索爾利許（Greg〔2 Dope〕Sollish）。感謝無證遷移計畫榮譽成員因克蘭（María Inclán）、「拉洛」賈西亞（Eduardo “Lalo” García）和萊特（Alice Wright）。

我要感謝田野研究中心（Institute for Field Research）這些年來對無證遷移計畫田野學校的資助，讓我能帶著幾十位學生到沙漠學習遷移與人類學。院長波特納（Ran Boytner）從一開始就對無證遷移計畫充滿信心，我很感謝他的支持。田野研究中心是世界級的研究機構，能沾它的光讓我備感榮幸。

感謝史密森尼學會的維拉斯奎茲（Steve Velaquez）相信遷移者的遺留物值得保存。

謝謝帕斯特拉納（Raúl Pastrana）幫助我讓更多人重視荷西・塔古利的遭遇。

感謝過路卡車司機（Drive-By Truckers）樂團，他們的南方搖滾樂伴著我開車橫越索諾拉沙漠，度過了無數時光。

謝謝史普林斯汀（Bruce Springsteen）寫了B面歌曲《生在美國》（*Born in the USA*），本書大部分篇幅都是以它為配樂（沒有嘲諷的意思）寫完的。

從我最後一次到亞利桑那做田野，到撰寫本書的十六週，我都是靠著伊斯貝爾（Jason Isbell）的專輯《東南》（*Southeastern*）度過低潮和慶賀小有進展。我要感謝他不斷向我們展示語言和音樂創造世界的力量。

我的死黨（兼英雄）弗勞汀（Will Vlautin）在寫書全程給了我太多道德與編輯上的支持，謝啦，兄弟。

這些年有不少人被我纏著參與無證遷移計畫，他們給我的啟發與協助我永遠無法一一回報。哈爾（Kate Hall）成了我們的常駐埋葬學家，本書第三章的屍體分解數據大多都是她、歐斯特里徹和貝克提供的。沃特豪斯（Olivia Waterhouse）經常讓我們見識到什麼才叫用心做研究。我要感謝瑙曼（Aaron Naumann）示範如何神遊物外（spirit ride），並且在我們執行大型田野計畫的第一年讓我沒有瘋掉。麥蒂（Maddie Naumann）原本是找我指導畢業論文的大學生，但很快就成了一家人。我很高興她和瑙曼結婚生了一頭叫作雷歐娜（Leona）的母獅寶寶，讓我們連結更深，更開心裘西（Josie）決定加入無證遷移計畫的大家庭。感謝杜魯蒙（Justine Drummond）盡職擔任無證遷移計畫的道德指南針，即使這件事非她所願。我要大大擁抱博格斯瑪–薩法爾（Chloe Bergsma-Safar），她是我遇過最和善的靈魂。謝謝斯帕倫塔克（Murphy〔Murphette〕Van Sparrentak）讓我們知道「讓我解釋給你聽」是什麼意思。姊妹，我們山頂上見！史都華（Haeden Stewart）離開了卻又好像沒有離開，我愛你，兄弟。最後，我要感謝好友兼長期合作夥伴高基（Cameron Gokee），我欠他的恩情遠超過他能想像。謝謝你，C$。

我要感謝家人在我做研究和撰寫本書期間的支持與鼓勵。非常感謝我的嫂嫂芭芭拉和大舅子弗雷德（Barbara and Fred Bigham），還有小舅子弗里茲（Frits Bigham）。我還要特別感謝謝爾茲（Dave Shields）叔叔總是提醒我，我能把書寫完的。

謝謝法蘭奇（Kirk French）經歷了那麼多之後還願意跟我說話。

我的異母弟弟瓦西勒（Geoff〔Jefe〕Vasile），我愛你。菲卡滴滴滴（Fick-a-dee-dee-dee）。

大大感謝威爾斯從一九九三年聖塔莫尼卡市政中心的邪教合唱團（Bad Religion）演唱會開始，就一路跟我走到現在。

謝謝山堤（Santi）、威利（Willie）和霍姆斯（Holmes）。

我要感謝我媽叫我勇敢追夢。

謝謝伊吉（Iggy）讓我知道生命裡什麼最重要。

最後，我欠下最多恩情的就是我的老婆艾比蓋兒（Abigail Bigham）。過去五年研究期間我所經歷的勝利、痛苦、悲傷與氣惱，她都一路相伴。她在我寫書期間展現的耐心，充分顯露了她的堅強、溫柔與幽默。寶貝，妳是我的天和地。

2007	2008	2009	2010	2011	2012	2013	2014	各區 總人數
152,459	162,392	118,712	68,565	42,447	28,461	27,496	29,911	1,512,034
55,881	40,962	33,520	32,562	30,191	23,916	16,306	14,511	1,050,861
37,994	8,363	6,952	7,116	5,833	6,500	6,106	5,902	726,225
378,323	**317,709**	**241,667**	**212,202**	**123,285**	**120,000**	120,939	87,915	4,671,937
75,464	30,310	14,998	12,251	10,345	9,678	11,154	12,339	937,411
5,537	5,390	6,357	5,288	4,036	3,964	3,684	4,096	114,422
22,919	20,761	17,082	14,694	16,144	21,720	23,510	24,255	705,206
56,715	43,659	40,571	35,287	36,053	44,872	50,749	44,049	925,503
73,430	75,476	60,992	59,766	59,243	97,762	**154,453**	**256,393**	1,583,944
858,722	705,022	540,851	447,731	327,577	356,873	414,397	481,385	12,229,557
18	23	22	15	13	8	7	6	
7	6	6	7	9	7	4	3	
4	1	1	2	2	2	1	1	
44	**45**	**45**	**47**	**38**	**34**	29	18	
9	4	3	3	3	3	3	3	
1	1	1	1	1	1	1	1	
3	3	3	3	5	6	6	5	
7	6	8	8	11	13	12	9	
9	11	11	13	18	27	**37**	**53**	
102	100	100	100	100	101	100	99	

附錄一：二○○○至二○一四年，美國邊境巡邏隊南方邊境各區逮捕人數統計表

區名	2000	2001	2002	2003	2004	2005	2006
聖地牙哥（加州）	151,681	110,075	100,681	111,515	138,608	126,909	142,122
埃爾森特羅（加州）	238,126	172,852	108,273	92,099	74,467	55,726	61,469
尤馬（亞利桑那州）	108,747	78,385	42,654	56,638	98,060	138,438	118,537
土桑（亞利桑那州）	**616,346**	**449,675**	**333,648**	**347,263**	**491,771**	**439,090**	**392,104**
艾爾帕索（德州）	115,696	112,857	94,154	88,816	104,399	122,689	122,261
大彎（舊名馬爾發，德州）	13,689	12,087	11,392	10,319	10,530	10,536	7,517
德爾里奧（德州）	157,178	104,875	66,985	50,145	53,794	68,510	42,634
拉雷多（德州）	108,973	87,068	82,095	70,521	74,706	75,342	74,843
格蘭德河谷（德州）	133,243	107,844	89,927	77,749	92,947	134,188	110,531
全年總計	1,643,679	1,235,718	929,809	905,065	1,139,282	1,171,428	1,072,018
全年各區逮捕人數占比							
聖地牙哥（加州）	9	9	11	12	12	11	13
埃爾森特羅（加州）	14	14	12	10	7	5	6
尤馬（亞利桑那州）	7	6	5	6	9	12	11
土桑（亞利桑那州）	**37**	**36**	**36**	**38**	**43**	**37**	**37**
艾爾帕索（德州）	7	9	10	10	9	10	11
大彎（舊名馬爾發，德州）	1	1	1	1	1	1	1
德爾里奧（德州）	10	8	7	6	5	6	4
拉雷多（德州）	7	7	9	8	7	6	7
格蘭德河谷（德州）	8	9	10	9	8	11	10
總百分比*	100	99	100	100	101	99	100

資料來源：美國海關及邊境保衛局2000至2014年度〈非法外來者各月被捕人數統計〉，www.cbp.gov。

說明：粗體代表該區逮捕人數為當年最多。

*由於四捨五入，總值不一定為100。

附錄二：二〇一〇年度，美國邊境巡邏隊土桑區逮捕人數（依距離邊界遠近）

	逮捕人數（百分比）	
英里（1英里約為1.6公里）	2010	2011
0–1 mile	43,188 (20%)	25,625 (22%)
1–5 miles	56,995 (27%)	29,835 (25%)
5–20 miles	49,405 (24%)	33,789 (28%)
20+ miles	60,091 (29%)	29,881 (25%)
總數	209,679 (100%)	119,130 (100%)

資料來源：美國政府課責署（GAO）2012，表33和34。

譯名對照

1畫

〈一九九三年洪水及其他〉The Floods of 1993 and Others

2畫

人權聯盟 Coalición de Derechos Humanos
人權觀察組織 Human Rights Watch

3畫

三點鎮 Three Points
凡奈斯 Van Nuys
凡妮莎 Vanessa
土桑垃圾計畫 Tucson Garbage Project
土桑區 Tucson Sector
土桑撒馬利亞人 Tucson Samaritans
士瑞克保全集團 G4 Security Solutions
小克里斯提安 Christian Jr.
小帕狄拉 Padilla Jr., Manuel
《山的法則》*La ley del monte*
山謬爾 Samuel

4畫

五點區 Five Points
內文斯 Nevins, Joseph
孔恩 Kohn, Eduardo
《少了他》Sin El
尤馬郡 Yuma County
尤馬區 Yuma Sector
巴波奎瓦里山脈 Baboquivari Mountains
巴特勒 Butler, Judith
巴納德學院 Barnard College
巴塔哥尼亞湖 Patagonia Lake
巴塔莫特路 Batamote Road
文森特 Vicente
文森特・費南德茲 Fernández, Vicente

5畫

加茲登購地 Gadsden Purchase
《北美自由貿易協定》North American Free Trade Agreement, NAFTA
北漂之路 The Journey to El Norte
卡勃羅 Carrboro
卡洛斯 Carlos
卡特 Carter, Kevin
卡馬喬，艾莉西亞 Camacho, Alicia
卡隆 Callon, Michel
卡羅斯 Carlos
古斯塔夫 Gustavo
史坦內斯古 Stanescu, James
史庫比 Scooby
史班納 Spener, David
史密斯 Smith, Matthew Hale
史都華 Stewart, Haeden
史賓塞 Spencer, David
外來者移地出境計畫 Alien Transfer and Exit Program, ATEP

布思 Boss, Pauline
布朗斯維爾 Brownsville
布格司 Bourgois
布雷默頓 Bremerton
《平原傳奇》*Tortilla Flat*
弗拉可 Flaco
弗洛，年哥 Flow, Ñengo
弗瑞迪 Freddy
弗雷斯諾 Fresno
札桂・葡亞斯，卡米塔・瑪麗賽拉 Zhagüi Puyas, Carmita Maricela
瓜亞基爾 Guayaquil
瓦加斯 Vargas, Jose Antonio
瓦哈卡 Oaxaca
瓦特莫 Whatmore, Sarah
田野研究中心 Institute for Field Research
皮馬郡 Pima County
皮馬郡法醫室 Pima County Office of the Medical Examiner, PCOME
《石板》*Slate*

6畫

伊斯貝爾，傑森 Isbell, Jason
伍瑞阿 Urrea, Luis Alberto
全國移民祕書處 la Secretaría Nacional de Migrante, SENAMI
吉連 Gilliam, Terry
多曼斯卡 Domanska, Ewa
多爾帝 Dougherty, Sean Thomas
《守門人行動》*Operation Gatekeeper*
守門人行動 Operation Gatekeeper
安克爾 Ángel
安娜 Anna
安得列亞斯 Andreas, Peter
安訥里諾 Annerino, John
安琪拉 Angela
安德瑞斯 Andrés
托荷諾奧丹 Tohono O' odham
托瑞斯，吉勒摩・威爾森 Torres, Guillermo Wilson
朱丘 Chucho
朵帝 Doty, Roxanne
朵若芮絲女士 doña Dolores
米卻肯州 Michoacán
米斯特克 Mixteca
米斯特克語 Mixtec
老忠實噴泉 Old Faithful
《考古學》*Archaeology*
《自以為是的毒鬼》*Righteous Dopefiend*
艾丁格 Ettinger, Patrick
艾弗列莫夫 Efremov, Ivan
艾思奎達，瑪麗賽拉 Esqueda, Marisela
艾爾帕索 El Paso
艾爾塔 Altar
艾德加 Edgar
西南邊境策略 Southwest Border Strategy

7畫

佛格森 Ferguson
克丘亞語 Kichwa
克里斯提安 Christian
克勞狄歐 Claudio
克魯茲 Cruz, Tío
利德蓋特 Lydgate, Joanna Jacobbi
巫術樂團 Brujería
希爾達 Hilda, Doña
李蒙 Limón, José
杜魯蒙 Drummond, Justine
杜蘭戈 Durango
《汽車總動員》*Cars*
沃克峽谷 Walker Canyon
沃特豪斯 Waterhouse, Olivia
《沙上的線》*Line in the Sand*
沙沙比 Sasabe
狄亞哥 Diego
貝他組織 Grupo Beta
貝尼亞 Peña, Manuel
貝哈，露思 Behar, Ruth

科樂比人權中心 Colibrí Center for Human Rights
美國土地管理局 Bureau of Land Management, BLM
美國公民及移民服務局 United States Citizenship and Immigration Services, USCIS
美國全國移民論壇 National Immigration Forum
美國盾計畫 America' s Shield Initiative, ASI
美國國土安全部 Department of Homeland Security, DHS
美國國家豬肉委員會 National Pork Board
《美墨邊境軍事化，一九七八至一九九二年》*The Militarization of the U.S.-Mexico Border, 1978–1992*
耶妮佛 Yennifer
迪康辛尼 DeConcini

10畫

叟塞多，強納森・里瓦斯 Saucedo, Jonathan Rivas
埃利斯島 Island, Ellis
埃洛伊市 Eloy
家得寶 Home Depot
庫克維爾 Cookeville
恩涅斯托先生 don Ernesto
格雷羅州 Guerrero
格蘭德行動 Operation Rio Grande
格蘭德河 Rio Grande
桑塔格 Sontag, Susan
海曼 Heyman, Josiah
海關及邊境保衛局 Customs and Border Protection, CBP
特比托區 Tepito
特里基人 Triqui
特拉斯卡拉 Tlaxcala
特諾奇提特蘭 Tenochtitlán
班尼特 Bennett, Jane
班克斯 Banks, Leo
納卜漢 Nabhan, Gary
納波利塔諾 Napolitano, Janet
索諾伊塔 Sonoyta
索諾拉沙漠 Sonoran Desert
《逃往美國》*Born in East L.A*
馬丁尼茲 Martínez, Oscar
馬力波薩 La Mariposa
馬可斯 Marcos
馬利爾 Maril, Robert Lee
馬里波沙 Mariposa
馬林 Marin, Cheech
馬嘎尼亞 Magaña, Rocío
高基 Gokee, Cameron
高等研究學院 School for Advanced Research, SAR

11畫

《偷渡》*Clandestine Crossings*
國防部低度衝突研究中心 Department of Defense Center for Low Intensity Conflict
國家行動黨 Partido Acción Nacional, PAN
國家科學基金會 National Science Foundation
國際大道 International Avenue
基伊 Kee, Bob
基多 Quito
基斯通警察 Keystone Cops
密西根大學實驗動物照護及使用委員會審查指引 the University of Michigan Committee on Use and Care of Animals protocol
寇瑪 Komar, Debra
康丁法拉斯 Cantinflas
強尼 Johnny
《捲回時光》Reelin' in the Years
曼尼 Manny
曼瓊 El Manchon
梅西 Massey, Douglas
梅莫 Memo
梧桐峽谷 Sycamore Canyon
移民及海關執法局 Immigration and Customs Enforcement, ICE
移民及歸化局 Immigration and Naturalization Service
《移民改革與控制法案》Immigration Reform and Control Act, IRCA
終結死亡 No More Deaths

12畫

13畫

14畫

15畫

參考書目
References

ABLM (Arizona Bureau of Land Management)

2011 "Southern Arizona Project to Mitigate Environmental Damages Resulting from Illegal Immigration." Fiscal Year 2011 Report.

ACLU (American Civil Liberties Union)

2009 "Operation Streamline Factsheet." www.immigrationforum.org/images/uploads/OperationStreamlineFactsheet.pdf. Accessed March 2014.

2014 "Customs and Border Protection's (CBP's) 100-Mile Rule." www.aclu.org/sites/default/files/assets/14_9_15_cbp_100-mile_rule_final.pdf. Accessed February 28, 2015.

Agamben, Giorgio

1998 *Homo Sacer: Sovereign Power and Bare Life.* Palo Alto, CA: Stanford University Press.

2005 *State of Exception.* Translated by Kevin Attell. Chicago: University of Chicago Press.

Alvarez, Robert R., Jr.

1995 "The Mexican-US Border: The Making of an Anthropology of Borderlands." *Annual Review of Anthropology* 24: 447–470.

Anderson, Stuart

2013 "How Many More Deaths? The Moral Case for a Temporary Worker Program." National Foundation for American Policy Policy Brief. March.

Andersson, Ruben

2014 "Hunter and Prey: Patrolling Clandestine Migration in the Euro-African Borderlands." *Anthropological Quarterly* 87(1): 118–149.

Andreas, Peter

2009 *Border Games: Policing the U.S.-Mexico Divide.* Ithaca, NY: Cornell University Press.

Annerino, John

2009 *Dead in Their Tracks: Crossing America's Desert Borderlands in the New Era.* Tucson: University of Arizona Press.

Anti-Defamation League

2012 "Arizona: The Key Players in the Anti-immigrant Movement." www.adl.org/assets/pdf/civil-rights/immigration/Arizona-anti-immigrant-movementtemp-9-7-12.pdf.

Anzaldua, Gloria

2007 *Borderlands/La Frontera: The New Mestiza.* 3rd ed. San Francisco: Aunt Lute Books.

Archaeology Magazine

2011 Letter to the Editor. *Archaeology* 64(2).

Arizona Daily Star

2014 "Police Raid Immigrant Group Shelter in Nogales, Group Says." *Arizona Daily Star,* July 12.

Associated Press

2011 "Drug Smugglers Use Catapult to Fling Pot to Arizona." azcentral.com, January 27. www.azcentral.com/news/articles/2011/01/26/20110126arizonaborder-marijuana-catapult.html#ixzz3BnrtfkNp. Accessed March 7, 2015.

2014 "Mexico Cracking Down on Central Americans Riding 'The Beast,' Sending Them to Deportation Centers." CBS Houston, August 29. http://houston.cbslocal.com/2014/08/29/mexico-cracking-down-on-central-americansriding-the-beast-sending-them-to-deportation-centers/. Accessed March 30, 2015.

Banks, Leo

2009 "Trashing Arizona: Illegal Immigrants Dump Tons of Waste in the Wilderness Every Day—and It' s Devastating the Environment." *Tucson Weekly,* April 2. www.tucsonweekly.com/tucson/trashing-arizona/Content?oid=1168857. Accessed March 7, 2015.

Barthes, Roland

1981 *Camera Lucida: Reflections on Photography.* 1st American ed. New York: Hill and Wang.

Bassett, Samuel Elliot

1933 "Achilles' Treatment of Hector' s Body." *Transactions and Proceedings of the American Philological Association* 64: 41–65.

Basso, Keith H.

1996 *Wisdom Sits in Places: Landscape and Language among the Western Apache.* Albuquerque: University of New Mexico Press.

Bazzell, Robert

2007 "Border Town Hospitals Straddle Care and Costs." NBC News. March 27. www.nbcnews.com/id/17760618/ns/health-second_opinion/t/border-townhospitals-straddle-care-costs/#.VBHeqcKp18E.

Beck, Jess, Ian Ostereicher, Greg Sollish, and Jason De Leon

2014 "Animal Scavenging and Scattering and the Implications for Documenting the Deaths of Undocumented Border Crossers in the Sonoran Desert." *Journal of Forensic Sciences* 60: S11–S20. doi: 10.1111/1556-4029.12597.

Behar, Ruth

1996 *The Vulnerable Observer: Anthropology That Breaks Your Heart.* Boston: Beacon Press.

Bennett, Jane

2010 *Vibrant Matter: A Political Ecology of Things.* Durham, NC: Duke University Press.

Bertoli, S., J. Fernandez-Huertas, and F. Ortega

2011 "Immigration Policies and the Ecuadorian Exodus." *World Bank Economic Review* 25(1): 57–76.

Biehl, Joao G.

2005 *Vita: Life in a Zone of Social Abandonment.* Berkeley: University of California Press.

Bloch, Maurice, and Jonathan Parry

1996 "Introduction." In *Death and the Regeneration of Life.* Ed. M. Bloch and J. Parry. Pp. 1–44. Cambridge: Cambridge University Press.

Boehm, Deborah A

2012 *Intimate Migrations: Gender, Family, and Illegality among Transnational Mexicans.* New York: New York University Press.

Boss, Pauline

1999 *Ambiguous Loss: Learning to Live with Unresolved Grief.* Cambridge, MA: Harvard University Press.

2004 "Ambiguous Loss Research, Theory, and Practice: Reflections after 9/11." *Journal of Marriage and Family* 66(3): 551–566.

2007 "Ambiguous Loss Theory: Challenges for Scholars and Practitioners." *Family Relations* 56: 105–111.

Bourdieu, Pierre

1977 *Outline of a Theory of Practice.* Cambridge: Cambridge University Press.

Bourgois, Philippe

1995 *In Search of Respect: Selling Crack in El Barrio.* Cambridge: Cambridge University Press.

Bourgois, Philippe, and Jeff Schonberg

2009 *Righteous Dopefiend.* Berkeley: University of California Press.

Brandes, Stanley

2001 "The Cremated Catholic: The Ends of a Deceased Guatemalan." *Body & Society* 7(2–3): 111–120.

Brighton, Stephen A.

2009 *Historical Archaeology of the Irish Diaspora: A Transnational Approach.* Knoxville: University of Tennessee Press.

Buchli, Victor, and Gavin Lucas, G. (eds.)

2001 *Archaeologies of the Contemporary Past.* London: Routledge.

Butler, Judith

2004 *Precarious Life: The Powers of Mourning and Violence.* London: Verso.

Cadava, Gerardo L.

2011 "Borderlands of Modernity and Abandonment: The Lines within Ambos Nogales and the Tohono O' odham Nation." *Journal of American History* 98(2): 362–383.

Callon, Michel, and John Law

1995 "Agency and the Hybrid Collectif." *South Atlantic Quarterly* 94(2): 481–507.

1997 "After the Individual in Society: Lessons on Collectivity from Science, Technology and Society." *Canadian Journal of Sociology* 22(2): 165–182.

Cannell, Fenella

1999 *Power and Intimacy in the Christian Philippines.* Cambridge: Cambridge University Press.

Carcamo, Cindy

2014 "ACLU Seeks Name of Border Patrol Agent Who Killed Mexican Teenager." *Los Angeles Times,* September 11. www.latimes.com/nation/nationnow/la-na-ff-border-patrol-shooting-20140910-story.html. Accessed

February 28, 2015.

CBP (US Customs and Border Protection)

2008 "Tucson Sector Makes Significant Gains in 2008: Border Patrol Agents Continue to Make Progress with New Technology, Tactical Infrastructure, and Increased Manpower." News release, October 22.

Cerrutti, Marcella, and Douglas S. Massey

2004 "Trends in Mexican Migration to the United States, 1965 to 1995." In *Crossing the Border: Research from the Mexican Migration Project.* Ed. J. Durand and D. S. Massey. Pp. 17–44. New York: Russell Sage.

Chavez, Leo R.

1998 *Shadowed Lives: Undocumented Immigrants in American Society.* Fort Worth, TX: Harcourt College Publishers.

Chavez, Sergio

2011 "Navigating the US-Mexico Border: The Crossing Strategies of Undocumented Workers in Tijuana, Mexico." *Ethnic and Racial Studies* 34(8): 1320–1337.

Clark, Jonathan

2012 "One Year Later, Deadly Shooting Still under Federal Investigation." *Nogales International,* January 6. www.nogalesinternational.com/news/one-yearlater-deadly-shooting-still-under-federal-investigation/article_83539752-387e-11e1-ab62-001871e3ce6c.html.

Clifford, James

1986 "Introduction: Partial Truths." In *Writing Culture.* Ed. J. Clifford and G. Marcus. Pp. 1–26. Berkeley: University of California Press.

Coleman, Kathleen M.

1990 "Fatal Charades: Roman Executions Staged as Mythological Enactments." *Journal of Roman Studies* 80: 44–73.

Cornelius, Wayne A.

2001 "Death at the Border: Efficacy and Unintended Consequences of US Immigration Control Policy." *Population and Development Review* 27(4): 661–685.

Cornelius, Wayne A., and Idean Salehyan

2007 "Does Border Enforcement Deter Unauthorized Immigration? The Case of Mexican Migration to the U.S. of America." *Regulation and Governance* 1(2): 139–153.

Cornelius, Wayne, Scott Borger, Adam Sawyer, David Keyes, Clare Appleby, Kristen Parks, Gabriel Lozada, and Jonathan Hicken

2008 "Controlling Unauthorized Immigration from Mexico: The Failure of 'Prevention through Deterrence' and the Need for Comprehensive Reform." Technical Report. La Jolla, CA: Immigration Policy Center.

Coutin, Susan

2005 "Being En Route." *American Anthropologist* 107(2): 195–206.

Crossland, Zoe

2000 "Buried Lives: Forensic Archaeology and the Disappeared in Argentina." *Archaeological Dialogues* 72: 146–159.

2009 "Of Clues and Signs: The Dead Body and Its Evidential Traces." *American Anthropologist* 111(1): 69–80.

Darling, Andrew J.

1998 "Mass Inhumation and the Execution of Witches in the American Southwest." *American Anthropologist* 100(3): 732–752.

Darling, Jonathan

2009 "Becoming Bare Life: Asylum, Hospitality, and the Politics of Encampment." *Environment and Planning D: Society and Space* 27(4): 649–665.

Das, Veena

2007 *Life and Words: Violence and the Descent into the Ordinary*. Berkeley: University of California Press.

Dawdy, Shannon

2006 "The Taphonomy of Disaster and the (Re)formation of New Orleans." *American Anthropologist* 108(4): 719–730.

De Genova, Nicholas, and Natalie Peutz

2010 *The Deportation Regime: Sovereignty, Space, and the Freedom of Movement.* Durham, NC: Duke University Press.

De Leon, Jason

2008 "The Lithic Industries of San Lorenzo–Tenochtitlan: An Economic and Technological Study of Olmec Obsidian." Doctoral dissertation. Department of Anthropology, Pennsylvania State University.

2012 " 'Better to Be Hot Than Caught' : Excavating the Conflicting Roles of Migrant Material Culture." *American Anthropologist* 114(3): 477–495.

2013a "Undocumented Use-Wear and the Materiality of Habitual Suffering in the Sonoran Desert." *Journal of Material Culture* 18(4): 1–32.

2013b "The Efficacy and Impact of the Alien Transfer Exit Program: Migrant Perspectives from Nogales, Sonora, Mexico." *International Migration* 51(2): 10–23.

De Leon, Jason, and Jeffery C. Cohen

2005 "The Material Probe in Ethnographic Interviewing." *Field Methods* 17(2): 200–204.

De Leon, Jason, and Cameron Gokee Under review "Lasting Value? Engaging with the Material Traces of America' s Undocumented Migration 'Problem.' " In *Cultural Heritage, Ethics, and Contemporary Migrations.* Ed. Cornelius Holtorf, Andreas Pantazatos, and Geoffrey Scarre. New York: Routledge.

De Leon, Jason, Cameron Gokee, and Anna Forringer-Beal

2015 "Use Wear, Disruption, and the Materiality of Undocumented Migration in the Southern Arizona Desert." In *Migrations and Disruptions: Unifying Themes in Studies of Ancient and Contemporary Migrations.* Ed. T. Tsuda and B. Baker. Gainesville: University Press of Florida.

De Leon, Jason, Cameron Gokee, and Ashley Schubert

2015 " 'By the Time I Get to Arizona' : Citizenship, Materiality, and Contested Identities along the U.S.-Mexico Border." *Anthropological Quarterly* 88(2): 445–480.

Dennie, Garrey

2009 "The Standard of Dying: Race, Indigence, and the Disposal of the Dead Body in Johannesburg, 1886–1960." *African Studies* 68(3): 310–330.

Diaz del Castillo, Bernal

1956 *The Discovery and Conquest of Mexico.* Kingsport, TN: Farrar, Straus, and Cudahy.

Domanska, Ewa

2005 "Toward the Archaeontology of the Dead Body." *Rethinking History: The Journal of Theory and Practice* 9(4): 389–413.

Donato, Katharine M., Jorge Durand, and Douglas S. Massey

1992 "Stemming the Tide? Assessing the Deterrent Effects of the Immigration Reform and Control Act." *Demography* 29(2): 139–157.

Donato, Katharine M., Brandon Wagner, and Evelyn Patterson

2008 "The Cat and Mouse Game at the Mexico-U.S. Border: Gendered Patterns and Recent Shifts." *International Migration Review* 42(2): 330–359.

Doty, Roxanne

2009 *The Law into Their Own Hands: Immigration and the Politics of Exceptionalism.* Tucson: University of Arizona Press.

2011 "Bare Life: Border-Crossing Deaths and Spaces of Moral Alibi." *Environment and Planning D: Society and Space* 29: 599–612.

Dougherty, Sean Thomas

2006 "Killing the Messenger." *Massachusetts Review* 47(4): 608–616.

Drummond, Justine, and Jason De Leon

2015 "Humanitarian Sites: A Contemporary Archaeological and Ethnographic Study of Clandestine Culture Contact among Undocumented Migrants, Humanitarian Aid Groups, and the U.S. Border Patrol." Paper presented at the Society for Historical Archaeology 48th annual meeting, Seattle.

Duarte, Carmen

2013 "3 Decomposing Bodies Found in Desert over Weekend." *Tucson Daily Star,* June 24, 2013. http://tucson.com/news/local/border/decomposingbodies-found-in-desert-over-weekend/article_338d3b8c-dd2e-11e2–918f-0019bb2963f4.html. Accessed April 18, 2015.

Dunn, Timothy J.

1996 *The Militarization of the U.S.-Mexico Border,* 1978–1992*: Low-Intensity Conflict Doctrine Comes Home.* Austin: CMAS Books, University of Texas.

2009 *Blockading the Border and Human Rights: The El Paso Operation That Remade Immigration Enforcement.* Austin: University of Texas Press.

Durand, Jorge, and Douglas S. Massey (eds.)

2004 *Crossing the Border: Research from the Mexican Migration Project.* New York: Russell Sage.

EFE

2012 "Border Crossing Trash Worthy of Study, Say Anthropologists." Fox News, January 17, 2012. http://latino.foxnews.com/latino/lifestyle/2012/01/17/border-crossing-trash-worthy-study-say-anthropologists/.

Efremov, Ivan A.

1940 "Taphonomy: A New Branch of Paleontology." *Pan American Geologist* 74: 81–93.

Ettinger, Patrick W.

2009 *Imaginary Lines: Border Enforcement and the Origins of Undocumented Immigration, 1882–1930.* Austin:

University of Texas Press.

Falcon, Sylvanna

2001 "Rape as a Weapon of War: Advancing Human Rights for Women at the U.S.-Mexico Border." *Social Justice* 28(2): 31–51.

Farmer, Paul

2004 "An Anthropology of Structural Violence." *Current Anthropology* 45(3): 305–325.

Fassin, Didier

2014 "Revisiting the Boundaries between Ethnography and Fiction." *American Ethnologist* 41(1): 40–55.

Felix, Adrian

2011 "Posthumous Transnationalism: Postmortem Repatriation from the United States to Mexico." *Latin American Research Review* 46(3): 157–179.

Ferguson, Kathryn, Norma A. Price, and Ted Parks

2010 *Crossing with the Virgin: Stories from the Migrant Trail.* Tucson: University of Arizona Press.

Ffolliott, Peter F., and Gerald J. Gottfried

2008 "Plant Communities and Associations." In *Natural Environments of Arizona: From Deserts to Mountains.* Ed. P. T. Ffolliott and O. K. Davis. Pp. 70–119. Tucson: University of Arizona Press.

Fontein, Joost

2010 "Between Tortured Bodies and Resurfacing Bones: The Politics of the Dead in Zimbabwe." *Journal of Material Culture* 15(4): 423–448.

Ford, Caroline

1998 "Violence and the Sacred in Nineteenth-Century France." *Historical Studies* 21(1): 101–112.

Forringer-Beal, Anna, and Jason De Leon

2012 "Fragments and Females: Using Micro-debitage to Understand the Border Crossing Experiences of Women Migrants in Southern Arizona." Paper presented at the Society for American Archaeology 77th annual meeting, Memphis, TN.

Foucault, Michel

1995 *Discipline and Punish: The Birth of the* Prison. 2nd ed. New York: Vintage Books.

2007 *Security, Territory, Population: Lectures at the College de France: 1977–1978.* New York: Picador.

Fuentes, Agustin

2006 "The Humanity of Animals and the Animality of Humans: A View from Biological Anthropology Inspired by J. M. Coetzee' s *Elizabeth Costello.*" *American Anthropologist* 108(1):124–132.

Galloway, Allison

1997 "The Process of Decomposition: A Model from the Arizona-Sonoran Desert." In *Forensic Taphonomy: The Postmortem Fate of Human Remains.* Ed. W. D. Haglund and M. H. Sorg. Pp. 139–150. Boca Raton, FL: CRC Press.

Galloway, Allison, Walter H. Birkby, Allen M. Jones, Thomas E. Henry, and Bruce O. Parks

1989 "Decay Rates of Human Remains in an Arid Environment." *Journal of Forensic Sciences* 34(3): 607–616.

Galtung, Johan

1969 "Violence, Peace, and Peace Research." *Journal of Peace Research* 6(3): 167–191.

GAO (Government Accountability Office)

1997 "Report to the Committee on the Judiciary, U.S. Senate, and the Committee on the Judiciary, House of Representatives; Illegal Immigration: Southwest Border Strategy Results Inconclusive; More Evaluation Needed." www.gao.gov/archive/1998/gg98021.pdf.

2001 "INS' s Southwest Border Strategy: Resource and Impact Issues Remain after Seven Years." Report to Congressional Requesters. www.gao.gov/new.items/d01842.pdf.

2006 "Illegal Immigration: Border Crossing Deaths Have Doubled since 1995; Border Patrol' s Efforts Have Not Been Fully Evaluated." Report to U.S. Senate.

2010 "Alien Smuggling: DHS Needs to Better Leverage Investigative Resources and Measure Program Performance along the Southwest Border." Report to Congressional Requesters. www.gao.gov/new.items/d10328.pdf. Accessed April 18, 2015.

2012 "Border Patrol: Key Elements of New Strategic Plan Not Yet in Place to Inform Border Security Status and Resource Needs." Report to Congressional Requesters. www.gao.gov/assets/660/650730.pdf. Accessed March 26,2015.

Garcia, Maria Cristina

2006 *Seeking Refuge: Central American Migration to Mexico, the United States, and Canada*. Berkeley: University of California Press.

Gell, Alfred

1998 *Art and Agency: An Anthropological Theory*. Oxford: Clarendon Press.

Gokee, Cameron, and Jason De Leon

2014 "Sites of Contention: Archaeology and Political Discourse in the USMexico Borderlands." *Journal of Contemporary Archaeology* 1(1): 133–163.

Gonzalez, Daniel

2014 "Largest-Ever Drug Tunnel Found in Nogales." *Arizona Republic,* February 13. www.azcentral.com/news/arizona/articles/20140213largest-ever-drug-tunnelnogales-arizona-found.html. Accessed March 7, 2015.

Gonzalez-Ruibal, Alfredo

2007 " 'Making Things Public' : Archaeologies of the Spanish Civil War." *Public Archaeology* 6: 203–226.

2008 " 'Time to Destroy' : An Archaeology of Supermodernity." *Current Anthropology* 49(2): 247–279.

Goss, Robert E., and Dennis Klass

1997 "Tibetan Buddhism and the Resolution of Grief: The *Bardo-Thodol* for the Dying and the Grieving." *Death Studies* 21: 377–395.

Graeber, David

1995 "Dancing with Corpses Reconsidered: An Interpretation of 'Famadihana' (in Arivonimamo, Madagascar)." *American Ethnologist* 22(2): 258–278.

Guerin-Gonzales, Camille

1994 *Mexican Workers and American Dreams: Immigration, Repatriation, and California Farm Labor,* 1900–1939. New Brunswick, N.J.: Rutgers University Press.

Guyer, Sara

2009 "Rwanda' s Bones." *boundary* 2 36(2): 155–175.

Haddal, Chad C.

2010 *Border Security: The Role of the U.S. Border Patrol.* Congressional Research Service Report for Congress. August 11. www.fas.org/sgp/crs/homesec/RL32562.pdf. Accessed February 28, 2015.

Hadley, N. F.

1972 "Desert Species and Adaption." *American Scientist* 60: 338–347.

Hall, Katherine, Anna Antoniou, Haeden Stewart, Jess Beck, and Jason De Leon

2014 "Exploring the Taphonomic Processes that Impact the Remains of Undocumented Border Crossers in the Sonoran Desert of Arizona." Poster presented at the Society for American Archaeology, 79th Annual Meeting, Austin, TX.

Harrison, Rodney, and John Schofield

2010 *After Modernity: Archaeological Approaches to the Contemporary Past.* Oxford: Oxford University Press.

Harrison, Simon

2006 "Skull Trophies of the Pacific War: Transgressive Objects of Remembrance." *Journal of the Royal Anthropological Institute* 12(4): 817–836.

2010 "Bones in the Rebel Lady' s Boudoir: Ethnology, Race, and Trophy-Hunting in the American Civil War." *Journal of Material Culture* 15(4): 385–401.

Hennessy-Fiske, Molly

2014 "Migrant Crisis Expands North from Border, into Arid Texas Wilderness." *Los Angeles Times,* July 19. www.latimes.com/nation/la-na-immigrationbrooks-county-20140720-story.html#page=1. Accessed March 30, 2015.

Hernandez, Kelly Lytle

2010 *Migra! A History of the U.S. Border Patrol.* Berkeley: University of California Press.

Heyman, Josiah McC.

1995 "Putting Power into the Anthropology of Bureaucracy: The Immigration and Naturalization Service at the Mexico–United States Border," with "Commentary" and "Reply by the Author." *Current Anthropology* 36(2): 261–287.

2002 "U.S. Immigration Officers of Mexican Ancestry as Mexican Americans, Citizens, and Immigration Police." *Current Anthropology* 43(3): 479–507.

2009 "Trust, Privilege, and Discretion in the Governance of the US Borderlands." *Canadian Journal of Law and Society* 24(3): 367–390.

Hill, Sarah

2006 "Purity and Danger on the U.S.-Mexico Border, 1990–1994." *South Atlantic Quarterly* 105(4): 777–800.

Hobson, Kersty

2007 "Political Animals? On Animals as Subjects in an Enlarged Political Geography." *Political Geography* 26(3): 250–267.

Hoffman, Danny

2011 *The War Machines: Young Men and Violence in Sierra Leone and Liberia.* Durham, NC: Duke University Press.

Holmes, Seth M.

2013 *Fresh Fruit, Broken Bodies: Migrant Farmworkers in the United States.* Berkeley: University of California Press.

Horsely, Scott

2006 "Border Fence Firm Snared for Hiring Illegal Workers." National Public Radio, December 14. www.npr.org/templates/story/story.php?storyId=6626823. Accessed April 19, 2015.

Hsieh, Steven

2014 "Migrant Children Accuse Border Patrol Agents of Physical and Sexual Assault." *The Nation,* June 12. www.thenation.com/blog/180207/migrantchildren-accuse-border-patrol-agents-physical-and-sexual-assault.

Human Rights Watch

2013 " 'Between a Drone and Al-Qaeda: The Civilian Cost of US Targeted Killings in Yemen." www.hrw.org/sites/default/files/reports/yemen1013_ForUpload.pdf. Accessed April 19, 2015.

Humphreys, Michael, and Tony Watson

2009 "Ethnographic Practices: From 'Writing Up Ethnographic Research' to 'Writing Ethnography.' " In *Organizational Ethnography: Studying the Complexity of Everyday Life.* Ed. Sierk Ybema, Dvora Yanow, Harry Wels, and Frans H Kamsteeg. Pp. 40–55. Thousand Oaks, CA: SAGE.

ICE (US Immigration and Customs Enforcement)

2013 "ERO Annual Report: FY 2013 ICE Immigration Removals." www.ice.gov/doclib/about/offices/ero/pdf/2013-ice-immigration-removals.pdf. Accessed April 19, 2015.

Jackson, Michael

2013 *The Wherewithal of Life: Ethics, Migration, and the Question of Well-Being.* Berkeley: University of California Press.

Johansson, Karin

2012 "The Birds in the Ilia. Identities, Interactions, and Functions." Ph.D. dissertation. University of Gothenburg, Department of Historical Studies.

Jokisch, Brad D.

2002 "Migration and Agricultural Change: The Case of Smallholder Agriculture in the Highlands of South-Central Ecuador." *Human Ecology* 30(4): 523–550.

Jokisch, Brad D., and Jason Pribilsky

2002 "The Panic to Leave: Economic Crisis and the 'New Emigration' from Ecuador." *International Migration* 40(4): 75–101.

Jones, Reece

2009 "Agents of Exception: Border Security and the Marginalization of Muslims in India." *Environment and Planning D: Society and Space* 27(5): 879–897.

Keane, Webb

2006 "Subjects and Objects." In *Handbook of Material Culture.* Ed. C. Tilley, W. Keane, S. Kuchler, M. Rowlands, and P. Spyer. Pp. 197–202. London: Sage.

Kirk, David A., and Michael J. Mossman

1998 "Turkey Vulture (*Cathartes aura*)." In *The Birds of North America,* No. 339. Ed. A. Poole and F. Gill. Ithaca, NY: Birds of North America Online.

Kirksey, S. Eben, and Stefan Helmreich

2010 "The Emergence of Multispecies Ethnography." In "Multispecies Ethnography." Special issue, *Cultural*

Anthropology 25(4): 545–576.

Klass, Dennis, and Robert Goss

2003 "The Politics of Grief and Continuing Bonds with the Dead: The Cases of Maoist China and Wahhabi Islam." *Death Studies* 27: 787–811.

Kohn, Eduardo

2007 "How Dogs Dream: Amazonian Natures and the Politics of Transspecies Engagement." *American Ethnologist* 34(1): 3–24.

Komar, Debra

2008 "Patterns of Mortuary Practice Associated with Genocide: Implications for Archaeological Research." *Current Anthropology* 49(1): 123–133.

Kopytoff, Igor

1986 "The Cultural Biography of Things: Commoditization as Process." In *The Social Life of Things.* Ed. A. Appadurai, 64–91. Cambridge: Cambridge University Press.

Krmpotich, Cara, Joost Fontein, and John Harries

2010 "The Substance of Bones: The Emotive Materiality and Affective Presence of Human Remains." *Journal of Material Culture* 15(4): 371–384.

Lacey, Marc

2011 "Arizona Officials, Fed Up with U.S. Efforts, Seek Donations to Build Border Fence." *New York Times,* July 19. www.nytimes.com/2011/07/20/us/20border.html?_r=0. Accessed March 7, 2015.

Latour, Bruno

1992 "Where Are the Missing Masses? The Sociology of a Few Mundane Artifacts." In *Shaping Technology/Building Society: Studies in Sociotechnical Change.* Ed. W. Bijker and J. Law. Pp. 225–258. Cambridge, MA: MIT Press.

2005 *Reassembling the Social: An Introduction to Actor-Network-Theory.* Oxford: Oxford University Press.

Lentz, Ryan

2012 "Investigating Deaths of Undocumented Immigrants on the Border." *Intelligence Report* (Southern Poverty Law Center), no. 147 (Fall). www.splcenter.org/get-informed/intelligence-report/browse-all-issues/2012/fall/deathin-the-desert. Accessed March 30, 2015.

Limon, Jose E.

1994 *Dancing with the Devil: Society and Cultural Poetics in Mexican-American South Texas.* Madison: University of Wisconsin Press.

Lomnitz, Claudio

2005 *Death and the Idea of Mexico.* New York: Zone Books.

Londras, Fiona de

2008 "Guantanamo Bay: Towards Legality?" *Modern Law Review* 71(1): 36–58.

Lucht, Hans

2012 *Darkness before Daybreak: African Migrants Living on the Margins in Southern Italy Today.* Berkeley: University of California Press.

Ludlow Collective, The

2001 "Archaeology of the Colorado Coal Field War, 1913–1914." In *Archaeologies of the Contemporary Past.* Ed. V. Buchli and G. Lucas. Pp. 94–107. London: Routledge.

Lumholtz, Carl

1990 *New Trails in Mexico: An Account of One Year's Exploration in North-western Sonora, Mexico, and South-western Arizona,* 1909–1910. Tucson: University of Arizona Press.

Lydgate, Joanna Jacobbi

2010 "Assembly-Line Justice: A Review of Operation Streamline." *California Law Review* 98(2): 481–544.

Lyman, R. Lee

2010 "What Taphonomy Is, What It Isn't, and Why Taphonomists Should Care about the Difference." *Journal of Taphonomy* 8(1): 1–16.

Maddrell, Avril, and James D. Sidaway

2010 *Deathscapes: Spaces for Death, Dying, Mourning and Remembrance.* Farnham, Surrey, England: Ashgate.

Magana, Rocio

2008 "Desolation Bound: Enforcing America's Borders on Migrating Bodies." 2008 Ignacio Martin-Baro Human Rights Essay Prize, University of Chicago Human Rights Program.

2011 "Dead Bodies: The Deadly Display of Mexican Border Politics." In *A Companion to the Anthropology of the Body and Embodiment.* Ed. F. Mascia-Less. Pp. 157–171. Malden, MA: Blackwell.

Makdisi, Saree

2010 "The Architecture of Erasure." *Critical Inquiry* 36(3): 519–559.

Malinowski, Bronislaw

1984 *Argonauts of the Western Pacific.* Prospect Heights, IL: Waveland Press.

Malkki, Liisa

1997 "News and Culture: Transitory Phenomena and the Fieldwork Tradition." In *Anthropological Locations: Boundaries and Grounds of a Field Science.* Ed. A. Gupta and J. Ferguson. Pp. 86–101. Berkeley: University of California Press.

Malone, Nicholas, Alison H. Wade, Agustin Fuentes, Erin P. Riley, Melissa Remis, and Carolyn Jost Robinson

2014 "Ethnoprimatology: Critical Interdisciplinarity and Multispecies Approaches in Anthropology." *Critique of Anthropology*34(8): 8–29.

Marcus, George E.

1998 *Ethnography Through Thick and Thin.* Princeton, N.J.: Princeton University Press.

Margalida, Antoni, David Campion, and Jose A. Donazar

2011 "Scavenger Turned Predator: European Vultures' Altered Behavior." *Nature* 480: 457.

Maril, Robert Lee

2004 *Patrolling Chaos: The U.S. Border Patrol in Deep South Texas.* Lubbock: Texas Tech University Press.

Martin, Dan

1996 "On the Cultural Ecology of Sky Burial on the Himalayan Plateau." *East and West* 46 (3–4): 353–70.

Martinez, Daniel E., Reineke, Robin C., Raquel Rubio-Goldsmith, Bruce Anderson, Gregory Hess, and Bruce O. Park

2013 "A Continued Humanitarian Crisis at the Border: Deceased and Missing Migrants Recorded by the Pima

County Office of the Medical Examiner, 1990–2012." Binational Migration Institute, Department of Mexican American Studies, University of Arizona. http://bmi.arizona.edu/sites/default/files/border_deaths_final_web.pdf. Accessed April 19, 2015.

Martinez, Oscar

2013 *The Beast: Riding the Rails and Dodging Narcos on the Migrant Trail.* Trans. Daniela Maria Ugaz and John Washington. London: Verso.

Massey, Douglas, Jorge Durand, and Nolan Malone

2002 *Beyond Smoke and Mirrors: Mexican Immigration in an Era of Economic Integration.* New York: Russell Sage Foundation.

Mbembe, Achille

2003 "Necropolitics." *Public Culture* 15(1): 11–40.

McDonnell, Patrick

1986 "Tijuana Neighborhood: La Libertad; Aliens' Last Mexico Stop." *Los Angeles Times,* September 7, 1986. http://articles.latimes.com/1986-09-07/news/mn-12171_1_thousands-of-mexican-migrants. Accessed April 18, 2015.

McFarland, Elaine

2008 "Working with Death: An Oral History of Funeral Directing in Late Twentieth-Century Scotland." *Oral History* 36(1): 69–80.

McGuire, Randall H.

2008 *Archaeology as Political Action.* Berkeley: University of California Press.

2013 "Steel Walls and Picket Fences: Rematerializing the U.S.-Mexican Border in Ambos Nogales." *American Anthropologist* 115(3): 466–481.

Meirotto, Lisa M.

2012 "The Blame Game on the Border: Perceptions of Environmental Degradation on the United States–Mexico Border." *Human Organization* 71(1): 11–21.

Miles, Ann

2004 *From Cuenca to Queens: An Anthropological Story of Transnational Migration.* Austin: University of Texas Press.

Miller, Daniel

2010 *Stuff.* Cambridge: Polity Press.

Moreno, Caroline

2012 "Border Crossing Deaths More Common as Illegal Immigration Declines." *Huffington Post,* August 17, 2012. www.huffingtonpost.com/2012/08/17/border-crossing-deaths-illegal-immigration_n_1783912.html. Accessed April 19, 2015.

Morton. Robert J., and Wayne D. Lord

2006 "Taphonomy of Child-Sized Remains: A Study of Scattering and Scavenging in Virginia, USA." *Journal of Forensic Sciences* 51(3): 475–479.

Mulvey, Laura

1975 "Visual Pleasure and Narrative Cinema." *Screen* 16(3): 6–18.

Nabhan, Gary Paul

1982 *The Desert Smells Like Rain: A Naturalist in Papago Indian Country.* San Francisco: North Point Press.

Nading, Alex M.

2012 "Dengue Mosquitoes Are Single Mothers: Biopolitics Meets Ecological Aesthetics in Nicaraguan Community Health Work." *Cultural Anthropology* 27(4): 572–596.

2014 *Mosquito Trails: Ecology, Health, and the Politics of Entanglement.* Berkeley: University of California Press.

Narayan, Kirin

1999 "Ethnography and Fiction: Where Is the Border?" *Anthropology and Humanism* 24(2): 134–147.

National Immigration Forum

2013 "The Math of Immigration Detention: Runaway Costs for Immigration Detention Do Not Add Up to Sensible Policies." August 22. www.immigrationforum.org/images/uploads/mathofimmigrationdetention.pdf. Accessed March 4, 2015.

National Pork Board

2008 "On-Farm Euthanasia of Swine: Recommendations for the Producer." American Association of Swine Veterinarians. Des Moines, IA: National Pork Board. www.aasv.org/aasv/documents/SwineEuthanasia.pdf. Accessed April 18, 2015.

Nawrocki, Stephen P.

2009 "Forensic Taphonomy." In *Handbook of Forensic Anthropology and Archaeology.* Ed. S. Blau and D. H. Ubelaker. Pp. 284–294. Walnut Creek, CA: Left Coast Press.

Nelson, Ben A., J. Andrew Darling, and David A. Kice

1992 "Mortuary Practices and the Social Order at La Quemada, Zacatecas, Mexico." *Latin American Antiquity* 3(4): 298–315.

Nevins, Joseph

2002 *Operation Gatekeeper: The Rise of the "Illegal Alien" and the Making of the U.S.-Mexico Boundary.* New York: Routledge.

2005 "A Beating Worse Than Death: Imagining and Contesting Violence in the U.S.-Mexico Borderlands." *AmeriQuests* 2(1): 1–25.

No More Deaths

2011 *A Culture of Cruelty: Abuse and Impunity in Short-Term U.S. Border Patrol Custody.* http://forms.nomoredeaths.org/wp-content/uploads/2014/10/CultureOfCruelty-full.compressed.pdf. Accessed March 4, 2015.

Nudelman, Franny

2004 *John Brown's Body: Slavery, Violence, and the Culture of War.* Chapel Hill: University of North Carolina Press.

O' Donnabhain, Barra

2011 "The Social Lives of Severed Heads: Skull Collection and Display in Medieval and Early Modern Ireland." In *Bioarchaeology of the Human Head: Decapitation, Decoration, and Deformation.* Ed. M. Bonogofsky. Pp. 122–138. Gainesville: University of Florida Press.

O' Leary, Anna Ochoa

2009 "In the Footsteps of Spirits: Migrant Women' s *Testimonios* in a Time of Heightened Border Enforcement." In *Human Rights along the U.S.-Mexico Border: Gendered Violence and Insecurity.* Ed. K. Staudt, T. Payan, and Z. A. Kruszewski. Pp. 85–104. Tucson: University of Arizona Press.

O' Neil, Kevin Lewis

2012 "There Is No More Room: Cemeteries, Personhood, and Bare Death." *Ethnography* 13(4): 510–530.

Ortega, Bob and Rob O' Dell

2013 "Deadly Border Agent Incidents Cloaked in Silence." *Arizona Daily Star,* December 16. www.azcentral.com/news/politics/articles/20131212arizonaborder-patrol-deadly-force-investigation.html. Accessed February 28, 2015.

Ortiz, Ildefonso, Karen Antonacci, and Jared Taylor

2014 "Border Patrol Agent Identified after Suicide, Kidnapping, Sexual Assault of Immigrants." *The Monitor,* March 13. www.themonitor.com/breaking/border-patrol-agent-attacks-family-with-knife-kidnaps-girl-kills/article_c92ea728-aac1–11e3–8d91–0017a43b2370.html. Accessed March 30, 2015.

O' Shea, John M.

1984 *Mortuary Variability: An Archaeological Investigation.* Orlando, FL: Academic Press.

Pachirat, Timothy

2013 *Every Twelve Seconds: Industrialized Slaughter and the Politics of Sight.* New Haven: Yale University Press.

Paredes, Americo

1958 *"With His Pistol in His Hand" : A Border Ballad and Its Hero.* Austin: University of Texas Press.

Parks, K., G. Lozada, M. Mendoza, and L. Garcia Santos

2009 "Strategies for Success: Border Crossing in an Era of Heightened Security." In *Migration from the Mexican Mixteca: A Transnational Community in Oaxaca and California.* Ed. W. Cornelius, D. Fitzgerald, J. Hernandez-Diaz, and S. Borger. Pp. 31–61. San Diego: Center for Comparative Immigration Studies, University of California.

Paz, Octavio

1961 *The Labyrinth of Solitude: Life and Thought in Mexico.* New York: Grove Press.

Pena, Manuel

2006 "Folklore, Machismo, and Everyday Practice: Writing Mexican Worker Culture." In "Lessons of Work: Contemporary Explorations of Work Culture." Special issue, *Western Folklore* 65(1–2): 137–166.

Peutz, Natalie

2006 "Embarking on an Anthropology of Removal." *Current Anthropology* 47(2): 217–241.

Peutz, Natalie, and Nicholas De Genova

2010 Introduction. In *The Deportation Regime: Sovereignty, Space, and the Freedom of Movement.* Ed. Nicholas De Genova and Natalie Peutz. Pp. 1–19. Durham, NC: Duke University Press.

Posel, Deborah, and Pamila Gupta

2009 "The Life of the Corpse: Framing Reflections and Questions." *African Studies* 68(3): 299–309.

Pribilsky, Jason

2001 "Nervios and 'Modern' Childhood: Migration and Changing Contexts of Child Life in the Ecuadorian Andes." *Childhood: A Global Journal of Child Research* 8(2): 251–273.

2007 *La Chulla Vida: Gender, Migration, and the Family in Andean Ecuador and New York City.* Syracuse, NY: Syracuse University Press.

2012 "Consumption Dilemmas: Tracking Masculinity, Money, and Transnational Fatherhood between the Ecuadoran Andes and New York City." *Journal of Ethnic and Migration Studies* 38(2): 323–343.

Rathje, William, and Cullen Murphy

2001 *Rubbish! The Archaeology of Garbage.* Tucson: University of Arizona Press.

Reeves, Jay, and Alicia A. Caldwell

2011 "After Alabama Immigration Law, Few Americans Taking Immigrants' Work." *Huffington Post.* October 21. www.huffingtonpost.com/2011/10/21/after-alabamaimmigration-law-few-americans-taking-immigrants-work_n_1023635.html. Accessed March 30, 2015.

Reeves, Nicole M.

2009 "Taphonomic Effects of Vulture Scavenging." *Journal of Forensic Sciences.* 54(3): 523–528.

Reineke, Robin

2013 "Arizona: Naming the Dead from the Desert." *BBC News Magazine,* January 16. www.bbc.co.uk/news/magazine-21029783. Accessed July 7, 2013.

Rev, Istvan

1995 "Parallel Autopsies." *Representations* 49:15–39.

Reyes, Belinda I.

2004 "U.S. Immigration Policy and the Duration of Undocumented Trips." In *Crossing the Border: Research from the Mexican Migration Project.* Ed. Jorge Durand and Douglas S. Massey. Pp. 299–320. New York: Russell Sage Foundation.

Robben, Antonius C. G. M.

2005 "How Traumatized Societies Remember: The Aftermath of Argentina' s Dirty War." *Cultural Critique* 59: 120–164.

Robertson, Alistair Graham, Rachel Beaty, Jane Atkinson, and Bob Libal

2012 *Operation Streamline: Costs and Consequences.* Grassroots Leadership. September. http://grassrootsleadership.org/sites/default/files/uploads/GRL_Sept2012_Report-final.pdf. Accessed March 4, 2015.

Romo, David

2005 *Ringside Seat to a Revolution: An Underground Cultural History of El Paso and Juarez, 1893–1923.* El Paso: Cinco Punto Press.

Rosaldo, Renato

1989 *Culture and Truth: The Remaking of Social Analysis.* Boston: Beacon Press.

Rosenblum, Marc R.

2012 *Border Security: Immigration Enforcement between Ports of Entry.* Congressional Research Service Report for Congress. January 6. http://fpc.state.gov/documents/organization/180681.pdf. Accessed March 4, 2015.

Rousseau, Nicky

2009 "The Farm, the River, and the Picnic Spot: Topographies of Terror." *African Studies* 68(3): 352–369.

Rubio-Goldsmith, Raquel, M. Melissa McCormick, Daniel Martinez, and Inez Magdalena Duarte

2006 *The "Funnel Effect" and Recovered Bodies of Unauthorized Migrants Processed by the Pima County Office of the Medical Examiner, 1990–2005.* Report, October. Tucson: Binational Migration Institute, Mexican American Studies and Research Center, University of Arizona. www.derechoshumanosaz.net/images/pdfs/bmi%20report.pdf. Accessed March 30, 2015.

Ruiz Marrujo, Olivia T.

2009 "Women, Migration, and Sexual Violence: Lessons from Mexico' s Border." In *Human Rights along the U.S.-Mexico Border: Gendered Violence and Insecurity.* Ed. K. Staudt, T. Payan and Z. A. Kruszewski. Pp. 31–47. Tucson: University of Arizona Press.

Saldivar, Jose David

1997 *Border Matters: Remapping American Cultural Studies.* Berkeley: University of California Press.

Saldivar, Ramon

1990 *Chicano Narrative: The Dialectics of Difference.* Madison: University of Wisconsin Press.

2006 *The Borderlands of Culture: Americo Paredes and the Transnational Imaginary.* Durham, NC: Duke University Press.

Salter, Mark

2008 "When the Exception Becomes the Rule: Borders, Sovereignty, and Citizenship." *Citizenship Studies* 12(4): 365–380.

Sanchez, A. N.

2010 "Undocumented Border Crossers Shot At in Arizona; Attackers May Be U.S. Citizens." *Think Progress,* June 16. http://thinkprogress.org/security/2010/06/16/176128/shooting-arizona-border/. Accessed March 30, 2015.

Sandell, David P.

2010 "Where Mourning Takes Them: Migrants, Borders, and an Alternative Reality." *Journal of the Society for Psychological Anthropology* 38(2): 179–204.

Scheper-Hughes, Nancy

1992 *Death without Weeping: The Violence of Everyday Life in Brazil.* Berkeley: University of California Press.

Schiffer, Michael Brian

1975 "Archaeology as Behavioral Science." *American Anthropologist* 77: 836–848.

Schofield, John

2005 *Combat Archaeology: Material Culture and Modern Conflict.* London: Duckworth.

Schonberg, Jeffrey, and Philippe Bourgois

2002 "The Politics of Photographic Aesthetics: Critically Documenting the HIV Epidemic among Heroin Injectors in Russia and the United States." *International Journal of Drug Policy* 13: 387–392.

Schultz, John J., Mary E. Collins, and Anthony B. Falsetti

2006 "Sequential Monitoring of Burials Containing Large Pig Cadavers Using Ground-Penetrating Radar." *Journal of Forensic Sciences* 51: 607–616.

Scott, James C.

1985 *Weapons of the Weak: Everyday Forms of Peasant Resistance.* New Haven: Yale University Press.

Shaheed, Aalia

2014 "New Technique Better Identifies Mummified Mexican Border Crossers in Arizona." *Fox News Latino,* April 7. http://latino.foxnews.com/latino/news/2014/04/07/innovative-technique-better-identifies-mummifiedmexican-border-crossers-in/. Accessed March 28, 2015.

Shean, Blair S., Lynn Messinger, and Mark Papworth

1993 "Observations of Differential Decomposition on Sun Exposed v. Shaded Pig Carrion in Coastal Washington State." *Journal of Forensic Sciences* 38(4): 938–949.

Silva, Cristina

2013 "Answers Demanded after Suicides of 2 Guatemalans at Eloy Lockup." *Arizona Daily Star,* May 9. http://azstarnet.com/news/local/border/answersdemanded-after-suicides-of-guatemalans-at-eloy-lockup/article_53664eeec1cd-51e2-a75b-2e43ca814351.html. Accessed March 4, 2015.

Simanski, John F., and Lesley M. Sapp

2012 "Immigration Enforcement Actions: 2011." Annual Report, 2012. Washington, DC: Office of Immigration Statistics, U.S. Department of Homeland Security. www.dhs.gov/sites/default/files/publications/immigration-statistics/enforcement_ar_2011.pdf. Accessed March 4, 2015.

2013 "Immigration Enforcement Actions: 2012." Annual Report. Washington, DC: Office of Immigration Statistics, U.S. Department of Homeland Security.

Singer, Audrey, and Douglas S. Massey

1998 "The Social Process of Undocumented Border Crossing among Mexican Migrants." *International Migration Review* 32(3): 561–592.

Slack, Jeremy, and Scott Whiteford

2011 "Violence and Migration on the Arizona-Sonora Border." *Human Organization* 70(1): 11–21.

Smart, Alan

2014 "Critical Perspectives on Multispecies Ethnography." *Critique of Anthropology* 34(1): 3–7.

Smith, Matthew Hale

1869 *Sunshine and Shadow in New York.* Hartford: J. B. Burr and Company.

Snow, Edward

1989 "Theorizing the Male Gaze: Some Problems." *Representations* 25: 30–41.

Solecki, Ralph S.

1975 "Shanidar IV, a Neanderthal Flower Burial in Northern Iraq." *Science* 190(4217): 880–881.

Sontag, Susan

2003 *Regarding the Pain of Others.* New York: Picador.

Sorg, Marcella H., William D. Haglund, and Jaime A. Wren

2012 "Current Research in Forensic Taphonomy." In *A Companion to Forensic Anthropology.* Ed. D. C. Dirkmaat. Pp. 477–498. West Sussex, UK: Blackwell.

Spencer, Charles S., and Elsa M. Redmond

2001 "The Chronology of Conquest: Implications of New Radiocarbon Analyses from the Canada de Cuicatlan, Oaxaca." *Latin American Antiquity* 12(2): 182–201.

Spener, David

2009 *Clandestine Crossings: Migrants and Coyotes on the Texas-Mexico Border.* Ithaca: Cornell University Press.

2010 "*Movidas Rascuaches:* Strategies of Migrant Resistance at the U.S.-Mexico Border." *Aztlan: A Journal of Chicano Studies* 35(2): 9–36.

Spradley, Katherine M., Michelle D. Hamilton, and Alberto Giordano

2012 "Spatial Patterning of Vulture Scavenged Human Remains." *Forensic Science International* 219(13): 57–63.

St. John, Rachel

2011 *Line in the Sand: A History of the Western U.S.-Mexico Border.* Princeton: Princeton University Press.

Stanescu, James

2012 "Species Trouble: Judith Butler, Mourning, and the Precarious Lives of Animals." *Hypatia* 27(2): 567–582.

2013 "Beyond Biopolitics: Animal Studies, Factory Farms, and the Advent of Deading Life." *PhaenEX* 8(2): 135–160.

Stephen, Lynn

2007 *Transborder Lives: Indigenous Oaxacans in Mexico, California, and Oregon.* Durham, NC: Duke University Press.

Stiner, Mary C.

2008 "Taphonomy." *Encyclopedia of Archaeology.* Ed. D. M. Pearsall. Volume 3, pp. 2113–2119. New York: Academic Press.

Sugiyama, Saburo

2005 *Human Sacrifice, Militarism, and Rulership: Materialization of State Ideology at the Feathered Serpent Pyramid, Teotihuacan.* Cambridge: Cambridge University Press.

Sullivan, Laura

2010 "Prison Economics Help Drive Ariz. Immigration Law." National Public Radio, October 28. www.npr.org/2010/10/28/130833741/prison-economicshelp-drive-ariz-immigration-law. Accessed March 30, 2015.

Sundberg, Juanita

2008 " 'Trash-Talk and the Production of Quotidian Geopolitical Boundaries in the USA-Mexico Borderlands." *Social & Cultural Geography* 9(8): 871–890.

2011 "Diabolic Caminos in the Desert and Cat Fights on the Rio: A Posthumanist Political Ecology of Boundary Enforcement in the United States–Mexico Borderlands." *Annals of the Association of American Geographers* 101(2): 318–336.

Sundberg, Juanita, and Bonnie Kaserman

2007 "Cactus Carvings and Desert Defecations: Embodying Representations of Border Crossings in Protected Areas on the Mexico-US Border." *Environment and Planning D: Society and Space* 25: 727–744.

Taussig, Michael

1984 "Culture of Terror—Space of Death: Roger Casement' s Putumayo Report and the Explanation of Torture." *Comparative Studies in Society and History* 26(3): 467–497.

TeleSUR

2014 "Central American Women Search for Missing Children in Mexico." TeleSUR, November 18. www.telesurtv.net/english/news/Central-American-Women-Search-for-Missing-Children-in-Mexico-20141118-0045.html. Accessed April 19, 2015.

Tonkin, Megan, Li Foong Yeap, Emma K. Bartle, and Anthony Reeder

2013 "The Effect of Environmental Conditions on the Persistence of Common Lubricants on Skin for Cases of Sexual Assault Investigation." *Journal of Forensic Sciences* 58: S26–S33.

Townsend, Richard F.

1992 *The Aztecs.* London: Thames and Hudson.

Trevizo, Perla

2013a "Winter Cold Holds Own Peril for Border Crossers: Freezing Night Temps, Not Just Desert Heat, Pose an Exposure Risk." *Arizona Daily Star,* January 7. http://tucson.com/news/local/border/winter-cold-holds-own-peril-forborder-crossers/article_2eef0965–73de-5217-aa52–42c855795435.html. Accessed April 22, 2015.

2013b "Decade Brings 2,000+ Sets of Remains in Tucson Sector." *Arizona Daily Star,* May 22.

2014 "How Immigration through S. Arizona Has Changed." *Arizona Daily Star,* August 16. http://tucson.com/news/local/border/how-immigration-throughs-arizona-has-changed/article_aabacaac-cf02–55a9-a221-e2d6d5443f6a.html. Accessed March 4, 2015.

Tuckman, Jo

2010 "Survivor Tells of Escape from Mexican Massacre in Which 72 Were Left Dead." *The Guardian,* August 25. www.theguardian.com/world/2010/aug/25/mexico-massacre-central-american-migrants. Accessed March 28, 2015.

Udey, Ruth N., Brian C. Hunter, and Ruth W. Smith

2011 "Differentiation of Bullet Type Based on the Analysis of Gunshot Residue Using Inductively Coupled Plasma Mass Spectrometry." *Journal of Forensic Sciences* 56: 1268–1276.

Urrea, Luis Alberto

1993 *Across the Wire: Life and Hard Times on the Mexican Border.* 1st Anchor Books ed. New York: Anchor Books.

1996 *By the Lake of Sleeping Children: The Secret Life of the Mexican Border.* New York: Anchor Books.

2004 *The Devil' s Highway: A True Story.* New York: Little, Brown.

USBP (United States Border Patrol)

1994 *Border Patrol Strategic Plan 1994 and Beyond.* Report.

2012 *2012–2016 Border Patrol Strategic Plan. The Mission: Protect America.* www.cbp.gov/sites/default/files/documents/bp_strategic_plan.pdf. Accessed April 18,2015.

2013 "Southwest Border Sectors: Total Illegal Alien Apprehensions by Fiscal Year (Oct. 1st through Sept. 30th)." www.cbp.gov/sites/default/files/documents/U.S.%20Border%20Patrol%20Fiscal%20Year%20Apprehension%20Statistics%201960–2013.pdf. Accessed December 22, 2014.

Valdez, Lidio M.

2009 "Walled Settlements, Buffer Zones, and Human Decapitation in the Acari Valley, Peru." *Journal of Anthropological Research* 65(3): 389–416.

Verdery, Katherine

1999 *The Political Lives of Dead Bodies: Reburial and Postsocialist Change.* New York: Columbia University Press.

Vicens, A. J.

2014 "The Obama Administration' s 2 Million Deportations, Explained." *Mother Jones.* April 4. www.motherjones.

com/politics/2014/04/obama-administrationrecord-deportations. Accessed March 30, 2015.

Vogt, Wendy

2013 "Crossing Mexico: Structural Violence and the Commodification of Undocumented Central American Migrants." *American Ethnologist* 40: 764–780.

Walker, Phillip L.

2001 "A Bioarchaeological Perspective on the History of Violence." *Annual Review of Anthropology* 30: 573–596.

West, Robert Cooper

1993 *Sonora: Its Geographical Personality.* Austin: University of Texas Press.

Whatmore, Sarah

1999 "Hybrid Geographies: Rethinking the 'Human' in Human Geography." In *Human Geography Today.* Ed. D. Massey, J. Allen, and P. Sarre. Pp. 23–39. Cambridge: Polity Press.

2002 *Hybrid Geographies: Natures, Cultures, Spaces.* Thousand Oaks, CA: SAGE.

Wilkinson, Tracy

2012 "Mothers from Central America Search for Missing Kin in Mexico." *Los Angeles Times,* November 6.

Williams, Howard

2004 "Death Warmed Up: The Agency of Bodies and Bones in Early Anglo-Saxon Cremation Rites." *Journal of Material Culture* 9(3): 263–291.

Wright, Christopher

2013 *The Echo of Things: The Lives of Photographs in the Solomon Islands.* Durham, NC: Duke University Press.

Yarris, Kristin Elizabeth

2014 " 'Quiero Ir y No Quiero Ir' (I Want to Go and I Don' t Want to Go): Nicaraguan Children' s Ambivalent Experiences of Transnational Family Life." *Journal of Latin American and Caribbean Anthropology* 19(2): 284–389.

Young, Craig, and Duncan Light

2012 "Corpses, Dead Body Politics and Agency in Human Geography: Following the Corpse of Dr. Petru Groza." *Transactions of the Institute of British Geographers* 38(1): 135–148.

Young, Harvey

2005 "The Black Body as Souvenir in American Lynching." *Theater Journal* 57(4): 639–657.

Zepeda, Ofelia

1982 *When It Rains: Papago and Pima Poetry—Mat Hekid O Ju, ' O' odham Nacegitodag.* Tucson: University of Arizona Press.

1995 *Ocean Power: Poems from the Desert.* Tucson: University of Arizona Press.

Zimmerman, Larry J., Courtney Singleton, and Jessica Welch

2010 "Activism and Creating a Translational Archaeology of Homelessness." *World Archaeology* 42(3): 443–454.

Zimmerman, Larry J., and Jessica Welch

2011 "Displaced and Barely Visible: Archaeology and the Material Culture of Homelessness." *Historical Archaeology* 45(1): 67–85.

Žižek, Slavoj

2008 *Violence: Six Sideways Reflections.* New York: Picador.

註釋
Notes

引言
Introduction

❶ 美國國土安全部（Department of Homeland Security, DHS）是美國聯邦政府於2001年911攻擊事件後成立的內閣部門，轄下共22個局處，其中包括移民及歸化局（Immigration and Naturalization Service），邊境巡邏隊之前便由該單位管轄。聯邦政府後來設立了3個新部門處理移民事務，分別是目前邊境巡邏隊所隸屬的海關及邊境保衛局（Customs and Border Protection, CBP）、負責遣送及貿易管制事務的移民及海關執法局（Immigration and Customs Enforcement, ICE），以及處理公民身分行政事務的美國公民及移民服務局（United States Citizenship and Immigration Services, USCIS）。

❷ Falcón 2001; Hsieh 2014; Ortiz et al. 2014.

❸ 墨西哥諾加萊斯市有兩個主要的邊界口岸，相隔約兩公里，邊界帶（*la linea*）是遷移者對那兩公里地帶的慣稱，詳見本書第五章。

❹ 貝他組織（Grupo Beta）是墨西哥聯邦單位，主要負責保護前往美國或最近遭到遣送的遷移者，詳見本書第五章。

❺ 除非另有說明，書中人名均為化名。

❻ *Pinche*約可譯為「該死」或更重的「去他媽的」。

❼ 可參見Reeves and Caldwell 2011.

❽ Vicens 2014.

❾ Dunn 2009對此有精彩的歷史分析。

❿ *Pinche montón*約可譯為「他媽的大批」。

⓫ Durand and Massey 2004; Guerin-Gonzales 1994.

⓬ *Campesino*意思是「農人」或「鄉巴佬」，*la migra*是邊境巡邏隊的諢名。

⓭ 美國海關及邊境保衛局〈美國邊境巡邏隊：西南邊境區；每年度（10月1日至隔年9月30日）非法外來者逮捕總人數〉：www.cbp.gov/sites/default/files/documents/BP%20Southwest%20Border%20Sector%20Apps%20FY1960%20-%20FY2014_0.pdf。（譯註：已為無效連結）

⓮ Anti-Defamation League（反誹謗聯盟）2012.

⓯ Bazzell 2007.

⓰ 1968年以前，奧丹人的官方名稱為帕帕勾族（Papago）。

⓱ 見Cadava 2011; Ettinger 2009.

⓲ 本書礙於篇幅，無法探討無證遷移者對托荷納奧丹族的衝擊；我為本書所做的考古工作也未在保留區進行。不過，美國南方邊境的所有族群裡，就屬托荷納奧丹族受到邊境穿越、遷移者死傷和邊境巡邏隊的負面影響最大。

⓳ Nabhan 1982:26.

⓴ Zepeda 1982:17.

㉑ Ettinger 2009; St. John 2011.

㉒ Hernández 2010; Nevins 2002; Andreas 2009.

㉓ Dunn 1996, 2009.

㉔ 郊狼是西班牙文對人口販子的委婉說法。

㉕ Clark 2012.

㉖ Sullivan 2010.

㉗ De León 2008.

㉘ Urrea 2004.

㉙ 若想閱讀比較有概念的邊境穿越故事，我推薦伍瑞阿的小說《魔鬼公路》（2004）和佛格森（Ferguson et al.）等人合著的《與聖母同行》（*Crossing with the Virgin*, 2010）。至於中美洲遷移者穿越墨西哥的故事，記者馬丁尼茲（Oscar Martínez）的《野獸》（*The Beast*）是非常出色的報導作品。

㉚ 不過，查維茲確實親自在提華納足球場收集了一些觀察資料（1998:45–52）。亦可參考另一位查維茲（Sergio Chavez）針對經由官方口岸入境的無證勞工所做的精彩民族誌研究（2011）。

㉛ Spener 2009:169.

㉜ Holmes 2013。特里基族是來自墨西哥瓦哈卡市米斯特克（Mixteca）山區的原住民。

㉝ Holmes 2013:9.

㉞ 美國福斯新聞網2012年報導無證遷移計畫時用了一張庫存照片，兩名蒙面邊境巡邏隊員駕駛越野警務車，車頭捆了大包大麻。照片說明為「人類學家記錄無證遷移者入境美國的艱辛過程，並沿路收集他們扔棄的鞋子和背包等物品」，見EFE 2012。

㉟ 見Annerino 2009; Connover 1987.

㊱ Holmes 2013:14–17.

㊲ 老外（*gringo*）一詞在此和種族歧視無關，只是在這類研究中，種族似乎是房間裡的大象。我用這個詞是為了凸顯霍姆斯是美國人。墨西哥人通常把所有美國公民都叫作老外，連拉丁裔美國人也不例外。

㊳ Annerino 2009:54–58.

❸⓽ Holmes 2013:25.

㊵ Martinez（2013）是個例外。這本作品以記者的眼光出色描繪了中美洲遷移者穿越墨西哥的經歷。

㊶ Holmes 2013:19.

㊷ Singer and Massey 1998:562.

㊸ Anzaldúa 2007; Limón 1994; J.D. Saldívar 1997; R. Saldívar 1990, 2006; Paredes 1958.

㊹ J. D. Saldívar 1997:xiii，引用傅柯。

㊺ Marcus 1998:3–132.

㊻ 土桑區涵蓋420公里的美墨邊界，面積大約234,400平方公里，地理環境多樣，包括山脈和谷地，其中部分屬於聯邦保護區（例如布宜諾斯艾利斯野生動物保護區和科羅拉多國家森林）和州有土地。土桑區又細分成8個「分區」（station），見第56頁地圖。我們的調查區域主要集中在諾加萊斯和土桑兩個分區。根據邊境巡邏隊的描述，諾加萊斯分區為「高地沙漠地形，從崎嶇高山、漫狀丘陵到深谷都有」，其中涵蓋48公里的邊界，總面積將近4,660平方公里。土桑分區「地形從長豁到崎嶇山脈都有，並且……有數種沙漠植被」，其中涵蓋38公里的邊界，面積將近9,820平方公里（GAO 2012:54）。我們的調查區域以土桑區西部，諾加萊斯和沙沙比兩個邊界口岸間的走廊地帶為主，西起巴波奎瓦里山脈（Baboquivari Mountains）丘陵區，這裡也是托荷諾奧丹保護區（Tohono O'odham）的邊界，北抵三點鎮（Three Points），東至19號州際公路，並往北延伸到綠谷鎮的南緣。這個走廊地帶面積約2,800平方公里，我們的調查區域約86.78平方公里，跨越聖克魯斯（Santa Cruz）和皮馬郡的交界。

由於研究面積遼闊，加上有些地段難以到達，以致無法進行大範圍調查，因此我們決定根據地形、距離邊界遠近和詢問遷移者之前從哪裡穿越邊境的結果，改為系統化的取樣調查。雖然實際調查區域比走廊地帶的總面積小得多，但我們使用的取樣策略仍然足以記錄到邊境穿越過程的不同階段、相關地點與物件，參見Gokee and De León 2014。我們的研究基地設在亞利桑那的阿里瓦卡（Arivaca）非建制小鎮。之所以選擇這個走廊地帶，是因為那裡是從艾爾塔、沙沙比和諾加萊斯出發的遷移者的主要穿越點，比較容易找出我們在墨西哥城鎮收集到的民族誌資料和在亞利桑那收集到的考古資料的相關性。

接下來幾章，我會提到無證遷移計畫調查區域的一些地理和環境特點。這些因素對於想在該區域活動的人很有嚇阻作用。不過，這些描述大部分也適用於整個索諾拉沙漠。

㊼ 2013年夏天，無證遷移計畫的其他研究人員還在諾加萊斯和艾爾塔進行了45次訪談。

㊽ 2013年進行的45次訪談為半結構式訪談。

㊾ 有關這個方法的討論，見De León and Cohen 2005.

㊿ 考古調查由學生和博士後研究員共同完成，屬於田野研究中心（Institute for Field Research）多年制田野實習計畫的一部分。

51 內容編輯還包括將同一人的數次訪談彙整成一則故事。偶爾我會補上遺漏的字詞讓句子完整，以及刪去和主題無關的部分以維持敘事流暢，參見Bourgois 1995:341n20對編輯的說明。

52 有證或無證遷移者通常都希望用真名，因此聽到我會用化名保護當事人都很失望。但書裡提到的主要人物，他們的化名大多都是自己取的。

53 Galtung 1969和Farmer 2004。特別針對結構暴力與移民查緝的討論，見Nevins 2005和Spener 2009。

54 見De León, Gokee, and Schubert 2015.

55 Žižek 2008.

56 Ruiz Marrujo 2009.

57 男性在遷移過程中也會遭到性侵，但我的對話者都沒提到自己有此遭遇。由於雞姦被視為恥辱，因此不難想像它是個禁忌話題，就算偶爾有男性提起，也都是以傳聞的形式提到有匪徒會強暴試圖阻止他們欺凌女性的男性。

58 Ruiz Marrujo 2009:31.

59 移民文獻還是極少提到邊境穿越者的性侵遭遇。

60 Mulvey 1975.

61 Simaski and Sapp 2013: table 10.

62 Snow 1989:31.

63 可參見Biehl 2005和Wright 2013.

64 Bourgois and Schonberg 2009; Hoffman 2011.

65 例如普立茲獎得主瓦加斯（Jose Antonio Vargas）和數名在學的社運分子最近都公開「自曝」他們是無證移民。

66 Schonberg and Bourgois 2002:389.

1 威懾預防
Prevention Through Deterrence

1 Lumholtz 1990:337.

2 非化名。

3 Moreno 2012.

4 Moreno 2012.

5 Oscar329, 8/18/2012，引自Moreno 2012.

6 Agamben 1998, 2005。受到阿岡本啟發的邊境研究實例，參見Doty 2011、Jones 2009和Salter 2008.

7 Jones 2009.

8 亦可參見De León, Gokee, and Schubert 2015.

9 Doty 2011.

10 Cornelius 2001; Nevins 2005.

11 Mbembe 2003:24.

12 Doty 2011:607.

⓭ Salter 2008:369.

⓮ 資料來自人權聯盟（Coalición de Derechos Humanos）的「邊境死者與遺體搜尋計畫」（Deaths on the Border and the Recovered Remains Project）：https://derechoshumanosaz.net/projects/arizona-recovered-bodies-project（譯註：連結似已失效）。

⓯ Reineke 2013.

⓰ 標語還警告遷移者很可能「成為組織犯罪的犧牲者」。這種說法和美國聯邦政府面對遷移過程造成的死傷時的其他卸責之詞（例如是沙漠、人口販子或遷移者自己的錯）很像。本書接下來還會提到很多。

⓱ 引言的註釋1有談到移民及歸化局和國土安全部的關係。

⓲ Dunn 2009:21–22.

⓳ Dunn 2009:59–60.

⓴ Dunn 2009:61.

㉑ Dunn 2009:61.

㉒ Nevins 2002:90–92.

㉓ Dunn 2009:61.

㉔ 這項規畫又稱作「西南邊境策略」（Southwest Border Strategy〔GAO 1997〕）。雖然正式名稱過去二十年來迭有更易，但利用自然環境（和各種遣送手段〔De León 2013a〕與法律訴訟）遏止無證遷移的做法還是統稱為「威懾預防」策略。

㉕ USBP 1994:6.

㉖ Ettinger 2009:156–157.

㉗ 19世紀末到20世紀初，許多中國和東歐無證遷移者在埃利斯島（Ellis Island）通關不成或因種族排除法案無法入境後，會改採步行穿越索諾拉沙漠，結果死於脫水、日曬或搶劫。參見Ettinger 2009: fig. 2; St. John 2011:106。1926年的聯邦幹員證詞引自Ettinger 2009:157.

㉘ USBP 1994:2.

㉙ GAO 1997, 2006, 2012.

㉚ USBP 1994:7.

㉛ Heyman 1995:266.

㉜ Heyman 1995; Singer and Massey 1998.

㉝ USBP 1994:1.

㉞ Dunn 1996.

㉟ García 2006.

㊱ 「嚴苛」見GAO 2001:24，「荒涼」見Haddal 2010:19.

㊲ 可參見GAO 2001.

㊳ USBP 1994:4.

㊴ GAO 1997:50.

㊵ Cornelius 2001; Nevins 2002; Doty 2011; Magaña 2012.

㊶ Haddal 2010:19.

㊷ GAO 1997: appendix V, table.

㊸ 網民TYRANNASAURUS於2012年8月19日的評論，引自Moreno 2012.

㊹ 參見Rubio-Goldsmith et al. 2006.

㊺ GAO 1997: appendix V.

㊻ 由於查緝策略改變，使得南德州近來成為美國南方邊境最多遷移者選擇的路線，參見附錄二與結論裡的討論。

㊼ GAO 2001:3.

㊽ Rubio Goldsmith et al. 2006; D. Martínez et al. 2013.

㊾ Haddal 2012:32.

㊿ 見Haddal 2010: fig. 10.

51 Anderson 2013: table 1.

52 「邊境死者與遺體搜尋計畫」。

53 Trevizo 2013b.

54 Nevins 2002:7.

2 危險地帶

Dangerous Ground

❶ Cohn 1987.

❷ Cohn 1987:690.

❸ Callon and Law 1995.

❹ Latour 2005.

❺ Bennett 2010:21.

❻ 例如Harraway 2003; Latour 2004; Keane 2006.

❼ 見Gell 1988; Basso 1996; Fuentes 2006:129.

❽ 見Kirksey and Helmreich 2010.

❾ Callon and Law 1995:485.

❿ Stanescu 2013:143–144.

⓫ 例如Nading（2012）就討論了登革熱病媒蚊和醫療照護人員的複雜歷史關係。

⓬ 可參見Smart 2014:4–5.

⓭ 有關牛肉處理廠，以及工人和牛隻隱而不見（invisiblity）的討論，參見Pachirat 2013.

⓮ Callon and Law 1995:490.

⑮ Callon and Law 1995:503.

⑯ 有關人類例外論和物種階序的討論，參見 Stanescu 2013.

⑰ Callon and Law 1997:168.

⑱ 拉圖（Latour 2005:10）將這種能動性的屬性化稱為化約主義式的「象徵投射」（symbolic projection）或「自然主義式的因果律」，兩者都低估了非人類對能動性的貢獻。

⑲ Callon and Law 1995:503.

⑳ Duarte 2013.

㉑ Doty 2011.

㉒ Whatmore 2002。有關動物作為政治主體，參見 Hobson 2007.

㉓ Callon and Law 1995:504.

㉔ Callon and Law 1995:504.

㉕ 接下來的描述大半都適用於整個索諾拉沙漠地區。

㉖ 邊境巡邏隊的資料來自數次正式拜訪（包括隨行觀察）和數十次當場遇到。

㉗ Humphreys and Watson 2009: table 2.1。關於民族誌和小說的討論，亦可參見 Clifford 1986, Narayan 1999 和 Fassin 2014.

㉘ 雖然美國海關及邊境保衛局不曾公開承認，但他們很可能像美軍在中東一樣，使用看起來像鳥的小型無人機巡邏邊界。曾有政府承包商在鳳凰城舉行的一年一度的邊境安全博覽會上採購小型無人機。參見 Todd Miller, " Tomgram: Todd Miller, Surveillance Surge on the Border," posted July 11, 2013, www.tomdispatch.com /blog/175723/ [accessed February 26, 2015].

㉙ 遷移者常被稱為雞（*pollo*），而人口販子的諢名則是郊狼或趕雞人（*pollero*）。

㉚ McGuire 2013:475.

㉛ Trevizo 2013b.

㉜ 貝他組織是墨西哥聯邦機構，掌管移民管制及救援行動，詳見第五章。

㉝ 索諾拉沙漠氣溫和雨量的相關討論，參見 Ffolliott and Gottfried 2008:72 和 West 1993:9.

㉞ 有關冬季的遷移者死亡人數，參見 Trevizo 2013a.

㉟ West 1993:9; Hadley 1972; Ffolliott and Gottfried 2008:75.

㊱ 參見 Sanchez 2010 和 Lentz 2012.

㊲ 大多數對話都直接摘自錄音訪談。

㊳ Magana 2008:x。另外見第六章。

㊴ Bennett 2010:xiv.

㊵ Bennett 2010:xv.

㊶ Sundberg 2011.

㊷ Hobson（2007）呼籲將動物視為非傳統的政治行動者，就是在說這一點。「我無意主張動物具有自由和理性意義下的政治能動性。動物無法參與組織決策過程，也無法用口語做出能算作偏好

的表達。但我想論證的是，動物已經是構成政治活動的異質網絡的一部分。有些人主張，這點徹底挑戰了我們對政治的全盤構想。」(263)

㊸ Callon and Law 1997:172.

㊹ USBP 1994:4.

3 死亡暴力

Necroviolence

❶ 如同Fuentes(2006)指出的：「俗稱『恐懼』的感覺是哺乳類動物共有的壓力反應模式……不論是斑馬受到獅子攻擊、狒狒被美洲豹嚇到或人出車禍，都會產生這個基本的心理反應。」(126)

❷ 所有程序都符合美國大學及聯邦政府相關規範。參見密西根大學實驗動物照護及使用委員會審查指引(the University of Michigan Committee on Use and Care of Animals protocol number PRO00003934)。

❸ National Pork Board(美國國家豬肉委員會)2008.

❹ Shean et al. 1993:939; Reeves 2009:523.

❺ Udey et al. 2011; Schultz et al. 2006; Tonkin et al. 2013.

❻ Beck et al. 2014.

❼ 本處提到的內容大部分是對Beck et al. 2014裡的資料所做的民族誌延伸。想了解更多細節(例如不同部位的骨骸會被帶離死亡現場多遠)的讀者，務必參考這本著作。

❽ 本書撰寫期間，南亞利桑那還沒有鑑識實驗室或俗稱「屍體農場」的屍體研究所符合資格，可以督導人體分解實驗。

❾ Nevins 2005; Magaña 2011; Doty 2011; De León, Gokee, and Schubert 2015.

❿ 本處的**裸命**涵蓋動物，超出阿岡本的定義範圍，見Stanescu 2012:574.

⓫ Kirksey and Helmreich 2010:545。亦可參考Malone, et al. 2014.

⓬ 例如Stanescu 2013; Nading 2012, 2014.

⓭ 五頭豬包括2012年實驗期間當作對照組的那一頭，參見Beck et al. 2014.

⓮ Pachirat 2013.

⓯ 有關民族誌對多物種人類學的重要性，參見Smart 2014.

⓰ Stanescu 2012:568.

⓱ Haddal 2010:19，粗體為作者所加。

⓲ Trevizo 2013b.

⓳ 傅柯(Foucault 2007)將生命權力定義為「將人類基本生物特質變成政治策略甚至(更普遍地)權力策略施行對象的一套機制，亦即現代西方社會自18世紀接受『人類是物種』為基本生物事實以來所做的事」。(1)

⓴ Mbembe 2003:12, 18.

㉑ Mbembe 2003:12, 13.

㉒ Londras 2008.

㉓ Human Rights Watch（人權觀察組織）2014.

㉔ Carcamo 2014.

㉕ Mbembe 2003:11.

㉖「邊境死者與遺體搜尋計畫」：https://derechoshumanosaz.net/projects/arizona-recovered-bodies-project。（譯註：連結似已失效）

㉗ 國家地理頻道「邊境戰爭」節目：http://channel.nationalgeographic.com /channel/border-wars/。

㉘ Ortega and O'Dell 2013.

㉙ 其他死因有車禍、心臟病發作、凶殺和自殺。

㉚ Martínez et al. 2013:12–17.

㉛ Doty 2011.

㉜ 可參見 Hernández 2010; Heyman 2009; ACLU 2014; De León, Gokee, and Schubert 2015.

㉝ 可參見 Scheper-Hughes 1992; Rév 1995; Verdery 1999; Klass and Goss 2003; Nudelman 2004; Williams 2004; Crossland 2009; O' Neil 2012.

㉞ 可參見 McFarland 2008; Krmpotich et al. 2010; Fontein 2010; C. Young and Light 2012.

㉟ Posel and Gupta 2009:306。亦可參見 O'Neil 2012 對瓜地馬拉裸死（bare death）的討論。

㊱ Díaz del Castillo 1956:352.

㊲ Ford 1998:103–104.

㊳ Foucault 1995:34.

㊴ Foucault 1995。美國部隊褻瀆屍體的實例，參見 Nudelman 2004 和 S. Harrison 2006, 2010.

㊵ 摘錄自 2013 年 7 月 16 日紐約《每日新聞》記者果戈斯基（Nina Golgowski）報導〈被拍到朝塔利班士兵屍體撒尿，海陸隊員表示重回當時還是會照做〉：https://www.nydailynews.com/news/national/marine-no-regrets-urinating-taliban-article-1.1399764（查詢時間：2015 年 2 月 28 日）。

㊶ Coleman 1990:47.

㊷ Harrison 2006.

㊸ 轉引自 Bassett 1933:48.

㊹ Johanasson 2012:78, 259; Lomnitz 2005:16.

㊺ 本處只談暴力訊息，但不少學者點出藉由擺弄屍體傳達訊息還有其他更複雜（而且往往模稜兩可）的方式，可參見 Verdery 1999; Guyer 2009; Fontein 2010.

㊻ Taussig 1984.

㊼ H. Young 2005:652–657.

㊽ Magaña 2011:164。最近的新世界考古實例可參考 Townsend 1992:100; Nelson et al. 1992; Spencer and Redmond 2001:187; Sugiyama 2005; Valdez 2009.

㊾ 例如，不相信發生過大屠殺的人就常以「有數百萬猶太人找不到屍體」為理由。

㊿ Robben 2005.

51 Crossland 2000:153; Robben 2005:131, 399–400.

52 Crossland 2000.

53 Boss 2007.

54 Boss 2007:105。有關阿根廷此一現象的討論，參見Robben 2005.

55 關於**政治屍體**（political body）的討論，參見Domanska 2005:403.

56 可參見Solecki 1975; O'Shea 1984; Nelson et al. 1992; Graeber 1995; Dennie 2009.

57 Stiner 2008:2113.

58 艾弗列莫夫在他1940年發表的劃時代論文中，定義埋葬學為「研究動物遺體從生物圈轉入岩石圈的過程（所有細節）」的學問。（85）

59 Sorg et al. 2012:477.

60 Nawrocki 2009:284.

61 Schiffer 1975:840–841.

62 Lyman 2010:3.

63 Shipman 1986.

64 Lyman 2010:12–13.

65 木槌見A. Darling 1998:735；木乃伊見2013年8月26日《石板》（*Slate*）雜誌「Atlas Obscura」部落格文章〈瞧瞧一百名墨西哥木乃伊的無聲吶喊〉：www.slate.com/blogs/atlas_obscura/2013/08/26/see_the_silent_screams_of_a_hundred_mexican_mummies_at_museo_de_las_momias.html（查詢時間：2015年3月2日）。

66 Dawdy 2006:719, 728.

67 Galloway et al. 1989; Galloway 1997.

68 Galloway 1997:142。兩篇論文都沒有載明死因及公民身分，但可以推測死者大多為美國公民，被殺害、棄屍於沙漠，或在這環境裡自然死亡。

69 例如1990至1999年，皮馬郡法醫室每年平均檢驗到12具邊境穿越者遺體；1999至2012年，平均數字將近163具。（Martínez et al. 2013:12）

70「肉食動物也可能加速屍體分解，因為牠們會扯斷關節，吃掉軟組織和啃食骨骼物質……然而在美國西南部，肉食動物似乎只出現在遺體進一步分解、開始木乃伊化和骨頭化的階段。郊狼是該地區最常見的野生食腐動物，而且和狗一樣會將乾掉的殘屍斷骨叼到別處品嚐。此外，熊和豬也可能啃食和移動遺骨。」（Galloway 1997:146）

71 Kirk and Mossman 1998.

72 這裡主要針對夏天的情況，因為實驗都在這個季節進行。但讀者不要忘記，那片區域一年四季都有人試圖穿越，因此可能在冬天凍死、雨季溺死或因其他事故（如蛇咬）而死。雖然熱季時屍體更快被啃食和分解，但食腐動物一年四季都會進犯遷移者遺體。

73 可參見 Urrea 2004:163–168.

74 實驗進行的場地附近有畜養的牛，牠們偶爾會聞到死豬的氣味，從我們的動作感測攝影機前面跑過。

75 Galloway 1997: table 1.

76 除非另有說明，本處對火雞禿鷹的描述均來自 Kirk and Mossman（1998）對這種鳥類的詳盡研究。

77 Margalida et al. 2011.

78 火雞禿鷹通常以哺乳動物屍體為食，從老鼠到大型有蹄類動物都吃，另外也吃鳥類、爬蟲類、兩棲類和無脊椎動物。（Kirk and Mossman 1998:8）

79 引自 Kohn 2007:7.

80 Kirk and Mossman 1998:14.

81 以下部分資訊來自 Beck et al. 2014.

82 亞利桑那死亡遷移者開放式地理資訊系統倡議（Arizona OpenGIS Initiative for Deceased Migrants）：www.humaneborders .info/app/map.asp（查詢日期：2015年2月28日）。

83 參見 De León 2013b.

84 有關世界各地的天葬儀式，見 Martin 1996。另外也可參考 Goss and Klass 1997。有關猛禽實驗，參見 Spradley et al. 2012.

85 Bloch and Parry 1996.

86 可參見 Brandes 2001.

87 Posel and Gupta 2009:301.

88 波瑟和古普塔（Posel and Gupta 2009）指出，就連沒有宗教信仰的人「也很難接受屍體只是一灘血肉的看法」（305）。盧索（Rousseau 2009）研究南非1980年代的政治暴力時指出，有些遭到謀殺的被害者會被人用炸藥覆蓋引爆，以湮滅證據。雖然政府將那些被害者打成「恐怖分子」，卻還是指派警察收集殘餘的遺體並且埋葬，讓被害者家屬深感驚訝。儘管警察處置遺體的方式非常粗暴，卻沒有將屍體「扔掉」，顯示政府就算決意對屍體開戰，也還是有底線存在。（363）

89 Singer and Massey 1998.

90 2013年，我們觀察到螞蟻搬走少量豬骨扛回地下蟻穴。（Hall et al. 2014）

91 GAO 2006.

92 Stephen 2007:xv.

93 Magaña 2011.

94 Maddrell and Sidaway 2010（死地）。有關死時及死後暴力留下的骨骼圖樣，參見 Walker 2001.

95 O'Donnabhain 2011:132.

96 交談期間，我有時充當西班牙語的翻譯。

4 梅莫與路丘

Memo and Lucho

❶ 慣習是指人在社會中習得、導引他們與他人或事物之間關係的觀點、品味與秉性（Bourdieu 1977）。

❷ Limón 1994:123–140。亦可參見Peña 2006.

❸ 西班牙人常將英文Jason（傑森）的實音J發成輕音的Y。

❹ 梅莫和路丘在我之前發表的論文裡（De León 2012）化名是維克多和米蓋爾。「我不想叫維克多，」有天晚上梅莫對我說，「因為我只認識一個維克多，幹他長得跟企鵝一樣。叫梅莫順耳多了！」

❺ 除非另有註明，所有對話都譯自西班牙語。

❻ Limón 1994:133.

❼ 西班牙文的動詞*chingar*除了「幹」或「搞」的意思外，還有許多涵義。而*chingaderas*則是一種語言遊戲，此處相當於跟某人「打嘴炮」鬧著玩，見Limón 1994.

❽ Rosaldo 1989:150.

❾ Scott 1985.

❿ Peña 2006:160.

⓫ 雖然研究期間我也訪談了幾十名女性，但我在邊界帶還是比較容易找到男性遷移者。部分原因出於我的性別，但女性遷移者通常社會和經濟資本較足，很快就能籌到錢再度嘗試穿越邊境，因此比男性遷移者更少在邊界帶「閒晃」。而且在被捕的遷移者中，女性只占不到15%，見Simanski and Sapp 2013: table 10.

⓬ Limón 1994:135.

⓭ 相關批判見Limón 1994:123–40.

⓮ Limón 1994:129; Paz 1961:73–82.

⓯ 參見Peña 2006:144.

⓰ 為了保護當事人，我對梅莫和路丘的出身經歷略有更動。

⓱ 由於1973年阿拉伯國家石油禁運，加上沿海地區發現新油源，使得墨西哥1976至1982年經歷了一段經濟榮景。但隨著禁運結束，國際供油量回升，墨西哥經濟便一落千丈，導致披索大幅貶值和惡性通膨。許多人將這段期間稱為「失落的十年」，見Cerrutti and Massey2004:21。梅莫1988年離開墨西哥時，無證移民潮正達到三十年來最高峰，見Cerrutti and Massey2004: figure 2.1.

⓲ 梅莫指的是美國2008年爆發的經濟危機。

⓳ Donato et al. 1992.

⓴ 拉利伯塔德（Colonia La Libertad）位於美墨邊境的提華納市附近。1980年代，威懾預防政策實施前，那裡每晚都有數百人非法穿越邊境。參見McDonnell 1986.

㉑ 梅莫和路丘定居美國期間都曾經酒駕被捕。許多無證勞工（和許多美國人）都有酒駕問題。梅路兩人和我後來訪談的幾十位男性遷移者都經常抱怨，他們在美國失去了墨西哥的一些文化自由，

包括在街上喝酒與酒駕。亦可參考Boehm 2012:77.

㉒ 記錄梅莫的邊境穿越經歷很困難，訪談和對話期間不時會冒出新的細節，從好笑到可怕的都有。我在這裡對敘事做了簡化，以最後幾次闖關失敗導致他待在諾加萊斯的經歷為主。

㉓ 關於橫向遣送，參見第五章。

㉔ 可參見Parks et al. 2009.

㉕ 美國白宮新聞祕書辦公室〈總統國情咨文〉，2013年2月12日美國白宮官網：http://www.whitehouse.gov/the-press-office/2013/02/12/remarks-president-state-union-address（查詢日期：2015年3月4日）。

㉖ Cornelius et al. 2008:3.

㉗ Cornelius et al. 2008:3.

㉘ Andreas 2009.

㉙ Boehm 2012:71–80.

㉚ 就方法論而言，我在民族誌田野調查時遇到的最大問題就是研究母體不固定。有些人可能只會在諾加萊斯待一、兩天就又嘗試穿越邊境，這使得結識遷移者相當困難。我和報導人的關係通常只有幾小時，頂多兩天。基本上，我做了五年田野，一直找不到合適的做法讓我更深入洞察邊境穿越過程，因為那個過程往往太過倉促混亂，記錄起來很麻煩（不是開玩笑）。雖然我在書裡參考了不少出色的邊境穿越研究，但我發現其中多數都有方法論上的侷限，限制了能產出的民族誌知識。首先，這些以邊境穿越為主題的研究有許多在訪談遷移者時，幾乎只訪談收容所裡或上次穿越邊境已經是很久以前的遷移者（Slack and Whiteford 2011; O' Leary 2009）。經常變動的母體確實很難研究，研究者必須發展各種策略來處理這個問題。2006年9月到2007年6月，歐萊瑞（Anna Ochoa O'Leary）訪談了璜波斯哥收容所裡的女性遷移者。她（O'Leary 2009）便提到了這個問題，並點出在這種場域進行研究的難處：

由於母體變動迅速，因此本研究使用快速評估法（Rapid Appraisal）……依據這個方法，我們由話題引導者負責訪談抵達收容所的女性遷移者，切入她們遷移經驗的核心……我開始每兩週造訪收容所一次，以便有系統地收集資料。每次造訪都包含連續三晚訪談，時間為晚上七點到十點，由我訪談被美國移民官員遣送出境的婦女……我共訪談了一百位女性，但每晚出現在收容所的婦女人數不固定。（92）

雖然歐萊瑞的研究得出不少關於索諾拉沙漠女性遷移者經驗的重要洞察，但只訪談收容所裡的女性還是造成了幾項侷限。首先，報導人在收容所裡往往無法暢所欲言，擔心說話觸怒所方（例如批評貝他組織或抱怨收容所員工的對待方式）。我有好幾次在璜波斯哥收容所內和所外跟同樣的人交談，他們講述的故事細節和語氣常常完全兩樣。有些報導人覺得在收容所裡講自己的遭遇就是要愈「狗血」愈好，才能引發同情或取悅研究者。其次，只在收容所進行訪談往往對那些研究者只認識幾小時的報導人的故事有利。由於互動時間有限，使得研究者很難細緻描繪這些報導人或他們在訪談過後的遭遇。第三，以訪談為主的研究取徑很難提供關於邊境穿越其他部

分的民族誌洞察，包括如何預備進入沙漠或不在收容所時都在諾加萊斯的哪裡出沒等等。不過，我的確發現正式訪談（類似歐萊瑞的方法）有時對回答某些關於遷移過程的問題很有用，也會得出一些我收集的其他類別資料以外的資訊。因此，無證遷移計畫的研究人員於2013年的春夏兩季以半結構式調查工具訪談了45位男女，其中幾次（尤其對象為女性）是在璜波斯哥收容所裡進行。

㉛ Cornelius et al. 2008:3.

㉜ 2000至2013年，邊境巡邏隊在土桑區逮捕了4,463,083人，見附錄一。其中不包括一次就越境成功的遷移者，因此實際嘗試穿越邊境的總人數應該高出許多。有關逮捕人數統計的詮釋問題，參見Andreas 2009:85–112.

5 遣送出境
Deported

❶ Dunn 1996; Lucht 2012; Andreas 2009; Andersson 2014.

❷ Alvarez 1995:451.

❸ 亦即強制驅逐「外來者」。

❹ Peutz and De Genova 2010:6.

❺ Peutz and De Genova 2010:1.

❻ 當然也有例外。近年的例子可見Boehm 2012.

❼ 本處只討論威懾預防策略實施前的那幾十年。Hernández 2010對遣送出境有更深入的歷史分析。

❽ Heyman 1995:266.

❾ Ettinger 2009:132.

❿ Heyman 1995; Hernández 2010; Rosenblum 2012:8.

⓫ Singer and Massey 1998:574.

⓬ Heyman 1995:270.

⓭ 例如1987年的電影《逃往美國》。

⓮ Rosenblum 2012:8.

⓯ Lydgate 2010:481; ACLU 2009.

⓰ Lydgate 2010:500。亦可參見Trevizo 2014.

⓱ 除非另有註明，有關土桑流線行動的所有統計數據均來自Lydgate 2010.

⓲ 為保護當事人，所有案號、日期、姓名和個人資料均略有更動。

⓳ 近來有不少遷移者是來自墨西哥南部瓦哈卡和恰帕斯州（Chiapas）的原住民。

⓴ Lydgate 2010:484.

㉑ Lydgate 2010:528.

㉒ Agamben 1998:174.

㉓ Lydgate 2010:515–516.

㉔ 可參見 Robertson et al. 2012.

㉕ Lydgate 2010:528.

㉖ National Immigration Forum（美國全國移民論壇）2013.

㉗ No More Deaths 2011; Silva 2013.

㉘ No More Deaths 2011:29.

㉙ GAO 2010:11–12.

㉚ CBP 2008.

㉛ De León 2013a.

㉜ Spener 2009.

㉝ Hernández 2010:134–136.

㉞ 嚮導（*guía*）也是郊狼，但會親自帶領遷移者穿越沙漠。

㉟ 貝他組織的正式名稱為 Grupos Beta，但大多數人都稱它為 Grupo Beta。

㊱ 此為真名。

㊲ Simanski and Sapp 2012.

㊳ Urrea 1996:9.

㊴ Malkki 1997:99.

㊵ Arizona Daily Star（亞利桑那每日星報）2014.

㊶ 阿爾帕約是馬里波沙郡警長，以公然發表反無證遷移者言論而著稱。他的部門曾經數次被控刻意針對拉丁裔盤查（尤其在路口）而遭到調查。

6 科技戰

Technological Warfare

❶ 這件事在 De León 2012 也有描述。

❷ 數據來自墨西哥國家最低薪資委員會稅務處（Servicio de Administración Tributaria, Comisión Nacional de los Salarios Mínimos）：http://www.sat.gob.mx/informacion_fiscal/tablas_indicadores/Paginas/salarios_minimos.aspx。

❸ 莫哈維青皮響尾蛇，學名 *Crotalus scutlatus*，是北美洲最毒的蛇類之一。

❹ 有關男性氣概、開玩笑和同性情誼（homosociality）的討論，參見 Peña 2006.

❺ Behar 1996:177.

❻ 此為化名。

❼ USBP 2012:15.

❽ USBP 2012:15.

❾ Malinowski 1984:115.

❿ 有關邊境治安開銷的討論，參見 Rosenblum 2012:12–14.

⓫ Lacey 2011.

⓬ Associated Press（美聯社）2011.

⓭「千斤頂突破邊界圍籬」，2012年2月17日由NumbersUSA 上傳至YouTube：https://www.youtube.com/watch?v=Qdc-kv7nzaU（作者查詢日期：2015年3月7日）。

⓮「吉普車闖越美墨邊境失敗，卡在圍籬動彈不得」，美國有線新聞電視網（CNN）外電記者2012年11月1日更新報導：http://www.cnn.com/2012/10/31/us /mexico-border-jeep/（作者查詢日期：2015年3月7日）。

⓯ González 2014.

⓰ 美國海關及邊境保衛局：http://www.cbp.gov/sites/default/files /documents/fence_breach_3.pdf（作者查詢日期：2015年3月7日）。

⓱「凱恩的通電圍籬『玩笑』」，2011年10月17日由https://talkingpointsmemo.com/ 上傳至YouTube（最早出現在MSNBC新聞網的《每日節目表》〔*The Daily Rundown*〕）：https://www.youtube.com/watch?v=jO-q5lI7618（作者查詢日期：2015年3月7日）。

⓲ Horsley 2006.

⓳ Nevins 2002; Andreas 2009.

⓴ 過去二十年來，美國政府撥給邊界圍籬的年度預算波動得很厲害。1996年的圍籬修築預算為2,500萬美元，2006年暴增到2億9,800萬美元。2017年的預算是15億美元，但2012年只剩4億美元。參見Rosenblum 2012:16– 17.

㉑ McGuire 2013.

㉒ Rosenblum 2012:16.

㉓ 美國政府自1998年起投注了數十億美元採購遠端感測科技，而各家軍事承包商也不時提供最新的改良系統，協助政府單位逮捕遷移者、毒品走私販與恐怖分子。這項治安計畫經歷過多次更名及迭代，像是整合監控情報系統（Integrated Surveillance Intelligence System, ISIS）、美國盾計畫（America' s Shield Initiative, ASI）和最近的邊境安全計畫（Secure Border Initiative, SBI or SBInet）。儘管這些系統耗費巨資，卻都無法「按照原定時程布署，提供邊境巡邏隊針對非法入境該有的『態勢感知』（situational awareness）」（見Rosenblum 2012:18），而邊境巡邏隊使用遠端感測科技的查緝成功率也只是差強人意。馬利爾（Robert Lee Maril）曾經對德州南部的邊境巡邏隊員進行民族誌研究，他（Maril 2004）指出遠端感測器通常使用過時的科技，且維修不當，經常無法分辨邊境穿越者和牛隻（x）。此外，從感測器觸發，到派遣員通知管區巡邏隊員出動，可能有超過五分鐘的時間差，以致很難推測遷移者的去向（76）。感測器觸發後，管區巡邏隊員只能使用其他方法追捕遷移者（例如痕印辨識，亦即根據鞋印、遷移者在荒野留下的其他痕跡，或紅外線攝影機來追蹤遷移者）。不過，就算感測器觸動後，巡邏隊員能及時派遣，他們還是必須推測早他們一步的遷移者往何處移動。一旦小路有太多人走過，邊境巡邏隊開始在附近裝設感測器後，遷移者和郊狼

就會改變路線，換走監控較少的區域。由於沙漠幅員遼闊，不可能隨時隨處裝設及維護感測器，使得科技的運用相當受限。

㉔ 美國邊境巡邏隊自911攻擊事件後，一躍成為發展最迅速的聯邦執法單位，十年來人力增加一倍，比起1998年更成長了九倍（見Rosenblum 2012:14）。路丘1980年首次穿越邊境時，南方邊境只有1,975名邊境巡邏隊員。2012年9月的邊境巡邏隊員人數為21,444人，其中18,506人駐紮在美墨邊境（見Rosenblum 2012:14）。部分轄區人員增加和威懾預防策略有關，因為誠如本書第一和第二章所言，威懾預防策略正是藉由增加人力的做法，將遷移者導引至邊境特定區域。美國政府1997年一份報告便指出：

邊境巡邏隊必須保持機動，以因應不斷變動的非法外來者入境路線。移民及歸化局官員指出，威懾預防策略施行後，邊境巡邏隊發現部分轄區（尤其是土桑區和德州南部的德里奧、麥卡倫和拉雷多區）被捕人數「幾乎立即」增加。他們認為原因出在非法入境聖地牙哥及艾爾帕索的難度提高，導致非法外來者「調整」路線，才使得被捕人數增加。於是，邊境巡邏隊隨即在1995年度將原本預定派往聖地牙哥和艾爾帕索的部分隊員改派至優先層級僅次於兩者的土桑及德州南部。邊境巡邏隊官員表示，階段加派人力是新做法。在此之前，只要補充人力，邊境巡邏隊都會儘量平均分配人力至21個轄區；但新做法實施後，邊境巡邏隊於1994至1997年度共增加2,850人，98%（2,792人）都派往其中6個轄區。移民及歸化局將其中1,235人（約43%）派往聖地牙哥，351人（約12%）派駐至艾爾帕索。這兩個地方是最高優先層級區。其餘人力（1,264人）幾乎都派往優先層級居次的土桑和德州南部（GAO 1997）。

基本上，在艾爾帕索（後來又包括聖地牙哥）派駐優勢警力很快便造成一個後果，就是邊境巡邏隊必須增加人力派往遷移者轉移至的轄區，包括無證遷移人數向來不高的土桑等區。由於遷移路線改變，使得邊境巡邏隊必須也在其他主要邊界口岸築起「虛擬人牆」，不得不增加預算招募更多隊員。於是，威懾預防策略最終造成了經費上揚的循環，從1990年代到現在都沒有緩和的跡象。1993年只有281名邊境巡邏隊員派駐在土桑區（GAO 1997:16），到了2013年5月已經增加至4,200人（CBP, "Tucson Sector Arizona," www.cbp.gov/border-security/along-us-borders/border-patrol-sectors/tucson- sector-arizona）。2013年6月，美國共和民主兩黨議員通過「全面」移民法案的修正條款（Senate Bill 744），提議增加南方邊境的巡邏隊員，目標為2021年增加到38,405人。然而，儘管派駐土桑區的巡邏隊員逐年增加，遷移者人數仍然比巡邏隊員多出幾個數量級。以梅莫和路丘前進沙漠的2009年為例，被捕遷移者和巡邏隊員的人數是58：1。不過，邊境巡邏隊只會在諾加萊斯等邊界口岸及其周邊加派隊員形成「虛擬人牆」。由於巡邏隊員人數眾多，加上圍籬架設確實，因此雖然還是有人嘗試，但想從諾加萊斯市界內穿越邊境近乎不可能。但遷移者只要往東或往西走出市界，就會進到人煙罕至的區域。那裡巡邏隊員少，圍籬也幾乎不存在。基本上，將巡邏隊員派駐在看得見邊界的地區比較像是當門神，嚇阻有意穿越邊境的人，暗示他們最好改去偏遠的沙漠地帶試試手氣。

㉕ Magaña 2008:37–38.

㉖ GAO 2012: figure 4.

㉗ 這些公開資料並未區分在車輛檢查哨被捕和步行穿越沙漠被捕的遷移者。有些遷移者可能由人口販子用車送過邊界，不必在沙漠走，但之後在檢查哨被捕。

㉘ Cornelius et al. 2008:3.

㉙ 見本章註釋23。

㉚ 參見De León 2012.

㉛ Singer and Massey 1998:569.

㉜ Parks et al. 2009; De León 2012; Spener 2009.

㉝ 阿瓜林達和諾加萊斯的直線距離大約40公里。

7 穿越邊境

The Crossing

❶ 遷移者稱呼邊境巡邏隊的卡車為「狗籠車」，因為車上裝了囚籠，看上去跟動物管制單位使用的狗籠很像。

❷ 可參見Sundberg 2008; Meirotto 2012.

❸《哈芬登郵報》線上評論，2012年1月17日。

❹ 堅持用「垃圾」指稱這些東西，不肯正視這些物質紀錄的人，應該聽聽拉舍基（William Rathje）和墨菲（Cullen Murphy）的忠告：「垃圾是人類留給尚未出世者最龐大的物質遺產。愈了解我們丟棄的東西……就愈能了解我們所處的世界。」（Rathje and Murphy 2001:4）

❺ Rathje and Murphy 2001。亦可參見Schofield 2005:98.

❻ Buchli and Lucas 2001; R. Harrison and Schofield 2010.

❼ González-Ruibal 2008:247.

❽ Schofield 2005:101。有關政治暴力的考古學研究，請見Ludlow Collective 2001。有關無家可歸的考古學研究，參見Zimmerman et al. 2010和Zimmerman and Welch 2011。有關戰爭的考古學研究，見Schofield 2005和González-Ruibal 2007.

❾ González-Ruibal 2008:248-249.

❿ Schofield 2005:104.

⓫ 參見De León 2013b.

⓬ 這個論點直接挑戰了「光是物品就足以（或應該）替遷移者代言」的主張。以邊境穿越者遺留的人工製品為「證物」的做法有什麼問題，參見De León and Gokee（審查中論文）。

⓭ Gokee and De León 2014.

⓮ 參見Gokee and De León 2014.

⓯ 路丘這裡說的是平坦荒蕪的艾爾塔峽谷。過去從邊境城鎮沙沙比出發都會走這個峽谷，但最近十年來監控增加，導致遷移者改走峽谷兩側的山區。

⓰ Slack and Whiteford 2011.

⓱ 基於法律和安全考量，我不在毒品走私猖獗的區域做研究，也不挑明詢問遷移者他們和運毒者有什麼往來。儘管我刻意迴避，但相關話題還是常在訪談裡出現。有些遷移者坦承自己當過毒騾，而我們有時也會在沙漠裡看到運毒者經過，趕緊避開。我們曾經有一組研究人員遇過交完貨正要返回墨西哥的毒騾隊伍。對方全身迷彩裝備，問他們邊界往哪裡走。

⓲ 有關使用痕和遷移者受苦的詳細討論，參見De León 2013b.

⓳ Meirotto 2012; Hill 2006; Romo 2005.

⓴ 邊境巡邏隊、人道團體、獵人和健行客對索諾拉沙漠的物質文化積累也有責任。參見Meirotto 2012; Drummond and De León 2015; De León, Gokee, and Schubert 2015.

㉑ 有些遷移者會說那裡是撿人（*levanton*）的地方，這個詞在西班牙文裡還有被人口販子綁架的意思。

㉒ 遷移者遺址遺留物的量化資料，參見Gokee and De León 2014.

㉓ 根據粗略估計，那些人可能走了一百多公里，包括途中經過的險惡地形及斜坡。

㉔ 例如，班克斯（Leo Banks）便宣稱，從邊境穿越者留下的物品裡看得到伊斯蘭恐怖攻擊的證據。（Banks 2009）

㉕ *Archaeology* 2011.

㉖ Smith 1869:208.

㉗ Agamben 2005.

㉘ Doty 2009:84.

㉙ 參見土地管理局「南亞利桑那非法移民環境破壞減緩計畫」年度報告：www.blm.gov/az/st/en/info/newsroom/undocumented_aliens.html。

㉚ ABLM 2011:1.

㉛ 有關「微事實」、「最少人數」（Minimum Number of Individual）分析及如何從「被清理過」的遷移者遺址擷取資料，參見De León, Gokee, and Forringer-Beal 2015.

㉜ Domanska 2005:395.

㉝ De León and Gokee（審查中論文）。

㉞ Farmer 2004:308.

8 曝光

Exposure

❶ 夏日人類學田野學校是無證遷移計畫的重點項目，對象是我指導過幾年的大學生，並且得到田野研究中心的大力支持。更多資訊請見www.ifrglobal.org/。

❷ 參見Drummond and De León 2015.

❸ 本章提到的學生姓名都是真名。

❹ BK是基伊（Bob Kee）姓名的縮寫，表示基伊在2009年夏天和冬天帶我看過的那些遷移者遺址。

❺ 參見 Forringer-Beal and De León 2012; De León, Gokee, and Forringer-Beal 2015.

❻ Sontag 2003.

❼ 有關屍體照片的討論，參見 Barthes 1981:78–79。那個地點有悼念神龕，所以我將座標做了更動。雖然地處偏遠，神龕卻數度遭人破壞，很可能是健行客或獵人幹的，包括砸毀相框、撕碎瑪麗賽拉和家人的合照等等。

❽ Galloway 1997: table 1.

❾ Pachirat 2013:14.

❿ Sontag 2003:70.

⓫ Dougherty 2006:609.

⓬ Maril 2004:262.

⓭ Reineke 2013.

⓮ De León, Gokee, and Schubert 2015.

⓯ 這裡日期差了四天。遇到卡洛斯的日期其實是 2012 年 6 月 28 日，屍體發現是 7 月 2 日。

9 不能拋下他們

You Can't Leave Them Behind

❶ Jokisch and Pribilsky 2002:76.

❷ Pribilsky 2012:327.

❸ Jokisch and Pribilsky 2002:76.

❹ Bertoli et al. 2011:59.

❺ 可參見 Pribilsky 2001:255.

❻ 參見 Pribilsky 2007:161–171.

❼ 普波斯基指出，就他 2001 年的訪談紀錄，厄瓜多人付給人口販子的最高費用是 13,500 美元（Pribilsky 2007:164）。根據訪談厄瓜多遷移者得到的口述資料，2014 年的偷渡費用平均每人大約 12,000 美元。墨西哥遷移者 2000 年代中期的偷渡費為 2,000 到 3,500 美元之間（Cornelius et al. 2008:6）；根據我 2014 年的非正式調查，費用提高到 3,000 至 5,000 美元，視越境路線和方法而定。

❽ 參見 Trevizo 2014。這 31% 包括非法穿越邊境被捕的人，以及多次違反移民法或潛逃而未到庭受審的遷移者（ICE 2013）。美國移民及海關執法局 2013 年度將 357,422 人遣送出境，其中 31% 來自中南美洲；厄瓜多遷移者有 1,616 人，約占 0.05%（ICE 2013）。

❾ Martínez 2013.

❿ Jackson 2013:4–5.

⓫ 克里斯提安的談話全是譯自西班牙語。

⓬ 沒有嚮導的遷移者處境危險得多，因為有人帶路起碼有些保障。克里斯提安就有講到，人口販

子不止一次讓他免於被搶或被攻擊。

⓭ Coutin 2005.

⓮ 遷移者稱呼他們偷搭的墨西哥貨物列車為野獸（*la bestia*）。雖然搭火車穿越墨西哥相對迅速，但這種交通方式很不牢靠，上下車或列車脫軌時很容易受傷或死亡。此外，警察和盜匪經常會在火車行進間或短暫停靠時攻擊遷移者。

⓯ 有關遷移者在瓦哈卡和恰帕斯被當地人搶劫的討論，參見 Martínez 2013.

⓰「山羊角」是西班牙文對 AK-47 突擊步槍的俗稱，因為彈匣彎曲有如羊角，故而得名。

⓱ Tele Sur 2014.

⓲ Slack and Whiteford 2011.

⓳ Tuckman 2010.

⓴ 這些現象跟陸希特（Hans Lucht）描述迦納遷移者遇到的風險頗多類似。迦納遷移者會冒著性命危險穿越撒哈拉沙漠，然後嘗試橫越地中海前往義大利（Lucht 2012）。

㉑ Wilkinson 2012.

㉒ 這段經歷顯示穿越邊境遇到一團混亂的狀況時，遷移者有多容易跟隊伍失散。

10 瑪麗賽拉
Maricela

✪ 題辭：這是墨裔美國歌手艾思奎達的歌。瑪麗賽拉離開厄瓜多的幾週前，曾在自己臉書上附了這首歌，並且寫到「獻給我最愛的家人」。

❶ Jokisch 2002:528.

❷ Rubio-Goldsmith et al. 2006:44.

❸ O'Leary 2009.

❹ Martínez et al. 2013:23.

❺ Butler 2004:33.

❻ Coutin 2005:199; Magaña 2011.

❼ Félix 2011.

❽ 可參見 Brandes 2001; Félix 2011:169.

❾ Sandell 2010:196.

❿ Cannell 2000.

⓫ 參見 Guyer 2009:159.

⓬ 有關這種做法的討論，參見 Shaheed 2014.

⓭ Yarris 2014:286.

11 我們會等到你來

We Will Wait Until You Get Here

❶ 可參見 Boehm 2012; Stephen 2007:xv。厄瓜多方面，則可參考 Miles 1997, 2004; Pribilsky 2007, 2012.

❷ Pribilsky 2001:268.

❸ Miles 1997:68.

❹ 可參見 Reyes 2004.

❺ Massey et al. 2002.

❻ 菲利浦和曼尼均為化名。

❼ 上述細節都來自訪談，對象包括荷西的表兄弟、他女友、爸媽和一路上曾經斷續聯繫過的親友，內容主要集中在荷西最後在沙漠度過的時光。

❽ 這套理論的概述可參考 Boss 1999, 2004.

❾ Boss 2004:553.

❿ GAO 1997: appendix V.

⓫ GAO 2006.

⓬ Das 2007:49.

⓭ 關於人們在親人過世後「重新投入」生活遭遇到的困難，參見 Das 2007:192–193.

⓮ Lucht 2012:220–221.

⓯ 這裡，古斯塔夫的言下之意是就算荷西遺體找到時殘缺不全，對他也是一種解脫。

12 後記

Epilogue

❶ Ettinger 2009:60.

❷ Butler 2004:34.

❸ Butler 2004:22.

❹ 見附錄一。

❺ Tuckman 2010; Hennessy-Fiske 2014.

❻ Associated Press（美聯社）2014.

❼ Martínez 2013.

左岸｜人類學328

敞墳之地

移民路上的生與死

The Land of Open Graves: Living and Dying on the Migrant Trail

作　　者　傑森・德里昂（Jason De León）
攝　　影　麥可・威爾斯（Michael Wells）
譯　　者　賴盈滿

總 編 輯　黃秀如
責任編輯　孫德齡
企畫行銷　蔡竣宇
校　　對　文　雅
封面設計　陳恩安
內文排版　宸遠彩藝

社　　長　郭重興
發行人暨出版總監　曾大福
出　　版　左岸文化／遠足文化事業股份有限公司
發　　行　遠足文化事業股份有限公司
23141新北市新店區民權路108-2號9樓
電　　話　02-2218-1417
傳　　真　02-2218-8057
客服專線　0800-221-029
E-Mail　rivegauche2002@gmail.com
左岸臉書　https://www.facebook.com/RiveGauchePublishingHouse/
團購專線　讀書共和國業務部　02-22181417分機1124、1135

法律顧問　華洋法律事務所　蘇文生律師
印　　刷　成陽印刷股份有限公司
初　　版　2021年12月
定　　價　600元
I S B N　9786269535439（平裝）
9786269535460（EPUB）
9786269535453（PDF）

國家圖書館出版品預行編目資料

敞墳之地：移民路上的生與死/傑森.德里昂(Jason De Leon)著；賴盈滿譯. -- 初版. -- 新北市：左岸文化出版：遠足文化事業股份有限公司發行, 2021.12
面；16x23公分. --（左岸人類學；328）
譯自：The land of open graves : living and dying on the migrant trail

ISBN 978-626-95354-3-9（平裝）

1. 移民 2.國土安全 3.邊界問題 4.墨西哥 5.美國亞利桑那州

577.6 110018471